아동·청소년

사회성 개발과 상담

CHILD·ADOLESCENT SOCIAL SKILL DEVELOPMENT & COUNSELING

Child · Adolescent

SOCIAL SKILL DEVELOPMENT AND COUNSELING

아동·청소년

사회성 개발과 상담

김명희 지음

(주)교 문 사

머리말

급변하는 사회환경과 이에 따른 가족구조, 가치관, 물리적 환경 변화 등의 영향으로 인하여 대인관계와 사회적 환경에 적응하는데 어려움을 느끼는 아동 · 청소년이 급증하고 상담실을 찾는 부모와 가족이 늘고 있다.

무한 경쟁의 입시 위주 교육과 물질만능의 사회적 분위기, 외모지상주의 등의 사회문화적 상황들도 아동 · 청소년들에게 현실적으로 많은 어려움을 초래하고 있다. 특히, 개인의 행복을 더 중요시하는 이기적인 태도가 만연되어 있는 사회 풍조의 영향 등으로 가정의 붕괴와 안정성이 흔들리면서 학대와 고통 속의 아동 · 청소년들을 우리 주변에서 쉽게 찾아 볼 수 있다. 필자는 20년 넘도록 아동 · 청소년상담 현장 및 임상 장면 그리고 대학과 대학원 강단에서 아동 · 청소년상담치료를 공부하는 학생과 전문가를 대상으로 강의를 준비하면서 아동 · 청소년의 문제가 다양한 요인이 있지만 그들을 위해 꼭 도와야 할 부분이 사회성 개발이라는 것을 느껴 왔다. 필자의 『아동 · 청소년 사회성기술』 책을 개정하면서 아동 · 청소년상담에 필요한 내용들을 사회성 기술 개발 중심으로 개정 · 보완하고 책명을 『아동 · 청소년 사회성 개발과 상담』이란 제목으로 출간하게 되었다.

이 책은 아동교육이나 유아교육을 전공하는 대학생과 대학원생, 아동 · 청소년을 지도하는 교사, 아동행동지도 전문가, 아동 · 청소년 전문상담가, 위탁양육 및 보육기관의 대리양육자와 부모들을 위하여 집필하였다. 아동 · 청소년은 부모와 사회의 모두에게 가장 값진 자원이다.

물론, 사랑과 이해 그리고 포용하는 자세로 지도해야 할 삶의 주요 대상이기도 하다. 그러나 아동들을 양육하고 돌보고 교육 및 지도하는 일은 항상 쉬운 일만은 아니다. 더구나 현대사회에서의 많은 비교육적 요소들은 아동을 교육하고 지도하는데 더욱 어려움을 가중시켜 주고 있다. 때로는 아주 어렵고 좌절감을 느끼게 하며, 이떤 때에는 속수무책이 되기도 하는 과업이다. 그럼에도 불구하고 부모나 교사 그리고 아동교육 및 지도 전문가들은 아동을 바람직한 인간으로 양육시키는 의무를 부여받고 있다. 더구나 아동은 사회와 성인들에게 의존하기 마련이기 때문에 바람직한 환경과 올바른 지도지침 없이는 사회와 성인의 비교육적 요소에 영향을 받을 가능성이 높다.

미국 South Carolina 대학원 유학 시절 지도교수였던 Dr. Kevin Swick의 강의와 지도를 접하면서 아동·청소년의 중요성을 절실히 인식할 수 있었고, Dr. J. Duff는 다문화권의 다문화교육을 통하여 국가와 다른 문화에 따른 아동의 사회성 개발의 중요성에 대해 재 인식을 하는데 많은 영향을 주었다.

그리고 필자가 버클리 대학에서 수학하면서 접하게 되었던 Tom Dowd program 등의 아동의 사회성 개발을 위한 훈련지침과 교과과정 모델 등이 많은 참고가 되었고, 아동의 사회성 개발에 초점을 맞추어 아동·청소년 상담의 임상 장면에서 상담가와 부모가 그들과 어떻게 소통하고 마음을 연결하는지에 대해 도움을 주는 교수법에 중점을 두고 집필하였다.

본 저는 3부로 구성되어 있다. Part 1에서는 아동·청소년을 상담하는 임상 장면에서의 상담에 대한 전반적이해와 원리 및 모델, 그리고 상담가의 역할을 비롯한 교수방법과 상담원리 등을 다루었다. Part 2에서는 아동·청소년 사회성 기술 개발을 다루는 실제편으로 아동·청소년의 사회성 개발기법의 제이론들을 토대로 각기 다른 사회적 상황에서 자기통제와 문제해결을 할 수 있도록 지도할 수 있는 기법을 중점적으로 다루었다. 문제해결능력과 자기통제 능력 개발은 아동 · 청소년의 사회성 개발을 위해 전문가들이 중점적으로 다루어야 할 영역이자 궁극적 교육목표라는 점에서 사회성 개발과 상담, 관계성 개발, 관용성 개발과 자기조절 및 통제관리 개발 등의 실제를 중점으로 다루었다.

Part 3에서는 아동기 장애와 부모상담을 다루었다. 아동 · 청소년상담의 임상 장면에서 정서장애 · 발달, 장애아동의 부모상담, 아동기 장애와 미술치료, 놀이치료와 모래놀이치료, 행동의 원리와 행동수정 등 특수아동상담을 위한 이론과 실제를 다루었다.

본 저에서 일반적인 아동 · 청소년 상담관련 책에서 잘 다루지 않았던 사회성 기술개발을 아동 · 청소년상담의 임상 장면에 적극 활용할 수 있도록 중점을 둔 점이 다른 책들과 차별화된 부분이다. 이 책이 아동 · 청소년상담을 위한 전문상담가와 대학생, 대학원생은 물론 교수, 부모, 대리양육자, 양육위탁기관 등에서 효과적으로 적용되는 책이 되기를 바란다.

2011년 7월 20일

연구실에서

김명희 씀

먼저 이 책이 출간되기까지 도움을 주신 교문사 류제동 사장님과 송기윤 부장님 외 편집부 여러분께 진심으로 감사의 마음을 전합니다.

아울러 많은 분들의 기도가 함께 했습니다. 깊이 감사드립니다. 그리고 많은 시간을 연구실과 서재에서 지내는 동안 사랑하는 가족들과 함께 하지 못했던 시간에 대해 미안한 마음입니다. 항상 나의 인생 최고의 동반자인 남편 이현청 박사에게 그 누구보다 큰 사랑과 존경을 보냅니다. 항상 부족하고 많은 시간을 함께 하지 못하는 엄마를 당연하게 수용해 주는 사랑하는 상훈이와 선민이에게도 큰 사랑을 전합니다. 이들은 내 삶과 학문의 깊이를 볼 수 있는 눈을 갖도록 해 준 제 삶의 스승이고 의미입니다. 사랑합니다.

주변 모든 이들에게 감사와 사랑을 전합니다. 그리고 이러한 소중한 가족과 강의를 수강하는 학생들과 함께 할 수 있도록 허락하신 하느님께 모든 영광과 감사를 드립니다.

차 례

PART 02 아동 · 청소년 사회성 기술 개발

PART 01

아동상담의 이해

Chapter 01

아동상담의 이해

1. 아동상담의 개념
2. 아동상담의 필요성
3. 아동 문제행동에 대한 이해

1. 아동상담의 개념

1) 상담의 정의

상담이란 용어는 다양한 이론적 배경을 가지고 있기 때문에 한마디로 정의하기는 어렵다. '상담(counseling)'이란 용어는 라틴어의 'consulere'에서 유래한 것으로 '고려하다(to consider)', '반영하다(to reflect)', '조언을 받다(to take counsel)', '상담하다(to consult)' 등의 의미를 가진다.

학교상담의 창시자 윌리암슨(Williamson)은 "상담이란 두 사람의 면대면 장면에서 이루어진다."라고 정의(Williamson & Floey)되면서 널리 쓰이게 되었다.

전문적 이론 및 임상적 훈련과 기술이 있고, 내담자로부터 신뢰가 형성되어 내담자의 주 호소 문제의 해결을 위한 내담자의 적응상의 어려움을 자각하게 하고 명료화시키며, 해결책을 제안하고, 결정을 내리는데 도움을 주는 모든 노력을 포함한다. 즉, "상담이란, 다양한 문제의 갈등과 부적응하는 한 사람의 전인적 발달을 돕는 과정이다." 라고 정의하였다.

상담에 대한 정의는 학자에 따라 차이가 많이 있다. 카두신(Kadushin)은 "아동상담을 부모-자녀관계의 갈등과 부부 갈등 및 형제 간의 정서적 혼란으로 난관에 처해 있을 때 가족 구성원들의 역할과 기능을 개선하고 가족관계의 갈등과 붕괴의 위험을 예방하도록 직간접적으로 돕는 원조의 한 방식"이라고 하였다.

佐治守夫(좌치수부)는 "상담이란 정서적 문제를 갖고 있는 사람들, 기본적인 자신의 삶의 방식에 문제의식을 갖고 있는 사람들의 의식, 무의식에 대해 심리적 커뮤니케이션(communication)을 통해 도움을 주는 인간의 노력이다"라고 정의하기도 하였다.

즉, 아동상담이란 '혼자서 해결하거나 대처할 수 없는 심리적, 정서적 문제로 고민하고 있는 아동에 대하여 아동의 발달 및 심리를 잘 이해하고 전문적인 지식과 일상, 경험을 갖춘 사람이 아동의 정서적 혼란, 심리적 갈등 등의 문제해결을 통하여 보다 긍정적인 타인과의 상호작용 및 적응, 그리고 사회적응력을 도와주고 정신건강을 위하여 적절한 방법으로 원조하는 것'이다.

필자는 다른 저서에서 "아동상담(professional child counseling)은 아동의 발달과 심리의 아동을 잘 이해할 수 있는 학문적인 전문지식과 임상훈련을 받은 아동상담 전문가가 아동의 바람직한 발달과 건강한 성장을 이끌어내는 것으로, 주로 심리치료(psychotherapy)와 혼용되어 사용된다."고 하였다.

아동상담에 대한 정의는 학자들에 따라 다르게 정의되고 차이가 나타난다. 그러나 상담에 대한 여러 학자들의 공통점을 정리해 보면, 상담은 자신의 고민이나 갈등, 정서적 혼란 등에 대하여 전문적 지식과 임상훈련을 받은 전문가인 상담자와 도움을 받고자 하는 내담자(아동) 간의 면대면의 심리적 상담을 통해 내담자의 내면의 심적, 정서적 갈등과 혼란을 해결할 수 있도록 도와주는 것이다. 그러므로 상담을 통해 궁극적으로 기대할 수 있는 것은 아동의 정신적으로 건강한 성장과 발달을 도모하고 타인과 환경, 사회에 잘 적응할 수 있도록 도와주는 것이다.

로저스(C. Rogers)는 상담을 심리치료 영역까지 확대시킨 학자로 "상담은 내담자와의 지속적 · 직접적 접촉으로 상담의 목적이 내담자의 부적응 태도와 행동을 변화할 수 있도록 돕는 것이다."라고 정의하였다.

인간의 삶의 과정에서 모든 사람이 때때로 상담을 필요로 한다. 이러한 상담의 중요성을 강조한 아킨슨(Atkinson)은 "상담이란 인성, 삶의 태도 및 삶의 질, 언어, 역량강화, 부적응, 관계, 교육적 문제 등을 전문적으로 다루는 작업이다. 전문가는 내담자의 문제를 예방 · 치유하고 긍정적 발달을 도모하는 역할을 한다."고 정의하였다.

미국 상담학회에서는 "상담이란 훈련받은 전문가와 도움을 필요로 하는 사람이 신뢰로운 관계를 형성하는 과정이다. 이러한 과정은 내담자의 의미 있는 경험, 감정, 행동, 대처반응, 결과, 목적에 중점을 둔다.

"상담은 편안하고, 안전하며, 위협적이지 않은 환경에서 내담자가 표현하는 생각이나 감정을 탐색하는 특별한 기회를 제공한다."라고 정의하였다(American Counselling Association : ACA). 즉, "상담은 학문적으로, 임상적으로 전문적 훈련을 받은 상담자가 상담 과정을 통하여 내담자의 사고방식과 신념, 감정, 행동 및 주 호소 문제 등을 탐색하여 궁극적으로 내담자의 삶의 질을 향상시키고 현재 당면하는 다양한 갈등과 문제를 해결하거나 대처하는 목적으로 하는 활동이다."라고 정의할 수 있다.

2) 상담과 심리치료

상담은 전문적인 훈련 및 교육을 받은 상담자와 도움을 필요로 하는 대상과의 인간적 관계를 통해 발달적 성숙과 변화를 이끌어내는 과정이라 할 수 있다. 상담은 상담자, 상담을 받고자 하는 대상, 즉, 내담자, 그리고 문제나 증상의 범위에 따라 쓰이는 용어들이 다양하며 대표적으로 생활지도(guidance), 상담(counseling), 심리치료(psychotherapy) 등을 들 수 있다.

상담(counselling)과 심리치료(psychotherapy)는 학문적 배경이나 법적 해석, 사회, 문화 정식의학 등에 따라 명확히 구분 되지 않고, 혼용되어 사용되고 있다고 할 수 있다. 즉, 상담자와 심리치료자의 임상에서의 역할이 명확히 구분되지 않기 때문에 혼용되는 경우가 많다. 또한 상담과 심리치료는 의학적인 용어인 치료(therapy)라는 용어와 혼용하여 사용되기도 한다.

상담(counseling)과 심리치료(psychotherapy)를 구별 없이 사용되어야 한다고 보는 학자와 접근방법과 과정이 다르기 때문에 구별되어야 한다고 보는 학자들도 있다. 최근에는 상담과 심리치료를 통합적으로, 혹은 동일하게 사용하는 상담가와 임상가도 늘어나고 있고, 반면에 양자를 엄밀하게 구별하고 있는 전문가들도 적지 않다. 아동을 위한 상담이란 성장에 지장을 주는 심리적인 어려움을 극복하도록 도와줌으로써 성장 발달과정에서 받을 수 있는 긴장과 혼란 그리고 갈등에 스스로 잘 적응하고 대처해 나가도록 돕는 과정으로 정의내릴 수 있다. 그리고 아동을 위한 심리치료란, 정신병리적 현상을 갖고 있는 아동으로 하여금 임상 환경 속에서 얻은 미해결된 욕구 및 내면의 상한 감정 및 상처 등이 회복되면서 문제의 상황을 이해시키거나, 격감시키기 위해 아동과의 환경, 즉 부모와 의미 있는 타인들에 의해 구축된 전반적 성격의 변화를 일으키고, 자아기능을 재정비하고, 건강한 자아를 찾아주는데 그 목적을 두고 있다고 정의할 수 있다. 그러나 여러 학자들에 의하면 상담과 심리치료를 구별한다고 하더라도 명확히 선을 긋기는 어렵고 내담자를 위하여 상담과 심리치료가 통합적으로 사용하게 된다.

치료(therapy)는 의학적, 임상적 용어로서 질병이나 장애의 치료(treatment)를 의미하는데, 최근 들어 교육학이나 심리학에서도 이 용어가 널리 통용되고 있다. 이처럼 상담과 심리치료는 혼용적으로 사용되지만 엄밀하게 상담은 주로 정상발달 혹은 생활을 영위하는 사람이 대상이라면, 반면에 심리치료를 필요로 하는 내담자는 보다 심각한 정신적 문제를 겪고 있는 사람을 대상으로 한다. 즉, 상담은 현실의 삶과 생활 전반에서 겪는 갈등과 문제, 그리고 의식적인 문제들로 인한 적응상의 어려움이 상담의 초점이 되며, 일반적으로 교육적, 예방적 입장에서 적응력 향상이나 발달적 변화를 목표로 한다. 반면, 심리치료는 의식적 부분보다는 무의식적 부분으로 심각한 정신적 문제를 겪고 있는 사람으로서, 인성적 문제나 어린 시절의 미해결된 과제, 및 부정적 감정과 상한 감정의 뿌리인 어린 시절의 상처(trauma)와 그로 인한 깊은 내면의 문제로 인한 부적응이나 갈등이 상담의 초점이 된다. 즉, 심리치료는 무의식적 세계를 추적하여 의식화시키고 갈등이나 부적응의 근원적인 부분을 해결하여, 내면의 심리적 변화를 이끌어 내는 것을 목표로 한다.

유럽이나 미국에서는 심리치료를 의료보험에 적용하는 치료 행위로 적용하기도 하지만, 국내의 경우 대학 및 대학원의 전공이나 학회를 중심으로 '치료', '심리치료', '상담치료' 등의 용어를 사용하는 사례가 늘고 있으나, 전문성이 부족하거나 법률적 · 의료적 제약을 받고 있는 실정이며 의료보험의 혜택은 아직 이루어지지 않고 있다.

쉐처와 스톤(Shertzer & Stone)은 첫째, 생활지도(guidance)는 학생들의 생활에 잘 적응할 수 있도록 조력하는데 목적이 있는 학교나 영유아 보육 및 교육기관에서 바람직하고 적절하게 타인과 상호작용하고 만족한 가정 및 교육기관, 학교 등에서 적응을 할 수 있도록 원조하는 것을 의미한다고 정리하고 있다. 상담(counseling)을 생활지도의 일부로 포함시키기도 한다.

둘째, 심리치료(psychotherapy)는 일반적으로 개인의 내면적인 부분과 내담자 스스로 인지하지 못하는 무의식 영역과 성격, 그리고 기질적 성향의 부분까지 더 깊게 관여되고 행동 결과의 원인 분석을 하여 요인을 찾아 바람직하지 못한 행동의 결과에 영향을 주었던 요인들에 따라 치료적 접근과 교정에 관심을 두고 있다. 정체 생활지도 프로그램과 같이 생활은 합리적인 계획과 문제해결 및 대처 방안과 환경과 상황적인 억압과 압력에 대한 지지 등을 강조한다. 상담적 관계는 치료적 관계에서 분석, 진단되는 정서적 표현이 강하지 않다.

셋째, 상담의 대상자(내담자)는 정신병리적 문제라 심각한 증상을 갖고 있거나 극단적인 부적응 문제를 갖고 있는 사람보다는 정상적 생활을 할 수 있는 사람들이다. 심리치료는 심리적인 장애와 정신병리적 문제를 보이는 증상을 어느 정도 갖고 있거나, 적응의 어려움을 갖는 사람들을 대상으로 한다. 상담은 타인과 환경에 본질적으로 성장발달을 저해하는 욕구불만과 다른 장애적 요인을 제거 하도록 정상인을 돕는 반면에, 심리치료는 성격장애들의 정신병리적 문제에 초점을 둔다.

넷째, 상담은 주로 현재의 의식적인 자료 및 문제점에 기초를 두고 접근을 하는데 반해, 심리치료는 재현이나 무의식의 내면의 세계를 주로 의존하여 상징적 자료를 더 중요시하는 치료적 기법이다.

다섯째, 상담은 주로 학교, 지역복지 및 봉사기관, 종교기관 등에서 전문가 혹은 비전문가에 의해 실시되기도 하고, 심리치료는 보다 전문적이고 임상적으로 병원이나 진료적 전문기관에서 주로 내담자를 다루게 된다.

여섯째, 상담자는 주로 개인의 문제나 해결책 및 대처 방안 측면을 강조해서 개인적, 사회적 상황에서 자신과 타인을 이해하고 대처토록 한다면 심리치료는 내면의 분석과 진단을 기초로 한 치료에 중요성을 강조한다.

일곱째, 상담은 내담자로 하여금 명확한 정체감을 갖도록 하는 조력으로 이해된다면, 심리치료는 내담자의 내재적이고 무의식적인 갈등과 혼란을 다룬다.

위에서 설명한 바와 같이 상담은 진로지도 및 개인의 현실적 적응 면에 기초를 두어 진로지도의 면에서 사용되어 온 말이고, 심리치료는 정신의학의 분야에서 정신병리적 문제를 진단치료하는 분야에서 사용되어 온 말이다. 상담은 교육적 또는 성장과 개발이란 의미를 포함하고 있다면 의학 분야에서 발전해 온 심리치료에서는 '치료'의 의미를 크게 갖고 있다. 이와 같이 내담자를 대상으로 대처 방안이나 대응 목표의 치료적 방법과 과정에 따라 상담과 심리치료의 의미를 구별하는 경우이다. 또한 상담은 대화를 중심으로 상담자와 피상담자와의 면대면의 상호작용이 주가 된다면 심리치료에서는 적응적인 행동과 생각과 신념의 변화 등에 치료의 목표를 두고, 대화 이외의 다양한 치료적 접근이 이루어진다. 예를 들면 아동상담에서 심리치료적 접근은 미술치료의 한 부분인 HTP(House, Three, Person) 및 KFD 등의 심리투사검사, 놀이치료, 음악치료, 심리극 역할극, 이야기치료, 독서치료, 싸이코 드라마, 행동, 정서 인지치료 등 내담자의 구체적인 행동관찰을 통해 행동요법 등은 상담보다는 심리치료로 정의하는 경우가 많다.

다음 〈표 1-1〉은 생활지도, 상담과 심리치료의 내용을 비교하여 도표화하였다.

〈표 1-1〉 생활지도, 상담, 심리치료 용어 비교

	생활지도	상담	심리치료
호칭	개인	내담자	내담자 혹은 환자
상담 목표	교우 관계, 진학 및 진로, 학교 문제와 학업에 따른 어려움	상황적, 환경적 갈등과 억압으로 인한 부적응	일상생활의 장애를 초래하는 부적응 문제, 성격 및 인성 문제
문제 영역	일상적 삶의 영역	의식적인 문제와 갈등	무의식적 내면의 상한 감정 및 상처(trauma)
임상 장면	학교 및 가정	전문상담가에 의한 상담 센터 및 상담실, 학교, 기관 및 지역단체	치료센터, 병원 등
목적	인간발달적 적응	호소 문제 및 현재 문제해결	진단 및 치료 (때론 약 처방 필요)

3) 아동상담과 이해

상담실을 찾는 아동의 경우는 대부분 아동행동의 외현적인 문제들로 교사나 부모와 같은 성인에 의해 혹은 타인에 의해 의뢰되어진다. 아동의 문제 증상들은 자신과 주의 사람들을 힘들게 하는 증상으로 간주하는 평균으로부터 일정한 범위를 넘어 일탈된 것을 문제행동으로 보는 견해이다. 그러나 문제행동 증상들은 아동이 자신의 욕구와 상대에게 기대하는 표현이거나 주장을 관찰하려는 왜곡된 표현 형태일 수 있으므로 상담자는 아동의 외현적인 증상만 보고 섣불리 진단을 내리거나 병명을 정하는 일을 하는 것은 매우 위험한 일이다.

다양한 아동들의 문제행동은 애정과 관심을 받고 싶어 하는 아동의 마음일 수 있다. 이러할 때 문제행동으로 진단하기보다는 아동의 내면을 볼 수 있는 눈과 귀 그리고 가슴을 가지고 아동의 마음을 이해하고 그들의 문제행동으로 표현하는 언어를 바로 보고, 듣고, 느끼는 머리가 아닌 가슴으로 그들을 이해할 필요가 있다. 아동은 기본적으로 성인에 비해 자아 분화가 되어 있지 않은 미분화의 발달과정에 있으므로 자신의 욕구와 감정을 적절하게 표현하는 방법을 아직 터득하지 못했기 때문이다. 뿐만 아니라 자신과 주변 세계를 이해하는 인지적, 지적 능력도 부족하고, 정서적, 사회적, 이해력도 발달과정 중이기 때문이다. 그리고 아동은 태어날 때 모두가 다르게 태어나며 다양한 기질과 모두가 다른 부모의 양육 태도에 의해 양육되기 때문에 부모나, 교사 및 성인들이 바람직하다고 생각하는 일정한 틀에 맞추어 개개인을 평가하고 진단하는 것은 잘못이다. 아동들은 다양한 욕구를 갖고 있으며 이 욕구는 성장함에 따라 발달하게 된다. 즉 생애 발달단계에 따라 적절한 새로운 욕구들이 충족되면서 성장되기 때문이다. 아동들은 개개인이 이러한 생애 발달단계에 따른 충족되어져야 할 욕구들이 채워지지 않을 때 그 다음에 있는 발달단계와 성격 형성에 부정적인 영향을 미치게 된다. 그리고 아동 개개인은 이러한 욕구들에 대처하는 방법을 모색하게 된다. 아동이 성장 발달단계에 따른 다양한 욕구에 대처하는 방식은 개개인의 기질적 성향과 부모의 자녀 양육 태도와 사회환경적으로 경험에 따라 달라질 수 있다. 즉 성장 발달단계에 따른 욕구를 부정하거나 부모나 타인, 그리고 환경에 따라 억압하면서 살아가거나 자신의 나름대로의 최선의 방법을 통하여 욕구를 관찰하든지 자폐적으로 외부 세계와 단정하고 자신만의 세계에서 폐쇄적인 방법으로 욕구를 해결하거나 등이 외현적 문제행동으로 나타나기 때문이다. 아동 개개인은 자신의 욕구를 관찰하고자 할 때, 혹은 자신을 표현하려고 할 때 아동이 가장 편하고 효과적이라고 판단되는 적절한 방법을 택하게 되는데 아동과 상호작용하는 부모나 교사 및 성인들의 아동 개개인의 이해 부족과 바람직하지 못한 관계 형성으로 인하여 아동으로 하여금 문제행동을 통하여 자신들의 욕구와 기대를 얻고자 할 때 아동의 문제행동 증상으로 표출된다고 볼 수 있다. 따라서 아동의 문제를 다루는 아동상담가나, 아동교육 전문가는 외현적으로 표출된 문제행동에 주의를 기울이기보다는 그 문제나 행동 뒤에 숨어 있는 원인을 찾는데 주의를 기울이고, 대처 방안 및 해결책에 초점을 맞추는 것이 보다 더 바람직하다.

아동의 문제행동 특성

첫째, 아동의 개개인의 환경에 적응하기 위한 나름대로의 최선의 노력의 일부이다.
둘째, 미해결된 욕구 및 상한 감정은 일반적으로 문제행동으로 나타난다.
셋째, 바람직하지 못한 부모 양육 태도 및 환경의 영향일 수 있다.
넷째, 생애 발달적 변화와 관련지어 판단해야 한다.
다섯째, 외현적인 증상보다는 문제행동 원인에 초점을 맞추어야 한다.

4) 아동상담이론의 유형

최근 상담 장면에서 적용되거나 사용되고 있는 상담심리치료이론은 약 400~450 여가지에 이른다. 이러한 다양한 상담이론들을 학자들의 인간관이나, 성격이론이 상담 및 심리치료의 목표와 내담자의 주 호소 문제 등을 고려하여 유형화시키면, 인지치료적 접근, 행동치료적 접근, 정서적 치료적 접근, 통합치료적 접근의 4가지 치료적 접근으로 분류된다. 상담자들이 모든 상담이론에 능통하고 상담기법들을 훈련하는 것은 매우 힘든 과정이다.

각 개인의 상담자는 자신이 가장 효과적으로 적용하여 지향하고 선호하는 상담 및 심리치료 접근 방식을 심도 있는 전문적 교육과 임상훈련을 쌓아야 한다. 또한 보다 효율적인 상담이 이루어지게 하기 위해서, 자신의 전문 영역 이외의 상담 및 치료이론에 대해서도 끊임없는 관심과 연구, 그리고 임상과 훈련을 하여야 한다.

상담 장면에서 상담자들의 대표적인 상담이론 유형은 다음과 같다(Thompson & Henderson).

① 정서적 접근 : 게슈탈트, 인간 중심 외
② 행동적 접근 : 행동치료, 개인 심리학, 현실치료, 단기 상담 외
③ 인지적 접근 : 합리적, 정서, 행동치료(REBT), 정신분석, 교류분석 외
④ 통합적 접근 : 통합치료, 가족치료, 집단치료 외

[그림 1-1] 상담이론 유형

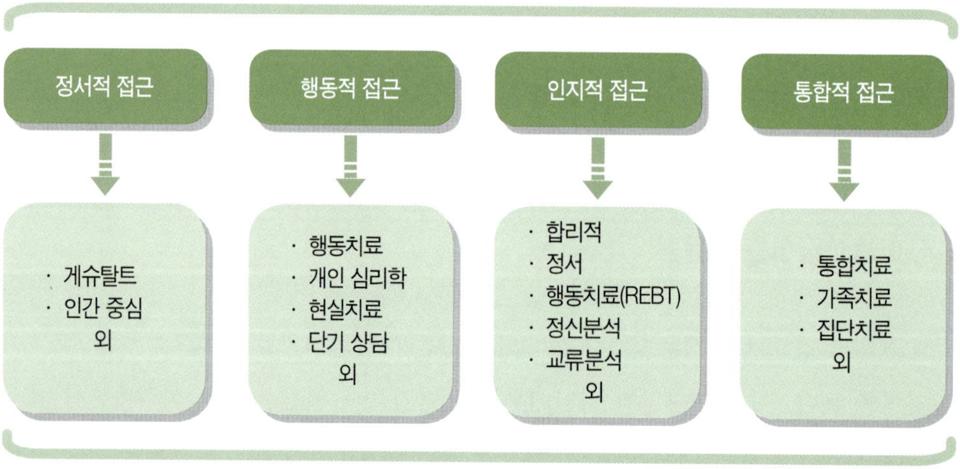

2. 아동상담의 필요성

1) 급변하는 현대사회와 아동의 위기

최근 급변하는 사회 · 경제 · 환경과 가족구조의 다양한 변화, 개인의 가치관 변화, 물리적 환경 변화 등으로 인한 다양한 가정 문제와 사회 문제가 양산되고 있다. 현대사회가 당면하고 있는 가정의 역기능적 문제, 학교의 교육 문제와 학교폭력 문제 등은 바람직하고 건강하게 성장해야 할 아동은 다양한 환경과 시간에서의 직간접적으로 부정적 영향을 받게 된다. 특히 아동은 발달 특성상 안전한 환경과 이해와 수용적인 부모의 양육을 절대적으로 필요로 하는데 현대사회의 이러한 위기는 아동들에게 커다란 부정적 영향을 끼치게 된다.

2) 아동상담의 필요성

인간이 성장 발달단계별로 특이성과 꼭 채워져야 할 욕구와 필요 등을 채워 나갈 때 심리적 안정감과 긍정적 자아상, 그리고 자기분화 및 올바른 성장과 바람직한 성격 형성을 이루어 갈 수 있다.

아동기는 환경적인 안전과 심리적 안정감과 자아존중감을 키워 나가고 긍정적인 자아개념을 형성하며, 성숙되고, 정상적인 사회인으로 살아갈 수 있는 사회적 기술과 환경 및 타인에 대해 적응하고, 이해할 수 있는 삶의 적응력을 익혀가는 중요한 시기이다. 그러나 급변해 가는 사회 속에 그들을 양육하고 교육시키는 부모의 아동에 대한 이해 부족으로 인한 잘못된 자녀 양육 태도와 현대사회에서 증가되는 학업적 요구와 다양한 역할수행의 요구를 감당하는데 적지 않은 스트레스와 심리적 긴장감 및 불안, 우울증 등의 정신장애 그리고 공격성과 사회화 결핍형 등의 심리적 문제를 경험하고 아동기때 해결되지 않은 발달단계별 욕구는 성장해 가면서 부정적 영향을 미치기도 하고, 사회부적응적 아동으로 어려움을 겪기도 한다.

아동상담은 특히 신체, 정서, 인지, 언어, 사회성 등 발달과정에서의 문제점을 갖고 있는 아동, 가정이나 학교 등에서 적응에 어려움을 겪는 아동을 대상으로 하고 있다. 특히 아동기는 전인적 발달의 중요한 시기로 영유아 · 아동기에 필요한 부모 및 양육자와의 안전한 애착 관계와 이해와 수용을 토대로한 사랑과 꼭 채워져야 할 기본적 욕구가 해결되어야 하는 시기임에도 불구하고 부모나 양육자의 무지에 의해 지지와 격려를 받아야 할 아동들이 다양한 아동학대로 이 시기의 문제나 어려움이 긍정적으로 해결되지 못하면, 현재 생활에 부적응적일 뿐만 아니라, 성장하는 과정이나 성인이 되어서도, 어린 시절의 미해결된 과제가 삶의 전반에 걸쳐 부정적인 영향을 끼치기 쉽다. 이러한 점에서 아동기의 문제와 부적응에 의한 문제행동이나 건강한 성장을 위해 아동상담의 필요성을 강조한다.

이 시기에 형성된 아동 문제는 성장 발달과업 성취에 부정적 영향을 주기도 하여 청년기 및 성인기의 사회적 적응이나, 성격발달과 정신건강에 부정적인 영향을 미치게 된다. 이러한 점들을 고려해볼 때 아동기는 생애 발달단계 중 매우 중요한 시기이다.

이러한 아동기의 심리적 문제들은 과거에는 "아이들은 다 그러면서 논다"거나 대가족제도의 가족관계 속에서 해결되기도 하였다. 게다가 부모와 사회에서는 아동들의 문제행동 및 사회부적응으로 나타났던 학습 문제와 사회 문제, 또한 아동들의 개개인의 심리적 문제 등에 대해 그리 심각하게 받아들이지 않았다.

그러나 최근 많은 아동학자들과 아동임상학자들은 이러한 아동들의 심리적 문제 등을 새로운 시각으로 받아들이게 되었고, 건강한 성인으로 성장하기 위한 중요한 문제로 여기면서 조기에 적절한 치유적인 접근을 상담 혹은 심리치료 등을 통하여 치료해야 된다는 필요성이 강조되어지고 있다. 이에 따라 아동은 심리적 문제로 인한 타인과 사회적 부적응의 문제를 해결해 나갈 수 있고, 건강한 몸과 정신의 아동기를 보낼 수 있도록 아동의 이해와 전문적 도움을 받을 필요가 있다.

아동의 행동에 대한 이해나 문제행동에 대한 판단기준을 조금만 더 깊이 들여다보면, 그 이면에는 부모나 성인들의 잘못된 기대, 욕심, 보상, 아동발달에 대한 이해 부족

등이 큰 면을 차지하고 아동과 잘못된 상호작용을 지속적으로 유지하고 있는 경우를 많이 볼 수 있다.

또한 이러한 아동의 부적응의 문제와 문제행동 그리고 이들을 도울 수 있는 다양한 아동상담기법과 심리치료의 접근방법은 이들의 몸과 마음이 건강한 성인으로 성장할 수 있도록 도우며 학습과 사회적 행동 문제를 가지고 있는 아동이 더 심각한 마음의 병 혹은 상처를 갖지 않고 비행과 정서적 장애 및 비행이나 일탈행동으로 가지 않도록 예방하기 위해서도 필수적이라 할 수 있다. 이에 따라 최근에는 아동에 대한 이해를 위한 아동상담의 유용성과 중요성에 대한 인식이 새로워지면서 자녀를 양육하는 부모와 아동들을 교육하는 교사 및 교육 관련자들과 사회적 요구는 아동상담과 아동심리치료, 아동임상에 관련된 전문직에 대한 선호도가 계속 증가하고 있다.

특히 다양한 가족 유형의 변화, 가치관, 문화, 부적응 등은 현대사회에 살고 있는 아동들에게 건강한 삶과 성장을 위해 아동상담의 필요성을 절실히 필요로 한다.

아동상담의 필요성을 다시 살펴보면 다음과 같다.

(1) 다양한 가족 유형

급속한 현대사회의 변화에 따라 전통적인 가족 유형에서 벗어나 가족의 붕괴와 결손가족의 이혼가족, 한부모가족, 소년소녀가족, 조손가족, 계부모가족, 맞벌이가족, 별거가족 등의 출현이 급증하고 있다. 물론, 이러한 다양한 가족 유형이 모두 아동의 문제와 부적응을 심화시키거나 문제행동의 요인이 되고, 그로 인해 절대적으로 상담을 필요로 하는 것은 아니다.

단, 일반 가족 혹은 순기능 가족 유형보다는 역기능 가족이 아동에게 다양한 부적응의 어려움과 문제를 갖게 한다.

특히, 이혼, 별거 등의 가족해체로 인하여 한부모가족이나 소년소녀가장가족, 조손가족, 별거가족 등의 가족 유형으로 다양하게 변하면서 경제면이나 안정성 면과 정서면에서 어려움을 겪는 아동이 많아지고 있다.

(2) 빈곤아동

① 빈곤의 개념

빈곤의 개념은 국가나 시대학자에 따라 다르게 정의되고 있으며, 경제적, 사회적 측면으로 나누어 볼 수 있다.

절대빈곤(absolute poverty) 아동이 가정 소득최저 생계비 이하의 가정으로 '2008년 국민 생활실태조사'를 기초로 하여 측정한 결과 11.5%에 이르고 있다. 빈곤은 아동의 전인적 발달과 다양한 문화체험에 손상을 가져온다.

비위생적이고 의식주의 안전하지 못한 환경으로 인한 건강 문제, 교육의 기회 박탈과 방임, 집단따돌림 문제, 문화 환경 체험의 어려움, 부적절한 부모 양육 태도로 인한 다양한 아동학대 및 정서적 · 심리적 · 갈등과 혼란의 어려운 문제 등의 요인이 되기도 한다.

[그림 1-2] 빈곤의 개념

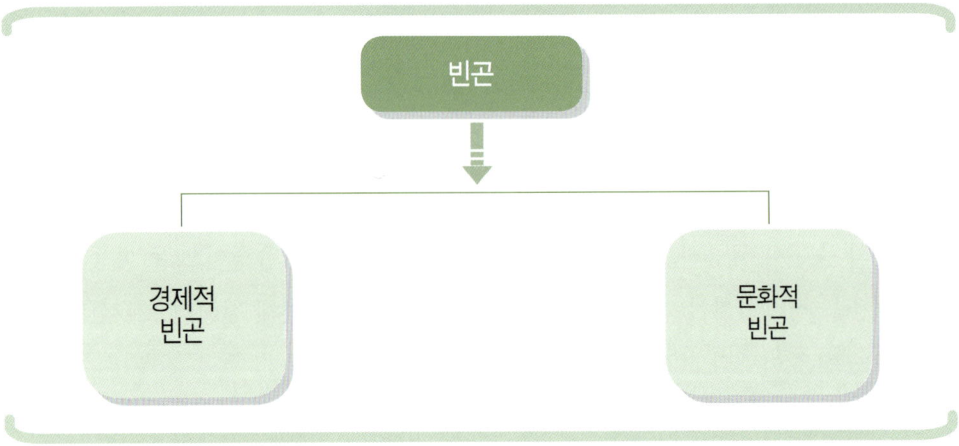

절대빈곤 외에도 사회의 일반적 생활수준과 비교한 상대빈곤(relative poverty) 또한 경제적으로 비교되어 아동들 문화에서 또래집단 사이에서 낮은 자존감이나 우울, 대인기피, 불안 등의 정서 문제를 일으키 는 요인이 되기도 한다.

② 경제적 빈곤

경제적 빈곤은 물질적 필요에 대하여 부족은 느끼는 것으로 정의되며 절대적 빈곤과 상대적 빈곤으로 나누어 볼 수 있다.

절대적 빈곤이란 살아가는데 절대적으로 필요한 최소한의 자원을 충족시키지 못하는 상태를 말한다. 상대적 빈곤이란 다른 사람들과 비교해 상대적으로 적게 가지고 있는 상태를 의미하는데 개인의 상황을 사회의 평균 소득 또는 표준 생활수준과 비교함으로서 규정된다.

③ 문화적 빈곤

빈곤의 개념은 문화적 측면에서도 정의될 수 있다. 빈곤층 사람들은 도시 저소득층 밀집 지역에 모여 살면서 사회의 지배 문화와는 다른 태도, 가치, 행동을 포함하는 빈곤 문화의 특징은 첫째, 사회의 주요 제도에 참여가 제한되어 사회의 지배적 가치를 수용하지 못하는 사람들이 많다는 것이다. 둘째, 한부모가정이 많으며, 합법적 결혼 없이 동거하는 가정들이 많다. 셋째, 동기가 약하고 충동적이며 현재 중심적인 생활을 하는 사람들을 만들어 낸다. 넷째, 아동에 대한 교육투자의 선택과 기회가 많지 않다. 따라서 빈곤가족들은 이런 빈곤 문화의 특성을 가지고 있으며 그 특성들은 적절한 복지적 개입이 없으면 빈곤이 세대 간에 전승되어 영속적으로 나타날 가능성이 높다.

(3) 빈곤아동과 상담

빈곤이 아동에게 미치는 영향은 아동의 전반적인 발달 영역에 걸쳐 나타난다. 빈곤은 정상적인 발달과업을 성취하는데 장애를 가져오며 그 장애들이 누적되어 성인이 되어서까지 부정적인 영향을 미친다. 빈곤이 아동에게 부정적인 영향은 발달상 문제, 학습부진 및 사회부적응 및 관계부적응, 문제행동, 청소년비행 등으로 살펴볼 수 있다.

이렇게 빈곤아동의 문제는 발달부진과 학습부진 및 부적응, 비행, 문제행동 및 일탈행동으로 이어질 수 있는 확률이 크다. 예컨대 빈곤가족은 부모가 생계유지에 우선적인 초점이 주어지고 아동 양육 지식과 시간적 여유가 부족하기에 아동을 돌보지 못하는 "의도하지 않은 학대와 방임"이 발생할 수 있다. 빈곤의 문제는 빈곤가정의 아동에게 발육부진과 같은 신체발달의 문제, 낮은 지능과 학업부진, 인지발달 문제, 정서적 문제 등과 같은 내면화된 문제 및 발달과정에서 미해결된 욕구 등으로 좌절과 공격성, 주의력 결핍, 과잉행동장애, 반사회적 행동 등의 외현화된 문제 등을 포함된 심리사회 발달 문제, 사회적 적응과 성취에 이르기까지 부모나 학교와 지역사회로부터 적절한 자극과 모델링이 부재한 상황에서 빈곤아동의 인지발달, 언어발달, 행동발달 및 성격 발달은 장애를 초래하게 된다.

3. 아동 문제행동에 대한 이해

대부분의 부모들이 자녀를 양육하면서 여러 차례 어려운 문제에 부딪히게 된다. 이때 부모들이 판단하기에 가장 어려운 문제는 과연 내 자녀가 정상인가 그렇지 않은가 하는 점과, 그 문제의 원인이 무엇이며, 누구 때문인가 하는 점이다.

아동 문제의 정상성은 전문가라 하더라도 평가하기가 쉽지 않다. 그 이유는 아동은 의사표현이 성인만큼 자유롭지 못한 경향이 있으며, 익숙하지 않은 사람과의 접촉에서는 긴장하거나 불안해하기 쉬워서 자신을 있는 그대로 보여주기가 어렵기 때문이다. 아동상담에서 표준화된 검사도구 이상으로 수차례에 걸친 관찰평가가 중요한 준거가 된다든지, 상담자와의 라포(rapport) 형성이 강조되는 것이 바로 이 때문이라고 할 수 있다. 뿐만 아니라 아동 문제는 발달적 과정에서 나타나는 적응상의 문제로 인한 일시적 현상일 수도 있기 때문에 판단에 더욱 신중을 기해야 한다.

한편, 오래 전부터 아동 문제의 원인은 전적으로 부모의 성격이나 양육행동 등에 있다는 주장이 있어 온 반면에, 최근에는 자녀의 기질 등과 같은 개인적 특성과 부모와의 관계의 부적합성(부조화) 같은 상호작용적 측면에서 아동 문제를 파악해야 하며, 따라서 아동의 문제를 부모 탓으로만 돌리는 것은 잘못된 견해라는 주장이 설득력을 얻고 있다. 사실 아동 문제는 부모나 자녀 어느 한 쪽에 책임을 묻기보다는 양방향적 관점에서 접근하는 것이 합리적이라고 볼 수 있다. 그렇다 하더라도 부모는 양육자로서 자녀의 심리적 · 물리적 환경을 구성하고 제공하는 데 있어서 가장 중요한 역할을 담당하고 있는 것이 사실이며, 실제적으로 부모-자녀관계의 변화는 어린 자녀보다는 부모가 문제의 원인을 이해하고 해결하고자 노력할 때 보다 쉽게 일어난다는 점도 사실이다. 다양한 아동 문제를 취급하는 상담 현장에서 부모-자녀관계가 변화됨에 따라 아동 문제가 해결되거나 개선되는 사례는 특히 영유아기와 아동기에서 두드러지는 현상이라 할 수 있다.

1) 아동 문제의 특성

상담실에 오는 아동의 경우 성인과는 달리 대부분 교사나 부모와 같은 성인에 의해 의뢰되어 오게 된다. 도움을 필요로 하는 아동의 문제 증상들은 아동 자신과 주위 사람들을 힘들게 하는 외현적인 문제행동들인 경우가 많다.

아동은 성인과 달리 심각한 정신병리가 있는 경우는 많지 않은데, 이는 발달과정에서의 장애들을 극복할 수 없을 때 성인이나 사회가 수용되기 어려운 방법으로 자신의 욕구를 표현하는 경향이 있기 때문이다. 이러한 문제행동 증상들은 아동이 자신의 욕구를 주장하거나 관철하려는 왜곡된 표현 형태일 수 있으므로 상담자는 아동의 증상만을 보고 진단을 내리거나 섣불리 분석 및 진단하여 병명을 정하는 것은 바람직하지 않다. 예컨대 또래집단들의 돈을 빼앗거나 수업 중에 자기 멋대로 움직이며 교사의 지시에 따르지 않으며 공격적이고 충동적으로 물건을 던지는 등 영유아보육 및 교육기관이나 아동들의 학교 및 교육기관 등의 생활에 적응하지 못하는 아동들을 볼 수 있다. 6세

남아의 행동에 따라 교사는 이 아동의 문제를 품행장애라고 단정하고 단기간에 개선시키기 어려운 문제로 판단할 수 있다. 그러나 이렇게 심각하게 비쳐지는 문제의 경우에도 애정과 관심을 받고 싶어 하는 아동의 마음을 교사와 부모가 알아주고 노력하게 되면, 짧은 시간 안에 부적응행동이 줄어들고 아동의 행동은 변화될 수 있다.

아동은 기본적으로 성인에 비해 몸이 작고 힘이 약하며, 자신의 욕구를 적당하게 표현하는 방법을 알지 못한다. 뿐만 아니라 자신과 주변 세계를 이해하는 인지적 능력도 부족하고, 정서적 · 사회적 이해력도 발달되어 있지 않다. 반면에, 아동은 태어나면서부터 다양한 욕구를 갖고 있으며, 이 욕구는 성장함에 따라 발달하게 된다. 즉 , 각 발달단계에 따라 새로운 욕구들이 출현하게 되며, 아동은 누구나 이러한 욕구들에 대처하는 방법을 모색하게 된다. 아동이 다양한 욕구에 대처하는 방식은 개인의 기질과 성장 경험에 따라 달라질 수 있는데 크게 세 종류로 구분할 수 있다. 즉, 욕구를 부정하거나 억압하면서 살아가든지(예 : 거식증, 정서장애, 우울, 불안, 위축), 자신이 아는 최대한의 방법을 동원하여 욕구를 관철하든지(예 : 공격성, 품행장애), 외부 세계와 단절하고 자신만의 세계에서 폐쇄적으로 살아가든지 하는 방법(예 : 자폐증) 등이 그것이다. 이 중에서 아동은 자신이 사용할 때 가장 효과적이거나 위협이 되지 않는다고 여겨지는 방법을 선택하게 되며, 이것이 아동의 문제 증상으로 표출된다고 볼 수 있다. 따라서 아동의 문제행동을 다루는 아동상담자는 문제의 종류나 심각성에 주의를 기울이기보다는 왜 이런 문제를 보이는지 그 원인을 파악하고 해결하는 것에 초점을 맞추는 것이 바람직하다고 본다.

아동 문제의 특성을 요약하면 다음과 같다.

① 아동의 문제는 환경에 적응하기 위한 노력의 일부이다.
② 아동의 문제는 주로 행동적인 형태로 나타난다.
③ 아동의 문제는 발달적 변화와 관련지어 판단해야 한다.
④ 아동의 문제는 증상보다는 원인에 초점을 맞추어야 한다.

2) 아동 문제행동의 원인

아동 문제행동이 일어나는 원인은 매우 다양하다. 그 배경 요인은 단일적인 것일 수도 있고, 어떤 배경 요인이 우세한 것일 수도 있지만, 대부분의 경우는 복합적인 상호작용을 일으켜 아동 문제행동를 발탈시킨다. 예컨대 아동 문제의 원인은 크게 유기체적 요인, 개인 내적 요인과 개인 외적 요인으로 나누어 볼 수 있다. 아동 문제는 성인 문제와 마찬가지로 아동 자신의 유기체적 요인과 개인 내적 요인, 개인 외적 요인 간의 상호작용에 의해 발생하고 발딜된다.

〈표 1-2〉 아동 문제행동의 원인

유기체적 요인	개인 내적 요인	개인 외적 요인
· 유전적 요인 · 기질적 요인 · 뇌의 이상적 요인 · 생리적 특성 요인 · 신체적 특성 요인 (질병, 외모, 체력 등)	· 심리사회적 특성 (자아존중감, 사회적 능력) · 인지적 특성 (인지양식) · 정서적 특성 (공격성, 위축, 우울)	· 사회인구학적 변인 (소득, 교육 수준, 모의 취업 유무 등) · 부모의 양육행동 · 형제관계 · 또래 관계 · 학교 생활 적응 · 가족관계의 변화 (부모의 사망, 이혼, 재혼 등) · 사회 경제적 요인

유기체적 요인은 아동의 DNA(유전인자), 기질, 뇌나 신경계의 이상, 생리적 특성, 신체적 특성(질병, 외모, 체력 등) 등과 같이 주로 선천적으로 타고나는 특성들을 들 수 있다. 개인 내적 요인은 심리사회적 특성(자아존중감, 사회적 능력, 자기통제력 등)이나 인지양식과 같은 인지적 특성 및 정서적 특성(공격성, 위축, 우울 등)과 같이 개인이 주로 후천적으로 형성한 특성 등을 들 수 있다. 개인 외적 요인으로는 아동이 속한 가정의 사회 인구학적 변인(소득이나 교육 수준, 모의 취업 유무 등), 부모의 양육 태도,

또래 관계, 학교생활 적응, 가족관계의 변화(부모의 사망, 이혼, 재혼 등), 사회 경제적 요인 등을 들 수 있다.

유기체적 요인이나 개인 내적 요인, 개인 외적 요인 모두 아동의 문제에 영향력을 갖는 중요한 요인들이고, 아동에 따라 가장 결정적인 역할을 하는 요인이 있는 것도 사실이지만, 최근에는 어느 한 요인과 아동 문제 간의 관계를 분석하기보다 이러한 요인들 간의 관계를 분석하고 파악함으로써 포괄적으로 문제해결 방법을 모색하고자 하는 체계론적 접근 이 관심을 끌고 있다. 또한 개인 외적 요인 중에서도 최근 들어 점점 강조되고 있는 것은 소득이나 어머니의 취업 유무 등과 같은 사회연구학적 요인보다는 미시체계 속에서 아동을 둘러싸고 있는 중요한 타인들과의 관계이다. 아동의 문제는 성인과 달리 아동에게 직접적인 영향을 미치는 미시체계 속의 주요한 타인들의 영향과 역할에 의해 결정될 수 있으며, 이것은 아동의 연령이나 양육 환경과 상황에 따라 달라질 수 있다. 출생 직후부터 청소년기까지의 전 기간 동안 부모, 특히 어머니는 아동에게 가장 중요한 환경이며 어머니가 자녀에게 대하는 행동을 변화시킴에 따라 아동의 연령이나 상황에 따라 달라질 수 있다. 출생 직후부터 청소년기까지의 전 기간 동안 부모, 특히 어머니는 아동에게 가장 중요한 환경이며 어머니가 자녀에게 대하는 행동을 변화시킴에 따라 아동의 문제를 완화하거나 개선할 수 있는 가능성이 커진다. 이러한 어머니의 직접적인 영향력은 사춘기에 접어들면서 차츰 감소하고 그 대신 또래 친구의 영향이 강조된다.

3) 아동 문제의 위험 요인

앞에서도 언급한 바와 같이 아동 문제를 야기시키는 위험 요인은 매우 다양하며, 복합적인다. 우선 아동발달에서 위험 요인을 살펴보면 아래와 같다.

선천적 요인으로는 유전자 이상, 태내기와 출생시 뇌 손상, 잠재적 장애 및 질병, 기질적 성향 등을 들 수 있고, 가족 요인으로는 빈곤, 학대, 방임, 가족의 해체 및 붕괴, 정신

병리, 심한 스트레스, 지나친 부모의 기대도 이에 속한다고 볼 수 있다. 정서적 요인은 낮은 자존감, 정서적으로 상한 마음, 미성숙, 사회성 결핍, 또래 관계의 갈등 등이다. 지적 요인은 낮은 지능, 학습부진, 저조한 학업성취 등을 들 수 있고, 생애 과정 요인은 부모의 사망, 전쟁, 자연재해 등을 들 수 있다.

〈표 1-3〉 아동발달 위험 요인

선천적 요인	유전자 이상, 태내기와 출생시 뇌 손상, 타고난 기질
가족 요인	학대, 빈곤(상대빈곤, 절대빈곤), 방임, 가족해체, 다양한 가족 유형(한부모가족, 조손가족, 입양가족, 장애가족, 다문화가족, 소년소녀가족, 이혼가족, 사별가족 등)
정서적 요인	이상발달 및 미성숙, 낮은 자존감, 자신감 상실, 또래집단과의 갈등 등
생애사건 요인	전쟁, 자연재해, 부모의 사망, 형제 사망 등

4) 아동 문제의 극복 및 회복

생애 가운데 위험 요인이 생겼을 때, 어떤 아동은 그러한 상황에 큰 충격과 부적응이 일어나기도 하지만 어떤 아동은 그 환경과 상황에서도 훌륭한 성인으로 성장하기도 한다. 이러한 회복 및 극복 요인은 사람이 깊은 환경에서 양육되는 아동이거나 높은 자존감, 자기통제 능력, 사회적 기술 등의 개인적인 특성은 자신을 보호하는 긍정적 사고 및 신념 또한 위험 요인에 처해도 양육자인 부모의 애정적이고 안전한 양육에 의해 극복할 수 있다. 교사나 또래, 친지 등의 광범위한 사회적 환경으로서의 격려와 지지 또한 아동을 위험 요인으로부터 지켜주는 회복 요인이 될 수 있다.

〈표 1-4〉 아동 문제 극복 요인

극복 및 회복 요인	요인 특성
개인적 요인	지적 능력, 사회성, 긍정적 사고, 자신감, 자아존중감, 효능감, 높은 자존감, 재능, 신앙
가족적 요인	안전한 애착의 부모-자녀 관계, 가족 구성원의 격려와 지지와 수용, 폭넓은 가족 지원 네트워크
가족 외적 요인	교사, 친지, 친구 등의 지지와 도움, 교회, 지역사회 등 복지시설이나 조직적인 지원망 등

Chapter 02

아동상담 원리와 모델

1. 아동상담의 정의적 접근과 효율적 접근
2. 정서적 아동상담의 특징과 효율적 아동상담의 특성
3. 아동행동지도를 위한 상담 모델과 모델 간의 비교

아동지도와 상담의 원리는 시대 상황과 아동들의 흥미, 그리고 아동들의 특성 등을 감안하여 설정된다. 특히 오늘날의 아동들은 아주 복합적이고도 위험스런 여러 가지 문제에 직면하고 있으며 이러한 문제들은 성적 학대, 약물중독, 방임, 삶의 목적 상실 그리고 자살 등의 제반 문제들을 다 포함하고 있다. 그러므로 영유아보육 및 교육기관과 아동보호 관련 기관들은 이러한 문제들을 해결하기 위해 종전보다 더 전문성을 요구하고 있으며 따뜻한 인간적 접근을 필요로 하고 있다. 특히 서구사회의 아동들은 희망이 없는 세계에서 사는 해체되고 붕괴되어가는 가정환경의 아이들처럼 방임되고 학대받으며 방황하는 모습을 보여주고 있는 실정이다.

그러므로 아동지도와 상담의 원리와 모델도 이러한 변화들을 감안하여 아동보호 체제(child-care system)를 개발하고 여러 형태의 전문적 훈련과 아동전문 스태프 개발(staff development)을 하며 다양한 아동상담 및 지도 상황에서 필요로 하는 상담 및 교수기법을 지원하는 내용들이 강화되고 있다. 물론 보다 구체적이고 실질적인 원리와 모델이 제공되는데 예를 들어 '부적응 아동을 위한 워크숍'이라든지 '공격적 아동을 위한 지원', '아동상담지도 전문가의 자기개발 워크숍', 그리고 '현대사회에서의 부모-자녀와의 대화기법' 등 아동의 행동변화와 부모와 자녀의 효과적인 대화기법 등이 주요한 원리와 모델들이다.

이러한 아동상담지도 원리와 모델의 특징은 세 가지로 요약하면 다음과 같다.

첫째, 이론적인 것보다는 실천적인 특성이 있다는 점이다. 즉 실제적인 상황에서 다룰 수 있는 실천적 방안(practical method)이나 접근(practical approach)이 강조되고 있다.

둘째, 이와 관련된 기법 중심(skill-based)의 모델이 지배적이다. 기법 중심의 모델은 일상생활에서 대면하게 되는 아동들과의 관계를 증진하는데 필요한 실천적 기법(practical skill)을 중심으로 모델이 마련된다.

셋째, 행동관리(behavior management) 차원에서 교정 프로그램(treatment program)이 함께 이루어진다는 점이다. 이러한 행동관리 원칙과 교정 프로그램의 활용은 주로 행동기술(behavioral technology)에 의한 아동과 부모 또는 아동과 아동지도 스태프 간의 긍정적 관계를 형성하는데 관심을 두고 있다(Kipnis).

1. 아동상담의 정의적 접근과 효율적 접근

부모 그리고 아동보호 및 교육에 종사하는 스태프들이나 아동상담 및 지도 관련자들은 궁극적으로 아동들을 보호할 뿐만 아니라 아동들의 보다 나은 삶과 건강한 성장을 위해 그들의 인권과 또래집단이나 사회적응력과 대인관계 개발을 위해 노력하고 있다. 따라서 정의적 접근과 효율적 접근 두 측면의 조화로운 아동지도를 위한 상담을 필요로 한다. 하나는 정의적 접근(compassionate)이고 또 다른 측면의 접근은 효율적 접근(competent)이다. 흔히 '2C 접근'이라고 볼 수 있는 정의적 접근과 효율적 접근은 근대 아동상담 및 지도의 핵심적 원리에 해당된다고 하겠다. 사랑과 수용과 이해 그리고 관계성을 감안하지 않은 아동상담 및 지도는 단순한 조정이나 조작 혹은 통제(manipulation)에 불과하며 효율성을 감안하지 않은 정의적 접근은 단순한 감상적 보호이거나 동정적인 일면에 불과하다. 따라서 2C 모델 측면을 다 지닌 정의적이고 효율적인 아동지도 및 상담은 진정한 마음속 깊은 곳으로부터 우러나는 아동에 대한 사랑과 아동 입장에서의 문제 이해이며 이러한 가슴과 머리가 조합된 지도 원리와 모델이 가장 바람직한 접근이라 할 수 있다. 적절한 정의적 관점이 결여된 아동상담 및 지도는 윤리적으로 볼 때 잘못된 아동지도라 할 수 있다. 아동과 부모, 그리고 아동과 교사 및 아동상담자 간의 정서적 연대는 결국 아동과 부모 관계를 강화시켜줄 뿐만 아니라 결국 아동의 문제를 근본적으로 해결할 수 있도록 한다.

[그림 2-1] 아동지도의 조화로운 모델

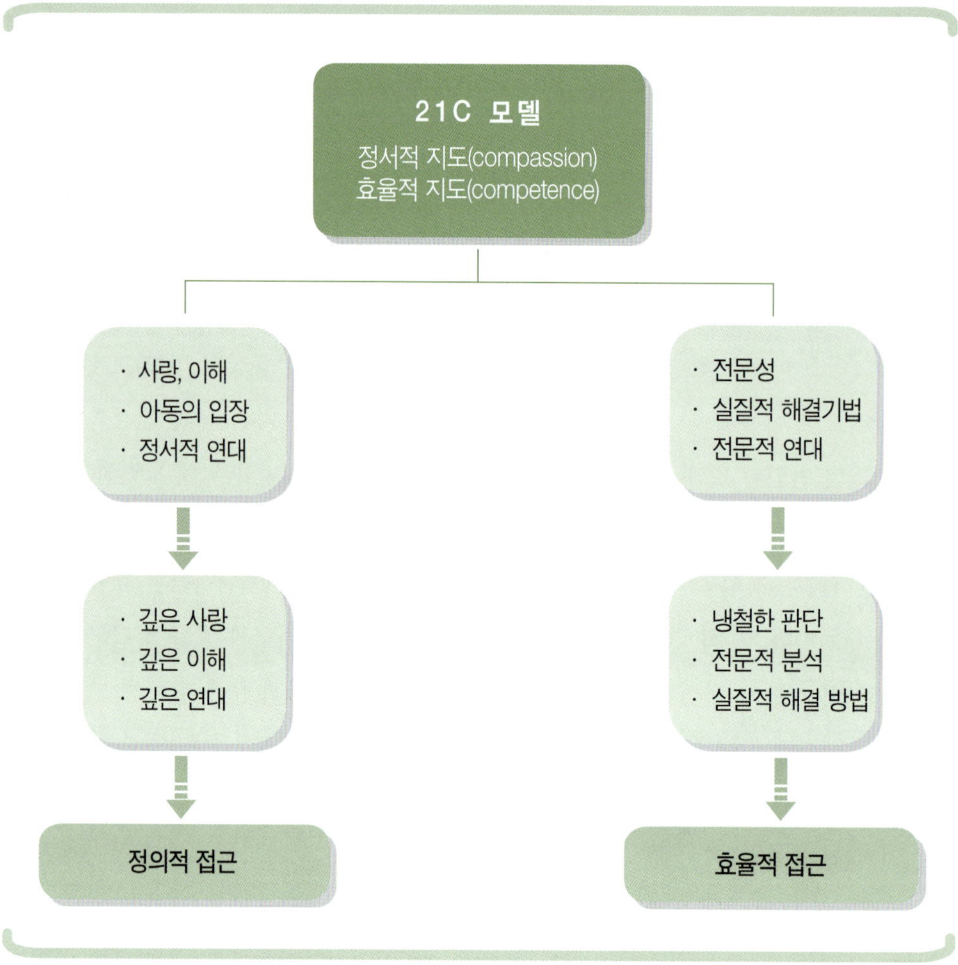

2. 정서적 아동상담의 특징과 효율적 아동상담의 특성

앞서 논의한 대로 정서적 아동상담지도와 효율적 아동상담지도의 원리와 특성이 있기 마련이지만 정서적 아동상담지도의 원리만으로는 효율적인 아동지도가 이루어지기 어렵듯이 효율적인 아동지도만으로도 아동과의 깊은 정의적 관계(affective relationship)를 토대로 한 근본적 아동 문제해결은 어렵다고 볼 수 있다. 그러나 정서적 아동상담지도의 특징과 효율적 아동상담지도의 특징은 각기 다른 일면이 있다(〈표 2-1〉 참조).

〈표 2-1〉 정서적 지도와 효율적 지도의 특성

정서적 상담지도의 특성	효율적 상담지도의 특성
· 적극적 경청 · 적절한 유머 · 밝은 표정 · 적절한 피드백 · 긍정적 반응 · 상호 존중 · 적절한 신체적 접촉(등 두드리기, 머리 쓰다듬기, 안아주기 · 빈번한 관심 표명과 염려 · 미소와 즐겁게 시간을 함께 보내기 · 아동과 함께 적절한 해결책 강구 · 자존심을 강화하고 자율성을 신장 할 수 있는 활동에의 공동 참여 · 적절한 피드백의 제공 · 적절한 보상물의 제공	· 아동상담 및 지도 영역의 정보와 자료의 습득과 전문성 개발 · 빈번한 효과적인 칭찬의 제공 · 행동 유형에 따라 개별적 상호관계 · 사회성 기법에 대한 교수와 모델 제공 · 집중적인 교수기법의 적절한 활용 · 아동 스스로 자기통제기법의 훈련과 활용을 하도록 권장 · 아동이 자기 문제를 잘 직면하고 이해하도록 함 · 아동들 스스로 자신이 타인과 다르다는 차이점을 인식하고 잘 할 수 있도록 개별화된 상담 및 지도 · 아동 스스로 타인과 잘 상호작용 할 수 있도록 힘과 능력을 지니고 있고 스스로 생존할 수 있는 모델을 가지고 있다는 점을 상담 및 지도

따라서 정서적인 아동상담지도와 효율적인 아동상담지도를 함께 고려할 경우에는 전문적이고 인간관계적인 지도가 가능해진다. 예를 들어 정서적인 것만으로는 충분한 지도가 되지 못한다. 아동상담에서 아동지도자가 전문성이 없이 정서적인 호소만

할 경우 전혀 문제행동이나 아동지도가 될 수 없다. 아동을 지도하는 전문가 즉, 교사나 상담가들이 아동지도를 어떻게 할 것인지, 무엇을 어떻게 처리할 것인지의 전문성과 깊은 아동의 이해가 없는 경우에는 아동과 부모에게 상처만 주게 되고 결국에는 전혀 성공적인 아동상담을 통한 지도를 할 수 없게 된다. 심지어 적절한 상담가로서의 전문성을 지니고 있지 못할 경우, 아동복지 차원에서 볼 때 아동을 잘못 지도하는 결과를 초래하기도 한다. 따라서 전문성과 아동에 대한 깊은 이해와 인간적인 정서를 동시에 지니게 될 때 아주 질 높은 아동지도가 가능해진다.

3. 아동행동지도를 위한 상담 모델과 모델 간의 비교

아동행동지도를 할 때 각기 다른 치료 모델을 이해하는 일은 매우 중요하다. 물론 이러한 각기 다른 모델들이 아동을 다루는데 어떠한 견해들을 가지고 있는지를 이해해야만 한다.

일반적으로 아동지도에 활용되는 모델은 6개의 유형으로 구분되고 있다. 이들 6개의 모델은 '역동심리적 모델(medical model)', '인지적 모델(cognitive model)', '행동적 모델(behavioral model)', '절충 모델(eclectic model)', '긍정적 동료 문화 또는 동료 문화 모델(peer culture model)', 그리고 '복합적 모델(complex model)' 등을 들 수 있다.

이러한 모델들은 그 이론적 기저와 기술적 접근 그리고 자원 등에 있어서 차이를 보이고 있다.

각각의 모델은 긍정적인 측면이 있어 문제아동들을 다루는데 매우 도움이 된다. 위기에 처한 아동들은 종종 여러 가지 복합적인 문제를 안고 있기 때문에 한 가지 모델 이상의 기법을 필요로 하는 경우가 많고 그렇게 함으로서 효과가 있다.

예를 들어, 아동이 성적으로 학대를 받았을 경우, 미국의 residential treatment

program(가정거주 지도 프로그램)을 활용했을 때 유익한 결과를 가져올 수 있다. 이 residential treatment program을 통해 대체 행동을 배울 수 있는 기회를 가질 수 있고 역동심리학적 모델을 활용한 심리치료를 받을 수 있다. 또한 거주 치료를 받는 동안 성적(性的) 학대로부터 안심할 수 있게 된다.

각 모델에 대해서 하나하나 살펴보기로 한다.

1) 인지적 상담 모델

인지적 모델의 개념은 인지학습이론에 기초한 이론으로서 학습에서의 핵심적 요인을 인지적(cognitive)인 과정으로 설명하고 있다. 따라서 학습은 행동의 요인(behavior repertorie)에 대한 통합적이고 새로운 반응이라기보다는 새로운 지각의 방법과 관련된다는 것이다(Wolman, B. B.).

인지이론은 학습에 대한 사실들을 설명하는 이론이며 학습된 것은 행동이론에서 강조하고 있는 반응이라기보다는 인지적 구조(cognitive structure)라고 보고 있고 인지적 사고 체제를 재구성하는 것이다. 이러한 과정에 개입된 두뇌활동과 과정을 염두에 두고 있다. 즉, 왜곡된 사고 및 신념은 바람직한 사고 체제를 바꾸는 과정이다. 따라서 인지이론은 개인의 지각이나 통찰(insight)하는 방법의 재구조화(restructuring)의 결과로 인식 하고 있다(English, H. B., & English, A. C.).

인지발달에 관한 가장 종합적인 이론은 피아제(Jean Piaget)의 이론으로서 인지적 기능을 생체적 기능의 한 부분으로 설명하고 있다. Piaget는 그의 이론에서 비정상적인 발달에 대해 많이 다루고 있지는 않지만 인간의 적응적 발달(adaptive development)에 대해 초점을 맞추고 있기 때문에 아동지도 부분에서도 Piaget의 이론에 관한 관심은 높다. Piaget에 의하면, 다른 적응적 과정처럼 사고과정은 인간의 진화적 역사에 뿌리를 두고 있는 성숙으로 설명될 수 있고 인간의 성장을 결국 이러한 성숙 과정을 수반하게 된다. 즉 인지는 적어도 부분적으로는 유전학적인 전환 계획에 따라 구조화된다는 것이다.

그러나 이와 함께 Piaget는 인지적 발달은 세 가지 다른 요인에 의해 형성되어진다는 가정을 세우고 있다. 세 가지 요인은 물리적 세계와의 상호작용을 통해 얻어진 경험, 언어, 모델링 그리고 가르침을 통해 다른 사람에 의해 얻어진 정보의 전수, 그리고 Piaget가 말하는 소위 평형(equilibration)이다.

발달에 기여하는 네 가지 중 세 가지인 성숙(maturation), 경험(experience) 그리고 정보의 사회적 전수(social transmission)는 대부분의 다른 이론들에서 상대적인 개념으로 설명되고 있다. 그러나 네 번째 기여 요인인 평형은 Piaget 이론에서만 다루어지고 있는 독특한 부분이라 할 수 있다. 사고과정들은 컴퓨터에 비유될 수 있는 통합된 체제를 형성하고 있다고 Piaget도 동의하고 있지만 평형의 중심 역할은 대부분의 정보 과정 모델들이 다루는데 실패한 부분을 명확히 제시하고 있다.

인지발달에 기초를 두고 있는 Piaget의 평형 개념은 유전적인 프로그램의 산물이나 환경적인 우발적 사건의 산물로서 단순히 설명될 수 없다. 대신 이 개념은 새로운 앎(knowing)의 방법을 점진적으로 구성해 가는 것과 관련된다. 영유아 · 아동들의 가장 명확한 특징 중의 하나는 그들이 가지고 있는 호기심이다. 이러한 호기심의 한 예는 영아가 손가락, 발가락 그리고 장난감을 주물럭거리고 비트는 것을 들 수 있다. 그리고 2~4세의 영유아기에는 금지된 모든 행동들을 무서움 없이 하고 장난감을 부수거나 어른들이 상상할 수 없는 방법으로 가지고 놀기도 한다. 또한 유치원 아동이 되면 그들이 접하게 되는 모든 것들에 대한 기원과 의문에 관해 끊임없는 질문을 쏟아 놓게 된다.

평형(平衡)은 설명하기 어렵게 하지만 인지적 활동의 심각한 영역들의 의미를 부여하게 된다. 이러한 활동의 근본은 이미 습득한 지식과 새로운 지식 간의 갭과 상충되는 것들을 극복하여 보다 지속적이고 완벽하며 통합된 지식을 습득하려는 노력이라고 볼 수 있다. 어떤 문제이든 각기 다른 수많은 수준에서 각기 다르게 개념화 될 수 있기 때문에 인지적 평형은 항상 유지될 수 없고 종종 일시적인 것이다. 과학자들처럼 아동들은 어떤 현상을 이해하게 되면 만족할지 모르지만 새로운 정보는 새로운 이론들을 요구한다는 것을 알게 될 것이다.

왜 인간들은 평형을 찾기 위해 그토록 분투하면서도 새로운 어떤 것들을 추구함으로서 자신의 문제를 해결 할 수 있는데 이 점을 중요하게 생각하지 않는가? 이 이유에 대해서 아동들이나 많은 성인들은 아주 쉽게 표피적인 해결점에 대해 만족하곤 한다. 그러나 대부분의 아동들은 인지적인 통달에 대해서만 큰 기쁨을 얻고 이러한 기쁨을 얻기 위해서 노력을 한다. 한 예를 들어보자. 어느 날 4살짜리 여자아이가 해변가에서 긴 시간 동안을 밀려왔다 밀려가는 파도를 조심스럽게 응시하고 파도가 밀려올 때 함께 쓸려 온 조약돌을 조심스럽게 밀어넣곤 하였다. 마침내 4살짜리 여자아이는 물에 뛰어 들면서 기뻐서 함성을 치르고 있었다. 왜 그러냐고 물었더니 "엄마! 파도가 조약돌을 움직여요. 언제 돌을 움직이는지 보려고 밀어 넣어 보았더니 항상 돌을 쓸고 가곤해요. 참 신기해요!"하고 대답했다. 이 예에서 보듯이 비록 단순한 답이기는 하지만 이러한 발견이 4살짜리 여자아이를 기쁘게 만든 것이다.

인지기능의 각 수준을 이해하기 위해서는 전체적인 인간발달단계와 특히 아동발달과정을 이해해야만 한다. Piaget가 제시한 것처럼 인지발달과정을 네 단계로 나눌 수 있다. 이러한 주된 전환이라 볼 수 있다. 그러나 이러한 전환은 점진적이며 어떤 한 단계에서 갑자기 다른 단계로 뛰어 넘는 것이 아니라 지속적인 발달과정을 의미한다. 전통적으로 사고과정 등은 한 단계 내에서 진전되는 것처럼 전환과정에서도 발달이 이루어진 각 단계의 사고 체제는 그 단계의 독특한 특징을 나타낸다는 가정을 전제로 하고 있다. 그러나 발달적으로 초기 체제의 질적 수준에 결함이 있게 되면 보다 높은 단계의 발달에도 저해 요소가 된다는 점을 인식해야 한다.

참고문헌

- Achenbach, T. M.(1982). Developmental psychopathology (pp.38-40). N.Y. : John Wiley & Sons, Inc.
- English, H.B. & English, A. C.(1958). A Comprehensive dictionary of psychological and psychoanalytical terms. N. Y.: David Mckay Company, Tnc.
- Piaget, J.(1977). The Development of thought equilibrium of cognitive structure. N. Y. : Viking Press.
- Wolman, B. B.(1973). Dictionary of behavioral science. N. Y. : Van Nostrand Reinhold Company.

2) 행동주의적 상담 모델

행동주의(behaviorism)는 실험적으로 설정된 패러다임에 기초를 둔 모델로서 적응하지 못한 습관을 변화시키려는 방법이라고 정의될 수 있다. 이 모델은 근원이 학습이라고 볼 수 있는 모든 적응하지 못한 습관(unadaptive habit)에 적용시킬 수 있는 방법이다. 행동주의 모델은 크게 두 가지로 구분 되는데 하나는 고전적 조건형성(classical conditioning)이고 또 다른 하나는 조작적 조건형성(operant conditioning)이다.

고전적 조건형성은 주로 신경증적인 아동행동에 적용할 수 있는 모델이고 조작적 조건형성은 학습에 의해 습득된 적응하지 못한 운동신경적 습관 특히 정신분열증적 습관에 적용할 수 있는 모델이다.

B. F. Skinner는 행동주의를 다음과 같이 정의하고 있다. 즉 행동주의 모델은 바람직한 행동을 습득하기 위해서 강화(reinforcement)의 조작을 하며 이를 통해 행동을 형성해 가는 방법이다. 이 이론은 심리병리학적 연구에서 가정하고 있는 정서적 요인들이나 정신 상태는 쓸모없는 치료라고 비판하고 있다. 밖으로 나타난 행동은 외적인 힘에 의해 결정된 행동이라고 보기 때문에 이 이론에서 가장 중요시하고 있는 개념이다. 심리병리학은 학습이 덜되었거나 부적절한 행동을 학습한 결과는 외적으로 주어진 강화에 의해 수정될 수 있다는 신념을 갖고 있다.

또 다른 행동주의자인 John Wolpe는 이러한 관점에서 행동주의를 설명하고 있다. 즉 행동주의는 학습이론기법을 사용하여 문제를 다룬다. 하고자 하는 행동이 처벌을 받고 그 결과로서 유사한 상황에서 불안한 감정을 가져다 줄 때 문제가 야기된다고 믿고 있다. 그러므로 심리치료는 실험적 소거(extinction)나 반조건화기법이 포함된 호혜적 억제(reciprocal inhibition)를 주요한 내용으로 하고 있다. 내담자가 환상적인 상태에서 혹은 행동과 관련해서 어떤 금지도 하지 않는 보상적 환경에서 불안을 야기시키는 행동을 하도록 요구받는다.

두 가지의 중요 행동수정기법은 고전적 조건형성과 도구적 조건형성이다. 후속적인 방법으로서는 네 가지 방법을 활용하는데 보상훈련(reward training), 회피 학습(avoidance learning), 생략훈련(omission training) 그리고 처벌훈련(punishment training)이 후속적인 방법이다.

참고문헌

- 김명희. 아동기 행동장애와 행동치료. 교육아카데미출판.
- 김명희. 행동수정과 치료. 교문사.
- Garber, Stephen W. Garber, Marianne Daniels, & Spizman, Robyn Freedman(1987). Good Behavior. N.Y. : Villard Books.
- Kendall, Philip, & Braswell, Lauren(1985). Cognitive–Behavioral Therapy for Impulsive Children. N.Y. : Guilford Press.
- Kimmel, Tim(1993). Raising Kids turn out right. Ore. : Multnomal Books.

3) 역동심리적 상담 모델

역동심리적 모델(psychodynamic model)은 흔히 의학적 모델(medical model)이라고도 지칭되는데 특징으로서는 어떤 행동을 설명함에 있어서 동기나 충동(duives)의 심리적 체제로서 설명하려 한다. 그리고 어떤 심리적 과정에 대한 원인적 요인과 성향에 대한 규명을 하려 한다. 역동심리적 모델에서는 심리분석에 관계되어 있고 변화하는 심리적 과정이나 변화의 원인이 되는 심리적 과정에 관심을 갖는다. 한마디로 '역동심리적'이란 개념은 행동에서의 마음에 관한 연구라 볼 수 있다. 역동심리적 모델에서는 심리분석적 심리치료 체제를 활용하는데 주로 심리분석적 치료에서 퇴행적 경향을 해소시키려는 욕구를 강조한다. 심리분석적 치료는 퇴행적 경향을 따르는 내담자가 심리치료자를 부모로 대하려는 경향을 갖는다. 그러나 역동심리적 모델에서는 상담자가 내담자에게 직접 개입하려 하는게 아니라 내담자의 자신감을 유도하려는데 초점을 두고 있다. 따라서 동기유발과 통제의 관점에서 내담자를 이해하려는 입장이다. 물론 문화적 상황과 내담자의 삶에 내재되어 있는 생애사(life–history)를 통해 내담자를 이해하려 한다. 일반적으로 역동심리학 모델에서는 개인의 부적응 문제와 심리적이고 정신적 장애 및 질병을 예방하고 진단하고 치료하는 입장을 편다. 역사적으로 이 모델은 정신장애 및 질환을 다루는 의학적인 틀 속에서 발전되어 왔지만 근래에 들어서는 심리적 적응의 문제를 다루는데 활용되고 있다. 의학심리(medical psychology)라는 개념은 다분히 정신장애 및 질환치료를 염두에 둔 개념이라 볼 수 있지만 이 영역의 훈련을 위한 개념은 아니다.

역동심리 모델은 심리정신병리학과 관련되어 있는데 심인성 행동과 관련된 화학적 연구와 행동이나 정서 그리고 인지에 영향을 주는 정신병리 현상을 연구하기 때문이다.

참고문헌

· English, H. B. & English, A. C.(1978). A Comprehensive dictionary of psychological and psychoanalytical terms. New York : David Mckay Co. Inc.

4) 조합학습적 상담 모델

조합학습 모델은 학습이론에 기초하고 있지만 종래의 학습이론처럼 도식적인 견해가 아니라 학습기제(learning mechanism)와 생체적 접근을 조합하고 있다. 따라서 조합학습 모델은 인지적, 역동심리적, 행동적 그리고 긍정적 동료 문화 모델을 재구조화하고 있는 특징이 있다. 학습이론가들과는 달리 조합학습 모델에서는 학습 과정에서 아동의 긍정적 역할을 중요시한다. 외적 강화는 아동의 사고와 느낌이 행동에 나타날 때까지 주어진다.

조합학습 모델은 Elery Phillips, Montrose Wolf, 그리고 Dean Fixsen에 의해 개발된 모델로서 강화원리(reinforcement principle)를 아동의 능동적 개입과 조합하려 한다. 따라서 조합학습 모델에서는 아동을 단순히 외부 자극이나 힘에 무조건 반응하는 수동적인 존재로 보지 않고 아동 스스로 자기의 학습에 개입하는 존재로 인식한다. 현실은 지식이론을 단순히 모방하는 것이 아니라 사고와 느낌을 가진 행동과 관련되어 있다고 보는 입장이다.

조합학습 모델은 행동은 행동을 촉발시키는 세 가지 요인 간의 상호작용의 결과로 나타난다고 보고 있다. 즉 아동의 유전적인 요인에 영향을 주는 생리적 효과, 아동의 사회적 학습에 관련된 장기간의 환경적 영향(부모의 양육 태도, 가족체계 등), 그리고 아동의 현재 사회적 환경을 지배하는 상황의 직접적인 영향 및 효과 등이 행동을 결정하는 요인이다. 이러한 점에 비추어 볼 때 비정상적인 발달은 유전적 영향, 사회학습의 결과 그리고 지속적인 사회적 환경의 결과라고 볼 수 있다. 유전적 요인이 행동 발달에 영향을 준다는 입장(Mattsson, Schalling, Olweus, Low, & Svenson)도 있고, 사회환경 속에서 핵심적 인물 예컨대 의미있는 타인(significant others)과의 장기적인 상호작용의 영향을 받는다는 입장도 있다. 이러한 입장은 Patterson이 주장하듯 유아기와 아동기 초기의 잘못된 부모 훈육은 유아기와 아동기의 반사회적 행동과 낮은 자존감에 결정적 요인이 된다.

조합학습 모델에서 강조하는 점은 아동의 행동은 학습된 것이며 학습하는 과정에서 강화 경험은 행동발달에 매우 중요한 결정인자라는 점이다. 조합학습 모델은 유전적인 관점, 사회학습 그리고 현재의 가능성에 기초한 현재의 조건을 중요시한다. 조합학습 모델에서는 아동 초기의 경험을 중요시하듯 현재의 요인과 관련된 학습사(learning history)를 중요시한다. 또한 유전적인 요인과 사회학습 경험과 마찬가지로 행동은 환경조건의 한 기능이라고 생각한다. 그리고 초기 발달은 단지 고려해야 할 다른 한 요인으로 간주한다.

한편 환경의 역할과 관련하여서는 환경의 중요성을 강조한다. 조합학습 모델은 수동적이고 반응적인 측면보다는 능동적이고 자극적인 측면을 중요시한다. 환경의 개념은 행동을 소거시키고 반응케 하고 강화시키는 모든 자극들을 포함한 의미이고 조작적 조건형성(operant conditioning)에서처럼 자극을 개념 짓고 있다. 따라서 부적절한 강화는 아동의 문제행동의 정도를 벗어난 행동 요목으로 간주한다. 문제아동은 학습에 개입하지 못했거나 부적절하게 가르침을 받았기 때문에 긍정적 발달을 위해 필요한 사회적 기법을 학습받지 못한 것이라고 생각한다.

특히 조합학습 모델에서는 교수(teaching)를 좋은 관계를 형성하는 구조로 간주한다. 즉 새로운 행동으로의 조형(shaping)과 변화(chaining)와 같은 행동기법을 통해 발달되고 강화된다고 본다. 행동변화는 부적절한 행동에 대해 부정적 결과를 부여하고 적절한 사회기법은 강화함으로서 가능하다고 보고 있다. 변화는 행동의 변화를 우선 일으키고 이어 사고와 감정의 변화로 이어져야 한다고 보고 있다.

조합학습이론에서는 아동은 학습되는 것이고 적절한 행동이나 부적절한 행동은 다양한 학습, 즉 새로운 학습, 재학습, 미학습(unlearning)의 결과라고 보기 때문에 새로운 사회기법을 습득시킴으로서 아동의 사고와 감정을 변화시킬 수 있다는 관점을 가지고 있다.

참고문헌

- Patterson, G. R.(1982). Coercive family process. Eugene, OR : Castalia.
- Mattsson, A. Schalling, D. & Olweus, D. Iow.(1980). Plasmatestosterone, aggressive behavior, and pessonality dimensions in young male delinguents. Journal of the Amenrican Academy of Child psychiatry, 19, 476–490.

5) 동료 문화적 상담 모델

동료 문화 모델(peer culture model)은 전통적 아동지도 모델과는 확연히 구분되는 접근법으로서 종합 전략에 의한 문제해결 방법을 쓴다. 특히 동료 문화는 긍정적 동료 문화(positive peerculture)로 개념화 되고 있는데 동료들 간의 상호 협력을 위한 책임을 강조하고 있다. 동료 문화 모델은 아동들이 교우 관계를 통해 크게 영향을 받는다는 점을 강조하고 동료 자체가 행동변화의 자원이 될 수 있다는 입장이다. 동료 문화 모델은 예외적이거나 새로운 심리치료요법이라기보다는 건전한 동료 문화를 형성하기 위한 총체적 체제(total system)이다.

동료 문화 모델(peer culture model)은 비행 청소년을 지도하기 위한 방법으로 개발되었으나 현재는 학교, 지역사회, 비행 청소년 상담 및 지도 등에 널리 활용하고 있다.

동료 문화 모델은 1950년 후반에 Harry Vorrath에 의해 소개되어 비행 청소년 지도를 위한 집단 기숙훈련에 활용되었고 그 후 Lovell Bixby와 Albert Elias 등에 의해 GGI(guided group interaction)라는 집단 상호 교정 모델로 개발되었다. 물론 이 모델은 행동수정과 상호치료기법으로 활용되기도 하였고 그 후 지역사회에서 아동행동지도기법으로 보급되었다. 이 모델은 건전한 동료 문화를 만들기 위해 문제를 인식하여 해결하는 접근방법을 쓰고 있는데 동료 간의 협력을 핵심적 과제로 삼고 있다. 동료간의 협력 과정에서 비협조적인 아동들의 도전이나 반항을 간과하지 않지만 이러한 과정에서 다른 아동들이 비협조적인 아동들의 행동을 통해 잘못된 행동을 배우는 기회로 삼는다. 동료 문화 모델에서는 특별한 규칙을 설정하지는 않지만 기본적 가치를 가르치는데 치중한다. 단 하나 규칙이 있다면 서로 관심을 갖고 보살펴야 한다는 것이다. 긍정적 보호 행동은 이러한 점에서 동료 문화 모델에서 가장 강조되는 점이다.

참고문헌

· Vorrath, H. H. & Brendtro, L. K.(1974). Positive peer culture, Chicago : Aldine publishing Co.

Chapter 03

전문가로서의 상담가의 자격과 역할

아동 · 청소년지도에 있어 전문가로서의 상담사 및 심리치료사의 역할은 매우 중요하다. 많은 연구 결과들은 집단상담이든 개별상담 혹은 심리치료이든 지도에 있어 전문가로서의 상담자나 심리치료사의 역할이 지도와 치료자로서의 성패를 좌우한다고 주장한다(Trieschman, Whittaker, Brendtro & Wineman).

아동 · 청소년을 지도하는 교사 및 행동치료사, 그리고 전문상담사와 심리치료사들의 역할이 이토록 중요한 이유는 아동지도에 있어 주어진 상황에 부합되는 전문적 상담이론과 기술 및 아동치료기법과 이론을 필요로 하기 때문이다(Klein). 전문가로서의 교사나 상담사의 자질은 다음 몇 가지 조건에 의해 이루어진다.

첫째, 아동상담가나 심리치료사의 전문직은 시험과 임상을 통해 자격이 부여되는 전문가로서의 능력과 자질을 갖춘 체계적인 지식을 필요로 한다.

둘째, 전문가로서의 상담사는 광범위한 사회적 요구에 만족해 줄 수 있어야 한다.

셋째, 전문가로서의 상담사는 필요한 다양한 상담이론 및 기법을 갖추고 있어야 하고 아동 · 청소년발달의 특성이나 심리적 특성을 잘 알고 깊이 이해하는 자여야 한다.

1. 전문가로서의 아동 · 청소년상담 종사자

전문가로서 아동 · 청소년상담 및 지도에 종사하는 교사는 주로 부적응 아동 · 청소년이나 비행 아동 · 청소년, 이상발달 아동 · 청소년들을 다루기 때문에 이상발달과 이상심리에 대한 전문적 지식과 시설 활용 등에 있어 전문가 역할을 수행해야 한다.

전문가로서의 아동 · 청소년상담 및 지도 종사자의 해야 할 역할과 해서는 안될 역할을 살펴보면 다음과 같다.

1) 해야 할 역할

- 아동 · 청소년발달과 심리를 깊이 이해하고 사랑하는 마음과 하는 일애 대한 열정을 가져야 한다.
- 성취한 일과 학습한 것에 대해 긍정적으로 격려와 지지와 칭찬을 아끼지 않아야 한다.
- 칭찬과 인정 등의 긍정적인 관계를 유지할 수 있는 기법을 활용할 줄 안다.
- 사회성 기술 개발 프로그램과 방법에 대해 적극적으로 활용하고 대변할 수 있어야 한나.
- 자신이 하는 일에 관해 자부심을 가져야 한다.
- 본인의 행동에 있어서나 동료의 행동에서 아동의 권익을 옹호해야 한다.
- 모든 예정된 약속에 대해서 신속하고 약속을 지켜야 한다.
- 전문가적 능력과 자질을 유지 · 개발해야 한다.
- 가족들의 권익을 옹호해야 한다.
- 프로그램 설정과 운영 과정에서의 성공에 대해 동료들과 업적을 나눌 줄 알아야 한다.
- 내담자으로부터 얻어진 개인 정보는 철저히 비밀보장이 되어야 한다.

2) 해서는 안될 역할

- 자신의 직책 수행상의 어려움과 문제에 관해 불평을 늘어 놓는다.
- 지도 과정에서의 갈등과 불협화에 관해 말하고 문제나 결정에 관해 극화시키는 말을 한다.
- 어려운 상황이라 할지라도 화를 내거나 위협하는 언사를 사용하려 한다.
- 다른 지도 프로그램이나 다른 동료교사를 비판 · 비난한다.
- 부적절한 시행에 관해 평가하거나 비판한다.

- 어떤 상황하에서든 의아심을 자아내는 행동이나 보호교육 프로그램을 시행하도록 허락한다.
- 약속에 빈번히 늦거나 지각에 대해 변명한다
- 업무 수행시 지나치게 화려하고 치장한 옷을 입거나 노출된 옷을 입는다.
- 상담 및 지도 목표나 계획대로 아동의 타고난 기질적 성향이나 특성을 고려하지 않고 상담사 중심으로 이끌어 간다.
- 그 가족에 대해 비판하거나 비난한다.
- 상담 모델 및 지도 프로그램에 관한 결정을 할 때 자기 중심의 '나'라는 주관적 상태로 끌고 간다.

2. 상담사의 수행 영역

상담자로서 상담 및 지도를 하는 과정에서 유념해야 할 전문가적 수행 영역이 있다. 상담을 하는 상담사에게 가장 중요하고 기본적인 기법은 관계 설정기법이며 이러한 관계 설정에서 필요한 사항은 효과적인 대화기술이다.

1) 특정한 기법의 적용

상담과 지도기술은 다양하다고 볼 수 있지만 아동이나 청소년 개인의 환경과 특성 그리고 가족과 관련된 다양한 요인 등을 고려하여 특정한 기법을 선택하는 일이 매우 중요하다. 특히 기법을 선택하고 적용함에 있어서 미국의 family home program(가정거주 프로그램)과 같은 가족과 아동 모두에게 유익한 기법을 활용하는 것이 바람직하다. Family home program은 신체적으로나 지적인 면에서 그리고 감성적인 측면에서 아동이 전인적으로 성장 · 발달할 수 있는 가족 중심 프로그램의 한 예이다.

2) 인간적이고 효과적인 상담 및 지도

직접적으로 아동 · 청소년을 지도하는 일은 결코 쉬운 일이 아니다. 그러나 전문가적인 접근은 인간적이고 기쁨으로 효과적인 과업수행 분위기를 만들 수 있다. 따라서 전문가로서 상담사 및 교사는 아동들을 위해 기여할 수 있는 보다 많은 시간과 열정 그리고 전문적 자질과 능력을 가져야만 한다.

3) 적절한 모델링

전문가로서의 상담교사는 아동 · 청소년들에게 역할 모델링을 하게 된다. 따라서 개입하는 행동이 사회적으로 수용될 수 있는 행동이어야 함은 물론 동료 교사나 아동 · 청소년들에게도 바람직한 행동이어야 한다. 즉 타인에 대한 존중을 나타내야 하고 아동 · 청소년을 대리해서 효율적으로 일을 수행해야 하며 모든 행동에 있어 모범이 되어야 한다. 특히 말과 행동이 일치하도록 유의해야 하며 모든 교육과정을 적절히 활용해야 한다.

4) 긍정적 내담자 관계

상담사 및 교사는 상담과 지도 과정에서 부모나 관계된 사람 등 내담자와의 효율적인 관계에 유의해야 한다. 특히 부모와의 원만한 관계는 물론 관련기관이나 학교 그리고 가정 등의 관계에서 긍정적인 태도를 보여야 한다.

5) 대화와 피드백

아동상담과 지도에 있어 효율적인 대화와 피드백은 매우 중요한 요인이다. 분명하고 빈번한 그리고 명랑하고 온화한 대화는 상담 전문가로서 상담사가 가져야 할 가장 핵심적 자질이다.

[그림 3-1] 대화기법의 원칙

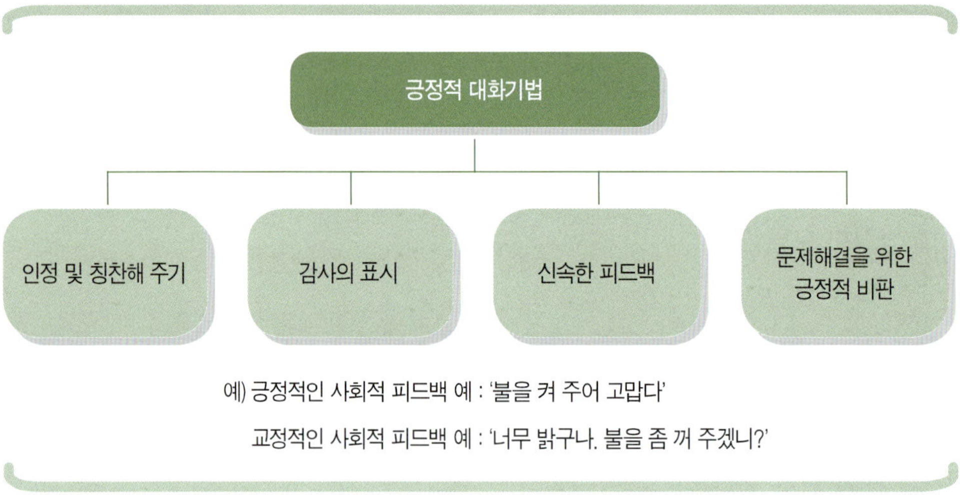

효율적인 대화는 아동 · 청소년지도의 효과를 극대화 시킬 수 있을 뿐만 아니라 순조롭게 만든다. 오해와 갈등은 아동 · 청소년지도 환경을 저해하게 되고 결국 지도를 실패하게 만드는 요인이 된다. 긍정적이고 할 수 있다는 자세는 바람직하다 볼 수 있으며 불만을 해소시킬 뿐만 아니라 전문가로서의 상담사와 교사들에 대한 신뢰를 높여 바람직한 지도를 가능하게 만든다. 가장 중요한 커뮤니케이션은 피드백이다. 피드백은 다른 사람에 대한 행동이 효과적이었는지 그리고 환경이 바람직했는지에 관한 중요한 정보를 제공할 수 있다. 물론 피드백은 그 특성에 있어 긍정적이고 집합적이기 때문에 다른 사람의 행동에 관한 결과에 대해 보고 느낀 점을 얻을 수 있다. 예컨대 일정 기간 아동 · 청소년을 지도했는데 어느 정도의 행동변화를 유도했는지 등은 평가를 통해서도 알 수 있지만 동료들의 피드백을 통해서도 쉽게 인식할 수 있다.

피드백은 지도 교사가 일상적인 지도 과정에서 효율성을 지니기 위해 필요한 기본적인 요인이고 학습을 위한 전제 조건이기도 하다. 피드백은 적절하고 생산적인 행동에 관한 정보를 제공할 뿐만 아니라 개선되어야 할 행동 유형과 상호작용 유형에 관한 정보도 함께 제공해 주는 기능을 한다. 따라서 피드백은 아동이 지속해야 할 행동과 수정해야만 할 행동을 알게 만드는 기능을 한다. 때에 따라서는 피드백이 부적절하거나 사회생활에서 일상화된 것이 아니라 할지라도 지도 과정에서는 매우 중요한 대화기법이다. 일반적으로 사회에서 피드백이 보편화되어 있지 않는 이유는 대인관계에서 상대편에게 오해를 살 염려가 있거나 남에게 싫은 소리를 하기를 꺼려하기 때문이지만 아동·청소년과의 관계에서는 행동지도를 하기 위해 반드시 피드백을 활용하여야 한다.

6) 피드백의 제공

피드백(feedback)을 제공하는 일은 관계 설정과 정보의 공유 그리고 문제해결을 위해 매우 중요하다. 좋은 관계를 개방적인 대화와 예민한 정보를 상호 나눌 수 있는 신뢰있는 상호존중을 통해 이룰 수 있다. 대부분의 문제는 단순히 무시한다고 해서 해결되는 것은 아니다. 보통 피드백은 문제를 해결하는데 도움을 줄 수 있도록 하는 목적에서 제공된다. 지도 교사는 일상적으로 아동·청소년에게 피드백을 주게 되는데 건설적이고 요령있게 피드백을 제공하는 방법을 습득하는 일이 중요하다. 더구나 피드백을 빈번하게 사용하는 일이 중요하므로 이러한 피드백을 사용함에 있어 바른 방법을 이해해야 한다. 피드백을 제공하는 기법은 〈표 3-1〉에서 설명하고 있는 점을 유념할 필요가 있다.

〈표 3-1〉 피드백 제공 단계

(1) 주의를 집중하라 : 대화를 하려는 상대에게 관심을 집중하고 미소와 함께 몸을 돌려 시선을 응시(eye confect)한다.

(2) 허락을 받아라 : 매우 중요한 말을 하려고 하는데 시간이 허락되는지를 물어 상대로부터 허락을 받아야 한다.

(3) 즐겁게 상호작용을 주도하라 : 칭찬, 이해, 허용, 인정 그리고 즐거운 말과 칭찬으로 시작해야 한다.

(4) 상황을 특별하게 기술하라 : 개인적 판단이나 사적인 태도 그리고 감정적인 태도없이 객관적으로 행동과 관련된 특수한 개념으로 피드백을 시작해야 한다.

(5) 준거를 제시하라 : 이유가 분명하지 않는 한 상황과 행동이 왜 피드백을 할 정도로 중요한지를 말해야 한다

(6) 상황에 관해 논의하라 : 상대가 제안이나 아이디어를 제공하려하면 개방적인 태도로 대해야 한다. 그리고 필요한 경우에 건설적인 대안이나 협상도 시도해야 한다.

(7) 경청해 준데 대해 감사하라 : 피드백을 하는 동안 경청해 준데 대해 감사하고 피드백을 해 준 것에 대해서도 유념해야 한다. 여러 가지를 배려한데 대해 감사를 표시한다.

(8) 서면 피드백을 하라 : 만약 피드백이 복합적이고 길 경우에는 상대방이 보다 세부적인 내용과 정보를 추후 검토할 수 있도록 구두로 논의하는 것 외에 서면 정보를 함께 제공해야 한다.

(9) 사후에 재검토하라 : 피드백의 효과가 있었는지 그리고 추후에 추가로 피드백을 제공할 필요가 있는지를 재검토해야 한다.

7) 피드백의 수용

피드백을 제공하는데 기법이 필요하듯 피드백의 수용에 있어서도 일련의 특별한 기법을 필요로 한다. 피드백을 제공하는 것이 어렵듯 피드백을 수용하도록 격려하고 좌

절하지 않도록 효과적으로 수용하게 하는 데는 세심한 주의를 요한다. 마음에 상처를 주거나 좌절케 할 경우 피드백을 수용하지 않으려고 한다. 대부분의 사람들은 피드백을 수용한다고 생각할지 모르지만 언쟁을 하거나 자신을 옹호하려하는 태도 그리고 장시간의 설명 등은 피드백을 받는 사람들을 실제적으로 처벌하고 있다는 점을 이해하지 못하고 있다.

특히 피드백에 익숙하지 못한 사람은 행여 자신이 피드백 할 때 처벌받고 있다는 느낌을 갖지 않나를 염두에 두어야만 한다. 이럴 경우 자주 "내가 도와줄 일이 없겠니?" 라든지 "내가 너의 이러한 행동을 수정하려는 방법에 대해 어떻게 생각하니?" 등의 질문을 자주 함으로써 아동이 피드백을 제대로 수용하고 있는지를 점검해야 한다. 그리고 피드백에 대해 긍정적이거나 부정적인 반응을 나타내면 이러한 반응에 대해서도 감사를 표시해야 한다. 그러나 피드백에 대해 좌절하지 않도록 세심한 주의를 필요로 한다. 피드백을 기꺼이 수용하고 사적인 감정으로 받아들이지 않는 것은 언제나 쉬운 일은 아니지만 적절한 기법을 습득하는 일은 매우 중요하다. 피드백의 수용과 관련된 기법은 〈표 3-2〉에서 단계별로 설명되고 있다.

상담 전문가로서의 상담 및 지도를 효과적으로 할 수 있도록 전문성을 제공하는 일이 매우 중요하다. 따라서 전문성과 관련된 요인들은 효율적인 의사소통기술과 피드백기법 그리고 프로그램의 관리기법 등을 들 수 있다. 특히 피드백을 효과적으로 할 수 있는지 여부는 전문가로서의 상담사가 지녀야 할 가장 중요한 상담 및 치료기법 중의 하나라 볼 수 있다.

앞서 논의된 바 있는 역동심리적 모델, 인지적 모델, 행동수정 모델, 조합 학습 모델 등 아동지도 모델 중 어느 것을 활용하든 아동행동치료사 및 아동상담사나 아동심리치료사의 전문성 여부가 아동지도의 상태를 좌우한다 해도 과언이 아니다. 특히 아동지도는 과거의 사건에 관한 아동의 감정을 변화시키는데 초점이 주어져야 하기 때문에 아동 · 청소년이 처한 환경을 제대로 파악하여 그들과의 효율적인 관계를 형성하는 일이 매우 중요한 관건이라 볼 수 있다.

〈표 3-2〉 피드백 수용의 단계

(1) 주의를 집중하라 : 상대를 바라보고 주의를 기울려 경청하고 고개를 끄덕이며 인정하고 수용하는 말을 하면서 노트에 기록을 한다.

(2) 명확히 알 필요가 있을 때 질문을 하라 : 피드백이 무엇인지에 관해 명확히 하기 위해 필요한 경우 몇몇 질문을 해도 되지만 상대편에 대해 도전하려는 자세나 대화 도중 끼여드는 행동은 삼가야 한다.

(3) 걱정하는 태도와 관심을 나타내라 : 상대가 정보를 함께 나누려는 의지를 인정해 주고 걱정하는 태도를 갖고 관심을 나타내도록 한다.

(4) 적절한 때 필요하면 사과하라 : 문제가 있었다면 관련된 부분과 역할에 대해 사과를 해야 한다.

(5) 변명과 방해를 삼가라 : 상대방을 방해하거나 타인의 대화 도중 끼어들려 하거나 이 시점에서 자신의 상황을 설명하려고 해서는 안 된다. 단지 정보를 함께 나누려는 상대방 말에 진지하게 경청하고 더 솔직한 마음을 털어 놓도록 자극을 주는데 관심을 가져야 한다.

(6) 상황에 대해 논의하라 : 피드백이 복합적이고 문제를 해결하기 위해 논의가 필요한 경우 건설적인 해결을 할 수 있도록 제안을 유도하도록 한다.

(7) 더 많은 피드백을 구하라 : 자신이 할 수 있는 일이 더 있을 때 상대방에게 이 점에 대해 요구해야 한다.

(8) 피드백을 하도록 강화하라 : 피드백을 하기 위해 접촉하는 동안과 끝날 때 정보를 함께 나눈데 대해 감사를 표시함으로서 차후 피드백을 하도록 강화하는 효과를 얻는다.

(9) 향후 피드백을 요청하라 : 향후에도 피드백을 할 수 있도록 상황이 다시 생겼을 때 알리도록 요청한다.

(10) 점검을 할 수 있는지 문의하고 결과에 대하여 확인 점검하라 : 며칠 후 혹은 몇 주 후에 문제가 해결되었는지 그리고 재점검할 수 있는지를 상대방에게 묻는다.

3. 아동 · 청소년상담사의 자격과 역할

1) 아동 · 청소년상담자

(1) 아동 · 청소년상담자의 역할

전문가로서의 아동 · 청소년상담자는 정서적, 사회적, 영적 발달을 위한 자기 성장과 계발에 유념하여야 하며, 아동 · 청소년의 성장 발달을 위한 조력자로서 끊임없이 노력해야 한다. 이를 위하여 아동 · 청소년 발달이나 그들의 환경과 문화와 임상 장면에 적용되고 다양하게 연구되어지는 상담기술과 새로운 아동 · 청소년 상담이론 등에 관한 전문적 지식을 쌓아야 한다.

상담에서의 아동 · 청소년상담자 역할은 자신이 지향하는 이론적 배경에 따라 달라지는데, 크게 지시적 상담과 비지시적 상담으로 분류할 수 있다.

① 지시적 상담

지시적 상담(direct counseling)은 행동치료, 인지치료, 단기치료, 문제해결치료, 기독교적 상담 등에서 사용된다. 즉, 아동이나 청소년들에 문제를 해결해 주기 위한 존재로 간주하고, 상담자가 적극적으로 상담을 이끄는 방식이다. 아동의 협력을 구해 상담자가 아동의 문제를 발견하고 진단하여 치료하는 것으로 상담자가 주체가 되는 상담 유형이다. 상담 과정을 통해 아동의 발달 및 변화를 주도하면서 아동에게 최선의 것이 무엇인가를 결정한다.

② 비지시적 상담

비지시적 상담(indirect counseling)의 대표적 양식은 로저스(C. Rogers)의 인간 중심 상담으로 내담자를 공감하고 긍정적인 인간관을 바탕으로 한다. 비지시적 상담은 주로 불안, 우울, 위축 등 심리적으로 내면의 상한 감정 및 미해결 과제의 문제를 가진 아동 · 청소년 상담에 임상 장면에서 적용된다. 비지시적 상담에서는 아동의 자아실현을 위한 동기나 능력을 강조하며, 문제해결 및 자아 성장을 향한 능력을 신뢰한다.

비지시적 상담에서는 아동상담자가 지도 및 교사의 역할을 하는 것을 배제한다. 초보적인 아동상담자가 흔히 저지르기 쉬운 실수는 상담에서 교사의 역할을 수행하려는 것이다. 아동이 일상에서 만나는 성인들은 거의 대부분 아동은 미성숙하기 때문에 자신의 문제를 직면하거나 탐색하기 어려운 존재라고 여기기 때문에 가르치고 지도해야 한다는 교육하는 교사의 입장을 취한다. 앞에서도 언급했지만, 상담은 내담자(아동 · 청소년)과 상담자와의 특별한 관계에서 시작되는 것이다. 아동상담자가 임상 장면에서 흔히 볼 수 있는 교육하는 교사의 역할을 하는 성인이라면 마음을 열거나 신뢰가 형성되는 특별한 관계가 성립되기 힘들다.

아동상담의 궁극적 목표는 아동이 독립적으로 건강한 삶을 영위할 수 있는 기능을 함양시키는 것이다. 만약 아동 · 청소년상담자가 일반적인 교육하는 교사의 역할을 하게 된다면 상담의 궁극적인 목표의 달성을 이루기에 한계를 갖게 된다.

(2) 아동 · 청소년상담자의 자질과 자격

상담자의 자격과 자질은 상담의 질을 결정짓는다. 상담자의 자격과 자질은 상담자의 인간적 성품과 전문적 자격으로 나누어 볼 수 있다.

① 상담자의 성품

아동 · 청소년상담자의 성품은 아동 · 청소년과 친밀한 관계를 형성할 수 있는 인성적 특성을 의미한다. 아동 · 청소년상담자의 전문성의 학문적 이론 배경이나 임상 수련과정과 가치관, 문화적 배경 등이 크게 영향을 끼친다. 하지만 가장 중요한 것은 상담자 자신의 인간으로서의 인격적 성숙이라 하겠다.

아동 · 청소년상담자가 어떤 이론적 지향을 하는 것이 바람직한 것인가에 대해 연구자들의 의견들이 다양하다. 그러나 상담자가 어떤 일관적이고 검증된 이론적 틀을 가지고 있어야 내담자의 진단과 평가, 상담 계획 및 목표 설정, 개입 여부 등 상담에 대한 윤곽을 계획할 수 있으며, 일관된 방법으로 상담 작업을 이끌게 되어 혼란을 최소화할 수 있을 것이다. 하지만 지나치게 완고하게 어떤 이론적 틀을 고집할 필요는 없으며, 아동이나 청소년 개인의 발달 특성에 따라 개인적으로 차별화된 접근을 발휘할 수 있는 지혜를 가지고 있어야겠다.

아동 · 청소년상담은 무엇보다 상담자로서 인격적 성숙이 요구되는 전문 영역이다. 인간(내담자)을 향한 따뜻한 마음을 가지고 있어야 함은 두말할 나위도 없다. 또한 상담자의 의사소통 기술도 또한 매우 중요하다. 이는 상담의 많은 부분이 언어적 개입을 통해 이루어지기 때문으로 바람직한 의사소통 유형을 익힐 필요가 있다.

이에 덧붙여 아동 · 청소년상담은 아동 · 청소년만을 대상으로 하는 것이 아니라, 가족 구성원의 전체가 상담의 대상이어야 한다는 것을 항상 주지하고 있어야겠다. 하여, 아동상담은 부모상담을 우선으로 하며, 호소 문제에 따라 부부상담 및 가족상담을 통합적으로 하여야 하는 특성을 가지고 있다. 아동은 상담을 마치면 다시 가족에게 돌아가야 하기 때문에, 아동을 지지 및 격려해 주고 환경을 개선해 줄 수 있도록 가족상담까지 겸해야 하는 필요성이 있기 때문이다.

② 아동 · 청소년상담자의 자격

아동 · 청소년상담자는 전문가로서 인간적 자질 외에도 전문적 자질을 갖추어야 한다. 아동 · 청소년상담은 전문적 지식과 기술을 요구하는 전문직이다. 아동 · 청소년상담사에게는 광범위한 영역에 걸친 학문적 지식이 요구된다. 전문가로서의 아동 · 청소년상담자는 정규교육과정에서 상담에 관한 교육을 받고 임상 수련을 거쳐 전문가로서 자격증을 취득하여야 한다. 아동상담 장면에서 활동할 수 있는 전문가로서 제공하는 것으로 규정한 민간 자격증으로써 교육과정이나 임상 수련을 요구한다.

다음은 아동상담사와 청소년상담사의 학회에서 수여하는 아동 · 청소년상담 관련 자격 규정에 대해 제시한 것을 살펴보면 아래와 같다.

아동상담사(한국아동학회)

자격 등급	자격 요건	자격 시험		수련 과정
아동 상담 전문가	1. 아동발달 전문가로서 본 학회에서 규정한 소정의 수련 과정을 수료한 자 2. 아동학 및 아동 관련학을 전공하고 타 학회에서 인정한 아동상담 관련 전문가 3. 아동학 및 아동 관련학을 전공하여 박사학위를 취득한 후, 본 학회 자격관리위원회에서 인정하는 기관에서 2년 이상의 상담 경력이 있고, 본 학회에서 규정한 소정의 수련 과정을 수료한 자 4. 아동상담사 1급으로서 본 학회에서 실시한 자격시험에 합격하고 본 학회자격관리위원회에서 인정하는 기관에서 5년 이상의 상담 경력이 있으며 본 학회에서 규정한 소정의 수련 과정을 수료한 자	필수(4)	- 아동상담 및 심리치료이론 - 아동발달 지단 및 평가 - 발달정신병리 - 부모상담	- 아동발달 전문가 (상담 실습 : 250시간, 상담 수련 감독 : 20시간, 워크숍 참가 : 40시간, 사례 발표 : 2회 사례 참여 : 3회)
		선택(1)	- 인지행동치료 - 미술치료 - 놀이치료	
아동 상담사 1급	1. 아동학 및 아동 관력학 석사학위를 받은 자로, 본 학회에서 실시한 자격시험에 합격하고 본 학회에서 규정한 소정의 수련 과정을 수료한 자 2. 아동상담사 2급 자격을 취득한 후 본 학회의 자격관리위원회에서 인정하는 기관에서 3년 이상의 상담 경력이 있고 본 학회에서 규정한 소정의 수련 과정을 수료한 자	필수(3)	- 아동상담 및 심리치료이론 - 아동발달 진단 및 평가 - 발달정신병리 - 부모상담	상담 실습 : 20시간, 상담 수련 감독 : 30시간, 워크숍 참가 : 120시간, 학술대회 참가 : 30시간, 사례 발표 : 2회 사례 참여 : 4회
		선택(2)	- 인지행동치료 - 미술치료 - 놀이치료	
아동 상담사 2급	1. 아동상담사 2급은 4년제 대학교에서 아동학 및 아동 관련학을 전공하고 본 학회에서 실시한 자격시험에 합격한 자로, 본 학회에서 규정한 소정의 수련 과정을 수료한 자로 한다.	필수(5)	- 발달심리 - 집단상담의 기초 - 심리측정 및 평가 - 상담이론 - 학습이론	상담 실습 : 200시간, 상담 수련 감독 : 120시간, 워크숍 참가 : 20시간, 학술대회 참가 : 100시간, 사례 발표 : 1회, 사례 참여 : 5회
		선택(1)	- 부모교육 - 심리측정 및 평가 - 놀이치료	

출처 : http://www.childkorea.or.kr

다음은 아동상담사와 청소년상담사의 학회에서 수여하는 청소년상담 관련 자격 규정에 대해 제시한 것을 살펴보면 아래와 같다.

청소년상담사(보건복지가족부)

<table>
<tr><th>자격 등급</th><th>자격 요건</th><th colspan="2">자격시험 및 이수과목</th><th>상담 실무경력 (1년 기준)</th></tr>
<tr><td rowspan="2">청소년 상담사 1급</td><td rowspan="2">1. 대학원에서 청소년(지도)학·교육학·심리학·사회사업(복지)학·정신의학·아동(복지)학 분야 또는 그 밖의 총리령이 정하는 상담 관련 분야(이하 "상담 관련 분야"라 한다)를 전공하고 박사학위를 취득한 자
2. 대학원에서 상담 관련 분야를 전공하고 석사학위를 취득한 후 상담 실무 경력이 4년 이상인 자
3. 2급 청소년상담사로서 상담 실무 경력이 3년 이상인 자</td><td>필수(3)</td><td>- 상담자 교육 및 사례지도
- 청소년 관련 법과 행정
- 상담연구방법론의 실제</td><td rowspan="4">- 개인상담 : 대면상담 50회 이상 실시
- 집단상담 : 24시간 이상 실시
- 심리검사 : 10차례 이상 실시</td></tr>
<tr><td>선택(2)</td><td>- 비행상담
- 성상담
- 약물상담
- 위기상담</td></tr>
<tr><td rowspan="2">청소년 상담사 2급</td><td rowspan="2">1. 대학원에서 상담 관련 분야를 전공하고 석사학위를 취득한 자
2. 대학 및 다른 법령의 규정에 의하여 이와 동등한 학력을 인정받는 기관에서 상담 관련 분야를 전공하고 학사학위를 취득한 후 상담 실무 경력이 3년 이상인 자
3. 3급 청소년상담사로서 상담 실무 경력이 2년 이상인 자</td><td>필수(4)</td><td>- 청소년 상담의 이론과 실제
- 상담의 연구방법의 기초
- 심리측정 평가의 활용
- 이상심리</td></tr>
<tr><td>선택(2)</td><td>- 진로상담
- 집단상담
- 가족상담
- 학업상담</td></tr>
</table>

청소년 상담사 3급	1. 대학 및 「평생교육법」에 의한 학력이 인정되는 평생교육시설의 상담 관련 분야 졸업(예정)자 2. 전문대학 및 다른 법령의 규정에 의하여 이와 동등한 학력을 인정받는 기관에서 상담 관련 분야를 전공하고 전문학사를 취득한 자로서 상담 실무 경력이 2년 이상인 자 3. 대학 및 다른 법령의 규정에 의하여 이와 동등한 학력을 인정받는 기관에서 상담 관련 분야가 아닌 분야를 전공하고 학사학위를 취득한 후 상담 실무 경력이 2년 이상인 자 4. 전문대학 및 다른 법령의 규정에 의하여 이와 동등한 학력을 인정받는 기관에서 상담 관련 분야가 아닌 분야를 전공하고 전문학사를 취득한 후 상담 실무 경력이 4년 이상인 자 5. 고등학교를 졸업하고 상담 실무 경력이 5년 이상인 자	필수(5)	- 발달심리 - 집단상담의 기초 - 심리측정 및 평가 - 상담이론 - 학습이론	- 개인상담 : 대면상담 20회 이상 실시 - 집단상담 : 6시간 이상 실시 - 심리검사 : 3차례 이상 실시
		선택(1)	- 소년이해론 - 청소년수련활동론	

출처 : http://www.youthcounselor.or.kr

행동치료사(한국 정서 · 행동자애아 교육학회)

자격 등급	자격 요건	자격 시험	수련 과정
행동 치료사 1급	1. 대학원에서 특수교육, 행동치료 관련 분야를 전공하고 석사학위 이상의 학위를 가진 자로서 본 회가 주관하는 240시간 이상의 행동장애 치료 연수와 자격시험에 합격한 자 2. 행동치료사 2급 자격증을 취득한 자로서 본 회가 주관하는 120시간 이상의 행동장애치료 연수와 자격시험에 합격한 자 3. 외국에서 행동치료 분야의 전문가 자격증을 취득한 자 4. 대학의 관련 분야 정·부교수 또는 박사학위를 소지한 자로서 행동치료 분야에 현저한 연구 및 임상 실적을 남긴 자	- 행동치료이론과 기법 - 행동장애아교육 - 심리평가 - 발달심리학 - 이상심리학 - 정신병리학 - 행동심리학	- 개별치료 혹은 집단치료 300회 이상 - 검사 및 평가 사례 50회 이상 - 행동치료 관련 연구논문 5편 이상 - 관련학회 활동

행동 치료사 2급	1. 대학에서 특수교육, 행동치료 관련 분야를 전공하고 학사학위를 가진 자로서 본 회가 주관하는 240시간 이상의 행동치료 연수와 자격시험에 합격한 자 2. 「행동치료사」 3급 자격증을 취득한 자로서 본 회가 주관하는 120시간 이상의 행동치료 연수와 자격시험에 합격한 자	- 행동치료이론과 기법 - 행동분석기법 - 행동장애아 교육 - 심리검사 및 평가 - 발달심리 - 이상심리 - 행동발달	- 개별치료 혹은 집단치료 200회 이상 - 검사 및 평가 사례 20회 이상 - 행동치료 관련 연구논문 2편 이상 - 관련학회 활동
행동 치료사 3급	1. 2년제 졸업 및 4년제 졸업(3학년 이상)인 자로서 본 회가 주관하는 240시간 이상의 행동치료 연수와 자격시험을 합격한 자	- 행동치료이론과 기법 - 행동분석기법 - 행동장애아 교육 - 심리검사 및 평가 - 발달심리 - 행동발달	

출처 : http://www.ksebd.org

놀이치료사 I (한국재활심리학회)

자격 등급	자격 요건	자격 시험	수련 과정
놀이 치료사 전문가	1. 본 학회 정회원 자격을 2년 이상 보유한 자 2. 심리학, 재활학, 아동학, 사회복지학, 특수교육학, 유아교육학, 기타 교육학 관련 분야에서 박사학위를 취득한 자로 놀이치료 현장에서 2년 이상 임상 경험자, 또는 석사학위 취득 후 놀이치료 현장에서 3년 이상 임상경험자, 또는 놀이치료사 자격을 취득한 후 현장에서 5년 이상 임상 경험자로 본 학회에서 실시하는 놀이치료 전문가 자격시험에 합격한 자 3. 소정의 수련 과정을 거친 자	- 아동발달 - 성격이론 - 놀이치료 - 아동 및 청소년정신병리학	- 놀이치료 : 5사례, 300시간 - 사례 발표 : 2회 - 사례 참석 : 50시간 - 사례 제출 : 5사례 - 논문 발표 : 2편 - 학술대회 : 90시간
놀이 치료사	1. 본 학회 정회원 자격을 1년 이상 보유한 자 2. 심리학, 재활학, 아동학, 사회복지학, 특수교육학, 유아교육학, 기타 교육학 관련 분야에서 학사 이상의 학위를 받은 자, 또는 이와 동등한 자격이 있다고 자격심사위원회에서 인정하는 자로 본 학회에서 실시하는 놀이치료사 자격시험에 합격한 자 3. 소정의 수련 과정을 거친 자	- 아동발달 - 성격이론 - 심리치료의 원리 - 특수교육학	- 놀이치료 : 4사례, 100시간 - 놀이치료 관찰 : 3사례, 30시간 - 사례 참석 : 20시간 - 사례 제출 : 3사례 - 학술대회 : 30시간

놀이치료사 II (한국놀이치료학회)

자격 등급	자격 요건	자격 시험	수련 과정
놀이 치료사 전문가	1. 대학 또는 본 학회에서 인정하는 기관에서 필수과목과 선택과목을 이수하고 본 학회 놀이치료 전문가 자격시험에 합격한 자 2. 소정의 수련 과정을 거친 자	- 놀이치료이론 - 놀이치료방법 및 기술 - 놀이치료의 적용 - 연구방법론	- 수퍼비전 : 15사례, 120시간 - 놀이치료 : 1,000시간 - 심리검사 : 10회 - 사례 발표 : 4회 - 사례 참석 : 30회 - 사례 제출 : 4사례 - 논문발 표 : 1편
놀이 치료사	1. 대학 또는 본 학회에서 인정하는 기관에서 필수과목과 선택과목을 이수하고 본 학회의 놀이치료사 자격시험에 합격한 자 2. 소정의 수련 과정을 거친 자	- 놀이치료이론 - 상담이론	- 수퍼비전 : 5사례, 50시간 - 놀이치료 : 300시간 - 심리검사 : 5회 - 사례 발표 : 1회 - 사례 참석 : 10회 - 사례 제출 : 1사례
놀이 치료 수련자	1. 4년제 대학의 놀이치료 관련학과에서 학사 학위 이상을 취득한 자 또는 2년제 대학에서 놀이치료 관련학과를 전공하고 본 학회에서 인정하는 2년 이상의 임상 경험이 있는 자 2. 대학 또는 본 학회에서 인정하는 기관에서 〈별표 1〉에 명시된 과목을 이수한 자 3. 놀이치료 수련중인 자(수퍼비전 받은 경험에 대해서 수퍼바이저의 확인이 필요함)		- 개별 : 5회기 - 집단 : 15회기

출처 : http://www.playtherapykorea.or.kr

미술치료사(한국미술치료학회)

자격 등급	자격 요건	자격 시험	수련 과정
미술 치료 전문가	1. 미술치료사 자격 취득 후 수련 과정을 거친 자 2. 외국에서 임상 분야의 자격증을 취득한 자 혹은 수련한 자 3. 대학 관련 분야의 교수 또는 박사학위 취득자로서 임상 분야의 업적이 탁월한 자	- 상담 - 정신병리 - 가족미술치료 - 아동미술치료 - 성인미술치료 - 투사검사	* 1, 2항 해당자 : 1,000시간 수련 * 3항 해당자 : - 학회연수 : 80시간 - 개인 및 집단치료 경험 : 50시간 - 사례참석 : 50시간 - 사례 발표 : 1회 - 논문발표 : 1편 - 워크숍 : 100시간
미술 치료사	1. 대학에서 관련 분야의 학사학위를 취득한 후 본 회의 연수를 거쳐 자격시험에 합격한 자 2. 학사학위를 소지하지 않은 자는 관련 분야의 자격증을 소지하고 임상 미술 분야에서 1년 이상 임상 경험을 가지고 본 회의 연수 과정과 자격시험을 합격한 자	- 상담 및 심리치료이론과 기법 - 정신병리와 치료 - 미술 및 미술치료개론 - 아동 및 성인미술치료 - 부부 및 가족미술치료 - 그림에 의한 심리진단	- 학회 연수 : 240시간 - 수련 시간 : 500시간 ( ) 안의 내용 포함(개인 및 집단치료 경험 : 50시간, 사례 참석 : 50시간, 치료 사례 : 30시간, 사례 발표 : 1회, 워크숍 : 10시간)

출처 : http://www.korean-arttherapy.or.kr

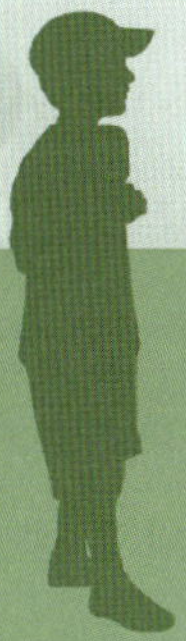

Chapter 04

아동상담을 위한 교수방법

– 영유아보육 및 교육기관 중심 –

본 장은 필자의 『영·유아 교수학습방법론』 저서의 일부를 요약한 내용이다.

영유아 · 아동교육을 이해하는데 첫 번째 과제는 영유아 · 아동에 대한 이해와 영유아 · 아동 성장 발달에 최선의 환경 및 교육을 제공하고 인간발달의 가장 초석이 되고 기본이 되는 뿌리 교육의 중요성이 매우 크다고 볼 수 있다. 인간은 요람에서 무덤에 가기까지 학습하고, 배움을 통해 전인 인간으로 바르게 성장할 수 있도록 교육이라는 전체 집합의 범주 안에서 성장 · 발달하며, 참다운 삶의 초석을 만들어 간다.

특히, 영유아 · 아동을 돌보고 교육하는 보육시설 및 영유아 · 아동교육기관은 영유아 · 아동들의 안전과 복지의 실천의 장이 되어야 하며, 즐겁고, 자유롭게, 자율적인 활동을 하는 인적 · 물적 환경이 잘 구비되어 있는 곳이라면 영유아 · 아동발달에 매우 유익하다고 볼 수 있다.

이 세상을 살아가는데 가장 기본이 되는 지식과 삶의 기술과 삶의 대처 방식, 인성, 그리고 덕(virtue)의 모든 통합된 삶에 필요한 본질과 기술을 인간발달단계에서 가장 중요한 영유아 · 아동기에 습득하고 교육받는 것은 삶에서 너무나도 중요한 것이다.

모든 사람의 얼굴만큼이나 다른 다양한 타고난 기질적 성향과 양육되어지는 다양한 환경과 문화 속에서 부모와 보육시설 및 교육기관의 교사들은 과연 무엇을 어떻게 교육할 것이며, 가장 효율적이고 바람직하게 가르치는 방법은 무엇인가에 대해 많은 학자들은 다양한 견해들을 보이고 있다.

1. 교수-학습의 개념

1) 교육이란 무엇인가

교육이란 무엇인가? 교육은 영어로 Education이라 한다. 교육은 가르치고 배우는 행위가 존재한다. 이 단어는 라틴어의 educo, educare, educatio에서 파생되었고, 그 원어적 의미는 "밖으로 끌어낸다."라는 뜻이다. 가르치는 행위를 '교수(instruction)', 배우는 것은 '학습(learning)'이라고 할 수 있다. 그러므로 교육은 인간의 잠재적인 능력과 소질을 성장, 개발시켜 주는 것이다. 교수의 개념을 살펴보면, 미시적 의미에서 교수는 '학문이나 기술을 가르치는 행위'를 말하며, 거시적 의미에서는 '교사가 의도적으로 계획한 교육적 활동과 교육 내용'을 의미한다. 즉, 교수란 미시적 의미로 가르치는 기술을 나타내는 기능적인 측면 그리고 인성적인 측면까지 포괄적으로 모두 포함하는 것이라 볼 수 있다.

교육에 대한 정의는 여러 학자들에 의해서 다양한 시각과 시대적 변화 및 사회적 관점에 따라서 차이가 있으나, 일반적 개념으로서 교육이란 "인간의 정신적, 신체적 성장과 발달은 어떤 이상이나 목적, 혹은 가치 기준에 의하여 통제하거나 조력하는 일련의 인위적 과정"으로 보았다(서울대학교 교육연구소 편). 정범모는 교육을 '인간행동의 계획적인 변화'라고 하였고, 이현청은 '교육은 끊임없는 자기 발전과 과정이자 큰 사랑의 나눔이다'라 하였다. 또한, 안인희는 교육을 '사람을 사람답게 만드는 작용'이라 했으며, 필자는 '보다 나은 삶과 행복한 삶을 위한 자기 성장과 계발을 통한 전인 인간으로 성장하는 것'이라 하였다.

교육의 과정에는 인간을 변화시키고 성장, 개발시키고자 하는 인간행동의 명확한 교육 내용과 교육 목적이 있어야 하며, 이러한 교육 내용 및 교육 목적을 실현하고 성취케 하기 위한 구체적인 이론과 구체적인 교육 프로그램의 교육과정이 있어야 한다. 즉, 교육을 시킬 대상이 누구이며, 교수-학습방법이 어떤 방향으로 진행되어야 할 것인가에 대한 관점에 따라 교육에 대한 개념이 달라질 수 있다.

이러한 교수방법은 목적, 교수자, 내용, 학습자, 방법 그리고 환경의 6가지 요소의 관계 속에서 이루어진다(한국유아교육학회 편). 따라서 교수는 교육에 있어서 다양한 요소와의 관계적인 개념으로 보아야 한다는 것을 알 수 있다.

2) 아동 생각의 자유로움을 수용하는 교수-학습

(1) 과거 우리의 교육과 교수-학습방법

교사는 학습자들의 마음을 움직여 학습의 동기부여 및 학습자 스스로 배움을 갈망하고, 각 개개인의 내재되어 있는 잠재력과 능력, 그리고 창의력을 발휘할 수 있도록 하고 성장하는 발달단계별로 삶의 현장에서 적응력의 향상과 삶에 적용될 수 있고 개개인이 성장되는 교육이 되어야 한다. 학습자 개개인의 자율성을 인정해 주는 융통성 속에서 스스로 사회와 주변 환경과 문화에 적절히 상호작용하며, 성장할 수 있도록 기회를 부여하고 지원해 줄 필요가 있다.

교사는 학습자가 자발적으로 학습을 터득하고, 배우고, 깨우칠 수 있는 교육의 장을 마련하는데 노력을 아끼지 않고 후원해야 할 것이다. 먼저 교사는 교육자로서 학습자가 깨진 달걀로 요리되기보다 병아리가 알을 깨고 나오듯 알을 깨고 스스로 나아갈 수 있도록 자유롭고 자율적이며, 단단한 환경을 조성해 주어야 하겠다. 교사가 알고 있는 지식을 주입하고 정보를 알려 주는 것이 아니라, 학습자 스스로 창의적인 학습이 될 수 있도록 다양한 환경 구성이 필요하겠다. 인간발달단계의 가장 중요하고 기본이 되는 영유아기 학습자들에게 먼저 교육의 기본 틀을 바로 세울 수 있게 이끌고, 위에서 지적한 바와 같이 각 개개인의 타고난 기질적 성향과 잠재력 및 능력을 잘 이해하고 그 위에 하나하나 견고하고 튼튼하게 주춧돌을 올리고 벽을 쌓아 허물어지지 않도록 단단한 버팀목을 붙잡아 주고, 창의력을 발휘하도록 도와주어야 한다. 그리고 그 기초적 틀에서 다양한 변화를 꾀할 수 있음을 깨닫고 다양한 변화를 창조해 내도록 해야 할 것이다.

(2) 학습자의 개별화의 특성을 인정하는 학습

부모 및 교사는 학습자의 생각의 자유로움을 인정해 주고 위대한 답이 나올 수 있음을 인정해 주어야 한다. 부모나 교사의 지식과 생각의 고정관념, 선입견에서 벗어나 학습자의 개별성을 인정해 주고 교육의 기본에 충실하며 실천을 통한 변화를 시도해 보고, 끊임없이 탐구하며 동기부여를 통한 창조해 낼 수 있는 교육의 장을 열어 주는데 지원을 아끼지 않아야 한다. 부모나 교사의 지식을 그대로 전수받는 것이 아니라, 스스로의 동기유발을 통해 깨닫고 실천하며 적용할 수 있는 배움의 교육이 되도록 교사는 열심을 다해야 하겠다.

교육과 학습이 삶의 체험이 될 수 있고, 열정과 열의를 가지고 개개인의 잠재력과 능력, 그리고 창의력 및 상상력의 날개를 마음껏 높이 그리고 멀리 날 수 있도록 도와주고 조력자의 역할을 해야 할 것이다.

[그림 4-1] 아동교육 및 지도의 교육 패러다임의 전환

- 문제의식 없는 맹목적 주입식 교육
- 맹목적 지식 전수
- 느낌과 갈등, 마음이 없는 교육
- 끊임없이 질주하는 교육과 교육계
- 상상력, 창의의 싹을 잘라버린 교육

↓

- 뒤집어 보기, 다르게 보고 생각하기
- 다르게 느껴보기
- 맥락적 사고, 생태학적 시각, 관계론적 시각, 환경과의 상호작용하여 실천하기
- 일탈적 사고 지지하기
- 개개인의 생각의 자유로움을 인정해 주고 다양한 시각에서의 답 인정하기

3) 학습자의 주도적 학습을 위한 교사의 역할

교사는 학습자 스스로 교사의 도움을 받기보다는 자발적으로 학습을 위해 필요하다고 깨닫고 동기를 가지고 학습의 목표를 설정할 수 있도록 부모 및 교사는 도와주며, 학습을 위한 인적 · 물적 자원을 밝히고, 적절한 학습의 필요한 자료를 선정하고, 적절한 개개인의 학습전략을 선정하고 이를 적용하며, 그 학습의 결과를 평가하는 과정에서도 스스로 주도적인 역할을 학습자가 평가하도록 조력자의 역할을 한다.

21세기 다변화 시대, 급변하는 시대에는 스스로 비판하고, 창의적으로 사고하고, 자기 주도적으로 변화에 대처할 수 있는 능력을 배양하고 창출해 낼 수 있는 능력을 유아기 학습자부터 훈련하여야 할 것이다.

학습자가 주도적으로 스스로 학습할 수 있도록 '학습자 주도적 학습'을 위해 교사는 어떻게 학습자를 조력할 것인지 교사의 역할은 다음과 같다.

첫째, 교사는 학습자에게 교육할 주제를 정하고, 그 주제에 대한 관련 자료를 수업 전에 충실하고 풍부하게 준비한다.

둘째, 수업에서는 준비된 자료 소재를 통해 자연스럽게 주제에 접근하여 학습자의 동기부여와 생각들을 끌어낸다. 즉, 교사는 학습자들에게 학습동기를 부여하며, 모델링과 학습할 내용의 전반적 개념들을 소개한다.

셋째, 교사가 일방적으로 학습의 내용과 주제를 정하기보다 학습자들로 하여금 자신들의 학습할 주제와 내용들을 먼저 탐색할 시간을 주고 선택하도록 한다.

넷째, 다양한 시각에서 주제와 내용을 탐구하도록 돕고, 스스로 학습목표를 정하도록 한다.

다섯째, 학습할 교육의 주제를 수행해 나가는데 필요한 자료 선택, 과제 분담, 학습 과정 및 방법도 자율적으로 학습자가 선택하도록 한다.

여섯째, 학습 후 학습자로 하여금 '무엇을 배웠고', '무엇을 느꼈고', '무엇을 얻었으며', '적용할 수 있는지' 학습자들의 다양한 생각들을 서로 나누도록 한다.

일곱째, 학습자의 교육 내용 및 주제에 대해 스스로의 평가를 시도해 본다.

4) 학습의 개념

'학습'의 의미는 경험과 체험의 결과로 인하여 학습자 개개인의 지식, 행동, 또는 삶의 적응력 및 태도가 지속적으로 변화되는 것이다(Hilgard & Bower ; Mayer, 재인용). Gagné와 Briggs는 학습이란 환경으로부터 능력과 개개인의 잠재력을 획득하는데 필요한 정보처리의 단계들로의 인지 과정이라고 정의하였다. 인지적 과정은 학습의 환경과 내적 조건이며, 학습의 인지 과정을 돕는 환경으로부터 자극은 학습의 외적 조건이 된다. 즉, 교사와 학습자의 내적 조건이 상호작용하여 학습의 결과가 나타난다고 볼 수 있다(김진영 외).

이상과 같이 교수-학습은 서로 밀접한 관련이 있으며, 교수-학습이 별개의 개념이 아닌 교사의 지도하에 유아가 일정한 교육 내용을 습득해 가는 통합적 의미의 '교수-학습의 과정'으로 설명할 수 있다.

교사는 학습자에게 기본에 충실한 교육(basic & fundametal)과 생태학적 관계지향적 교육(ecological relationship-centered education)의 안목과 식견을 갖도록 한다.

위에서 살펴본 바와 같이 학습 환경에서 점차 증가되어야 하는 학습자들의 역할에 교사의 역할이 좋은 모델링(학습 내용 및 개념, 학습전략, 학습 자료 활용의 확대 및 소개)에서 점진적으로 학습자들이 자발적으로 참여하고 이끌어가는 학습자의 전적인 주도의 단계로 진행되도록 함이 바람직하다.

2. 교수-학습의 역사적 배경

1) 로크(John Locke, 1632~1704)

17세기 영국의 경험론 철학자이자, 명예혁명을 이끈 정치가이다. 유럽, 미국에도 철학적, 사회적 영향을 미치고, 교육사상가로서 영향을 미쳤다. 그의 가정은 조부 때까지 번창한 청교도 상인 집안이었다. 당시 중류 상인 계층은 영국 사회의 중심 세력이었다. 로크의 부친은 기업을 버리고, 소지주가 되었고 변호사 개업을 하였다. 1642년 영국의 내란시 그 아버지는 의회군의 대위로 활약하며, 가족은 정치적으로 위험을 겪었으며 로크의 학교 생활도 늦게 시작되었다. 로크의 부친은 아들 교육에 매우 엄격하여 체벌도 하였으나, 클수록 친구 같은 사이가 되었다고 한다. 부친의 교육적 태도는 로크의 교육사상에 반영되었다.

로크는 1647년에 웨스트민스터 스쿨에 입학하게 되었다. 이 학교의 엄격한 고전교육은 로크로 하여금 지나친 형식주의에 대한 반감을 가지게 하였다. 1652년 옥스퍼드 대학 크라이스트 처치에 국왕 장학생으로 입학하여 1658년 마스터를 획득하고, 1660년부터 30년 동안 학교 관련 일로 인연을 맺게 되었다. 로크는 의학 공부에도 힘써 의학박사 학위를 취득하였으며 위급한 친구들을 고쳐 주었다. 1666년 로크는 정치가인 애슐리 경의 병을 치료해 주고 인연을 맺게 된다. 로크는 애슐리 경과 함께 정치적인 영화를 맛보기도 하고, 정치적 망명 생활을 하기도 하였다. 1691년 이후 친구인 머샴 경의 저택에서 집필을 하며 말년을 보냈다.

로크의 교육사상의 주 저서는 『교육에 관한 고찰』이다. 교육론에서 경험을 중시하며 인간의 마음은 백지와 같이 깨끗하게 닦여진 칠판과 같다고 한다. 이는 유아기 경험의 중요성을 강조하며, 경험을 인간 형성의 주요한 요소로 보는 관점으로 이어지고 있다. 로크의 교육 목적은 시민사회의 구성원 형성에 있다.

- 건전한 신체에 건전한 정신이 깃든다. 생생한 건강교육론을 제시하고 있다.
- 올바른 정신 형성은 교육에 의해 이루어지며, 유아기 습관 형성에서 기인한다. 어린 시기부터 엄격한 규율 속에서 키워서 모든 미덕이 자연스럽게 습관화되도록 교육하는 것이다.
- 유아기부터 철저한 훈육은 강조하지만, 체벌은 반대한다. 체벌보다는 칭찬이나 어린이의 명예심에 호소하여 바람직한 미덕을 스스로 익혀 가도록 한다.
- 교육 내용은 이론보다는 실제를, 암기보다는 실천을 통해 익히는 것이 바람직하다고 보았다.
- 어린이와 교사의 관계는 절대적인 신뢰와 존경을 바탕으로 하고, 교사는 항상 시범을 통해 어린이를 교육해야 한다.
- 모든 어린이는 각기 다른 기질을 타고나므로 일률적이고 유일한 교육방법은 없다. 교육은 본성에 기초하여 필요한 지식과 습관을 배워 나가도록 진행하여야 한다.
- 어린이의 특성에 의해 교육은 직무보다 오락으로 주어져야 한다.

2) 루소(Jean-Jacques Rousseau, 1712~1778)

루소의 교육론은 아동존중사상과 자연주의 사상을 중심에 두고 있다. 루소는 태어난 지 10일 만에 어머니를 잃었다. 아버지는 시계공으로 일하며 생계를 이어가는 따뜻한 사람이었다. 그의 어머니가 책을 좋아하여 집안에는 책이 많았다고 한다. 7살 위의 형이 있었으나, 가출하였기에 루소는 혼자 자라다시피 하였다. 13세 때 루소는 도금 세공업을 하는 주인집에 심부름을 하게 되었다. 이곳에서 학대를 받으며, 훔치는 버릇과 남을 속이는 버릇이 생겼다고 한다. 16세 때 주인집으로 돌아가지 않고 방랑하다가, 바랑 부인의 집에 신세를 지게 된다. 바랑 부인과 친해지며, 독서와 음악 공부를 하며 행복한 시간을 보낸다. 1736년 24세 때부터 체계적으로 공부하기 시작하였다. 이후 리용의 재판관인 마볼리 집안의 가정교사로 들어갔다. 최초의 교사 경험을 얻었지만, 얼마 못가 그만두었다고 한다. 그가 고안한 새로운 악보 표기법은 인정받지 못했고, 희극과 오페라도 번번이 방해받고, 실패하였다.

그 무렵 싸구려 여관에서 일하는 테레즈 르바쇠르라는 여자와 가까워졌다. 결혼하지 않고 23년간의 동거 생활 끝에 루소 나이 56세에 결혼을 하게 된다. 테레즈와 사이에서 낳은 다섯 아이는 모두 고아원에 맡겨졌다. 당대, 후대의 사람들이 루소를 공격하기 위해 자신의 아이를 유기한 사건을 약점으로 거론하였다. 1761년 루소는 『사회계약론』,『에밀』, 『신엘로이즈』를 완성하였다. 『신엘로이즈』는 이상적인 남녀 간의 비극적인 사랑을 담은 내용이고, 『사회계약론』은 민주주의 정치이론의 고전이며, 『에밀』은 교육의 고전이 되었다. 당시의 이 책들은 충격적인 반응을 일으켜 루소는 책의 분서 처분과 체포령으로 망명 생활을 계속하게 되었다. 영국의 철학자 흄의 호의로 체류하며 『참회록』을 쓰게 되었다. 프랑스로 돌아와 시골에서 계속 집필하며 여생을 보내게 된다. 『에밀』은 에밀이라는 가상의 인간을 교육하면서 진행되는 과정을 생애 주기를 따라 기술하였다.

- 인간의 성장 단계에 따라 각 단계에 적합한 교육을 처음으로 제시하였다.
- 심리학이 발달하기 이전에 어린이의 신체 발달이 심리 발달에 미치는 영향과 감각 발달에 대해 예리하게 관찰하였다.
- 어린 시기 그 자체를 완성되고 독립되게 보았다.
- 당시는 어린이를 어른의 축소물, 미성숙한 존재로 보았으나, 루소는 아동존중사상으로 어른과 동일하게 존중받아야 한다고 주장한다. 영유아기, 아동기는 미래의 생활을 준비하기 위해 희생될 수 없으며, 그 시기를 충분히 누리도록 한다.
- 인간의 본성은 선이며, 선은 다름아닌 자연이다. 여기서 선은 도덕적인 선과는 다른 개념이며, 신의 자연법칙을 의미하는 선이다. 인간은 태어나며 선한 존재이지만, 인간들이 만들어 낸 악에 의해서 영향을 받게되 는 것이다.
- 모유가 인공유보다 어린이에게 유용하다고 상세하고 과학적으로 설명하였다.
- 건강의 중요성을 강조하여 감각교육을 중시하였다.

- 충분한 감각훈련은 결과적으로 이성의 힘을 강화한다.
- 직접 경험할 수 있는 많은 기회를 주고, 놀이를 중요한 교육 활동으로 여긴다.
- 어린이 내부의 가능성을 보고, 외부의 간섭은 비교육적이라고 하였다. 가능한 어른 세계에서 떨어져 자연에 따라 성장, 발달해야 한다고 했다.
- 루소의 교육 목적은 사회개조로 모든 인간이 평등한 권리로 행복하게 살기 위해 개인의 완성이 우선되어야 한다고 보았다.

3) 페스탈로치(Johann Heinrich Pestalozzi, 1746~1827)

페스탈로치의 조부는 취리히 근교 시골 교회의 신교 목사였으며, 그 아버지는 성실하고 정직한 외과 의사겸 안과 의사였다. 다섯 살 때 아버지는 갑작스럽게 죽게 된다. 어머니는 자력으로 자녀교육에 열중하며 성실하게 살아간다. 검약한 생활 속에서도 공공자선사업, 축의 선물에 돈을 아끼지 않는 성품이었다. 가정부인 바벨리는 아버지의 유언에 따라 일생 결혼하지 않고, 페스탈로치 일가를 돌본다. 이는 후에 『린하르트와 게르트루트는 어떻게 그녀의 자녀를 가르치는가』의 모델이 되었으며, 페스탈로치가 평생 빈민 운동에 힘쓰게 된 원인이기도 하다. 조부를 통해 경험한 시골 농민의 생활은 빈민 구제의 길을 택하게 된 직접적인 원인이 되었다.

청년기에 취리히 대학과 카로니아 대학에서 신학과 철학, 법학을 공부하였다. 당초 목사가 되려는 생각을 버리고, 사회개혁으로 마음을 바꾸었다. 반정부 운동에도 가담하는데 이를 통해 시민권을 박탈당하고, 국외 추방을 선고받는다. 정치 운동을 통해 이상사회 구현이 힘들다는 것을 깨닫고, 새로운 삶을 찾기 위해 농촌으로 들어간다. 안나 슐테스와 결혼한 후, 뮐링겐에 '노이호프'라는 농장을 만들었다. 농장은 실패했지만, 가난한 아이들을 교육시킬 빈민학교를 열었다. 밭은 가꾸고, 옷감을 짜는 등 노작교육을 통해 인간교육에 힘썼다. 1770년 태어난 장남 한스 야곱을 키우며 여러 가지 교육원리를 발견하게 된다. 노이호프의 학교는 1780년에 실패하여 문을 닫는다. 이후 문필가로서 생활을 지속한다. 프랑스 군의 침입으로 늘어난 고아들을 돌보기 위해 쉬탄즈로 가서 고아들과 기거하며 교육에 힘쓴다. 이곳은 프랑스 군에 의해 6개월 만에 문을 닫았지만, 페스탈로치에게 교육방법과 교육원리를 계속 모색하는 시기가 되었다. 부르크도르프의 작은 마을의 교사로 부임하였다. 페스탈로치의 수업 방식은 다른 교사들과 달리 성과가 놀라웠고, 아이들이 즐거워하였다. 그의 교육은 시의 교육위원회의 관심을 받게 되었다. 1800년 부르크도르프의 고성에서 학교와 사범학교를 운영하였다. 이페르텐 성으로 옮겨 21년간 계속 교육에 전념하였다. 학교의 명성은 전 유럽에 퍼져서 각국의 많은 사람들이 교육이론과 방법을 배우려고 모여들었다. 이 학교는 빈민을 교육을 통해 구원하려던 그의 꿈과는 달리 부유층 자체들의 유학지가 되고, 유명학교가 되었다. 그 속에서 제자들 간의 갈등과 대립으로 힘든 시간을 보내게 된다. 페스탈로치는 1825년 노이호프로 돌아가 집필을 하며 여생을 마무리하게 된다.

- 교육의 목적을 인간개혁과 사회개혁에 두고 있다. 도야된 인간을 통해 사회가 개혁된다고 보았다. 가난한 아이들과 고아에 관심이 있었던 것도 이상사회 건설의 꿈과 연결이 된다.
- 교육의 기본 원리로 '합자연의 원리'를 들었다. 합자연이란, 어린이 주위를 둘러싸는 자연의 성찰, 발전, 법칙을 이해하며 어린이를 키워가는 것을 의미한다.

· 자발성의 원리 : 어린이의 능력을 내부로부터 발전시켜야 한다는 생각이다. 자연적으로 자기 활동적이며, 자율적인 훈련 방법을 중시한다.

· 방법의 원리 : 자기 발전은 질서 있고, 일정한 단계를 거친다. 규칙이 없는 무율에서 제도, 관습, 규범에 의한 타율, 스스로 도덕률에 의하는 자율에 이르는 단계를 뜻한다.

· 직관의 원리 : 모든 인식의 기초이며, 외부의 이미지를 개념으로 구성하는 작용을 직관이라 한다.

· 균형의 원리 : 도덕적, 지능적, 신체적 힘의 조화를 이룬다.

· 개성과 사회성의 조화원리 : 개인과 사회의 협동의 관계를 의미한다. 개인은 사회개혁의 수단이 아니며, 자기목적적인 존엄한 존재로 본다.

- 어린이 교육은 가정에서 동심원적으로 점차 확대되어야 한다고 하였다. 가정, 학교, 사회로 확대되어져 나가는 것을 뜻한다.
- 교사와 학생의 관계를 사랑에 기초하여 개성을 존중하는 교육이어야 한다.
- 충분한 시간을 가지고 교수하며, 발달에 목적을 두어야 한다.
- 감각적 직관을 학습지도의 기초이며, 언어는 항상 직관과 실물, 내용과 결부되어야 한다.

4) 프뢰벨(Friedrich Wilhelm August Fröbel, 1782~1852)

프뢰벨의 아버지는 학식과 덕망이 높고, 야심적이고 책임감이 강한 목사였다. 어머니는 생후 9개월 만에 돌아가시고 1785년 아버지의 재혼으로 계모를 맞았지만, 프뢰벨과 사이는 좋지 않았다. 어릴 때부터 따뜻한 가정 분위기는 경험하지 못했다. 프뢰벨은 하인들이 돌보거나, 방치될 때가 많았다. 프뢰벨은 자연스럽게 내성적이고, 말이 없는 고집스러운 소년으로 자라 갔다. 고독한 소년 시기에는 모성에 대한 동경이 가득했다. 열 살이 되어 외삼촌 집에서 지내는 동안 온화함과 친절함을 배울 수 있었다. 열다섯 살 때 아버지 곁으로 돌아와, 2년간 삼림관 밑에서 삼림에 대한 지식을 얻었다. 1799년 예나 대학에서 자연과학과 공학을 배웠다. 1802년 부친이 사망하자 생계유지를 위해 서기, 측량기사, 농장의 회계원, 비서, 가정교사 등의 일에 종사하였다. 1805년 프뢰벨은 건축기사가 되기 위해 프랑크푸르트 암마로 가게 된다. 그루너는 프뢰벨에게 교직이 어울린다고 충고한다. 이후 프뢰벨은 페스탈로치를 만나게 된다. 페스탈로치와의 만남을 통해 교육자로서의 삶을 살겠다고 다짐한다. 페스탈로치 사상과 이견도 있는데, 페스탈로치가 계몽적인 경향을 가지고 있다면, 프뢰벨은 낭만적인 관념론을 가지고 있다. 1811년 괴팅겐 대학에서 화학, 물리학, 광물학, 자연학을 공부하였다. 교육에서의 근본적인 통일의 원리를 탐구하려 하였다. 1816년 그리스하임에 있는 '일반 독일 교육소'를 창설하여 교육을 시작하였다. 1817년 카일하우로 옮겨 교육 내용은 간소한 스파르타식으로 꾸려가며, 페스탈로치의 합자연의 교육을 추구하였다.

1818년 호프마이스터와 결혼하고 논문과 책을 발간하였다. 당시 정부로부터 민중 폭동의 혁명 정신을 가르친다고 폐쇄당한다. 이후 스위스의 부르크도르프 고아원장으로 있으며 유아기 교육의 중요성을 실감한다. 1836년 블랑켄 부르크로 돌아와 '자기교수, 자기교육을 이끄는 직관교수의 학원'을 설립하고, 유아교육을 위한 교구를 제작한다. 1839년에는 장난감 중심의 유아교육에 대한 강연회를 연다. 6세 이하의 40명 유아들을 모아 놓고, '유희와 작업 교육소'라 이름 짓고, 매일 두 시간의 유희를 하였다.

1840년에 Kindergarten(어린의 정원 : 유치원)이라고 명칭을 변경하여 부르게 된다. 여성만이 유아교육의 적임자라고 확신하고, 유아교육지도자를 양성한다. 1851년 정부는 유치원 금지령을 내린다. 어린이들을 사회주의와 무신론으로 이끈다는 이유 때문이었다. 금지령은 프뢰벨 사후 1860년까지 계속되었다.

- 신과 인간과 자연의 통합을 중시했다. 신적 통합을 근본으로 하고 있다.
- 통일의 원리 : 만물에는 영원한 법칙이 있으며, 작용하고, 지배하고 있다고 보는 것이다. 만물의 통일자는 신이며, 만물은 신에 의해 생겨났으며, 신의 만물 속에 존재하며 만물을 다스리고, 지배한다. 프뢰벨은 인간을 만물 중에 최고의 존재로 보았다.
- 창조적 자기활동의 원리 : 인간의 본성은 신적인 것이며, 신적인 것을 표현하는 것이 인간의 사명이라 보고 있다. 교육은 어린이의 자기표현을 도와주며, 이를 창의적이라고 본다.
- 노작의 원리 : 페스탈로치의 노작교육을 중시했다. 어린이의 단순한 생산노동을 노작으로 보았다. 어린의 놀이는 최초의 생산 활동이라고 간주했다.
- 사회화의 원리 : 교육도 사회 활동의 과정이다. 협동, 예절 등이 어린이교육의 특징이 되어야 하며, 교육에서 사회적 환경을 강조한다.
- '유치원'을 창시하여 자신의 교육원리를 통한 어린이교육에 힘썼다.

5) 듀이(John Dewey, 1859~1952)

미국의 진보주의 교육사상가인 듀이는 프래그머티즘(pragmatism)을 체계화시킨 교육철학자로서 스탠리 홀의 아동연구운동에 영향을 받았다.

듀이는 아동의 일상생활과 분리되어 교사 및 교과서 중심으로 이뤄지는 전통적인 학교교육에 대한 반성을 촉구하면서, 아동 자신의 직접적인 욕구나 활동 등 아동의 중심이 되는 '아동중심교육(child centered education)'이 되어야 함을 강조하였다.

듀이에 의하면 교육의 과정은 보다 완전한 성장을 지향한 경험의 계속적인 개조이며 미래를 위한 준비가 아닌 생활 그 자체임을 강조하면서 유아의 발달과 흥미에 맞게 교육과정을 재구성해야 한다고 주장하였다.

듀이가 말한 교육 내용을 선정하는 원리는 다음과 같다(조혜경 외)

- 교육 내용은 아동의 중심에서 출발해야 하지만 교과와 지식이 함께 아동의 입장에서 접근될 때 더 의미가 있다.
- 교육 내용으로서 경험은 중요하지만 지적인 요소가 개입되어야 교육적 효과를 볼 수 있다.
- 교육은 사고하는 것을 배우는 것이다.
- 교육 내용은 인간과 가정을 중심으로 한 아동의 사회적 활동에 중점을 두어야 한다.

이상에서와 같이 듀이의 아동중심 · 흥미 중심 · 경험 중심의 교육방법을 제시하였지만 그가 주장한 아동중심교육은 자유방임적 교육이 아니라 자율적 교육의 인정을 의미한다.

듀이의 진보주의 교육사상은 아동이 자발성, 흥미, 경험 중심 교육방법에 대한 유아교육의 사상적 기초를 제공해 주었으며, 이후 진보주의 교육자들이 유아들의 경험을 교육적으로 재구성하기 위해 프로젝트 중심 교육 활동을 전개하는데 많은 영향을 주었다.

6) 몬테소리(Maria Montessori, 1870~1952)

이탈리아 최초의 여의사로 알려진 몬테소리는 정신장애아동의 교육에 관심을 가지고 있었고 그들을 위한 체계적인 교구와 교수법 개발을 시도하였다.

1907년 산 로렌조에서 어린이의 집(Casa dei Bambini)을 개원하여 자신의 교육적 신념을 실현할 수 있는 교육시설을 설립하였다. 이 학교에서 몬테소리는 아동의 행동을 체계적으로 관찰하고 이들을 발달 특징을 고려한 교육을 전개하였으며 그 결과 1909년 『과학적 교육방법』을 저술하였고 이 책은 『몬테소리 방법』이라는 용어로 세계에 알려지게 되었다.

몬테소리는 아동을 무한한 잠재성을 가진 능동적인 존재로 보았으며 아동이 자발성을 강조하였다. 아동들은 독특한 인격을 갖고 있으며 교육은 각각의 아동에게 개별화되어야 한다고 생각한 몬테소리는 교사가 준비한 환경 안에서 아동의 자발적인 선택에 의한 자동교육을 중시하였으며 아동은 자신의 발달단계에 적절한 교구와 상호작용하거나 작업의 과정을 통해서 스스로 발달하고 성장할 수 있는 존재라고 보았다.

몬테소리 교육사상은 아동 존중, 민감기, 흡수 정신, 준비된 환경, 자율교육 등으로 대표되며 교육이론의 기본은 '아동에 대한 존경'이다. 몬테소리는 아동의 발달은 민감기(sensitive period)와 흡수 정신(absorbent mind)에 의해 이뤄지며 민감기는 0~6세에 해당되는 시기로 환경으로부터 흡수하여 자신의 것으로 만드는 능력이 뛰어난 시기이다.

몬테소리는 교육 내용에 있어서 준비된 환경과 학문적 기술 습득에 역점을 두었는데, 준비된 환경은 일상생활훈련 · 근육운동훈련 · 감각교육 · 언어교육이며, 학문적 기술 습득에는 쓰기 · 읽기 · 산수를 포함하고 있다.

그녀는 시각과 촉각의 발달이 지적 성장과 추상적 개념을 이해하는데 바탕이 됨을 알아내고 같은 과제를 반복하는 방법을 통해 아동의 감각 발달을 돕는 교수자료들을 고안하였다. 이러한 과정을 통해 개발된 몬테소리 교구는 몬테소리만의 독특한 교육방법을 발전시키는 계기를 마련하였으며, 일상생활교육, 감각교육, 언어교육, 수교육 등과학적이고 체계적인 교육방법을 통해 교육의 과학화에 공헌하였다.

몬테소리의 교육사상은 1920년 이후 쇠퇴하였다가 1960년대 이후 인지발달이론이 관심을 끌며 새로운 조명을 받아 현재까지도 몬테소리 교구 사용법이나 감각교육의 원리 등 체계적인 교육방법은 영유아·아동을 위한 교육에 많은 영향을 주고 있다.

7) 피아제(Jean Piaget, 1896~1980)

발생학적 인식론자인 피아제의 이론은 아동과 인지발달의 본질에 대한 근본적인 변화를 가져왔다. 그 변화의 핵심은 아동이 지식 구성에 능동적인 주체자라는 점이며 인지적 발달은 아동이 환경에 작용함으로써 구성 변형되는 결과라는 점이다.

개인이 통합적이며 완전한 인간으로서 평형을 유지하기 위해 거치는 동화와 조절의 과정을 통해 인지적 발달이 이뤄지게 되는데 아동들은 능동적인 활동과 그 경험에 대한 반성적 추상화(reflective abstraction)를 통해서 지식을 구성해 나가며 이는 인지구조의 변화를 가져온다고 가정하고 있다.

교사는 경험을 통해 갈등을 유도하여 추론을 위한 학습을 위해서 아동에게 인지적 갈등을 유도하여 추론할 기회를 마련할 수 있는 방법을 적극적으로 개발해야 한다고 보았다. 즉, 교사의 역할은 인지적 갈등이 생길 수 있는 상황을 조성하여 주고 아동이 갈등을 느낄 때 반성적 사고(reflective thinking), 즉, 자신이 생각하는 바를 재검토하도록 격려하고 도움이 되는 방법을 제공하여 지식의 재구성을 지원해 주는 것이다.

구성주의에서 피아제의 이론을 광범위하게 적용하고 있다. 구성주의는 아동의 발달은 유전이나 환경 중 어느 하나의 절대적인 영향을 받는 것이 아니고 이들이 상호작용함으로써 자신의 주변 세계를 이해해 나가는 존재이며 이러한 과정에서 계속적인 인지의 재구조화가 이뤄진다고 보았다. 철학적 인식론에서 출발한 구성주의가 보육에 미친 영향은 1960년대부터 시작되어 지금까지 계속되고 있다.

8) 비고츠키(Lev Vygotsky, 1896~1934)

비고츠키는 피아제와 동시대의 사람으로 사회적 상호작용을 통한 타인의 지지나 지원을 통해 아동의 발달이 이뤄진다고 주장하였다. 이러한 견해는 아동 스스로 자신의 지능과 언어를 발달시켜 나간다는 피아제의 이론과는 상반되는 것이다. 비고츠키는 지식 구성의 원천을 아동과 그 아동이 놓인 사회·문화적 환경과의 통합에서 찾고 맥락 의존적인 지식 습득의 과정을 강조하였다(김수영 외).

비고츠키가 제시한 중요한 개념은 '근접발달지대(zone of proximal development : ZPD)'인데 이는 독자적인 문제해결에 의해 결정되는 실제적 발달 수준과 성인의 지도나 보다 능력 있는 또래들과의 협동을 통한 문제해결에 의해 결정되는 잠재적 발달 수준과의 차이로 정의할 수 있다.

근접발달지대에서 효과적인 교수–학습방법은 비계설정(scaffolding)인데 이는 성인이 도움을 줄 때 아동의 요구에 맞게 민감하게 조절함으로써 조력을 지원하는 체계로서 도움의 양을 조절하는 것을 말한다. 효과적인 비계설정을 위해서는 협동적 문제해결 활동에 참여하도록 하는 것이다. 이것은 간주관성(inter subjectivity)으로서 서로 다르게 이해했던 사람들이 공유된 이해에 도달하는 과정을 의미한다. 아동이 근접발달지대에 머물게 하기 위해서는 아동에게 주어진 과제가 도전적인 수준이 되도록 구성해주는 것이 중요하며 아동의 현재 요구와 능력에 맞도록 성인의 개입의 양을 조절하는 것이 중요하다.

비고츠키의 이론은 다양한 아동중심의 경험과 교사 또는 또래와의 계속적인 상호작용이 학습과 발달에 필수적이라고 주장하며 지식 구성에 있어서 아동의 주체적 역할을 강조하는 구성주의이론에 큰 영향을 주었다. 최근 주목을 받고 있는 레지오 에밀리아 접근법(Peggio Emilia approach)도 구성주의적 이론을 실현한 프로그램 중 하나로 볼 수 있다.

구성주의자들이 동의하는 교육 활동에 관한 일반적인 원리는 다음과 같다(이순형 외).

- 학문적인 것뿐 아니라 다양한 종류의 경험을 아동에게 제공한다.
- 활동에 대한 충분한 시간과 자유선택 활동 시간을 제공한다.
- 다양한 또래집단에서 사회적 상호작용이 이뤄지도록 한다.
- 교사의 역할은 환경제공자로서 역할과 개별적 소그룹 활동으로 구성하도록 한다.
- 회상, 종합, 평가, 시범, 실현할 수 있는 기회를 제공해야 한다.
- 물리적, 사회적 세계의 개념화 교육이 필요하다.

Chapter 05

영유아보육 및 교육기관의 예방적 교수법

교육을 시켜 교류를 촉진하기 위해서는 어린이를 돌보는 사람들도 치료를 제공하는 사람이라는 자세로 능동적으로 임무를 수행하여야 한다. 예방적 교육—아동들에게 미래의 어떤 상황에 대응할 수 있는 기술을 가르치는 교육—은 아동들의 새로운 기술 습득, 문제의 예방, 그리고 성공할 수 있는 기회를 넓히는 방향에서 교육이 이루어져야 한다. 예방적 교육은 아동들이 필요로 하는 기술을 찾아내고, 어떻게 가르칠 것인지 계획을 세우고, 어떻게 교육을 실시하는가 하는 세 단계로 구성되어 있다.

예방이나 예방적 교수법의 개념은 소년원의 가정교육 프로그램의 일부분만이 아닌 사회 전체의 교육 프로그램의 일부로서 받아들여져야 한다. 소방 연습은 우리가 자주 접하는 예이다. 소방연습은 화재 건물 내부에 있는 사람들에게 소화전과 소화기 그리고 비상구를 이용하는 방법의 연습 등을 포함하는데 이런 연습을 통해서 화재 발생 시 인명 피해를 줄일 수 있다. 예방의 다른 예로는 아동들이 학교를 다니기 시작할 때 부모님들이 아동들과 함께 안전한 등하교 길을 걷는 것이다. 이를 통해서 아동들의 부모님들은 학교 가는 길은 가르쳐 주고 어떻게 해야 안전하게 길을 건너는가, 또 길을 잃었을 경우에는 어떤 곳에서 길을 물어야 하는지 등을 가르쳐 줄 수 있다. 이런 교육은 아동들의 안전을 높임과 동시에 아동들과 부모님들의 걱정을 덜어준다. 미래에 일어날 상황을 미리 생각해 보고 예방할 수 있도록 가르치는 기회를 제공함으로서 많은 문제를 예방할 수 있다.

1. 예방적 교수의 유익한 점

예방적 교수(preventive teaching)는 교사나 대리양육자 역할을 하는 보육기관의 교사들과 대리양육자들은 그들이 맡은 아동들에게 비슷한 유익한 점을 준다. 어린이보육시설에 들어간 많은 소년 소녀들은 일반적으로 비난은 많이 받아 왔지만 성공한 경험과 관련해서는 아주 작은 성공만을 경험해 왔다. 예방적 교수법은 보육시설 관계자들에게 이런 현상을 뒤집을 수 있는 훌륭한 기회를 제공한다. 예방적 교수법은 아동들이 성공할 수 있는 기회를 증진시킬 뿐만 아니라 관계자들에게도 더 많이 가르칠 수 있는 기회를 제공한다. 이런 예방의 기회들은 성공하거나 이익으로 돌아오는 경우가 많은데 그 이유는 예방 시에는 문제의 원인이 없기 때문이다. 다시 말해 걱정과 감정의 흥분이 크지 않은 편안하고, 협조적이며, 긴장이 없는 환경에서 배우는 것은 실제 상황보다 쉽다는 얘기다.

예방적 교수는 상호 유대를 강하게 한다. 아동들은 그들의 미래에 도움이 되는 새로운 배움의 내용인 공정성, 관심 그리고 협조에 감사하게 한다. 또한 아동들은 그들에게 더 나쁜 결과를 초래할 부적절한 행동을 어떻게 피할 수 있는지를 가르쳐 주는 기회에도 감사하게 한다. 실제 상황에서 아동들의 두려움의 정도는 줄어들고 아동들은 보다 자신감을 가지고 새로운 상황에 다가갈 수 있고 지나간 문제를 인식하고 완화해서 받아들일 수 있다. 그렇기 때문에 아동들은 실패의 경험 없이도 성공하는 기회를 가지게 된다.

예방적 교수법에 의해서 편안하게 성공할 수 있는 기회는 아동들 뿐만이 아니라 아동을 지도하거나 교육하는 교사나 관계자들에게도 커진다. 효과적인 예방적 교수법의 결과로 보육기관의 직원들의 직업과 개인의 만족도가 향상된 것이 그 좋은 예이다.

예방적 교수법은 긍정적이고 예방적인 방법으로 아동들이 기대를 하고 기술을 발전시키게 함으로서 대결 구도를 피하게 하는데 도움을 준다. 보육기관의 교사나 대리양육자들도 여러 가지 상황을 좀 더 편안하고 긴장 없이 대할 수 있게 된다.

2. 예방적 교수 : 무엇을, 언제, 어디서, 그리고 어떻게 가르칠 것인가?

예방적 교수법(preventive teaching)의 실질적 응용은 무엇을 가르치느냐, 언제 가르치느냐, 어디서 가르치느냐, 그리고 어떻게 가르치느냐를 아는데 있다. 만족도에 있어서 예방적 교수법 과정은 기초 교과기술, 상급 교과기술, 또는 특정한 상황에 대한 준비 등에 중점을 둘 수 있다. 기초 교과기술은 프로그램 초기의 아동들에게 중점을 둔다. 프로그램에서의 기초 교과기술에는 '지도사항 따르기', '아니요'란 대답 받아들이기, '대화에 참여하기', '인사하기', '비판의 수용', '적절하게 거절하기', '공경의 표시', 그리고 '민감함의 표시' 등이 있다. 교사나 대리양육자 혹은 아동행동지도 및 치료사들은 이런 기술들을 이용함으로써 아동들이 새로운 기술을 배우는데 개방적이고 편안하게 도와줄 수 있다. 이런 배우는 과정은 종종 그 자체 안에서 보강되기도 하는데 이 때문에 가르치는 과정도 자연 보강되게 된다. 이런 이유 때문에 아동들에게 기초기술을 가르치는 것 자체가 아동들을 쉽게 가르칠 수 있게 하는 효과를 가져다준다.

기초와 상급기술은 아동들이 여러 종류의 가족과 공동체 안에서 살아갈 수 있는 기술들을 발전시키는데 도움을 준다. 대부분의 아동들은 그들의 부모님이나 다른 어른들의 모범된 행동, 대화, 칭찬, 그리고 훈련 속에서 이런 기술들에 관해 점진적인 "교육"을 받는다. 그러나 많은 보육기관은 아동들에게 자연스럽고 사회적인 교육의 일부분이 되어오지 않아 왔다. 사실 대부분의 아동들은 혼돈스럽고 사회적으로 부적당하며 일관성 없고 기능적이지 못한 교육을 받아 왔다.

이렇게 자주 사용되는 기초 그리고 상급 기술 외에도 아동들이 특정하거나 특별한 상황을 준비할 수 있도록 가르칠 수 있다. 보통, 아동의 장점들과 약점들을 알고 있기 때문에 문제행동 및 부적절한 행동의 예방적 교수법을 요하는 상황을 접할 수 있다. 예를 들면, 자신감이 없고 부끄럼이 많은 아동에게 손님이 온다고 가정했을 때 아동에게 몇 가지 사회적 기술을 예방적으로 가르쳐 줄 수 있다. 이 기술들에는 손님에게 어떻게 인사하는가, 그리고 어떻게 대화에 참여하는가 등이 있다. 손님 오기 전의 이러한 가르침들은 아동이 성공적으로 사회성 기술을 익힐 수 있는 기회를 크게 해준다.

또 다른 예는 허락을 구하기를 힘들어 하고 "아니오"라는 대답을 잘 받아들이지 못하는 아동에게서 볼 수 있다. 만약 아동이 주말 동안 기숙사나 위탁교육기관에서 집을 방문한다면 그에 따른 사회적 기술을 미리 훈련받거나 아동이 성공적인 방문을 할 수 있도록 예방적 교육을 받을 수 있다.

아동이 자제력을 잃는 상황과 대결 구도를 피하기 위해서도 예방적 교수법을 요한다. 예를 들면 아동이 비난을 듣고 자제력을 잃거나 언어 또는 육체적으로 공격적일 때 비난을 받아들일 수 있는 예방적 교수법이 필요하다. 이런 종류의 예방적 교수법은 아동이 이런 상황에서 뿐만 아니라 이런 상황이 아닐 때도 일어난다. 요약하자면 어떤 기술도 예방적 교육으로 가르쳐 질 수 있으며 그 때문에 아동은 잠재적인 어떤 어려운 상황에도 준비할 수 있다.

예방적 교육은 종종 새로운 아동을 위한 프로그램에서 일어난다. 예방적 교육과정의 초기 과정에는 새로운 아동들에게 예방적 교수와 그 목적을 가르치는 과정이 포함되어야 한다. 근본적 교육지침서에는 가족과 그 공동체 안에서 프로그램이 존재하기 위하여 필요한 기초 교과과정이 분류되어야 한다. 부수적인 교육지침서들은 프로그램 안에서의 교육적 공동체와 하루 일과에 관한 안내를 포함한다.

예방적 교수법의 이용은 아동이 자라고 발전하는 과정에서도 계속된다. 교육의 중점은 기초적인 기술들에서 특별한 사건이나 상황을 준비하기 위한 좀 더 복잡한 기술들로 옮겨간다.

예방적 교수법은 아동 개인이나 작은 단체 그리고 사적으로 일어날 수 있다. 아동 개인에 대한 교육은 특수한 처방 목적이나 그 아동이 직면한 특별한 상황에 중점을 둔다. 작은 단체를 위한 과정이나 교육은 주로 모든 아동들에게 공통적인 기술들에 중점을 둔다. 예를 들어 아동들 단체가 어떤 사회 모임에 참가한다면 직원들은 예절, 대화하는 기술, 그리고 그 그룹의 기대 등을 주제로 할 수 있다. 이러한 단체교육은 직원들로 하여금 보다 능률적으로 필요한 기술들을 가르칠 수 있게 한다.

세 종류의 예방적 교수법이 있다. 계획된 교수(planned teaching), 예비교육(preteaching), 예방적 즉답(preventive prompts)이 그것이다.

3. 계획에 의한 교육

계획된 교수(planned teaching)는 이미 정해 둔 시간에 새로운 기술을 가르치는 것과 여러 가지 교육 상호관계의 요소들을 이용하는 것을 포함한다. 8단계의 계획된 교수방법은 아래와 같다.

[그림 5-1] 8단계의 계획된 교수방법

1. 칭찬을 하면서 시작
2. 기술의 설명과 보기 들기
3. 기술의 묘사와 시범
4. 이론적 해석
5. 승인의 요구
6. 연습
7. 피드백
   예) · 칭찬
   · 행동의 묘사
   · 긍정적 행동에 대한 보상
8. 미래를 대비한 연습 / 칭찬

1) 칭찬을 하면서 시작

교육을 긍정적으로 시작하는 것은 중요하다. 아동들은 처음에 재미있고 즐거우면 더욱 더 많이 계획된 교육에 참여하고 싶어하고 많이 배우고 싶어한다.

예 : ㅇㅇ야, 정말 결과를 받아들이는 것을 잘해 주었다. 너는 결과를 인정하고 받아들였으며 네 카드에 사인까지 받았다. 정말 잘했다.

유의할 점 : 위의 보기는 교사나 대리양육자 혹은 보육기관의 관계자들이 결과를 감독할 때를 위해서 서류에 사인을 했을 때를 가정한 것이다. 15장에서 소개되는 미국의 Boys Town 프로그램에서는 이 서류를 열의 카드라고 말했는데 이 카드는 영구적인 교육의 기록이 되었다

2) 기술의 설명과 예를 들기

아동에게 무엇에 관하여 논의하고 어떤 기술 분야를 배울 것인지 확실하게 밝힌다. 여러 다른 환경 속에서 쓰이는 기술은 아동들이 이전에 이루어진 선행된 조건이나 배경을 보편화하는데 도움을 주도록 묘사되었다.

예 : "나는 오늘 너와 허락을 구하는 기술에 대해서 이야기하고 싶다. 허락을 구하는 것은 네가 무언가를 원하는 경우에 매우 중요하다. 예를 들면 네가 TV를 보고 싶을 때나 수업이 끝난 후에 친구에게 무엇인가를 필요로 해서 친구집을 방문해야 할 때 또 너의 스케줄을 바꾸고 싶을 때 너는 허락을 구해야 한다."

3) 아동들이 습득할 수 있도록 기술을 세분화하라

예 : "네가 어떠한 허락을 구하려고 할 때에는 상대방을 쳐다보고 부드러운 음성으로 말할 수 있도록 하며, 그 상대방에게 이해 받을 수 있도록 이해를 구하는 형식으로 네가 어떤 허락을 구하는지 말한다. 대답을 기다리고 그 사람의 대답에 네가

허락을 받은 경우에는 '감사합니다' 아닐 경우에는 '괜찮습니다'라고 대답함으로서 답례를 한다."

때로는 아동들이 기술을 습득했는지 알아보기 위해서 행동으로 보여줘야 하는 경우도 있다. 시범은 몸의 자세나 목소리, 얼굴 표정 그리고 표현하기 힘든 다른 행동을 보여주는 데 커다란 도움을 준다.

예 : "내 말이 무슨 말인지 예를 들면 말이다, 네가 선생님이고 내가 학생이라고 가정해보자. 나는 너에게 내가 나의 사물함에 가서 내 물건(노트 등)을 가져와도 되는지 물어 볼 것이다. 그러면 너는 '그래, 그러려무나. 하지만 곧 와야 된다.'라고 말을 하겠죠? 자, 위의 말한 방법들을 활용해 보면 다음과 같다."

교사나 대리양육자(아이의 역할) : 선생님 제가 저의 사물함에 가서 필요한 공책을 가져와도 되나요?
아이(선생님 역할) : 그래 그러려무나, 하지만 빨리 돌아와야 한다.
교사나 대리양육자(아이의 역할) : 감사합니다, 선생님. 곧 돌아오겠습니다.

4) 이론적 해석

아동들에게 새로운 기술이 그들에게 어떻게 이익을 가져다 줄 것인지를 설명한다.

예 : "내가 허락을 적절하게 구할 수 있으면 너는 더 쉽게 네가 원하는 것을 얻을 수 있고 물어보지 않음으로써 생기는 문제를 막을 수 있다."

5) 승인

아동들이 이해를 했는지 참여는 하고 있는지를 확인하기 위해서 그들의 승인을 교류가 계속되는 동안 계속해서 물어보라.

예 : "그 과정을 기억할 수 있겠니? 너는 왜 허락을 구하는 것이 중요한지 이해하였느냐? "

6) 연습

아동들이 사회적응이나 타인과의 관계의 기술들을 훈련하게 해서 그 기술을 사용하는데 익숙하게 하라. 훈련과 연습의 반복은 교사의 교육 효과를 증진시키는데도 기여한다.

당신 : "자, 한 번 해보아라. 이번에는 너희가 너의 컴퓨터 게임을 해도 되는지를 물어봐라. 너희가 허락을 구한 후에는 내가 대답하마. 자, 연습해 보자."
아동 : "제가 방에 가서 컴퓨터 게임을 해도 되나요?"
당신 : "그래, 그렇게 하려무나."
아동 : "감사합니다. 15분 후에 끝낼게요. 혹은 돌아오겠습니다."

7) 피드백 / 칭찬

행동의 묘사–연습 시 아동들은 어떤 것을 잘하고 어떤 것은 틀릴 것이다. 연습 후에 잘한 것은 칭찬해 주고 잘못한 것은 구체적으로 설명하라. 잘못된 기술의 부분은 다시 가르쳐 주고 아동에게 다시 연습하라고 한다. 연습 후 ① 피드백은 칭찬으로 시작하고

② 온유하고 용기를 북돋아 주는 목소리와 자세로 긍정적으로 주어져야 한다. ③ 아동이 잘한 것은 열정적으로 칭찬하다. ④ 만약 아동이 계속적으로 실수를 한다면 방법이 어려운지 너무 복잡하게 묘사된 것은 아닌지, 아동의 나이에 맞는 기술인지를 점검한다. 연습 후에는 아동들의 노력을 항상 칭찬하고 연습을 더 할 수 있도록 배려한다. 연습은 간단하게 해서 아동이나 교사나 대리양육자나 스태프들이 힘들지 않게 한다.

예 : "잘했어요. 네가 원하는 걸 질문하여 보아라. 그리고 너의 질문에 내가 대답하는 걸 기다려야 해요. 그러고 나서 네가 15분 후에 오겠다고 말하는 것이야. 네가 한 가지 잊은게 있단다. 네가 원하게 된 것을 가지게 된 너의 감사의 표시 '감사합니다'이다. 자, 다시 해보자. 이번에는 '감사합니다'라고 말하는 것을 잊지 말아라."

아동이 연습을 다시하게 되고 피드백을 구할 수 있다.

긍정적 상품

아동에게 연습에 대한 긍정적인 상품을 주도록 한다. 긍정적인 상품은 점수나 토큰들의 모양으로 하여 TV 시청이나 개인 시간을 사는데 사용할 수 있도록 하라.

예 : "허락을 구하는 기술을 배우는데 ○○는 정말 열심히 해주었다. 이번 연습에서 ○○는 1500점을 얻었어요."

8) 미래의 연습 / 칭찬

아동들이 교사나 대리양육자가 그들이 다시 연습하기를 원한다는 걸 알게 하라. 두 번째 과정은 빨리 연결되어야 한다. 5분에서 15분 정도. 연습은 아동들이 기술을 좀 더 지속적으로 보여주기 시작할 때부터는 조금씩만 해도 된다. 연습 후에는 칭찬을 하고 무엇이 잘한 것인지를 묘사하고 긍정적인 상품을 계속하여 주도록 하라. 상호교류는 아동의 참여와 상호교류 시 증거된 긍정적 행동에 대한 긍정적인 감사와 함께 긍정적으로 끝나야 한다.

예 : "나와 시간을 내서 연습을 해 준 것에 감사한다. 너희들은 모든 과정 동안 나에게 집중해 주었고 여러분이 내가 무슨 말을 하는지 이해하는데 도움이 되는 좋은 질문을 해 주었다. 허락을 구하는 연습을 곧 다시 하는 것은 우리에게 매우 중요하단다. 15분 후에 다시 연습하도록 하자."

(1) 칭찬하면서 시작

"○○야! '아니요' 혹은 '안된다'라는 대답을 받아들일 때 우리가 연습한 대로 정말 잘했어요. 때론 허락을 못받았을 때에도 화내거나 불평하기 보다는 '알았습니다' 혹은 '괜찮습니다'라고 대답할 수 있어야 해요. 정말 잘했어요. 사람들은 될 수 있는 한 '예'라는 대답을 위해서 기회를 주기 때문이다."

(2) 기술의 설명과 예를 들기

어떻게 하면 다른 사람에게 적절한 방법으로 거부하는지에 대한 기술에 관하여 이야기하고 싶다.

(3) 기술의 표현과 시범

만약 동의하지 않거나 좀 더 논의할 필요가 있을 때에는 조용히 하고 상대방을 쳐다보라. 간단하고 분명하게 그리고 객관적으로 말하라. 그리고 상대방이 틀렸다 라기 보다는 '나는 당신에게 동의하지 않습니다'에서처럼 '나'란 말을 쓰도록 하라. 그리고 결과에 관계없이 상대방에게 나의 이야기를 들어줘서 고맙다고 하라.

(4) 이론적 해석

"만약 네가 동의하지 않고 너의 의견을 적절한 방법으로 표현할 수 있으면 다른 사람들도 너의 이야기를 더욱 더 잘 들을 것이다. 너는 쉽게 네가 원하는 생각을 말하고 네가 원하는 방법을 좀 더 자주 얻게 될 것이다."

(5) 승인의 요구

"이 방법들을 기억할 수 있겠니?"

(6) 연습

"자, 어디 한번 해 보겠니? 이번에는 내가 너희에게 소파가 창문 옆에 있으면 더 나을 것 같다고 말해보겠다. 너희는 부정을 나에게 하면 된다. 소파가 지금 그 자리에 있는 것이 더 좋다라는 표현으로 알겠니? 그러면 지금 한 방법을 다시 해보자." (아동이 다시 함) "잘했다. 연습해 보자."

(7) 피드백 : 칭찬, 행동의 묘사, 긍정적 선물

"잘했어요 ○○야, 줄곧 선생님의 지시에 따라 주었고, 쳐다보았고, 조용히 있었다. 소리를 크게 내지도 않았고 부정적인 얼굴 표현도 하지 않았다. 너의 부정을 아주 분명하게 그리고 '나'라는 표현까지 썼다. 단 한 가지 잊어버린 것이 있는데 그것은 굉장히 중요한 '감사합니다'라는 표현이란다. 자 다시 한 번 해보겠니? 이번에는 감사하다는 말을 잊지 말아야 해." (연습과 피드백) "이번에는 훌륭했어요. 어떻게 적절하게 부정하는지 연습하는 데서 좋은 점수를 주겠다."

(8) 칭찬, 미래 연습

"앞으로도 교육 기간 동안 열심히 해줄 것에 대해 다시 한번 감사한다. 나는 ○○네가 너무 빨리 새로운 기술들을 익혀서 감동받았다. 15분 후에 우리 다시 연습하자. 고맙다."

4. 예비교육

예비교육(preteaching)은 계획된 교수(planned teaching) 과정에서 배운 기술들을 아동들이 실제로 사용하기 바로 직전에 다시 소개하는 것이다. 예비교육의 요소들은 다음과 같다.

[그림 5-2] 예비교육의 요소

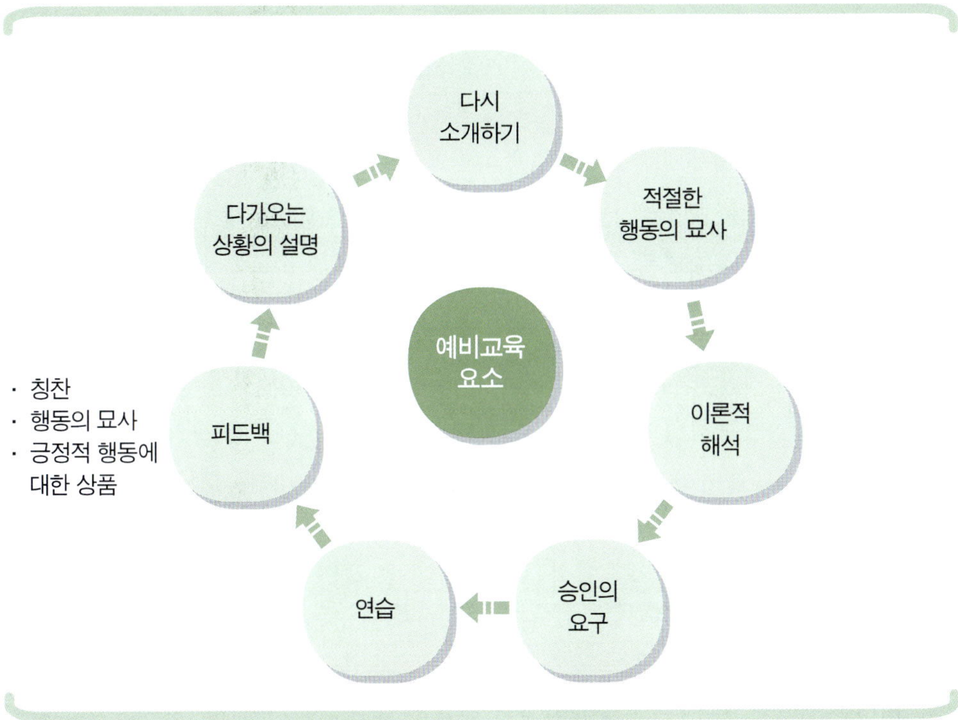

5. 예방적 즉답

예방적 즉답(preventive prompts)은 아동들이 기술의 이용을 필요로 할 시에 기술들을 간단하게 상기시켜 주는 것이다.

1. 기술의 간단한 상기
2. 승인의 요구
3. 일반적 칭찬

6. 요약

예방적 교수는 유대관계를 만들고 사회성 기술의 발전을 촉진한다. 아동에게 기초적인 기술과 발전된 기술을 가르쳐 줄 뿐만 아니라 그들이 특수한 상황이나 환경을 준비할 수 있게 하여 준다. 충분한 시간을 두고 아동들을 가르침으로서 대리양육자들은 문제 상황이나 아동들의 대결 구도를 막을 수 있다. 예방적 교수는 상황에 따라서 개인이나 단체에게 행하여질 수 있다. 세 가지의 예방적 교수가 있는데 그것은 계획된 교수, 예비교육 그리고 예방적 즉답이다. 예방적 교수는 아동들의 사회성 기술 성공과 치료를 제공하는 사람으로서의 영유아보육기관의 직원들이 자신들의 성취를 인지하도록 하는 열쇠이다. 두 가지 중요하게 기억되어야 할 것이 있다. 첫 번째는 부정적인 결과는 연습 기간 동안 주어지지 않는다는 것이다. 만약 아동이 지시를 따르지 않거나 순종하지 않으면 예방적 교수를 중단하고 교정적 교수(corrective teaching)를 시작한다. 그리고 아동들에게 두 과업이 다른 점을 가르친다.

두 번째로 아동들이 모든 가능한 환경에서 잘 해낼 수 있도록 모든 예방적 교수법을 가르치라. 그리고 교사나 대리양육자와 직원들이 지속적으로 관대함을 가질 수 있도록 하라.

7. 모델의 비교

예방적 교수는 아동들이 기대를 갖게 만드는 것이다. 이를 통해서 아동들은 무엇이 기대되고 있는지 알 수 있고 성공의 기회도 크게 할 수 있다. 아동들과 일할 때는 아동들이 변수를 인지하는 것이 중요하다. 그렇게 함으로서 아동들이 사회적 상황에서 더 잘 적응할 수 있을 뿐만 아니라 어른들을 좀 더 공정한 사람들로 볼 수 있게 되기 때문이다.

심리역동적 모델을 사용하는 치료자들은 이 기술을 때때로 사용할 것이다. 그들은 종종 아동들에게 무엇이 치료 과정에서 기대되는지 설명하겠지만 그것에 대한 기대는 아마 특별치 않을 것이다.

치료자들은 아동들이 어떤 일에 직면하게 되면 무슨 느낌을 경험할 것인지에 대해 설명할 것이다. 그러나 치료자들은 아동들이 각기 다른 상황에서 어떤 행동을 해야 하고 어떻게 아동들이 행동해야 하는지는 설명할 수 없을 것이다.

인지치료자들도 이 설명에서 효과적인 답을 찾게 되지는 않을 것이다. 치료자들은 치료 과정에서 느낌이나 기대에 대해서는 예방적 교수를 하겠지만 그것은 기술 등에 특별하게 근거를 둔 것은 아닐 것이다. 이런 종류의 예방적 교수는 아동들에게 중요한데 이런 경우에는 치료밖의 상황에서는 아동들의 성공을 돕지 못할 수도 있다.

행동치료 과정에서 역시 치료자들은 예방적 교수를 중요하게 생각하지 않을 것이다. 치료방법이 이미 일어난 일을 행동으로 변형하거나 결과를 조장하는 것이기 때문에 치료자들은 아직 일어나지 않은 일에 아동들이 어떻게 대응하는가를 준비하는 것이 이롭다고 생각하지 않을 것이다. 아동들은 치료에 수동적인 참가자일 뿐 치료계획을 조정하거나 치료계획에 참여하는 사람이 아니다.

미국의 Boys Town에서 사용하는 예방적 교수법은 교사나 대리양육자들과 아동들이 훈련해 온 사회성 기술들을 사용할 수 있는 기회를 준비하는데 도움을 준다. 그렇기 때문에 교사나 대리양육자들은 그런 기회가 있을 때 그들의 행동을 강화할 수 있다. 예방적 교수는 아동들이 다른 상황에서 그들의 행동을 보편화시키는데도 도움을 준다.

절충적인 접근이 오클라호마 대학의 프로그램은 아동들이 무엇이 기대되고 있는지를 인지하게 하는 것이 중요하다고 말하고 있다. 이렇게 할 수 있는 능력을 다진 교사나 대리양육자들은 이 방법을 굉장히 좋게 받아들인다. 하지만 그렇지 못한 교사나 대리양육자들에게 이 방법은 특수한 연습 방법을 제공하지 못한다. 그냥 중요하다는 것만 알 뿐 그들의 기대인지 여부를 파악하는데 어려움을 겪는 교사나 대리양육자들에게 이 방법은 목표의 달성은 커녕 좋아하기조차 힘들 뿐이다.

긍정적 동료 문화 프로그램에도 예방적 교수는 조금 있다. 그들은 아동들의 생각과 느낌에는 반응하지만 그들의 기대나 아동들에게 충분한 시간 전에 기술을 가르치는 것은 중요하다고 생각하지 않는다. 예를 들자면 단체에 대한 기대, 즉 규칙 같은 것만 만들 뿐이기 때문에 그들은 최소한의 예방적 교수만을 수행할 뿐이다.

Chapter 06

아동 · 청소년의 마음의 문을 여는 기술

– 현실요법치료 중심 –

마음을 여는 기술이란 아동 · 청소년의 행동지도사나 치료자 및 상담자 입장에서 아동이나 청소년으로 하여금, 안정감과 편안함을 느끼면서 마음의 어떤 동기를 유발할 수 있는 분위기를 조성해 주는 것을 의미한다.

아래의 내용은 필자가 현실요법이론을 중심으로 아동 · 청소년 상담 시 임상 장면에서 많이 적용 및 활용하는 내용을 요약하였다. 아동 · 청소년의 마음을 이해하고 상담하는 것은 환경의 변화를 이끌어 내는 교과적인 상담 구성과 상담 절차의 토대가 매우 중요하다.

(1) 주의를 집중하기(attending behaviors)

- 눈맞춤
- 개방적이고 수용적인 자세로 앉기

[그림 6-1] 상담실의 좌석 배치

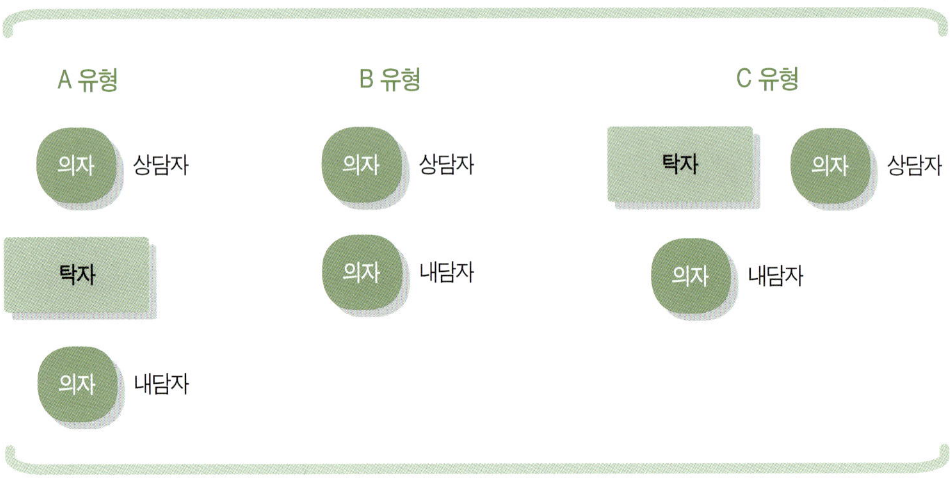

- 아동의 의견에 신경을 쓰고 상담자가 열심히 경청하고 있다는 것이 전해지도록 피드백(feedback) 하기

- 아동(내담자)의 음성의 높낮이나 행동 따위의 표현 방법에 주의하기
- 가끔씩 내담자의 의견을 다른 말로 바꿔서 피드백하기

(2) 항상 정중하기(always be courteous)

- 적대적이고 공격적이거나 부정적인 행동을 보이는 아동들에게도 침착(calm)하게
- 아동(내담자)을 대하며 정중하게 일관성(consistent) 있게

(3) 항상 긍정적인 신념을 가지기(always be determined)

- 아동(내담자)이 현재보다 질적으로 나은 삶을 살 수 있다는 신념을 가지고 아동(내담자)과 관계를 형성한다.
- 아동이 개선의 여지가 안보이더라도, 내담자인 아동들에게 보다 효과적인 행동들이 있다는 것을 인식하고 그 신념을 전달한다.
- 현실요법이론에서는 과거보다 현재의 행동을 더욱 중요시하기 때문에 과거의 학대(abuse)나 정신적 외상(trauma), 또는 부정적인 행동에 대해 언급하지 않는다.

(4) 병리적인 면을 지적하기 보다 가능성에 대해 논의하기(discuss on the possibilities rather than pathological aspects)

- 상담 및 지도 시간을 부정적인 감정들을 토로하는 시간으로 채우기보다 긍정적인 면을 찾는 기회로 활용한다.
- 현재와 미래를 위해 내가 할 수 있는 일이 무엇인가? 무엇이 변화될 수 있는가에 역점을 둔다.

(5) 공감하고 항상 명확하게 하기(always be firm)

- 다양한 상황에서도 정직하고 침착하며 사사로운 일에서조차도 정해진 규칙을 확신

을 가지고 준수하는 입장을 고수해야 한다.

위의 내용을 "AB-CDEF 원칙"이라고 하며 이 구조는 현실요법이론 중심으로 필자가 아동 · 청소년상담 및 행동치료 시 적용하는 기술이다.

항상 Always be / 정중하기 Courteous
신념을 가지기 Edtermind
열정적이기 Enthusiastic
확고하기 Firm

(6) 판단을 심사숙고하기(serious consideration for judgement)

아동(내담자)의 최선의 노력에 가치를 부여하고, 일방적으로 상담사 및 교사의 기준에 맞는 가치를 부여하여 사적인 평가 기준이 적용되지 않도록 주의하여야 한다.

(7) 아동(내담자)이 예기치 못한 행동하기(do the unexpected)

아동(내담자)이 좌절과 불행에 관한 이야기를 하려고 할 때 상담사 및 교사는 아동이 성공과 행복과 감사할 수 있는 영역의 일들을 생각나게 하거나 이끌어 준다.

(8) 효과적인 유머 사용하기(use humor)

관계 증진과 건강한 환경을 조성하는데 유용한 방법이다. 『마음의 치료』, 『병과의 대화하기』 책 등에서 유머와 웃음이 기대했던 것 이상의 월씬 좋은 결과를 가져온다고 말하고 있다.

상담자와 교사는 어떤 상황에서든 내담자와 함께 웃는 유머를 사용하는 자세가 필요하다.

(9) 개인의 기질이나 성격에 맞춰보기(match with individual temperament or personality)

상담자의 비지시적에서 반지시적인 것, 또한 직면적인 다양한 상담기법에 이르기까지 다양할 수 있다. 그러므로 상담자 중심이 아닌 아동(내담자)의 타고난 기질적 성향이나 성격 등의 개인차에 따라 가장 적합한 방식으로 적용하는 것이 좋다.

(10) 때로는 나를 개방하고 노출하기(share yourself)

상담자가 내담자에에게 나를 노출하고 개방하는 것이 신뢰감(rapport)의 관계를 형성하는데 있어 매우 효과적인 기법이다.

(11) 아동의 은유적 표현에 귀 기울이기(listening to children's metaphor)

아동(내담자)들이 때론 자신들의 심정을 표현할 때 은유적 표현을 이용하기도 한다. 상담자나 교사들은 이런 은유적 표현에 경청하여야 한다(listen for metaphor).

예 : "나는 더러운 걸레 같아요.", "화나면 무서운 사자 같애요."

등의 현실요법에서 이러한 의사 표현을 하는 아동에게 상담자나 교사는 적절히 변화를 유도하는 것이 좋다.

(12) 적절히 주제에 반영하기(listen for themes)

상담 과정을 구축하는 환경을 마련하는 중요한 방법으로 매우 유요하다.

(13) 요약하고 초점 맞추기(summarize and focus)

상담관계를 유지하는 가장 좋은 방법은 아동(내담자)이 현재의 자기 자신으로, 통제가능한 부분으로 가능한 빨리 돌아오는 것임을 스스로 인식하는 것이다.

(14) 결과를 허용하기(allow or impose consequences)

아동상담에서는 결과가 아동의 연령에 맞고 합리적이어야만 한다.

만약 결과가 내담자의 생명에 위협을 줄 정도로 심각하면서 즉시 전문치료자가 개입하도록 한다. 필요시 관계기관 및 정부 기관에 알려야 한다.

(15) 윤리적으로 행동하기

다양한 조직체나 기관의 윤리 조항이나 원칙들을 철저히 숙지하고 아동(내담자)을 인지시킨다.

(16) 변명 받아들이지 않기(don't accept excuses)

현실요법의 가장 중요한 금지 사항이다.

예 : "오는데 교통이 막혀서 늦었다.", "선생님이 불공평해서 나쁜 성적을 받아서 낙제했다."

이때 상담자가 아동(내담자)의 변명에 동의하는 것은 아동의 낮은 자존감과 무가치함을 강화하게 해줄 뿐이다.

(17) 비판하거나 논쟁하지 않기(don't critisize or argue)

(18) 쉽게 포기하지 않기(don't give up easily)

아동 · 청소년들과의 상담관계를 원활히 하기 위한 상담 환경은 내담자의 변화를 이끌어 내는 효과적인 상담 절차의 토대가 된다.

Chapter 07

상담자의 윤리 문제

1. 상담자의 윤리적 문제

상담자가 직면하는 몇 가지 윤리적 문제와 딜레마는 상담자에게 가장 중요하고 빈번하게 일어날 수 있는 비밀 유지 및 프라이버시 이중 관계의 회피, 전문가로서의 책임 및 자질과 능력을 들 수 있다.

아동 · 청소년 상담 과정에서 아동(내담자)이 호소하는 문제 중 상담자의 윤리적 결단을 요하는 사항이나 특별한 관심의 대상이 되는 문제에 직면하게 될 때 상담자가 어떻게 행동해야 하는지에 대해서는 학자마다 관점과 입장이 다르며 공통적인 의견제시도 사실은 어렵다.

상담 과정 중 상담자 중심의 판단을 잘못 내려 아동에게(내담자) 큰 상처를 입힐 수 있으며, 상담자 역시 어려움에 처하거나 고소당하는 사례도 발생할 수 있다.

상담자가 직면할 수 있는 윤리적 문제와 그 해결책을 살펴봄으로써 상담 과정에서 발생 가능한 문제 요소를 사전에 예방할 뿐 아니라, 상담자와 아동(내담자)이나 그의 가족들 촉진시키는 역할을 한다. 이와 더불어 상담자는 윤리적 관점을 분명히 함으로써 내담자와 그의 가족들과 갈등을 조정하고 상담 과정을 촉진시키는 결과를 얻게 된다.

1) 비밀보장 및 프라이버시

비밀보장(confidentiality)과 관련된 내담자의 신체적 비밀이나 상담 내용이 내담자 외에 다른 사람이나 사회에 알려지지 않고 간섭받지 않을 권리이다.

상담에서의 비밀보장은 전문직업적 상담관계에서 나타나게 되는 내담자에 대한 프라이버시(privacy)의 보호로서 인간의 기본적 권리이기도 하다. 비밀보장의 원칙은 개인의 사생활 보호의 권리에 근거하며, 헌법에서도 "모든 국민은 사생활의 비밀과 자유를 침해받지 아니한다."라고 제17조의 조항을 통해 개인의 사생활 보호의 권리를 인정하고 있다. 전문상담자의 윤리적 원칙인 KCPA 윤리강령을 보면, 사생활과 비밀 보호, 기록, 비밀 보호의 한계 등에 대하여 구체적으로 명시하고 있다. 내담자의 비밀을 보호하며, 상담 과정에서 얻은 내담자의 정보에 대해 철저하게 비밀을 유지해야 한다. 즉, d 인간은 자율적인 존재로서 자신의 고유한 사생활을 가질 수 있는 자격과 능력을 가지고 있다.

상담자의 내담자의 비밀 누설은 비밀보장의 원칙과 약속을 깨는 행위로써 매우 비도덕적이다. 내담자로부터 얻게 된 정보와 개인적인 프라이버시(privacy)는 상담자 이전에 한 인간으로서 서로의 삶을 존중해야만 비로소 가능하다.

2) 비밀보장의 원칙

일반적으로 내담자가 겪는 문제 중에는 상담자에게조차 마음을 열기 어려운 부분이 있을 수 있다. 제3의 인물에게 단지 상담자라는 이유만으로 공개하는 것 자체가 생각하기 힘든 비밀에 속하는 내용들이 있다. 대부분의 내담자는 특히 성인 상담에서 자신의 상담 내용이 제3의 인물에게 알려지는 것을 바라지 않는다.

또한, 일반적으로 상담을 하는 내담자들은 상담자가 자신의 비밀을 완전히 보장해 주리라 믿으며 상담에 임한다. 만일 프라이버스(privacy)가 누설 될지도 모른다고 생각한다면 아무도 상담에 임하지 않을 것이다. 이처럼 상담 과정에서의 비밀보장은 매우 중요하다. 특히 현대사회는 컴퓨터에 내담자의 개인 상담기록까지 DB로 구축하여 관리하기 때문에 정보 유출이 심각한 사회적 문제로 대두되고 있다. 의료 윤리의 경우도 같은 맥락이다. 환자가 의사에게 말한 내용이 보험회사, 법원 등이 환자의 치료비를 지불하기 위한 내역서 검토 과정에서 개인 의료 사항이 외부로 유출되거나 노출되는 사례가 발생 되고 있다. 모든 전문적 종사자에게 비밀보장 문제는 어떤 윤리적 문제보다 중요하며 매우 민감한 사항이다. 상담자는 상담 과정에서 유출될 수 있는 비밀 보호를 위해 비밀 유지의 서약을 행해야 한다(최원호).

내담자는 자신의 상담 내용이 어떤 경우라도 외부로 유출되지 않을 것이라는 믿음이 생길 때 비로소 마음이 문을 열고 상담에 임하게 된다.

미국 문화에서 개인이 자신에 관한 특정한 사적 정보를 비공개로 유지할 권리를 가지고 있는데, 우리나라도 예외는 아니다. ACA와 APA 윤리강령은 둘 다 개인의 프라이버시의 중요성을 강조하고 있다.

ACA는 "상담자는 프라이버시에 관한 내담자의 권리를 보장하고 비밀 유지에 대한 불법적이고 부당한 공개를 피해야 한다."라고 언급하고 있으며, APA는 "심리학자들은 프라이버시에 관한 개인의 권리를 존중해야 한다."라고 명시하고 있다.

심리학과 상담분야에서 대부분의 윤리적 국법체계는 현재 Tarasoff 판례의 결정을 따르며, 상담자들은 이러한 비밀 유지의 한계에 주의해야 한다(최원호).

비밀 유지의 일반적 한계는 다음과 같은 전문적 규범 체계나 법규에서 발견된다.

1. 아동학대 또는 영유아 · 아동의 방임이 목격되거나 의심되는 경우에 당국에 그 사실을 알려야 한다.
2. 개인, 또는 사회에 해를 끼칠 정도의 의도가 감지된 경우 당국에 사실을 알려야 한다(13세 미만의 아동의 성매매, 그 외 불법적 행위).
3. 아동 · 청소년 등 미성년자의 상담 경우, 그의 부모 또는 법적 보호인이 요구한다면 상담 내역을 알려줘야 한다.
4. 다른 분야와 영역의 전문가와 협력하여 상담을 할 경우 혹은 상담을 공부하는 학생들과의 상담(그러나 일반적으로 인적 상항 정보는 알리지 않는다. 가명 동의로 표기).

위에서처럼 비밀 유지의 원칙에도 불구하고 내담자의 생명이나 사회의 안전을 위협하는 경우에 한하여 내담자 동의 없이도 해당 기관에 알릴 수 있다.

3) 전문상담사의 능력의 한계

상담자의 자질을 논할 때 전문적 자질과 인간적 자질을 들 수 있다. 통속적이고 왜곡된 의미의 상담이 난무하고 있는 가운데 전문직으로서의 상담을 일반 대중에게 정확히 알려야 하는 현재 그 어느 때보다 상담의 전문화가 요구되는 시기이다.

급변하는 현대사회의 상담의 당면한 문제 중의 하나는 상담의 전문성 결여라고 할 수 있다. 이 상담 분야가 보편화되고 양적인 팽창을 이루어지고 있지만 상담자의 전문성과 질적인 발전은 양적 팽창을 따라가지 못하고 있는 실정이다. 특히, 아동상담 전문가인 경우에 아동심리 · 아동발달 그리고 아동에 대한 전문지식과 깊고 폭넓은 아동의 이해를 바탕으로 그 기능과 아동상담자의 역할이 강조되고 있다.

이러한 아동에 대한 이해와 자질을 갖추어야 내담자의 문제 접근방법에서부터 다양한 상담기법을 통하여 보다 효율적인 문제해결을 할 수 있기 때문이다.

그러나 아동상담자들은 전문가로서의 자질과 자격을 갖추는데 있어서 검증된 기준이 없는 실정이다.

아동 전문상담자란 무엇보다 아동 내담자의 문제와 갈등을 명확히 진단하고 효과적으로 해결해 주고 아동의 발달과 성장을 의미 있게 도울 수 있는 상담 지식과 기술 및 기법을 지니고 있어야 한다. 대부분의 상담을 요하는 아동들의 문제는 사회부적응을 비롯하여 관계의 갈등, 또래집단과의 부적응 등을 호소하는 경우가 많은데 그 아동의 부모가 아동에 대한 발달적 이해, 타고나 기질적 성향의 이해, 생물학적 관점에서의 무지 등으로 인한 바람직하지 못한 양육 태도가 영향을 줄 수 있다. 아동을 양육하는 부모나 아동의 보육 및 교육 기간에 종사하는 스태프들, 그리고 아동의 문제를 해결해 주기 위해 상담을 하는 전문상담사 역시 단순한 기술이 아닌 이론적이고 체계화된 지식에 바탕을 두어야만 전문가적인 기술을 향상시킬 수 있다.

전문상담사는 그 집단의 지식적인 정보는 통하여 내담자들과 상담을 하는 과정에서 전문가의 기술로 확인할 수 있어야 하고 상담을 통하여 전문적 기술력을 발휘하는 것이다.

상담자의 능력 범위의 한계는 상담 경력과 같은 상담 전략뿐만 아니라 새로운 내담자나 또래집단을 상담할 수 있는 능력까지 포함한다. 만약에 아동들에게 대학생들이나 성인을 상대로 하는 상담 방법을 적용한다면 그 상담자는 만족스러운 효과를 기대할 수 없을 것이다. 하여 ACA는 각지 다른 내담자의 연령별로 상담하기 위한 적절한 능력도 갖추고 있어야 한다.

내담자를 대할 때 다음과 같은 상항을 유의해야 한다.

성별, 인간발달단계별로의 심리적 · 신체적 · 정신적 특성, 다문화적인 다양성 등의 특이성을 깊이 이해하고 있어야 한다.

상담에 있어서 초신자의 경우 초기 단계에서 내담자의 주된 호소 문제를 진단하고 평가하는 것이 필요하다. 이것은 문제를 해결할 수 있을지를 결정하는 과정으로 자신의 능력을 정확히 평가하는 것을 초기 단계에서 결정해야할 중요한 사항이다. 그 다음 중간 단계에서는 이미 상담자의 중간 단계에 있기 때문에 내담자를 다른 기관에 의탁하기도 힘들다. 이 단계에서는 내담자가 상담자의 대한 의존성이 높기 때문에 다른 기관에 위탁, 의뢰하는 것은 내담자에게 더 큰 악영향을 미칠 수 있으므로 신중하게 결정해야 한다. 이때에 효과적인 대처방법은 다른 동료들로부터 자문을 구하거나 협력하여 상담하는 것이 바람직하고 상담한 내용이나 서신, 또는 통신 내용들을 문서화하여 보관해 두는 것이 향후 발생할지 모르는 일을 위해 도움이 된다는 점이다. 종결 단계는 상담을 성공적을 마치는 과정이다. 상담 과정에서 나타난 일들을 요약해서 대화를 나누고 추후에 약속 시간을 정하는 것이 내담자가 계속적으로 목표를 달성할 수 있는데 도움이 된다. 이 경우 내담자의 권리를 최대한 존중하되 계속적인 도움을 주는 제안을 하고 상담을 종결할 수 있는 이유를 말해야 한다.

그 외에 상담을 하는 상담자가 자신의 전문 영역을 벗어나는 문제를 다른 전문가에게 의뢰하는 방법이다(개인 전문상담사 · 집단 전문상담사 등이 아동을 상담을 해야할 경우 아동상담 전문가에게 협력과 의뢰를 하는 것이 바람직하다).

아동 전문적인 상담자가 주어진 상담 절차나 내담자 혹은 평가 도구에 대해서 정규

실습은 필수적이다. 아동상담 전문가 자격증을 취득하였다 할지라도 아동상담자의 전문적인 상담 능력을 효과적으로 평가하기 매우 어렵고 모두가 전문적인 상담을 한다고 볼 수는 없다. 이와 관련하여 APA와 ACA에서는 능력의 한계에 도전하는 상담자들이 자신의 분야에서 전문성을 발휘할 수 있는 합리적인 방안을 마련하였다.

4) 학교상담자의 주요 윤리적 문제

전문상담교사로서 윤리적 · 법적인 문제에 직면한 상담교사들은, 상담자의 능력과 자격, 내담자에 대한 사건 동의, 상담 내용의 비밀 유지, 내담자와의 이중적인 관계, 정확한 평가 등에 대한 상담자의 규범은 모든 상황에서 적용될 수 있지만 상담자에게는 몇 가지 윤리적인 문제가 발생할 수 있다. 상담자는 발생할 수 있는 이러한 문제를 사전에 효과적으로 예방하기 위한 대책은 다음과 같다.

[그림 7-1] 학교상담자의 윤리 문제 예방

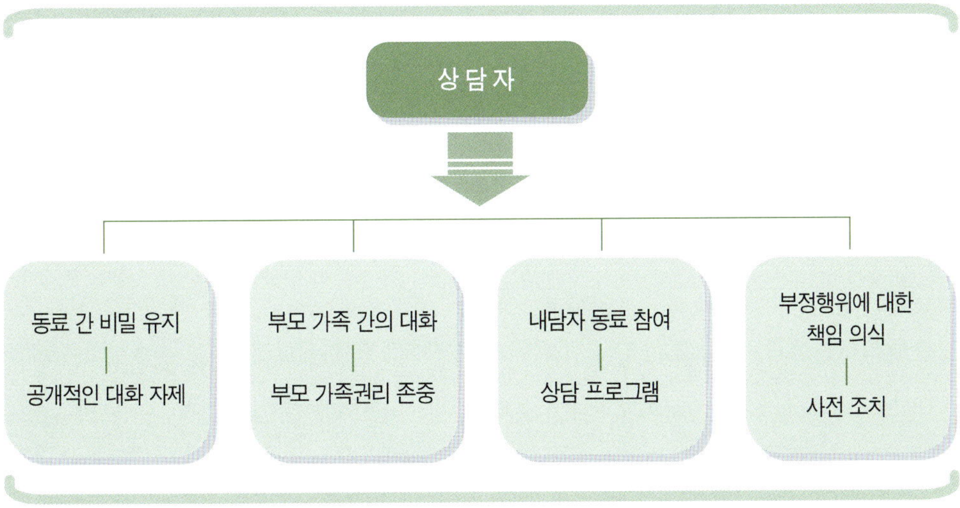

5) 전문상담사의 능력 기준

ACA와 APA에서 규정하고 있는 상담사 윤리적 기준은 전문가의 능력에 기초하고 있다. ACA와 APA의 윤리강령은 전문가가 완벽한 능력을 갖출 수 없다는 것과 그들의 지식과 기술 범위 안에서 상담을 진행해야 할 필요성을 인정하고 있다. 내담자에게 줄 수 있는 피해를 줄여야 할 의무는 상담자의 몫이다. ACA와 APA는 상담자 자신의 능력을 평가하여 기록하고 반드시 전문가의 개인적인 지도 하에서 교육이 이루어질 수 있도록 하고 있다. 결과적으로, 각 기관의 윤리강령에서는 전문가의 능력이 정규적인 교육과 전문지도자에게서 지도를 받은 경험, 그리고 계속적인 연구와 학습에서 비롯된다고 학계에서는 시사하고 있다.

PART 02

아동 · 청소년 사회성 기술 개발

(실제편)

Chapter 08

사회성 개발과 상담

인간은 사회적 동물이며 사회집단 속에서 성장·발달하게 된다. 아동의 사회성은 어머니와의 관계에서 발달하기 시작한다. 양육자인 어머니와의 관계에서 갖는 유대감을 애착이라 하는데, 이 애착에 대해서는 필자의 『아동·청소년 정신병리와 상담』이라는 책에서 자세히 설명하였다. 본 저에서는 아동의 사회성 발달과 관련된 부분과 언급하기로 하겠다. 최근 들어 아동·청소년 임상 장면에서 어머니와의 애착의 중요성이 더욱 강조되고 있다. 특히 영아기에는 본격적인 사회적 관계가 형성되기 이전이므로, 어머니와의 애착 관계가 이후의 사회성이나 성격 형성 및 인성 부분에 큰 영향을 미친다는 연구 결과가 많이 나오고 있음을 알 수 있다(Mclellan & Youniss). 초기 아동기 삶의 경험은 발달 수준과 과정이 있으며 긍정적이고 부정적인 경험이 함께 혼재한다. 또한 발달과정에서 타인들과의 상호작용이 어떠했느냐에 따라 그리고 환경과 사회적 상황에 대한 반응을 어떻게 하였느냐에 따라 결정되게 된다. 일반적으로 이런 과정을 사회화(socialization)라고 하는데 영유아기의 부모와의 애착 관계의 상호작용을 시작으로 아동기와 청소년기의 더욱 복잡한 상황에 대한 상호작용으로 발전하게 된다. 이상적으로는 영유아기와 아동기 초기의 발달단계가 후일 성장 과정에서의 성공적인 사회관계를 가질 수 있는 기본이 되어야 한다

유아기는 혈연으로 맺어진 부모와 가족에서 벗어나 최초로 사회의 구성이 되는 유치원이나 어린이집 등과 같이 보육기관 및 교육기관에서 또래 관계가 형성되는 시기이다. 공교육이 시작되는 시점에서 지적 활동이 활발히 일어나고, 가정이라는 혈연적 틀에서 벗어나 유치원이나 학교라는 사회의 틀 안에서 사회성을 배우게 되는 사회적 관계가 일어나는 시기인 것이다.

그러나 급변하는 현대사회에서의 다양한 스트레스 상황들은 아동들에게 큰 도전이 되어 있고, 가족 문제, 경제적 압박, 아동학대, 청소년비행 등은 아동들에게 신체적, 정서적, 심리적 그리고 정신적인 위험 요소가 되고 있다. 따라서 사회적으로 허용된 방법으로 타인과 상호작용을 할 능력을 필요로 하고 사회적 상황에서 적절한 의사결정을 해야 하는 능력을 필요로 하고 있다. 이 장에서는 아동과 청소년의 이러한 능력 발달에 초점을 두어 논의하고자 한다. 특히 아동학대나 방임, 정서적 혹은 행동적 문제나 학습

장애로 인한 문제로 얻게 되는 위기적 상황은 아동에 관심을 두고 논의되어야 한다. 따라서 이 장에서는 사회성 기법의 내용과 기술 그리고 아동지도의 교수법에 관해 다루려 한다.

1. family home program(가정거주 프로그램)

미국의 family home program(가정거주 프로그램)은 아동보호와 치료를 위한 미국의 치료 프로그램이다. 이 프로그램은 아동들은 행복하고 건강한 생산적인 삶을 영위하는 데 필요한 삶의 생존 기술의 기법을 아직 학습받지 못했다는 믿음에서 출발한다. 따라서 아동들은 보다 나은 행동을 할 수 있는 요목을 가지고 있지 않기 때문에 필요한 욕구를 충족하기 위해 부적절한 행동을 하게 된다는 것이다.

가족프로그램의 접근방법은 '가족 유형(family style)에 따른 치료 상황에서 아동들이 성공적으로 적응하여 건강한 성인이 될 수 있도록 기본적인 생존 기술을 가르치는데 관심을 두고 있다. 여기서 '가족 유형'이란, 한부모가정, 조손가정, 이혼 및 별거, 사별가족, 장애, 입양, 재혼, 공동체가족 등 다양한 가족 유형에 따라 적절하게 프로그램이 적용된다는 의미이다.

사회적, 학업적 그리고 직업 기술 등은 정신적 가치와 마찬가지로 강화기법과 실천 그리고 연습 등을 통해 가르칠 수 있다. 물론 긍정적인 자세로 행동수정도 가능하다. 아동들 지도에 있어서는 아동에게 가장 유익하고 삶의 과정에서 사회적으로 잘 적응할 수 있는 환경과 집단, 그리고 행동을 가르쳐야 한다. 대상에 있어서는 문제행동을 지닌 아동을 대상으로 하는 경우가 많고 공격적 행동이나 억압적 행동, 비행과 일탈 행동 그리고 학교 관련 문제행동 등을 포함한 다양한 아동지도 문제들을 다루어야 한다. 일반적으로 필요한 상황에서 부모나 교사가 개입하는 전략적 개입(strategic intervention)을 통해 부적응 아동행동과 자기 파괴적 행동에 대한 대안을 제시하는데 관심을 두고 있다. 따라서 사회성 개발은 아동지도에 유익하고 효과적인 자원과 함께 방법 및 기술의 선택에 유의해야 한다.

2. 사회성 기술의 정의

인간의 사회적 행동은 매우 복합적이기 때문에 아동들에게 사회성 기술을 개발시키기 위해서는 사회성 기술 개발기법을 필요로 한다.

일반적인 사회적 관계속에서의 사회성을 말할 때 대단히 복잡한 것은 아니다. 예컨대 누구를 만났을 때 자신을 소개한다든지 친구나 사람들을 만났을 때 대화를 하는 등의 일상 속에서의 사회적 관계는 평이한 것처럼 보인다 그러나 효율적인 사회적 행동은 쉬운 일이 아니며 사회적 행동에 대한 훈련과 경험이 없는 아동 · 청소년들에게는 이러한 행동을 자연스럽고 효율적으로 행하는 것이 결코 쉬운 일이 아니다. 특히 정서적으로나 행동적 측면에서 결함을 가진 아동은 더욱 그러하다. 또한 적절한 사회적 행동을 하는 아동이라 할지라도 언제, 어디서, 누구에게 특정한 기법과 자세로 행동해야 할 것인지에 대한 분명한 태도를 갖는 것은 쉬운 일이 아니다.

1) 사회성 기술의 정의

사회성(social skill)을 개념화하는 일은 결코 쉬운 일이 아니며 많은 견해들에도 불구하고 종합적인 개념이 있는 것도 아니다. 사회성에 대해 개념화하기 위해서는 주어진 기법에 대해 어떠한 가치를 부여하고 평가하는지 그리고 누구에 의해 주장되었는지를 살펴보는 일이 중요하다(Combs & Slaby).

특별한 기법의 의미와 가치에 대해서는 몇몇 관점에서 논의가 되어 왔다.

예 : 1) 성인들의 관점에서 집단의 전체적 기능에 대한 효과, 예컨대 교사의 학급 전체의 적절한 사회성 기술의 기법에 대한 평가

2) 아동들의 친구나 또래집단들의 관점에서 보는 효과

3) 아동 자신의 소속과 사회적 이해에 대한 효과

많은 성인들 특히 아동이나 청소년들에 관련된 일을 해왔던 성인들은 이렇게 각기 다른 견해들 간에 견해가 불일치한다는 점을 간과해 왔다. 예컨대 아동을 보호하는 성인의 입장에서는 또래집단의 압력에 저항하는 아동에 대해 매우 중요시할 것이지만 또래집단으로부터 따돌림을 받는다든지 소속감이 결여된다든지 하는 부정적인 효과를 가져다 줄 수 있다. 사실 또래집단의 가치를 인식하고 그들만이 가지고 있는 규범을 인식하는 일은 지속적으로 또래집단으로부터 수용을 받고 또래집단 간에 관심과 인기를 유지하는데 결정적인 요인이 되는 것이다(Oden). 그러므로 어떻게 사회성을 정의하고 분류해서 아동들을 지도해야 할 것인가는 아동의 관점과 아동지도와 보호와 양육을 하는 성인의 관점을 적절히 조화시키는 일이 매우 중요하다.

자주 인용되는 사회성의 개념을 보면 각기 다른 견해들을 조합하여 정의를 내리고 있는데 대개 타인과의 사회적 상호작용 능력으로 보고 있다. 이 개념을 정리해 보면 다음과 같다(Combs & Slaby).

> 사회성은 주어진 사회적 상황에서 사회적으로 수용되고 가치를 부여 받고 있는 적절한 방법으로 타인과 효과적으로 상호작용하는 능력이다. 또한 개인적인 차원에서 유익할 뿐만 아니라 상호 유익하고 특별히 상대방을 배려하고 유익한 방법이다.

이러한 관점에서 볼 때 사회성 기법은 영원히 불변하는 것이 아니라 사회적 상황과 시대적으로 특별한 환경과 상황적 요구에 따라 다양하게 대처해야 하는 일련의 사회행동인 것이다. 이러한 기법들은 개인적 차원에서 개인에게 유익한 결과를 가져와야 하지만 반드시 사회적으로 수용될 수 있는 규범 내에서 그리고 다른 사람들에게 반응하는 상황에서의 행동과 관련된다.

적절한 사회성의 활용은 예견치 않게 일어나는 대인 상황에서의 복합적인 일련의 연합이나 연계적 행동과 관련된다. 따라서 사회성이 발달되었다는 의미는 주어진 상황에서 적재적소에 적합한 사회성 기술을 활용할 수 있는 능력을 갖추고 있다는 의미를 지닌다. 일반적으로 사회성을 지닌 사람의 특징으로서는 다음과 같은 점들을 지적할 수 있다(Hazel, etc).

① 사회적으로 적절한 행동을 정확히 지각하고 타인과 환경을 이해하고 공감할 줄 알고 어떤 사회성 기술을 활용할 것인가를 알고 있는 사람이다.
② 다른 사람들로부터 얻은 정보를 정확히 인지하고, 해석하며 의미를 이해하는 사람이다.
③ 사회성 기법에 걸맞는 정확한 언어와 비언어적 반응을 효과적으로 하는 사람이다.
④ 사회적 피드백에 대해 민감한 사람이다.
⑤ 사회적 관계를 증진시키기 위해 적절하게 피드백을 통합할 수 있는 능력을 가진 사람 등을 지적할 수 있다.

그러나 아동들의 경우에는 인지적, 지적으로나 정서적으로 한계가 있기 때문에 이러한 사회적 기법을 적절한 상황에 적합하게 적용할 수 있는 능력에도 한계가 있기 마련이다. 특히 스트레스를 주는 상황에서나 평소 경험하지 못하고 예견치 못한 상황에서는 더욱 적절하게 대처할 수 있는 능력에 한계를 가질 수밖에 없다. 일반적으로 아동들에게 사회성을 개발시키는 훈련을 하는 핵심은 아동들로 하여금 대안적 행동(alternative behavior)을 습득하게 하는데 있다. 그리고 아동들로 하여금 새로운 상황이나 새로운 대상자들에게 적용할 수 있는 대안적 행동을 스스로 익히고 활용할 수 있는 동기를 유발시켜주는 일이 매우 중요하다.

[그림 8-1] 사회성 기술 개발 실천훈련 단계

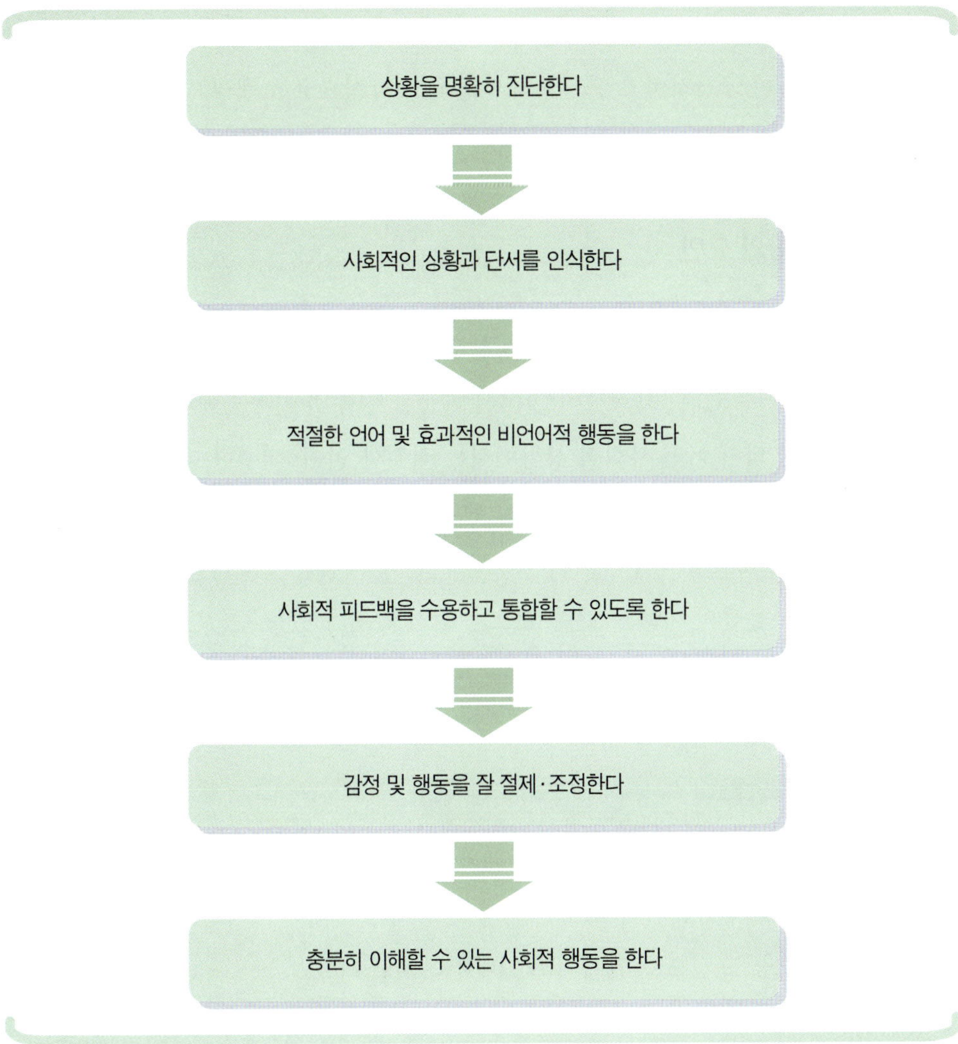

특히 중요한 점은 아동들에게 사회성 개발훈련을 하기 위해서는 교사나 부모 스스로

올바른 사회적 행동을 해야 하며 아동의 특성과 학습자 유형에 걸맞는 언어적 행동을 해야 한다는 점이다. 물론 교수기법도 달리해야만 한다. 이때 유의해야 할 점은 어떤 특정한 대안적 행동을 지나치게 강조해서는 안된다는 점이며, 아동들의 또래집단 및 동료들의 문화나 규범에 조화되면서도 다양한 상황에서 활용할 수 있는 기법을 활용하는게 중요하다. 또한 간접적인 교육방법도 좋지만 어린 아동의 경우에는 직접적인 교수방법이 중요하며 긍정적이고 친사회적 행동을 적극적으로 모델링 시켜야 한다.

2) 사회성 결함의 요인

사회성 결합의 요인은 아동들이 사회생활을 하는 가운데 대인관계를 잘 못하게 하는 요인들이라 할 수 있다. 사회성이 결여된 아동들은 주변 아동들에게는 물론 자신도 불편함을 느끼게 되며 어떤 사회적 상황에서든 적절한 언어, 적절한 태도, 그리고 유머 등의 감각을 구사하는데 어려움을 느끼게 된다. 물론 이런 아동들은 언어구사 능력이 부족한 경우가 많고 효율적인 사회적 행동을 하는데 익숙하지 못하다. 일반적으로 사회성이 결여된 아동들의 사회성 결함 요소는 여러 가지가 있을 수 있는데 대표적인 요인으로서 7가지 원인을 들 수 있다.

(1) 아동학대와 방임

아동의 성장 과정에서 부모로부터의 학대와 방임은 아동의 사회성 결여의 결정적 역할을 한다. 특히 초기 아동기의 학대는 성장 과정에서 사회적 기능을 수행하는데 커다란 장애를 가져오는 요인으로 인식되고 있다(Howing, etc).

방임을 받은 아동들은 성인이나 동료 아동들과의 상호작용에서 많은 기능장애를 가지고 있는 것으로 밝혀지고 있는데 공격적이고 위축되어 있거나 수치심을 나타내는 것으로 알려져 있다. 신체적 학대는 타박상이나 신체에 흉터를 남겨 분명하게 드러나는

데 반해 아동방임이라는 폭행은 눈에 보이지 않게 이루어지거나 부모의 양육에 대한 무지나 사회의 무지로 조용하게 이루어지기도 한다. 그러나 아동방임은 어린 희생자에게 최소한 신체적 학대 이상의 손상을 입히게 된다. 전형적으로 범죄 행위가 아닌 행위로 규정되어 온 방임은 의도적으로 이루어지기도 하지만 양육자의 무지에 의해 비의도적으로도 이루어지기도 한다.

이 행위는 때때로 분명하게 그리고 때로는 거의 보이지 않게 이루어진다. 방임은 신체 보호, 영양 공급, 건강 보호를 적절하게 해주지 않아서 아동에게 치명적인 손상을 초래한다. 또한 때때로, 방임은 사회와의 관계와 사랑의 결핍을 초래하여 아동이 바람직한 성장에 치명적인 손상의 결과를 가져온다.

따라서 학대를 받은 아동들에게는 사람들과 접촉할 때 효율적으로 대화하는 기법과 문제해결법, 그리고 자기통제기법과 적절한 확신감을 심어 주는 것을 중점적으로 지도할 필요가 있다. 또한 사회적 상황에서 야기되는 스트레스를 효과적으로 관리하는 기법도 습득시키는 일이 중요하다.

(2) 아동의 성학대

아동의 성학대(sexual abuse of children)는 본인이 동의하지 않았고, 동의할 수도 없는 아동에게 어떤 성적 행동을 가하는 것을 의미한다. 이러한 성적인 접촉에는 관계할 수 있는 나이와 상관없이 폭력, 혹은 폭력적인 위협에 의해 이루어지는 성적인 접촉, 아동이 성적인 행위에 대한 충동을 이해했거나, 유혹을 이해하는 것과는 상관없는, 어른과 아동 사이의 모든 성적인 접촉을 포함시키고 있으며, 성적인 행위에는 성적인 침투, 성적인 접촉(만지기), 노출 혹은 관음증 같은 비접촉적인 성행위 등이 포함된다.

아동의 성학대(sexual abuse of children)는 아동의 학대 중에서 매우 일반적인 것이며, 사례(case)의 절반 이상이 비상임적인 표집에서 발생되며, 임상적 표집의 75%의 어린이들에게서 발생된다. 성적으로 학대를 받은 아동을 가지고 있는 가족들은 어떤 특색을 가지고 있을 것이라고 예상할 수 있다. 경험적인(실험적)연구들은 근친상간과 비근친상간의 성학대를 당한 희생자 모두의 가족들은 결합력이 적고, 더욱 가족이 해체되어 있고, 일반적으로 학대를 받지 않은 사람의 가족들보다 역기능성이 강한 것을 발견했다. 근친상간의 경우, 가장 자주 확인되고 문제시되는 면은 가족 간의 대화의 부족, 정서적인 친밀감과 유연성이 부족하며 사회적으로 고립되어 있는 것이 문제가 되고 있다.

아동들을 성학대하는 가해자인 성인들은 비성적인 것으로 특정지우는 것으로(예 : 성교육, 위생학) 성행위의 본질을 숨기거나 혹은 상호(공동) 관계로 아동이 생각하도록 격려함으로서 성행위의 본질을 숨긴다. 반복적이고, 상습적인 범죄자들은 일반적으로 피해 아동에게 접근하기 위한 계획과 목표를 세우며 아동을 포함시키고, 아동의 협력을 유지하고, 부모나 남에게 알리는 것을 막을 수 있는 치밀한 전략을 도입한다. 아동기의 성학대는 단기적인 면과 후기 성인기의 기능적인 측면에서 여러 가지 문제를 일으킬 수 있는 많은 위험 요인이 될 수 있다는 결론을 내리고 있다.

근본적인 해답은, 성적인 학대는 항상 비합의적이고, 자주 발달적으로 부적절하게 그것이 발생하므로 인해 인간관계를 언제나 내적으로 바꾸어 버린다는 사실에 있다. 그것은 괴롭고, 겁에 질리게 하고, 혼란스럽게 만들며, 유년 시기에 정상적인 발달과정을 방해하는 반응을 불러일으킬 수 있고 계속적으로 성인기의 부적응을 일으킬 수 있는 위험을 증가시킨다.

(3) 고독감과 의존성

아동기에 고독감과 의존성을 유발시키는 주된 요인으로서는 연령 수준에 걸맞는 적절한 사회성 기술에 관한 훈련 경험이나 지식이 없어서 또래집단 및 동료들로부터 매번 자기가 의도한 반응을 얻지 못한 경우를 들 수 있다. 특히 친구들로부터 따돌림을 받게 되면 고독감과 소외, 그리고 의존성을 지니게 된다. 지나치게 부모에게 의존하려 한다든지 특정한 친구가 시키는대로 무조건 따르는 등의 의존성을 나타낸다. Olden과 LeCroy의 주장에 의하면 아동기에 또래집단이나 친구들로부터 소외를 당하는 아동은 동료들과의 긍정적이고 친근한 상호작용의 기회를 상실당할 뿐만 아니라 또래집단이나 친구들을 통해 사회성을 배울 수 있는 기회를 갖지 못하게 된다고 지적한다. 따라서 사회성 기술의 기법훈련에서는 주로 대인관계에서 야기되는 고독감을 감소시켜 주고 친구나 동료들로 인정을 받고 수용될 수 있도록 사회성을 증진시키는데 역점을 두게 된다. 또한 특수아동의 경우에는 정규교육상황에서 교우 관계를 잘 유지할 수 있도록 지도하고 훈련 한다(Gresham ; Adams, Openshaw, Bennion).

(4) 정신건강의 결함

성인의 경우와 청소년에 나타나는 정신건강 상의 결함은 대개 사회적 능력(social competency)과 사회성 기술의 결함에서 비롯된다(Bryant & Argyle ; Trower ; Kazdin). 이들의 주장에 의하면 사회적으로 부적절한 행동이나 사회성의 결여는 정신적 장애를 초래하고 결과적으로는 사회적 결함을 악화시키게 된다. 예컨대, 정신치료를 받는 청소년의 경우 특별히 대화기법이 부족하다는 것을 밝히고 있다(Hansen, St. Lawrence, & Christoff).

아동기에 심각할 정도로 사회적 소외와 거부를 경험한 아동은 성장후에 심각한 정신건강과 정신병리적 문제를 가질 가능성이 높다고 보고 되고 있다(Combs & Slaby).

(5) 공격적이고 반사회적 행동

아동의 사회성 결여에 관련된 주요한 요인 중의 하나는 공격적이고 반사회적 행동이다. 아동의 공격적 행동은 언어적인 행동과 신체적인 행동으로 구분될 수 있으며 아동에 따라서는 언어적으로나 신체적으로 공격적인 태도를 동시에 나타내기도 한다. 물론 이러한 공격적 행동은 동료들로부터 인기를 잃게 만들어 성장 과정에서 비행이나 문제행동으로 발전할 수 있는 요인이 된다(Kazdin ; Gershaw & Klein ; Goldsteinm, Sprafkin).

사회성 개발훈련의 내용도 공격적 행동을 감소시키는데 관심을 두고 있다(Jones &

Offod ; Elder, Edelstein & Naeick). 이와 함께 대인관계에서 공격적 행동을 하게 되면 가족 특히 부모들에게 스트레스를 주게 되고 공격적 행동에서 비롯된 경제적 손실을 초래하기도 한다. 따라서 사회성 개발훈련은 문제해결능력과 아동관리기법 등을 포함시키고 있다(Patterson).

(6) 학습능력 부족과 학업실패

때로는 학습능력 부족 아동과 학교에서 적응에 실패한 아동들에게도 사회성이 결핍되어 있는 것을 알 수 있다. 그러나 이러한 아동들의 사회성 결여는 복합적인 요인이 작용하는 경 우가 많다.

학습부진아들의 경우에는 사회적 단서(social cue)를 식별하고 해석하여 반응하는데 어려움을 느끼게 된다. 그리고 사회집단과 어울려 적응하는데도 어려움을 가지고 있다. 학습장애와 사회적 부적응이 함께 있는 아동들은 약물남용, 학업실패, 비행행동 그리고 심각한 정신건강상의 문제를 야기할 소지가 높다.

(7) 아동비행

청소년비행과는 그 정도에 차이가 있지만 사회적 기법과 적응에 실패한 경우의 아동들도 비행에 관여할 가능성이 있다(LeCroy ; Hawing, Wodarski, Kurtz & Faudin ; Iong & Shere ; Kazdin) 아동비행은 정도에 있어 청소년비행에 비해 심각한 것은 아니지만 사회성이 부족 한 아동은 비행행동에 관여될 잠재가능성이 높은 것으로 보고 되고 있고 주된 원인은 문제해결능력의 부족 때문인 것으로 알려지고 있다(Veneziano).

앞서 몇가지 요인들을 살펴본 바대로 아동의 사회성 결핍은 발달과정에서 매우 중요한 문제행동을 야기할 가능성이 있음을 알 수 있다. 그리고 사회성 기술의 내용은 중요한 기법인 것을 알 수 있다. 또한 청소년기와 성인기에 이르는 성장 과정에서 이러한 대인관계기법은 더욱 중요한 역할을 하게 된다는 것이다 효율적인 대인관계를 통해 정체성과 가치형성, 독립성의 개발 그리고 적절한 집단의식이나 소속감의 개발이 가능해진다는 것이다. 따라서 사회적, 심리적 바탕없이는 효율적 대인관계를 할 수 없기 때문에 사회성 개발훈련이 필요하다는 것이다.

3) 사회성의 요인

사회성 기술기법과 관련된 사회성의 요인은 상황과 대상 그리고 발달과정 등에 따라 매우 다양하다 할 수 있다. 그리고 사회성의 요인은 기본적 행동 요소와 과업을 분석하여 ① 특수한 언어적 반응 요소 ② 비언어적 행동 요인 ③ 특수한 생략 행동 요소 ④ 자기교수적이고 전이행동(轉移行動)적 요인 ⑤ 개별 습득 가능 행동 요인 등으로 구분될 수 있다. 그러나 사회성의 요인이 다양하다고 편의상 구분될 수는 있다 해도 아동의 사회성 개발을 위해서는 상황에 따라 적절한 행동을 할 수 있도록 종합적인 훈련이 필요하다

사회적 기법은 난이 수준에 따라 편의상 4그룹으로 구분이 가능해지는데 가장 기초적인 사회성 기법을 기본 기법군으로 하고 제일 복합적인 기법들은 복합 기법군으로 구분할 수 있다.

이러한 사회적 기법을 훈련함에 있어서는 아동이 처한 상황과 아동의 발달단계 그리고 아동 개개인의 특성들을 감안하여 가장 바람직한 내용과 기법을 활용하는 것이 바람직하다. 물론 특수한 상황과 행동이 있기 이전의 상황에 대해서도 올바른 이해를 필요로 한다. 아동의 사회적 기법은 상황에 따라 고정된 기법이 있는 것이 아니라 매 상황에 따라 가장 적절한 대안과 적응기법을 필요로 하는 것이다.

여기서는 편의상 Dowd와 Tierney가 'Teaching Social Skills to Youth'에서 다루고 있는 182항목의 실제적 사회적 기법을 사회성의 요인으로 다음과 같이 기술하고 있다.

■ 사회성 기술의 기법의 단계

기초기법

기법 001 지시에 따르기

기법 002 '아니오'라는 대답을 수용하기(거절하기)

기법 003 대화에 참여하기

기법 004 인사 나누기

기법 005 비판을 수용하기

기법 006 적절히 반대 의견을 표시하기

기법 007 존경을 표시하기

기법 008 다른 사람에게 관심을 나타내기

중간기법

기법 009 다른 사람의 사과를 수용하기

기법 010 칭찬을 받아들이기

기법 011 결과를 받아들이기

기법 012 권위자나 기관의 결정을 수용하기

기법 013 다른 사람의 참석이나 인사를 양해하기

기법 014 분노의 통제 전략

기법 015 전화에 응답하기

기법 016 적절한 음성의 조정

기법 017 적절한 표정 만들기 조정

기법 018 적절한 언어의 선택

기법 019 도움을 청하기

기법 20 질문을 하는 일

기법 21 모든 경우 정확히 하기 위해 묻는 것

기법 22 시간 준수

기법 23 다시 확인하기

기법 24 과제를 마치는 일

기법 25 과업을 마치는 일

기법 26 적절한 요구에 부응하기

기법 27 토론과 대화에 참여하기

기법 28 대화기법-대화를 시작하고 주도하는 기법

기법 29 대화기법-대화의 지속과 유지기법

기법 30 대화기법-대화의 종결 기법

기법 31 다른 사람의 잘못을 고쳐주기, 남을 비판하기

기법 32 규칙을 준수하기

기법 33 글로 쓰여진 지시를 따르기

기법 34 타인의 관심을 끄는 기법

기법 35 교사의 관심을 받을 수 있는 기법

기법 36 칭찬과 찬사를 보내는 기법

기법 37 시킨 일을 잘 해내는 태도

기법 38 다른 사람들이 방해하거나 주의 산만하게 만들 때 이를 무시하는 기법

기법 39 적절하게 끼어들거나 방해하는 기법

기법 40 남을 소개하는 기법

기법 41 다른 사람의 말을 경청하는 기법

기법 042 사과를 하는 법

기법 043 요청하거나 부탁하는 기법

기법 044 전화거는 예법

기법 045 남을 도와주거나 지원해 주는 기법

기법 046 활동에 참여하는 법

기법 047 개인의 위생에 관한 일

기법 048 긍정적 자기표현기법

기법 049 타인에 관해 긍정적으로 표현하는 기법

기법 050 약물이나 밀거래하는 물품을 갖지 않는 일

기법 051 긴급시 보고하는 기법

기법 052 다른 아동의 행동에 관해 보고하는 기법

기법 053 동료들의 압력에 굴복하지 않는 요령

기법 054 손님을 배웅하는 일

기법 055 단호하게 거절하는 기법

기법 056 긍정적 관심을 추구하기

기법 057 감사를 표시하는 기법

기법 058 관심이나 흥미를 나타내는 기법

기법 059 학업을 지속적으로 수행하는 태도

기법 060 체계적인 문제해결능력

기법 061 식사예절

기법 062 자발성과 자원봉사

기법 063 순번 지키기

기법 64 새로운 과제를 자진해서 하려는 자세

심화된 기법

기법 65 도움을 수용하거나 기꺼이 지원받는 자세

기법 66 좌절이나 손실을 흔쾌히 수용하는 자세

기법 67 적절하게 보채는 태도

기법 68 사회적 상황을 파악하고 분석하는 기법

기법 69 다른 상황에 필요한 기법을 분석하는 능력

기법 70 끝마쳐야 할 과업의 분석

기법 71 적합한 복장을 선택하는 법

기법 72 수업 준비를 하는 버릇

기법 73 다른 사람으로부터 물건을 빌리기

기법 74 다른 사람의 재산을 존중하는 태도

기법 75 자신의 소유물을 관리하는 법

기법 76 바람직한 친구를 사귀는 태도

기법 77 학생에 걸맞는 옷매무새를 유지하려는 태도

기법 78 다른 사람과 의견 대립시 적절히 협상할 수 있는 기법

기법 79 정직하게 대화할 수 있는 기법

기법 80 학업이나 주어진 일에 충실한 자세

기법 81 집단 활동에 기여하려는 자세

기법 82 잘못된 식사 습관을 자주 통제하는 기법

기법 83 감정을 자제하는 기법

기법 084 다른 사람에게 성학대나 성충동을 통제하는 기법

기법 085 거짓말하려는 충동의 통제기법
기법 086 훔치고 싶은 충동을 억제하는 기법
기법 087 다른 사람들과 협력하는 기법
기법 088 다른 사람이 화내고 공격적일 때 대처하는 기법
기법 089 변화에 대처하는 기법

기법 090 갈등에 대체하는 기법
기법 091 슬픔이나 우울함을 극복하고 대처하는 기법
기법 092 변명이나 실례할 경우에 활용할 수 있는 기법
기법 093 무시당했을 때 이겨내는 기법
기법 094 무료함을 달래는 기법

기법 095 대립된 의견이나 메시지를 다루는 기법
기법 096 곤혹스럽게 만드는 상황에 대처하는 기법
기법 097 실패에 직면해 있을 때 이겨내는 기법
기법 098 두려움을 극복하는 기술
기법 099 좌절을 이겨내는 기술

기법 100 집단의 압력을 이겨내는 기술
기법 101 거부와 거절당했을 때 슬기롭게 대처하는 기술
기법 102 의사결정기법
기법 103 기쁨이나 만족을 지연시키는 법
기법 104 노력을 보여주는 태도

기법 105 적절한 감정을 표시하는 태도

기법 106 느낌을 적절하게 표현하는 태도

기법 107 긍정적이고 낙천적인 태도

기법 108 성취한 업적에 대해 자부심을 나타내기

기법 109 안전수칙을 준수하는 태도

기법 110 협약과 협정을 준수하기

기법 111 지시하거나 가르치는 태도 형성

기법 112 준거를 제시하는 기법

기법 113 이성과 적절하게 상호작용하는 예절

기법 114 물건을 제자리에 간수하는 일

기법 115 다른 사람에게 빌려주기

기법 116 새로운 친구를 사귀기

기법 117 반환하거나 보상하기

기법 118 다른 사람과 협상하는 기법

기법 119 식사 계획과 조정 계획

기법 120 과업과 활동을 조직하기

기법 121 과업과 프로젝트를 꾸준히 해내기

기법 122 부담이 되고 스트레스를 주는 대화에 대해 준비하는 자세

기법 123 다른 사람과의 마찰을 예방하는 기술

기법 124 다른 의견을 지닌 문제를 해결하기

기법 125 여유를 가지고 재충전하는 전략

기법 126 불평불만에 대해 대응하는 기술

기법 127 다른 사람의 느낌에 반응하는 법

기법 128 다른 사람의 유머에 대해 반응하는 기법

기법 129 놀려대는데 대해 반응하기

기법 130 서면으로 요청한 것에 응답하기

기법 131 자기 옹호나 대변하기

기법 132 자신의 행동을 스스로 교정하기

기법 133 자신의 행동을 되돌아보는 자세

기법 134 독백이나 자기 교시적 자세

기법 135 적절히 한계를 규정하는 기법

기법 136 개인적이고 인간적인 경험을 나누는 기법

기법 137 다른 사람들과 주의집중을 함께하는 자세

기법 138 동시적이고 자발적인 문제해결

기법 139 스포츠맨십의 배양

기법 140 학업을 수행하는 기법

기법 141 활동을 제안하기

기법 142 시간 관리

기법 143 적절한 유머를 사용하기

기법 144 적절한 언어를 활용하는 기술

기법 145 독립적으로 학업을 수행하는 태도

복합적 기법

기법 146 자신을 수용하기

기법 147 자신의 환경을 가꾸고 조정하기

기법 148 적절하게 위기를 감수하기

기법 149 충고를 부탁하거나 요청하기

기법 150 과단성과 확신

기법 151 자신의 능력을 평가하기

기법 152 적절한 역할 모델의 수행

기법 153 용돈 관리와 설계

기법 154 가치와 신념을 확실히 갖기

기법 155 갈등 해결

기법 156 소비절약 태도

기법 157 단순히 아는 사람과 친구 관계의 구분

기법 158 적절한 통제 능력 배양

기법 159 다른 사람을 이해하고 동정을 표시하기

기법 160 슬픔이나 아픔을 표시하기

기법 161 전략을 수립하기

기법 162 정보를 수집하는 자세

기법 163 목표 설정

기법 164 자신의 느낌을 파악하기

기법 165 취업시 면접기법

기법 166 구직 전략 수립

기법 167 자신의 행동에 대해 실소하는 여유

기법 168 사회적 관계를 유지하는 능력

기법 169 적절히 불만을 토론할 수 있는 기법

기법 170 도덕적, 정신적 의사결정

기법 171 참을성

기법 172 앞날을 설계하는 기법

기법 173 다른 사람의 기분을 알아차리는 감각

기법 174 하던 일이나 직업을 그만두는 결단력

기법 175 자신의 노력과 업적에 대해 스스로 보상하는 태도

기법 176 전문가의 도움을 청하는 태도

기법 177 자기 감시와 반성

기법 178 갈등과 스트레스 관리 능력

기법 179 잡념을 떨쳐 버리는 능력과 생각하고 싶지 않은 일을 접어 버리는 기법

기법 180 자기와 다른 느낌과 사고, 태도 그리고 색다른 것들에 대해 참을 수 있는 자세

기법 181 휴식이나 오락시간의 활용

기법 182 지역사회의 시설과 프로그램 그리고 자원인사를 활용하는 능력

4) 사회성 개발의 단계와 기법

사회성의 전략은 앞서 제시한 바대로 비교적 기초적인 사회성 기법에서 부터 복합적인 기법에 이르기까지 3등급으로 구분이 가능하고 이러한 사회성의 기법들은 발달단

계와 연령 수준에 따라 적용될 수 있는 한계와 전략이 다를 수 밖에 없다. 그러나 사회성 개발의 단계를 등급과 수준 그리고 연령별로 다 언급하는 것은 무리이기 때문에 아동에게 필요한 기초적인 기법을 중심으로 아래와 같이 논의하고자 한다.

기본 기법 1 지시를 따르기

(1) 아동의 사회성 기법

■ **제1단계 : 상대방을 바라본다.**

상대방을 바라보는 것은 주의를 집중하고 있고 관심을 가지고 있다는 의미가 된다. 따라서 첫 번째 단계는 상대방을 진지한 태도로 바라보는 일이다.

필요한 태도

· 친구를 바라보듯 상대를 바라본다.
· 무표정하게 쳐다보거나 얼굴을 돌리거나 가식적인 얼굴표정을 짓지 않고 눈을 이리저리 굴리지 않도록 한다.
· 대화가 다 끝날 때까지 잘 응시한다. 대화하는 도중에 말을 중단시키거나 방해를 하거나 딴전을 피우지 않는다.
· 상대방을 응시하게 되면 상대방의 기분이나 감정을 이해할 수 있게 된다.

■ **제2단계 : '알았습니다' 혹은 '알겠습니다'라고 응답한다.**

'알았습니다' 혹은 '알겠습니다'라고 대답하는 것은 상대방의 말을 이해한다는 것을 알리는 수단이기 때문에 주의롭게 상대방을 쳐다보며 말을 다 들은 다음에는 알았다는 응답을 하는 것이 좋다.

필요한 태도

· 말이 끝난 후 곧 '알겠습니다'라고 응답한다.

· 명확하고 분명하게 말을 한다.

· 필요한 경우에는 미소와 함께 고개를 끄떡이면 더욱 효과적이다.

■ 제3단계 : 시킨 일이나 지시한 것을 곧바로 시행한다.

지시한 일이나 부탁한 일을 곧 이행할 경우에는 상대방이 하도록 한 내용을 보다 정확히 이해할 수 있기 때문에 지시한 일을 곧바로 시행하는 것이 바람직하다.

필요한 태도

· 해야 할 일의 모든 단계 단계에 필요한 것들을 모두 끝마친다.

· 하라는 일에만 몰두하고 다른 일을 끼여들게 하지 않는다.

· 할 수 있는 한 최선을 다 하도록 한다.

■ 제4단계 : 재확인하고 검토를 받는다.

상대방에게 재확인을 받고 검토를 받는 것은 상대방으로부터 자기가 말한 것을 다 이해해서 지시에 따랐다는 것을 알도록 하기 때문에 중요하다.

필요한 태도

· 지시한 일을 최대한 신속하게 마쳤을 때는 즉시 마쳤다는 것을 지시한 사람이 알도록 한다

· 자기가 한 일을 정확하게 설명한다.

· 정확히 일을 마쳤는지 묻는다.

· 잘못되었거나 바람직하지 못한, 혹은 적절하지 못한 일 중 수정할 필요가 있을 경우 수정한다.

기본 기법 2 거절을 수용하기

■ **제1단계 : 상대방을 응시한다.**

상대방을 응시하는 것은 주의집중을 하고 있다는 표시이므로 상대방을 바라보는 일이 중요하다.

필요한 태도

· 무표정하게 쳐다보거나 가식적 태도 또는 두리번거리지 않도록 한다.
· 먼 산을 쳐다보는 태도를 하지 않도록 한다.
· 화가 난 경우라도 감정을 억제하도록 한다. 편안한 태도를 유지하고 조용히 있도록 한다.
· 조심스럽게 경청하는 태도는 상대방의 말을 이해하는데 도움을 준다는 것을 알도록 한다.

■ **제2단계 : '알았습니다' 혹은 '알겠습니다'라고 대답한다.**

수용하는 태도로 응답하게 되면 부모나 교사가 지시한 것을 이해하고 있다는 것을 알도록 한다.

필요한 태도

· 즉시 대답한다.
· 명확하고 분명하게 말한다. 우물거리지 않는다.
· 화난 음성으로 대꾸해서는 아니되며 따지는 태도로 피드백을 해서는 안된다. 이럴 경우 문제를 야기시킬 수 있다.
· 화가 치밀면 숨을 깊게 들이마신다.

■ **제3단계 : 도저히 이해하지 못할 때는 조용히 이유를 묻는다.**

아동들에게 성장해 가는 동안 거절하거나 수용할 수 없는 일도 있다. 이때 거절하는 태도도 길러주는 일이 중요하다.

필요한 태도

· 매번 이유를 묻지 않도록 한다. 또한 항상 불평만 하는 아동처럼 보여서는 안된다.
· 조용히 이유를 묻게 되면 진정으로 이유를 알고 싶어한다는 것으로 이해받게 된다는 것을 알도록 한다.
· 한 이유를 물어 대답을 얻었을 경우에는 다른 이유들을 계속 묻지 않도록 한다.
· 향후 이런 상황에서 배운 것을 다시 활용하도록 한다.

■ **제4단계 : 수긍이 안가고 찬성할 수 없으면 나중에 문제를 삼는다.**

만약 수긍이 가지 않거나 찬성할 수 없을 경우에 즉시 문제를 제기하게 되면 따지고 다투려고 하는 것으로 오해를 받게 된다. 그러므로 문제가 생기더라도 적절한 기회에 반대의견이나, 수긍이 안가는 점을 정중히 묻도록 한다.

필요한 태도

· 안된다고 거절한 사람에게 어떻게 접근할 것인지를 시간을 두고 계획을 세우도록 한다.
· 말할 것을 미리 계획하도록 한다.
· 여전히 수용할 수 없을지라도 대답을 수용하도록 한다.
· 경청하고 들어준데 대해 감사하도록 한다.

기본 기법 3 대화에 참여하기

■ **제1단계 : 상대방을 바라본다.**

상대방을 응시하게 되면 주의를 집중하는 것처럼 보이고 상대방을 존중하고 있다는 것을 보이게 되고, 대화를 하고 싶어하는 것으로 보이게 된다.

필요한 태도

· 친구를 대하는 자세로 상대방을 바라본다.
· 상대방을 얼굴을 쳐다보게 되면 상대방의 기분을 아는데 도움이 된다

■ **제2단계 : 즐겁고 명랑만 목소리를 사용한다.**

사람들은 기분이 나빠 있는 사람이나 화난 사람 그리고 위협을 주는 사람들과 대화하기를 꺼려한다. 그러므로 즐겁고 명랑한 목소리를 사용하는 것이 매우 중요하다.

바람직한 태도

· 말을 분명하게 한다.
· 잘 이해할 수 있게 짤막한 문장을 사용한다.
· 말하기 전에 할말을 생각을 한다.

■ **제3단계 : 상대방에게 질문한다.**

대화 과정에서 상대방에게 질문을 하는 것은 대화를 촉진하는 중요한 계기가 된다.

필요한 태도

· 단순히 '예', '아니오'의 대답이 요구되는 질문은 피한다.
· 상대방의 의견이나 관심 그리고 좋아하고 싫어하는 것에 관해 듣는다.

· 의도적으로 상대방 말을 듣는다.

· 상대방이 물을지 모르는 질문에 대해 준비한다.

■ **제4단계 : 상대방이 말하는 도중에 끼어들지 않는다.**

상대방이 말을 하고 있는 동안 방해하거나 끼어들게 되면 남의 말을 중요하지 않는다고 생각하게 되므로 주의해야 한다.

요구되는 태도

· 상대방 말에 응답하기 전에 말이 다 끝났는지를 확인하도록 한다.

· 눈 접촉을 유지한다(eye contact).

· 좋은 태도를 유지하고 조바심으로 상대방의 주의를 산만하게 하지 않도록 한다.

· 말을 혼자 독점해서는 안되며 대화 도중 이 주제에서 다른 주제로 왔다갔다하지 않도록 한다.

기본 기법 4 인사하기

■ **제1단계 : 상대방을 보고 웃는다**

상대방을 보고 미소를 지으면 상대방을 진실로 만나고 싶다는 표시가 된다.

필요한 태도

· 적절하게 상대방의 관심을 받도록 한다.

· 무표정하게 응시하거나 얼굴을 돌리지 않도록 한다.

· 상대방을 친구라 생각하고 바라본다.

· 미소를 지으면서 첫 대화를 친절한 음성으로 시작한다.

■ **제2단계 : 명랑한 음성을 사용한다.**

친절하게 대하게 되면 좋은 인상을 갖게 된다. 따라서 미소와 함께 명랑한 음성을 사용하는 것이 중요하다.

필요한 태도

· 명확하게 또박또박 분명하게 말한다.
· 상대방이 들을 수 있도록 큰 소리로 말한다. 다만 너무 큰 소리로 말하는 것은 바람직하지 않다.
· 적절한 문법을 사용하고 속어나 비어 등을 쓰지 않도록 한다.
· 방해하지 않도록 조심한다.

■ **제3단계 : 자신의 이름 등을 소개한다.**

사람을 사귀게 되거나 만나게 되면 제일 먼저 자신의 이름과 소속 등을 밝히는 것이 가장 중요하고 사람들이 처음 만났을 때는 의례 이름 등 자신을 소개할 것을 기대하게 된다.

필요한 태도

· 자신을 소개할 수 있는 적절한 때를 기다린다
· 자신을 소개할 때 자신 있는 태도를 보이도록 한다.
· 필요하면 자신에 관하여 보다 많은 내용을 상대방에게 소개하는 것이 좋다
· 상대방 이름을 바르게 호칭하는지를 주의하여 듣는다.

■ **제4단계 : 상대방과 악수를 한다.**

다른 사람과 만나 악수를 나누는 것은 인사를 나누는 보편적 수단이다. 그러나 악수를 할 때 지나치게 힘없이 잡는다든지 너무 힘주어 잡는 것은 유의해야 한다. 물론 남녀 간이나 연령 차에 따라서도 예법이 있고 각 나라의 문화에 따라서도 차이가 있기 마

련이다.

필요한 태도

· 악수를 나눌 때 손을 분명하게 잡고 가볍게 흔든다. 그러나 너무 힘주어 잡지 않도록 한다.

· 손은 3번 정도 가볍게 흔드는 것이 바람직하다.

· 손을 흔들 때 인사말을 하는 것이 좋다
예 : '만나서 반갑습니다'.

· 다른 사람과 악수를 할 때 손을 깨끗이 한다.

■ 제5단계 : 헤어질 때 '만나서 반갑다'는 인사를 한다.

헤어질 때는 대화가 끝났지만 친절하게 한마디 하는 것이 좋다. 따뜻한 작별 인사는 상대편에게 좋은 인상을 심어 주는 한 방법이 된다.

필요한 태도

· 진지한 태도를 한다.

· 헤어질 때 필요하면 악수를 다시 한다.

· 헤어질 때 상대방의 이름을 다시 호칭한다.

· 다시 만날 때에는 상대방의 이름을 기억하도록 한다.

기본 기법 5 비판을 수용하기

■ 제1단계 : 상대방을 바라본다.

상대방을 바라봄으로서 주의집중을 하고 있다는 표시를 하게 된다.

필요한 태도

· 무심코 쳐다보거나 얼굴을 돌리지 않는다.

· 대화하는 동안 상대방을 바라본다. 딴전을 피우거나 다른 곳을 보지 않는다

· 주의를 기울려 듣고 주의 산만한 태도를 보여서는 안된다.

· 주의를 집중하는 것은 정중한 태도를 보이는 것이고 딴전을 피우는 것은 관심이 없다는 것을 나타내는 태도라는 점을 알도록 한다.

■ **제2단계 : '예'나 '알겠습니다'라고 대답한다.**

대답함으로서 상대방의 말을 이해했다는 것을 알리고 상대방을 존중한다는 예의 표시의 방법이 된다.

필요한 태도

· 수긍한다는 태도로 고개를 끄덕여 이해하고 있다는 것을 알도록 한다.

· 우물쭈물하는 태도를 보여서는 안된다.

· 대화 도중 '예'나 '알겠습니다' 등의 말을 하면서 머리를 끄덕이게 한다.

· 명랑하고 즐거운 음성으로 말하도록 한다. 빈정거리는 태도를 보이지 않도록 한다.

■ **제3단계 : 언쟁을 벌이지 않도록 한다.**

언쟁을 벌이지 않고 남의 비판을 받아들이는 것은 자신이 성숙하다는 것을 나타난 것이므로 언쟁을 자제하는 태도가 매우 중요하다.

필요한 태도

· 다소곳하고 조용한 태도를 나타낸다.

· 다음에 더욱 바람직한 행동을 할 수 있도록 상대방의 비판을 통해 배우려는 자세를 기른다.

· 비판을 하는 것이나 충고하는 것은 도와주려는 마음에서 비롯된 것이라는 것을 알도

록 한다.

· 동의할 수 없거나 잘못된 비판이라 할지라도 말이 다 끝나고 의견을 물을 때까지 기다리는 자세를 기른다.

기본 기법 6 적절하게 이의를 제기하기

■ 제1단계 : 상대방을 바라본다.

필요한 태도

· 상대방을 무표정하게 쳐다보거나 얼굴을 돌리는 자세를 삼간다.
· 대화 도중 줄곧 상대방을 진지하게 바라본다.
· 명랑한 태도로 미소를 짓는다.
· 친구를 대하듯 편안한 자세로 상대방을 쳐다본다.

■ 제2단계 : 명랑한 목소리를 사용한다.

명랑한 목소리로 말을 하면 상대방이 보다 진지한 태도로 말을 경청하게 만들 수 있다.

필요한 태도

· 명확하고 또박또박하게 말을 한다. 우물우물한 태도를 하지 않는다.
· 간단명료한 문장을 사용하고 상대방이 쉽게 알아듣도록 한다.
· 대화하는 동안 상대방과 적절한 거리를 유지하되 너무 가깝거나 너무 멀리 떨어져 말하지 않도록 한다.
· 미소를 짓는다.
· 친절하고 상냥한 태도를 나타낸다.

■ **제3단계 : 동의하는 태도와 걱정하는 태도를 나타낸다**

동의하고 이해하는 태도와 걱정하고 관심있는 태도를 나타내면 아주 좋은 분위기에서 긍정적인 대화를 시작할 수 있다.

필요한 태도

· 말하기 전에 무슨 말을 할것인가를 계획한다.

· 어떻게 말을 시작할 것인지 염려가 되고 편안한 마음이 아닐 때는 연습을 하도록 한다.

· 걱정하고 동의할 수 없는 내용을 대화 중의 한 부분으로 간주해서 상대방과 대화하도록 한다. 이때 주의할 점은 협상하는 태도나 따지는 태도는 바람직하지 않다.

· 진지한 태도와 상대를 이해하고 있다는 태도를 보인다.

■ **제4단계 : 동의하지 않을 때는 동의하지 않는 이유를 명확하게 한다.**

애매모호한 언어를 사용하게 되면 혼란을 가져올 수 있고 말한 의도가 무엇인지 불분명하게 된다.

필요한 태도

· 가능한 한 구체적인 자세한 정보를 활용한다

· 자신이 말한 내용을 뒷받침할 근거를 준비한다.

· 필요하면 말할 내용을 준비한다.

· 언제나 말하기 전에 생각해야 한다는 점을 명심한다.

■ **제5단계 : 준거를 제시한다.**

가치있고 객관적인 이유를 제시하게 되면 동의하지 않는 주장에 대해 더 신중한 자세로 대해 주게 된다.

필요한 태도

· 제시한 준거가 합당한지 확인하도록 가르친다.
· 사실과 구체적인 내용을 가지고 준거가 옳다는 점을 뒷받침하도록 한다
· 보통 1~2가지 준거로 충분하다는 것을 알게 한다.
· 대화 중에 조용한 태도를 지녀야 한다는 점을 기억해야 한다.

■ 제6단계 : 고맙다는 인사를 한다.

자신의 말을 들어주고 시간을 내준데 대해 감사함을 표시하는 것은 중요하다.

필요한 태도

· 비록 소기의 성과를 얻지 못한 경우라도 감사를 표시하는 것은 잊어서는 아니된다.
· 진지한 태도를 보인다.
· 정중하고 예의 바른 태도를 보인다
· 대화가 끝나면 고맙다는 인사를 한다.

기본 기법 7 존경심을 표시하기

■ 제1단계 : 부정적인 행동을 중지하기 위한 요구에 순종한다.

부정적인 행동을 중지하라고 요구했을때 이를 수용하면 지시에 따르는 태도이다. 특히 중단하라는 행동을 즉시 중지하는 것은 부모나 교사에게 존경심을 표시하는 방법이다.

필요한 태도

· 부정적인 행동을 중단함으로서 더 이상의 문제가 발생하지 않도록 한다.
· 인간에게는 누구나 지시를 하는 사람이 있기 마련이고 올바르게 하라고 말하는 것이

좋다.

■ **제2단계 : 다른 사람을 놀리거나 위협하거나 비웃지 않는다.**

남을 골려대거나 위협하고 비웃는 태도는 남에게 상처를 주는 일이다. 그러므로 남을 업신여기거나 놀려대는 일은 바람직하지 않다.

필요한 태도

· 남을 놀리거나 위협하게 되면 많은 친구를 얻을 수 없게 된다는 것을 알게 한다.
· 친구들이 놀려대는 사람으로 인식할 뿐 좋은 사람으로 인식하지는 않게 된다는 점을 알게 한다.

■ **제3단계 : 다른 사람의 프라이버시를 인정한다.**

종종 사람들은 홀로 있기를 원한다. 그럴 때 혼자 있도록 놔두는 것은 상대편을 존중하는 태도이다.

필요한 태도

· 남의 방을 들어갈 때나 닫혀진 문을 들어가기 전에 노크를 한다.
· 홀로 있기를 원할 경우 혼자 있도록 배려하는 자세를 가르친다.

■ **제4단계 : 다른 사람의 물건을 사용하기 전에 허락을 받는다.**

어떠한 허락은 사회생활을 하는데 있어 매우 중요하다. 허락없이 내 물건을 사용하는 것이 싫듯이 남의 물건을 사용할 때에도 허락을 받는 것은 상대방을 존중하는 태도이다.

필요한 태도

· 빌려 쓴 경우에는 빌릴 때와 똑같은 상태로 주인에게 되돌려 주도록 한다.
· 빌려 온 물건을 망가뜨렸을 때는 수리를 하던지 새것으로 바꿔 되돌려 주도록 한다.

■ **제5단계 : 공공기물을 부수거나 훼손하지 않도록 한다.**

공공기물을 부수거나 훼손하는 것은 법에 저촉되는 행동이다. 그리고 공공기물을 부수거나 훼손하는 일은 국가와 지역사회에 피해를 미칠 뿐만 아니라 자기 나라를 사랑하지 않는다는 증거이다. 그러므로 공공기물에 대해서도 존중하는 태도가 필요하다.

필요한 태도

· 실수로 공공기물을 부셨을 때는 보고하는 것이 올바른 태도이다.

· 훼손한 물건이나 재산을 보수하거나 새로 구입해서 보충해 놓는다.

■ **제6단계 : 다른 아동들에게 규칙을 어기도록 설득하거나 교사하지 않도록 한다**

다른 사람들로부터 자기 이득을 챙기려 하거나 다른 아동들을 곤혹스럽게 만드는 사람들은 다른 사람들로부터 대우를 받지 못하게 된다.

필요한 태도

· 만약 다른 사람을 이용하면 신뢰를 얻을 수 없다.

· 다른 사람들에게 이용당하게 되면 배신감을 느끼게 된다.

■ **제7단계 : 여러 사람 앞에서 미움받을 행동을 삼간다.**

여러 사람 앞에서 좋은 인상을 가져다 줄 행동과 태도는 사회성 개발에서 매우 중요한 과제이다.

필요한 태도

· 여러 사람 앞에서 최상의 행동을 한다. 최상의 행동이란 대중 앞에서 욕설을 하거나 맹세하는 말을 하거나 소문을 퍼뜨리거나 트림을 하는 것 등을 삼가는 것이다.

· 다른 사람에게 정중하게 하고 자기 스스로의 태도에 대해 주의한다.

■ **제8단계 : 대중 앞에서 적절한 복장을 한다.**

여러 사람 앞에서 모든 사람들은 최상의 모습을 보이고 싶어한다. 만일 여러 사람 앞에서 자신의 가장 바람직한 모습을 보이기를 원하면 성숙되고 사회적 규칙을 이해하는 태도를 보여야 한다.

필요한 태도

· 단정하고 세련된 복장은 좋은 인상을 주게 된다.
· 어떤 옷을 입을까는 시간과 계절 그리고 만나는 대상에 따라 적절하도록 선택하도록 한다

기본 기법 8 다른 사람에게 배려하기

■ **제1단계 : 다른 사람이 곤경에 처했을 때 관심과 걱정을 표시해야 한다.**

자기가 남을 돕게 되면 남들도 더욱 도와주려는 태도를 갖게 된다.

필요한 태도

· 남이 곤경에 빠져 있을 때 도움을 주도록 하는 태도를 기른다.
· 어려움에 처한 사람은 단순히 관심을 표명하는 것만으로도 위안을 받는다는 것을 알게 한다.

■ **제2단계 : 장애인도 비장애인과 편견하지 않고 존중하도록 한다**

장애인이라고 해서 더 낮은 지위의 사람도 아니고 부족한 사람이 아니다.

장애인에게 편견이나 멸시함이 없이 자발적으로 돕는 태도를 보이는 자세는 모든 인간은 평등하다는 사실을 인식하고 있다는 것이다. 비록 장애인들이 정상인에 비해 조금 더 도움을 필요로 할지 모르지만 인간의 존엄성과 평등함을 지니고 있다는 것을 깨

달아야 한다.

필요한 태도

· 장애인에게 문을 열어주거나 물건을 들어주고 자리를 양보한다.

· 장애인을 훑어보거나 멸시하는 태도를 보여서는 안되며 도움이 필요한 때도 인격을 무시하는 말을 삼가도록 한다

■ **제3단계 : 남의 마음을 아프게 하거나 다치게 했을 때는 사과한다**

잘못했을 때나 남에게 심리적으로나 육체적으로 피해를 입혔을 때는 진지한 마음으로 사과를 하는 것이 중요하다.

필요한 태도

· 자기 할 일을 하지 않거나 쉽게 자기가 하는 버릇대로 행동을 해서 남에게 피해를 줄 수 있다. 예컨대 약속을 지키지 않는다든지 쓸데없는 농담을 한다든지 남을 일부러 모른척한다든지 남을 표적으로 삼아 짖궂게 한다든지 해서는 안된다.

· 만약 남에게 상처를 줄 수 있는 태도를 했을 때는 즉시 진지하게 사과한다

■ **제4단계 : 사람들은 종교나 성장 배경 그리고 성격과 모습들이 다르다는 것을 인정하는 것은 모든 사람을 평등하게 대우하는 첫걸음이다.**

사람들이 각기 다르고 차이가 있지만 동등하게 대하는 자세를 보이는 것은 남을 대할 때 외모나 성격이나 종교 그리고 성장 배경이 별문제가 되지 않는다는 것을 나타내는 바람직한 태도이다.

필요한 태도

· 다른 사람의 외모나 피부색 · 문화적 차이 그리고 신념 등에 대해 놀려대거나 무례한 비판을 해서는 안된다.

· 사람들은 각기 다른 습관과 가치를 지니고 있고 부하거나 빈곤한 것 또한 큰 문제가 될 수 없다는 태도를 배양한다.

아동들은 사회에서 수용될 수 있는 바람직한 사회성을 필요로 하고 이러한 사회성은 각기 다른 주어진 사회적 상황과 대상에 따라 매번 효율적으로 행동을 결정할 수 있는 다양한 사회성의 요목들을 필요로 하고 있다. 물론 이러한 요목들은 사회성 개발의 기법훈련을 통해 가능하다. 앞서 제시된 사회성의 요목들과 습득 단계별 기법에서 설명되었듯이 사회성은 필요한 요목을 중심으로 가정에서 이루어지는 것이 바람직하다.

사회성 기법은 상황과 대상에 따라 많은 조합이 가능하겠지만 기본적으로는 네 가지로 분류가 될 수 있을 것이다. 즉 기본기법, 중간기법, 상급기법 그리고 복합적 기법 등으로 구분하여 발달단계별로 사회성을 개발훈련 할 수 있다.

물론 이런 기법들은 특수한 언어적 반응, 비언어적 반응, 생략해야 하는 행동과 단서 그리고 자기지시적 행동 등으로 세분화 될 수 있을 것이다. 사회성 기법을 학습시키는데 있어서는 앞장에서 다룬 역동심리적 모델, 인지적 모델, 긍정적 동료 문화 모델, 행동주의적 모델 그리고 절충적 모델 등을 적용시킬 수 있는 요목에 따라 학습 모델로 활용할 수 있다.

역동심리적 모델은 지난 사건들을 재분석하는데 초점을 두고 있기 때문에 아동들로 하여금 이런 사건들에 관한 느낌을 변화시키는데 사회성 개발의 목표를 두고 있다. 또한 인지적 모델은 유사한 상황에 관한 성취감을 통해 실제 상황에 관한 자신의 느낌을 변화시키는데 사회성 개발의 목표를 두고 있다. 물론 행동주의 모델은 사회적으로 바람직한 행동이 이루어질 때까지 아동의 행동을 변화시키는 기법을 활용한다.

결국 어떠한 학습 모델이든 아동이 주어진 사회적 상황에서 상호작용하는 대상과 상황에 맞는 적절한 행동을 할 수 있도록 사회성을 개발하는데 활용될 수 있다. 다만 아동의 학습 특성과 사회성 요목에 따라 세밀한 계획과 단계에 따라 달리 활용되어야 한다.

Chapter **09**

관계성 개발

사회성이 결핍되어 사회적 부적응이 있는 아동들은 일반적으로 대인관계에서 긍정적인 관계(positive ralationship)를 맺는데 많은 어려움을 가지고 있다. 친구를 사귀는데 어려움을 겪을 뿐만 아니라 또래집단이나 부모나 교사등 성인들과의 관계에서도 어려움을 갖는다.

따라서 아동의 사회성 기술은 또래집단이나 친구와 학교에서 인간관계를 바람직하게 형성할 수 있는지 여부에 따라 성패가 좌우된다. 그러므로 아동의 사회성 개발의 과제 또한 바람직한 대인관계를 형성하고 또래집단과 학교 등 사회적응력을 향상하게 만드는 사회성 기술의 개발은 아동이 바르고 건강하게 성장하는데 매우 중요하다.

1. 강력한 관계 형성의 장점

가정에서나 학급 장면에서 부모와 자녀 간, 교사와 아동 간에 친밀하고 강한 인간적 관계를 형성하는 일은 중요하다 성인들과 강력한 관계를 형성하면 아동의 삶에 변화를 가져오게 만든다. 물론 보다 즐거운 삶의 환경을 만들 수 있고 변화된 자신의 개발도 기대할 수 있다. 강력하고 건강한 관계를 맺게 되면 아동들이 부모나 교사와의 관계를 더욱 긴밀히 유지하고 싶어한다.

강력한 자녀와 부모의 관계는 부모 자신에게도 긍정적인 성인역할 모델을 수행하게 만든다. 더 나아가 아동들과의 안전하고 친밀한 바람직한 관계가 형성되게 되면 부모의 가치와 준거 그리고 표현하는 의견들을 수용할 뿐만 아니라 부모와 동일시하려는 성향이 나타난다. 즉 부모-자녀의 안전하고 긍정적인 관계 형성은 부모나 교사 등 성인과 아동 간의 건전한 역할전이와 가치전이 현상을 가져다준다.

일반적으로 지적되고 있는 강력한 관계 형성의 장점은 다음 몇 가지로 정리될 수 있다.

① 역할 모델의 효과가 증진된다.
② 동일시 대상이 될 수 있다.
③ 쉽게 가치와 규범을 전수시킬 수 있다.
④ 효과적이고 교육적인 관계를 형성할 수 있다.
⑤ 아동으로부터 피드백을 받는 효과가 크다.
⑥ 바람직한 행동을 쉽게 교수할 수 있다.
⑦ 부적절한 행동의 교정 효과가 크다.
⑧ 핵심적 사회적 기술의 기법을 전수시킬 수 있다.
⑨ 효과적인 의사소통의 기회가 증대된다.
⑩ 허용적인 환경을 만들 수 있다
⑪ 사회적응 능력을 신장시킬 수 있고 성장 후에도 지속적으로 우호적인 관계를 형성할 수 있다.
⑫ 성인의 행동과 언어가 아동의 강화 요인이 될 수 있다.

2. 관계 개발의 기법

대인관계는 짧은 기간에 발전되거나 성장될 수 있는 것이 아니다. 오히려 장시간을 두고 점진적으로 개발되고 발전되는 것이다. 이러한 과정에서 많은 사건과 쟁점들이 발생하고 상대편과의 상호작용을 함에 있어서도 둘만이 경험하게 되는 여러 사건들을 통해 좋은 관계와 긴밀한 관계가 이루어지는 것이다. 대인관계의 출발은 공통적인 경험이나 관심을 가지고 서로 교류함으로서 시작된다. 특히 긍정적이고 긴밀한 관계는 행동이나 가치 그리고 취미 등이 서로 유사하여 진정으로 만남이 즐겁고 유익하다고 상호 느낄 때 가능하다. 일반적으로 사회에서 수용될 수 있고 가치있는 것으로 받아들여지는 관계 개발과 관련된 태도와 행동은 정직성, 민감하고 예민한 감수성, 타인에 대한 관심과 배려, 유머 감각, 신뢰감 그리고 남의 말을 잘 경청하는 의지와 자세 등이다. 이런 태도와 행동들은 긍정적인 인간관계를 형성하는데 도움이 되는 기법으로 간주되고 있다.

1) 관계의 평가기법

아동들에게 건전하고 성숙된 인간관계를 형성할 수 있도록 중요한 사회성 기술을 가르치기에 앞서 상담자는 부모 혹은 교사와 아동 간의 관계를 평가하는 일이 매우 중요하다.

관계가 미약할 때는 친밀감 형성과 신뢰 형성의 강력한 관계를 맺을 수 있도록 하는 일이 중요하다. 우선적으로 고려해야 할 점은 관계가 강력하고 긴밀한 관계인지 아니면 미약한 관계인지를 결정하는 일이다.

(1) 강력한 관계

① 아동이 많은 자유 시간을 상대편과 보내려 하고, 친밀감을 느낀다.
② 아동이 상대방에게 자주 감사하게 생각하고 공손한 태도를 나타낸다.
③ 아무런 보상없이 자발적으로 상대방을 도우려하고 상대방이 필요한 일을 스스로 담당한다.
④ 상대방에게 긍정적인 평가를 하고 남에게도 상대방을 칭찬하는 태도를 보인다.

(2) 약한 관계

① 아동이 자유 시간 동안 거의 상대편과 시간을 보내려 하지 않으며, 친밀감을 느끼지 않는다.

② 보통 아동이 상대방을 즐겁게 하려 하거나 감사하게 느끼지 않는다.

③ 아동이 보상이 있을 경우에만 상대방을 돕는다.

④ 상대방에 대해 부정적인 평가를 하며 다른 사람들 앞에서도 상대방에 대해 부정적인 태도를 나타낸다.

2) 관계 개발의 요인

관계 개발을 위해 필요한 요인은 다양하다. 그러나 관계 개발을 위해 핵심적인 요인이라 볼 수 있는 질적 요인들은 긍정적인 언어적 행동과 비언어적인 행동을 들 수 있다. 질적 요인(quality components)은 아동을 응시하고 아동의 질문에 답변을 하며 즐거운 얼굴 표현을 하는 태도와 관련된다. 또한 유머를 활용하고 포옹을 해 준다든지 어깨동무를 한다든지 등의 적절한 신체적 접촉을 하는 것도 관계를 개발할 수 있는 질적 요인이라 할 수 있다. Willner, Braukmann, Kirigin, Fixsen, Prillips와 Wolf의 연구에 의하면 아동들이 자신이 싫어하는 행동과 좋아하는 행동을 분명하게 기술할 수 있고 이러한 행동 특성들은 관계를 개선하는데 매우 중요한 질적 요인에 해당된다고 주장한다. 아동들이 좋아하는 행동과 싫어하는 행동의 특성들을 열거해 보면 다음과 같다.

〈표 9-1〉 아동이 좋아하는 행동 / 싫어하는 행동

좋아하는 행동	싫어하는 행동
· 부드럽고 즐거운 음성 · 도움을 청하거나 도움을 주는 행동 · 유머 감각 · 긍정적 피드백 · 공정한 태도 · 무엇을 할 것인지 어떻게 할 것인지를 친절하게 설명하는 태도 · 이유를 명확히 설명하는 태도 · 열정적인 모습 · 정중한 태도 · 미소와 온유한 말씨 · 합리적이고 올바른 지적 · 이해시키고, 수용하는 태도	· 아동의 잘못만을 지적하거나 탓하는 행동 · 화내고 경청하지 않는 태도 · 부정적 피드백 · 이해의 부족이나 이해하지 않으려는 태도 · 불친절, 수용하지 못함 · 불유쾌한 행동 · 거부하는 태도 · 불쾌한 신체적 접촉 · 모독하는 태도 · 모욕하고 언어적 학대 · 말할 기회를 주지 않는 태도 · 소리지르는 행동 · 변명하거나 비난하는 행동 · 신체적 학대 행동 · 언어적, 정서적 학대 행동

3. 아동상담에서의 평가와 관계성 개발

상담 과정 절차와 환경의 전체적인 과정을 하나의 사이클로 본다면, 가장 중요한 부분이 평가(evaluation)이다. 평가가 제대로 이루어지지 않으면 상담 진행 절차가 실패로 끝날 정도로 평가는 매우 중요한 부분이다.

1) 평가의 구성요소

(1) 행동의 방향성에 대하여

여컨대 반항적이고 충동성이 강한 아동과 가정이나 자녀 양육보다 자신의 일에 많은 에너지와 시간을 보내는 부모가 상담을 받기 위해 내담했다고 가정해 보자. 이때 상담자는 내담자에게 자신의 삶의 목표와 의미에 관해 전반적으로 검토해 보도록 하는 것이 중요하다.

부모에게 질문

예 1 "지금 이런 당신의 행동이 삶에서 어떤 결과를 가져올까요? 하루 18시간 가까이 최선을 다해 일만 하는 것이 정말 당신과 당신 가족, 자녀들에게 도움이 된다고 생각하세요?"

예 2 "이러한 당신의 삶이 가족 구성원과 당신의 건강과 정신건강에 어떤 영향을 미치고 있을까요?"

예 3 "이러한 생활 양식으로 당신의 삶에 어떤 변화가 일어날까요?"

예 4 "당신의 전반적인 방향이 자녀에게 도움이 되나요, 아니면 해가 되나요, 또는 보다 효과적으로 모든 일을 대처할 수 있도록 도와 주나요?"

아동에게 질문

예 1 "집에서나 학교에서 반항적으로 행동하면 ㅇㅇ는 느낌이 어떤지 말해 줄 수 있겠니?"

예 2 "ㅇㅇ가 반항적으로 행동할 때 부모님의 느낌은 어떨 것이라고 생각되는지 말해 줄 수 있겠니?"

등으로 질문을 함으로써 자신을 돌아볼 수 있게 할 수 있다.

(2) 현재의 특정한 행동을 구체적으로 질문

내담한 부모와 아동 내담자로 하여금 현재의 구체적인 행동을 평가하도록 부모에게 다음과 같은 질문을 던진다.

부모에게 질문

예 1 "어제 식사까지 거른 채 늦은 밤 시간까지 일하느라 가족이나 아이들을 보지 못한 채 오늘 일터로 출근하는 것이 당신에게 어떤 도움이 되었습니까?"

예 2 "큰소리로 아이들에게 소리쳤을 대 당신이 기대했던 대로 아이들이 말을 잘 듣나요?"

등의 이런 평가는 내담자가 마음속으로 자신의 행동과 희망 사항을 연결시키는데 도움을 줄 수 있기 때문에 매우 중요한 부분이다.

여기서 상담자가 유념해야 할 부분은 개인의 전반적인 행동 방향과 특정하고 구체적인 행동들은 자신과 타인의 바람이 주위에 있는 다른 모든 사람들에게 미치는 결과에 의해서 평가되어진다는 것이다.

(3) 자신(내담자)의 기대의 평가

상담자는 내담자가 자신의 다양한 기대와 바람들이 현실적으로 성취될 수 있는지의 여부에 관하여(현실치료적 접근) 판단할 수 있도록 돕는다. 이때 상담 관계에 있어 상대방으로 하여금 서로에 대한 각자의 바람과 기대치를 평가도록 하는 것은 매우 효과적이다. 자신의 바람에 대한 명확한 정의와 그것의 성취 가능성에 대한 현실적 평가는 변화 과정에서 매우 중요한 부분이다.

부모에게 질문

예 1 "자녀가 항상 순종하고 명확하게 부모님 말에 따라주기를 바랄 때 어떤 일이 생기나요?"

아동에게 질문

예 1 "숙제를 하지 않고 부모님 말씀에 반항해도 되고 학교나 집에서 규율도 없고 내가 원하는 것 모든 것을 다 할 수 있고 얻을 수 있다면 얼마나 이 모든 바람이 이루어진다고 생각하니?"

(4) 신념과 지각에 대한 평가

내담자의 신념과 지각을 변화시킨다는 것은 매우 어려운 일이다. 지각은 마음만 먹는다고 변화되는 것이 아니다. 그것은 행동을 변화시킴으로써 변한다는 것 개념이 행동수정이론이다. 그러므로 자신의 부모가 공정하지 못하다고 생각하는 아동의 신념과 지각은 쉽게 변화되지 않는다. 이러한 아동(내담자)들은 우선 그들의 행동을 바꿀 수 있도록 도와주어야 한다(현실치료적 접근).

부모에게 질문

예 1 "당신의 자녀를 당신의 현재 생각대로 모든 사람들이 믿어 준다면 당신에게 어떤 이득이 생기나요?"

예 2 "그런 관점에서 자녀를 바라보는 것 외에 다른 관점으로 바라보는 방법은 없는지요?"

아동에게 질문

예 1 "너의 부당한 대우에 대해 집착하는 것이 정말로 너에게 도움이 되니?"

예 2 "지금처럼 집이나 학교에서 받는 대우에 대해 부정적인 측면들만을 볼 때 너의 느낌은 어떠한지 말해 줄 수 있겠니?"

(5) 방향성

현재의 방향에 대한 평가와 밀접한 연관이 있는 것 중에 새롭게 하고자 하는 방향에 대한 판단이다.

예 1 "○○의 이러한 새로운 방향 모색이 ○○와 가족에게 어떤 도움이 될까요?"

아동이 공격적이고 자기 파괴적인 행동에서 새로운 행동으로 전환할 때도 이런 변화에 대한 평가는 이루어져야 한다.

예 1 "지난주 일주일 동안 너의 방을 깨끗이 청소해 왔는데 너의 느낌과 부모님의 느낌은 어떨까?"

등과 같이 이러한 질문으로 가치판단을 하도록 도와준다.

(6) 계획성

내담자가 새로운 방향을 선택할 때 상담자는 내담자가 생각하는 방향이나 계획이 좋은 건지, 나에게 도움이 되는지의 여부를 판단하도록 돕는다. 이때 적절한 질문은 '누가', '언제', '어디에서', '얼마나 자주'와 같은 것들이다. 여컨대 내담한 아동이 "나는 부모님에게 공손하게 말할 거예요."라고 새로운 방향으로 말했다면 상담자는 "언제, 어떻게 그렇게 할 것인지에 대해 구체적으로 설명해 줄 수 있겠니?" 등과 같이 효과적인 계획의 특징에 근거하여 현실적인 계획을 세우도록 내담자를 도와준다(현실치료적 접근). 위의 내용의 핵심을 요약하면 다음과 같다.

상담시 평가의 구성요소

- 내담자 행동의 방향성에 대하여
- 현재의 특정한 행동을 구체적으로 질문
- 자신(내담자)의 기대의 평가
- 신념과 지각에 대한 평가
- 내담자의 새로운 방향을 위한 계획성의 평가

4. 관계성 개발기법의 전수

일반적으로 아동들은 미성숙자인 관계로 완벽한 사회성을 발휘하는데 어려움을 갖고 있다. 심지어 어떤 아동들은 사람들을 만나기조차 싫어하는 대인기피증까지 가지고 있는 경우도 있다. 이러한 아동들은 원인을 진단하고 사회적 관계를 하는데 필요한 사회성 기술의 기법을 습득해야 한다.

물론 사회성 기술기법은 다른 사람들에게 잘 적응하고 사회적으로 호감 있고 매력적인 사람이 되는데 필요한 태도를 형성하는 것과 관련된다. 긍정적인 사회적 관계를 형성하는데 필요한 기법들은 다음과 같다.

1) 감사의 표시

아동에게 가장 기본적이면서도 필요한 사회성 기술은 도움을 받았을 때나 관심이나 흥미를 나타냈을 때, 도움을 주기 위해 요청했을 때 그리고 어떤 다른 감사해야 하는 행동을 했을 때는 상대방에게 감사의 표시를 하도록 해야 한다. 감사의 표시는 가장 쉬운 기법이면서도 가장 적절히 표현하기 어려운 사회성 기술이다.

2) 칭찬이나 경의의 표시

다른 사람을 칭찬하거나 다른 사람의 안녕을 묻고 상대방에게 경의를 표시하는 기법이다. 칭찬이나 경의를 표시하는 기법은 너무 지나치면 아부가 되고 너무 부족하면 겉치레 말처럼 들리기 쉽다.

3) 칭찬의 수용

아동은 칭찬이나 경의를 표시하는데도 익숙해야 하지만 상대방으로부터의 칭찬을 겸허하게 받는 태도도 중요하다. 이러한 태도는 매우 중요한 사회성 기술기법의 하나이다. 따라서 남으로부터 칭찬을 적절히 수용할 수 있는 훈련을 통해 겸손한 태도를 수용하되 감사의 표시를 잊지 않도록 하는 기법이다.

4) 비판의 수용

아동들이 상대방으로부터(부모, 교사, 친구 등) 비판을 받거나 지적을 당할 때 진지하게 상대방을 쳐다보며 비판을 수용하는 자세를 훈련할 필요가 있다. 물론 비판을 통해 지적한 문제행동을 개선하고 문제를 제기한 부모나 교사 또는 상대방에게 개선되었다는 것을 체크하는 태도 또한 중요하다.

5) 다른 사람과 대화하기

아동들은 의사소통할 때 상대방을 바라보며 대화하는 동안 필요한 때에 적절히 반응하고 고개 끄덕임이나 관심과 흥미를 표시하는 태도를 배우는 것이 바람직하다. 그리고 적절하게 대화하고 있는 주제에 관해 질문할 수 있는 태도도 배워야 한다.

관계 개발기법을 전수시킬 때 중요한 점은 교수 절차를 제대로 인식해서 효과적으로 가르치는 일이다. 효과적으로 칭찬하는 일이라든지 잘못된 것은 교정하는 교수기법(corrective teaching)을 활용한다든지 예방적인 교수법을 사용하는 일 등이 중요하다. 그리고 아동에게 적절한 수준의 참을성이나 지속적인 인내력을 배양하는 일이 중요하다.

예를 들어 부모나 교사 자신들이 관계 형성을 위한 기법을 지도할 때 유쾌하고 즐거운 태도를 보여야 하고 다른 사람들과의 관계를 맺는데 있어서도 이런 기법들을 활용함으로서 모델링이 되어야 한다. 물론 아동들이 가르쳐 준 사회성 기법을 활용하는데 실패한 경우에는 교정을 해 주어야 한다. 어떤 상황이나 범주에 대해 관계 형성기법을 적용하지 않을 경우에도 이를 지도하여야 한다. 스스로 모델링이 되고 관계 형성을 함에 있어서 명랑한 태도를 보이면 아동이 가르친 내용을 실제적으로 적용하는데, 실패할 때 지도하게 되면 교사나 부모 자신의 사회관계 형성에도 도움이 될 뿐만 아니라 자녀에게는 커다란 도움을 줄 수 있다.

5. 부모-자녀의 바람직한 관계를 위한 기타 요인

부모와 교사가 아동과의 친밀하고 긍정적인 관계를 형성할 수 있는 활동이나 행동은 많이 있을 수 있다. 놀이동산이나, 게임 놀이 등, 그들의 문화로 아동과 함께 보낸다든지 대화를 나눈다든지 아동문화의 활동이나 행사에 함께 참여하는 등 아동과 함께함으로서 바람직한 관계를 형성할 수 있다. 물론 아동들과 함께 시간을 보낼 때는 값진 시간이 될 수 있도록 노력해야 한다.

특히 바람직한 관계를 형성하기 위해 필요한 다른 요인들은 경험을 함께하는 등의 활동에서부터 문제해결을 위한 문제행동수정에 이르기까지 다양하다 하겠다

일반적으로 긍정적인 관계를 위해 필요한 행동들을 요약해 보면 다음과 같다.

① 아동과 경험을 함께하도록 한다.

② 아동과 관련된 특별한 날들을 기억하여 관심을 표시한다.

③ 여가 활동을 위한 계획을 아동과 함께 수립한다.

④ 아동과 함께 게임을 하고 과제를 돕는다.

⑤ 아동과 함께 게임이나 운동을 함께한다

⑥ 아동의 생일이나 기념일 등을 특별하고 소중한 부모의 사랑을 느끼도록 한다.

⑦ 아동의 건강에 대해 관심을 갖고 보살핀다.

⑧ 아동의 감정을 인지하여 부모나 교사가 관심을 가지고 있다는 점을 느끼게 한다.

이러한 행동들을 통해 아동들과의 긴밀하고도 친밀한 강력한 관계를 형성할 수 있다. 그리고 바람직한 관계를 위한 활동과 행동들은 반드시 아동들과 함께하는 경험이 되도록 하는 것이 바람직하다. 함께하는 경험은 후일 아동들에게 아름다운 추억을 만들어주며 특별한 날을 기억하여 아동을 항상 사랑하고 있다는 것을 표시함으로서 아동의 마음을 열 수 있는 계기를 만들 수 있다. 예컨대 아동의 문화에 함께 동참하는 활동들은 그들과 더욱 가까워지는 계기가 된다. 매달 2~3번 정도가 좋을 것이며 어떤 여행을 계획할 경우에도 아동에게 참여의 기회를 제공하는 것이 긍정적인 관계를 형성하게 만드는 중요한 요인이 된다. 또한 생일이나 크리스마스, 설날, 추석 등의 특별한 날이 다가오면 함께 계획을 수립하면서 충분히 자녀와 함께 시간을 갖도록 하는 것이 중요하다.

물론 행동감이나 편안함 등에 관한 관심을 표명함으로써 밀접한 관계를 유지할 수 있다. 아동이 행복해 하거나 기뻐했을 때 함께 기뻐하는 태도를 나타내 주고 피곤하거나 슬픈 느낌을 가지고 있을 때 이러한 감정을 공감해 주는 태도를 통해 관계를 발전시킬 수 있다. 아동과의 관계 개발에서 수용과 이해 그리고 공감해 주는 이런 것은 일종의 예방적 교수(preventive teaching)로서 아동 스스로 자신의 감정이나 상태를 조절할 수 있는 교육이 될 수 있기 때문이다. 그리고 아동이 자기주장을 할 때도 무조건 중단시키기보다 제2의 기회를 제공하는 것이 바람직하다. 특히 아동이 대화를 하고 싶어 할 때는 가능한 직접 대화를 나누는 기회를 갖도록 한다.

아동의 사회성 개발을 위한 프로그램 중이라도 유연성을 갖도록 해서 아동 스스로 프로그램을 작성하거나 활동을 계획하는데 참여토록 함으로서 아동의 관심과 비판을 수용하도록 한다.

결국 긍정적인 관계를 형성하기 위해서는 활동을 함께하고 관심을 나타내 주고 긍정적인 관계가 형성될 때까지 유연성을 발휘하게 되면 점진적으로 긍정적인 관계를 형성할 수 있다.

마지막으로 관계 개발은 아동의 문제행동을 해결할 수 있는 중요한 한 부분이다. 그러므로 문제행동을 지닌 아동일수록 바람직한 관계를 형성하는 활동과 행동을 유념하도록 해야 한다.

바람직하고 건강한 관계를 형성할 수 있도록 만드는 관계성 개발기법은 심리역동적 모델과 인지적 모델, 행동주의 모델 등 다양한 방법과 연계되어 있지만 근본적으로는 아동의 발달과정과 관련하여 결핍된 신뢰성을 회복하는데 초점이 맞추어져 있다. 아동이 부모나 교사를 신뢰하게 되면 바람직하고 친밀한 관계 형성은 훨씬 쉬워지기 때문이다.

또한 관계 개발기법에서 가장 중요시하는 것은 아동이 사회적으로 적절한 관계를 형성하고 적합한 행동을 하도록 만드는 치료 프로그램(treatnent program)이다. 치료 프로그램은 일반적으로 3단계 기법을 활용하고 있다. 우선은 아동의 주된 욕구와 주 호소 문제를 탐색하고 진단한 후 이 욕구와 주 호소 문제에 부합되는 프로그램을 설명한다. 두 번째는 이 프로그램에 따라 되도록 많은 시간을 아동과 함께 보내면서 필요한 사회적 기법을 습득하게 만들고 모델링이 된다. 세 번째로는 아동 스스로 심층적이고 자율적인 사회성 개발을 하도록 한다. 치료 프로그램에서는 특별한 사회성 개발기법들이 활용되는데 이러한 기법들은 아동에게 강화를 시키는 역할을 하게 된다([그림 9-1] 참조).

[그림 9-1] 관계성 개발 및 치료 프로그램

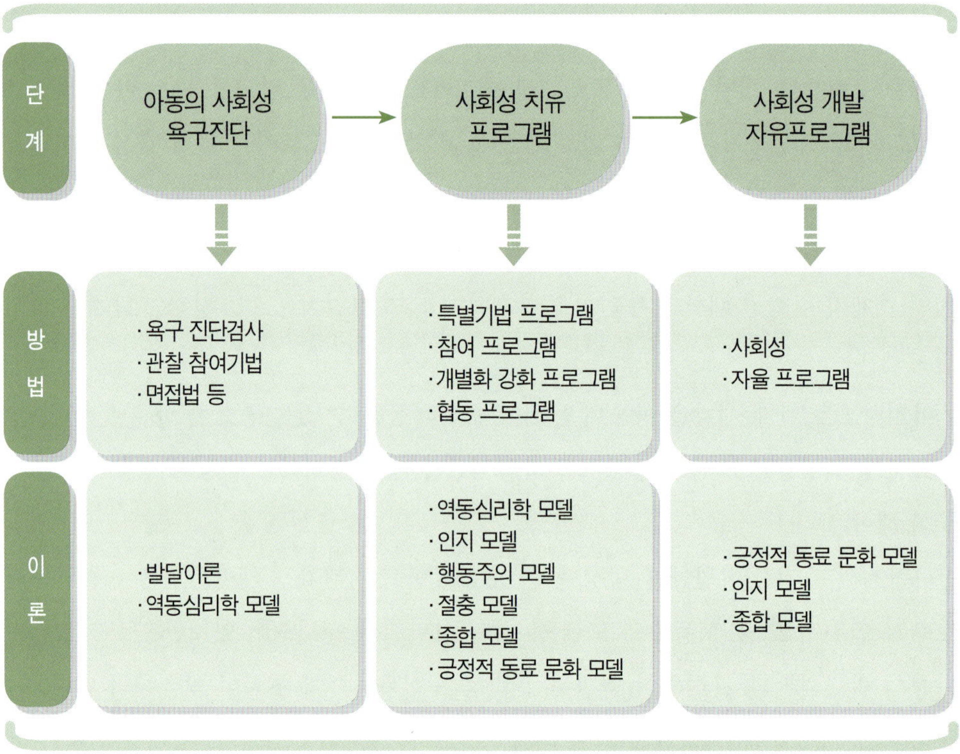

[그림 9-1]에서 도시된 바와 같이 관계성 개발 프로그램은 욕구 진단에서부터 자율적으로 각기 다른 사회적 관계 속에서 원활한 사회성을 발휘할 때까지의 3단계를 거친다. 그러나 앞서 소개된 다양한 훈련 모델을 대상과 상황에 따라 효율적으로 활용하는 일이 중요하다. 특히 일반화되고 명확한 지도 체제와 관계 개선기법이 있는 것이 아니

기 때문에 주로 아동이 타인에게 신뢰를 가지고 감정과 느낌을 상호 나눌 수 있는 활동과 개입을 중요시 하고 있다. 더구나 사회적 관계는 상호 보완적인 측면이 있고 상대방의 특성과 성격 그리고 상황에 따라 매우 다르기 때문에 아동에게 이러한 다양한 대상, 상황 그리고 특성 등 이해하는 기법을 가르치는 것도 매우 중요하다.

어떤 경우는 아동이 즉각 상대방과 협상을 해야 하거나 경험해 보지 못한 상황을 경험하게 될 때 어려움을 쉽게 상상할 수 있다. 그러므로 사회성 개발과 효율적인 관계 개발은 아동이 성숙해가는 동안 지속적으로 개발해야만 하는 훈련기법이고 결코 쉬운 과제는 아니다.

6. 기독교 관점에서의 관계성 개발과 회복

기독교 관점에서의 대인관계의 관계성 개발의 최고의 핵심은 사랑이다. 부모들은 부모가 자녀들에게 하나님이 아니라는 사실을 인식하어야 한다(Realize). 아동 · 청소년들이 사회적 문제의 행동이나 잘못을 저지르는 성향을 극복할 힘이 부모 및 상담사에게 없으며 아동의 삶 뿐만 아니라 부모 및 행동치료사 혹은 아동상담 전문가 역시도 그들의 삶에서도 스스로 자신을 통제할 수 없다는 것과 완전하거나 완벽할 수 없다는 것을 인정하라. 관계성 개발에 치료되고 회복되어야 할 문제가 정서적인 것이든 부모의 양육 태도의 문제이든 대인관계에 의한 것이든 영적인 것이든 상관없이 사람의 문제를 해결하고 수정하고 치료하고 회복하는 과정은 같다.

성경은 이러한 인간의 성향을 죄성이라고 한다. 나의 죄성이 나를 온갖 문제에 빠뜨리고 관계 또한 어렵게 하는 것이다. 우리는 우리에게 유익하지 않고 바람직하지 않은 일들을 한다. 상처를 받았을 때 상처를 낫게 하는 것이 아니라 잘못된 방식으로 반응하여 오히려 상처를 더 악화시키기도 한다. 성경은 인간의 죄성이 인간을 힘들게 하는 삶이고 부정적인 삶으로 끌고 가고 그러한 욕망을 가지고 살아간다고 말한다.

부모는 자녀들에게 하나님이 되려고 하고 교사도 자기 중심적인 교육의 틀에서 학생들을 대하고 있다. 즉, 이 말은 자신이 모든 것을 지배하려고 하는 속성의 죄성이라고 볼 수 있다. 불안정한 사람일수록 타인과 환경 등을 지배하려는 속성이 강하다. 즉 사람은 불안정할수록 다른 사람을 혹은 환경과 상황을 지배하고 싶어한다.

인간이 하나님처럼 행동하려고 하는 것은 하나님이 인간을 창조한 이후부터 가장 오래된 인간의 문제 중 하나이다.

성경에서 "동산 각종 나무의 열매는 네가 임의로 먹되 선악을 알게 하는 나무의 열매는 먹지 말라. 네가 먹는 날에는 반드시 죽으리라."(창세기 12 : 16, 17)고 말씀하셨다.

또한 사탄은 "너희가 그것을 먹는 날에는 너희 눈이 밝아져 하나님과 같이 된다."(창세기 3 : 5)며 최초의 인간인 아담과 이브를 유혹했다. 이것이 인간의 최초의 하나님에게 불순종한 죄가 되었고, 인간의 문제의 원천이라고 성경은 말한다.

인간은 인간의 한계를 부인하고 모든 것을 자기 중심적이고 이기적인 목적으로 통제하고 다른 사람을 지배하려 한다. 즉, 내가 우주의 중심이 되고자 한다. 자신을 지배하고 싶어하고 다른 모든 사람이나 주변의 모든 것을 지배하려 하는데서 오는 많은 시기, 질투, 분냄 등의 자신과 주변 사람들을 힘들게 하는 문제행동들이 일어난다고 보는 것이다.

1) 부모는 어떤 식으로 하나님처럼 행동하려고 하는가?

(1) 자기 이미지를 조작 및 통제하려 한다.

부모는 자녀에게 자신이 원하는 삶을 자녀에게 사랑이라는 이름으로 요구할 때가 많다. 또한 다른 사람들이 나를 어떻게 생각하는지에 대해 진정한 자신을 보이려 하기보다는 진실한 감정을 부인하고, 내가 어떤 사람이라고 말하기보다는 내면을 감추려 하고 자기 이미지를 조작하려 한다.

(2) 다른 사람을 통제하려 한다.

부모는 자녀를 지배하려 하고, 자녀는 부모를 지배하려 한다. 아내는 남편을 지배하려 하고, 남편은 아내를 지배하려 한다. 또한 다른 사람을 지배하려 한다. 국가는 또 다른 국가를 지배하려 한다. 그래서 처세술, 사회성 기술, 리더십이라는 용어를 사용하기도 한다.

사람들은 서로를 자신의 뜻대로 조종하고 지배하려 한다. 죄책감, 두려움, 불안의 정서를 갖는 것도 누군가를 지배하고 소유하고자 하는 인간의 죄성에서 나온다는 것이다. 어떤 부모는 침묵하거나 분노를 통해 자녀를 통제 및 지배하려 하고 사람은 사람을 지배하고자 하는 죄의 속성을 가지고 있다고 볼 수 있다.

(3) 문제를 통제하려 한다.

우리는 문제를 만나면 "괜찮아", "내가 잘 해결할 수 있어", "별문제 아니야"라고 자신에게 혹은 자녀에게 말하면서 "나는 아무 도움이 필요하지 않아", "내가 마음먹기에 달린 거야", "나 스스로 해결하겠어"라고 말할 때가 있다. 이렇게 스스로 문제를 해결해 보려고 하지만 상황은 호전되지 않는다. 오히려 더욱 악화될 뿐이다.

(4) 고통과 문제를 통제하려 한다.

고통과 문제를 덮어 버리거나 그것으로부터 멀리 달아나기 위해 얼마나 많은 시간을 소모하는지 모른다. 고통을 거부하고 부인하고 피하고 줄이고 지연시키려 한다. 이러한 감정과 정서들은 정신적 장애와 정신병리적 증상을 보이게 한다. 이렇게 수많은 방법을 통해 고통을 통제하고 다스리려 하지만 결과는 긍정적이지 않다.

부모가 자녀들에게 이렇게 모든 문제를 자기 중심적으로 생각하고 양육하고 교육을 했을 때 일어날 수 있는 정서는 다음과 같다.

① 두려움

내가 모든 것을 통제 및 해결하려고 할 때 사람은 두려움을 느끼게 된다. 성경에서 아담은 "내가 벗었으므로 두려워 하여 숨었나이다"(창 3 : 10)라고 말했다. 사람은 타인이 실제로 어떤 사람인지 아는 것에 두려움을 가지고 있다.

② 좌절

사람이든 환경이든 자녀들이든 통제하고 지배하려 한다면 결국 좌절하게 된다. 만일 지금 당신이 좌절하고 있다면 그것은 더 깊은 문제의 뿌리가 다뤄지지 않았기 때문이다.

③ 스트레스

부모가 가족 및 자녀를, 교사가 학생들을 자기 중심으로 통제하고 지배하려 한다면 많은 에너지 소모와 심한 스트레스를 받게 될 것이다. 시편 32편 4절과 5절에서 다윗은 "주의 손이 주야로 나를 누르시오니 내 진액이 빠져서 여름 가뭄에 마름같이 되었나이다." 대부분의 사람들은 고통과 문제를 숨기고 스스로 바쁜 생활로 고통을 피하려 한다.

(5) 부정적 결과

부모가 스스로 하나님 역할을 하려고 한다는 것은 참으로 어리석은 짓이며 죄성에서 오는 것이다. 성경은 "자기의 죄를 숨기는 자는 형통하지 못하나 죄를 자복하고 버리는 자는 불쌍히 여김을 받으리라"(잠언 28 : 13)라고 말씀하신다. 그러므로 부모는 자신의 문제이든 가족 및 자녀의 문제를 통제하거나 지배하려 하는 것보다 고통과 다양한 문제들을 하나님께 기도로 간구하라고 말씀하신다.

참고문헌

· The road to recovery : 2005, by Rick Warren.

Chapter 10

바람직한 관용성 개발

1. 관용성 조절의 중요성
2. 관용성 수준에 관한 의사소통기법
3. 적절한 행동의 설정

성경 말씀 "너희는 모든 악독과 노함과 분냄과 떠는 것과 비방하는 것을 모든 악의와 함께 버리고, 서로 친절하게 하며 불쌍히 여기며 서로 용서하기를 하나님이 그리스도 안에서 너희를 용서하심과 같이 하라."(에 4 : 31~32)

아동 · 청소년의 문제행동을 수정하고 치료하는 상황에서는 관계를 평가(evaluate)해 보고 바람직하지 않은 문제행동을 부모나 교사가 아동 · 청소년들이 사회성 기술을 습득해야 할 상황에서는 용서하는 의미의 높은 관용성 수준은 때로는 아동 · 청소년의 문제행동을 방임하거나 묵인하다는 의미와 같다.

본 저에서는 사회적 부적응에 의한 아동 · 청소년의 문제행동 중심의 행동치료사 및 상담사와 부모, 교사를 위한 관용성에 대해서 살펴보기로 한다.

일반적으로 관용성(tolerance)은 인간이 갖추어야 할 바람직한 덕목으로 간주되고 있다. 관용성이 높은 사람은 일반적으로 다양한 신념, 아이디어를 수용할 수 있는 관용과 함께 각기 다른 특성을 지닌 사람들을 이해하고 좋은 관계를 유지하는데도 도움이 된다고 인식되고 있다. 특히 사회적 관계 속에서 관용성 수준(tolerance level)의 개념은 상대방의 행동에 대해 수용할 수 있는 적절한 행동과 수용할 수 없는 부적절한 행동을 구분하는 능력의 한계라고 볼 수 있다.

관용성 수준은 일반적으로 효율적인 칭찬을 하거나 상호작용을 할 때 그리고 부적절한 행동을 교정하는데 관련된다.

관용성 수준이 높다는 것은 사회성 지수가 높고 부적절한 행동을 더 많이 수용하거나 묵인한다는 의미이다. 반면에 낮은 관용성 수준은 부적절한 행동을 매우 한정적으로 혹은 적게 수용한다는 의미이다([그림 10−1] 참조).

따라서 부모나 교사가 아동의 행동을 지도할 때 낮은 관용성 수준을 가지고 긍정적인 관계를 유지하는 기법이 매우 중요하다. 관용성 수준을 높이는 것이 관계 증진을 가져오거나 아동들이 바람직한 관계를 가져오도록 돕는데 관용성을 높이는 것이 필요한 것은 아니다.

[그림 10-1] 관용성 수준과 아동의 행동

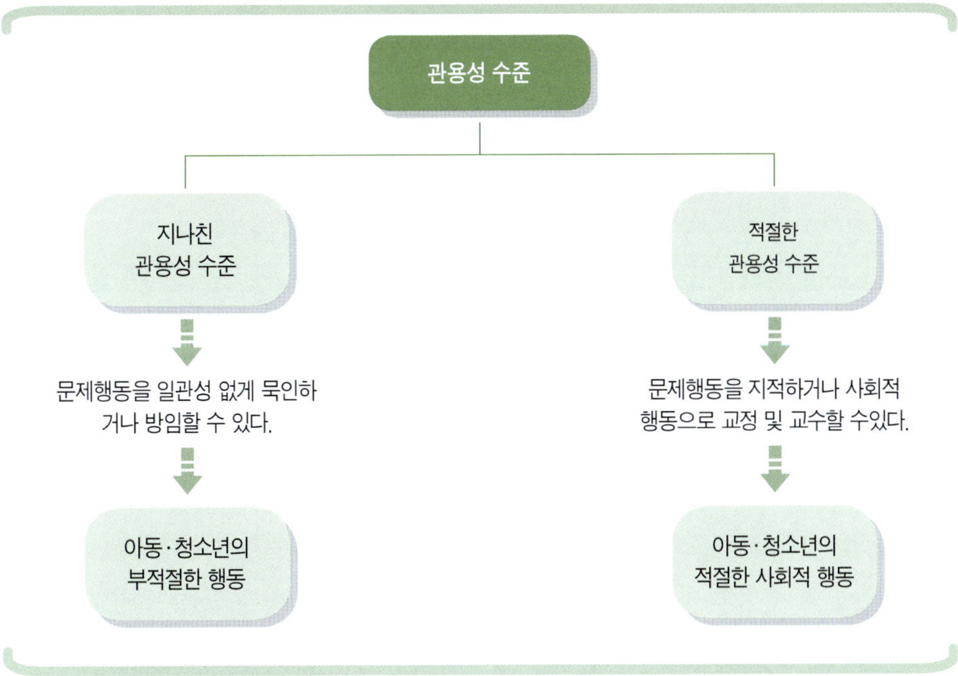

실제 많은 아동보호기관이나 영유아 · 아동교육기관에서 종사하는 교사 및 스태프들은 관용성 수준이 매우 높은데 그 이유는 다양하다. 우선 아동의 잘못된 행동에도 불구하고 아동의 행동을 이해하려 한다든지 동정하는 마음 때문에 그대로 넘겨 버리기 쉽다. 또는 아동이 미성숙자이고 어떤 아동은 사회적으로 장애가 있거나 학습장애가 있어 행동을 배우는데 한계가 있다고 생각하고 덮어 버리거나 넘겨 버리는 경우도 있다 그리고 영유아보육기관 및 아동교육기관의 교사나 스태프들이 아동들의 문제행동을 직접 다루지 않거나 아동행동치료 및 지도의 관용성 수준이 높은 경우도 있다. 심지어 아동들의 부적절한 행동들로 하여 부모나 교사가 어려움을 느낄 때 부모나 교사가 이런 아동의 행동을 회피하는 경우도 있다. 아동들의 부적절한 행동을 다루지 못하는 경우는 문제행동을 효과적으로 다룰 수 있는 인간발달과 심리 및 아동에 대한 전반적 지식과 아동의 행동을 다루는 기술과 기법을 잘 알지 못하기 때문인 경우가 많다.

1. 관용성 조절의 중요성

아동들이 부적절한 행동을 하는 것은 주어진 상황에서 활용되어야 할 적절한 행동이나 기법을 알지 못한다는 증거이다. 따라서 부모나 교사는 이런 부적절한 행동이 일어났을 때 바람직한 행동을 가르칠 책임이 있다.

부모나 교사가 아동의 잘못된 행동에 대해 지나치게 수용하지 않는 태도를 보이는 것과 아동의 잘못된 행동에 대해 수용하는 태도, 즉 낮은 관용성 수준은 아동이 바람직한 기법을 배우기 위해 마련한 프로그램의 스스로 중요한 기법을 학습하도록 하기 위해 매우 중요하다. 부적절한 행동을 그대로 덮고 넘기게 되면 아동들이 그러한 행동을 해도 수용될 수 있다는 생각을 갖도록 만든다. 아동의 문제행동을 그대 수용하면 그런 행동을 강화하게 되고 강조하는 결과를 가져다주는 이유도 여기에 있다. 또한 아동이 어떤 행동을 해야 하고 어떤 행동은 해서는 안 되는지를 혼돈하게 만든다. 최악의 경우에는 보다 많은 적절한 사회성 기술과 기법을 가르치는데도 실패하게 되고 아동이나 교사 모두 위기 상황에 빠지게 된다. 즉 아동의 사소한 잘못에도 참지 못하고 즉시 처벌하려는 태도도 문제가 되지만 부모의 관용성 수준이 지나치게 높아 아동의 잘못에 대해 지나치게 허용적이 되면 아동은 혼란과 위기 상태에 놓이게 되는 셈이다.

부모나 교사가 아동의 잘못에 대해 조금도 허용하지 않고 낮은 관용성 수준을 유지하게 되면 아동들은 부모나 교사가 기대하는 점이 무엇인지 분명히 알게 된다. 이때 중요한 점은 적절한 행동과 부적절한 행동에 관한 반응이 일관적이어야 한다는 것이다.

여기서 관용성 수준이 높다는 것은 바람직하지 못한 행동을 묵인하거나 덮지 않는다는 것을 의미한다.

일관성은 아동의 문제행동의 혼돈을 감소시켜 문제행동을 교정하기 위해 부모나 교사의 기대가 무엇인지를 분명히 알게 하는 것이고 적절하고 바람직한 행동을 학습하여 유지하기가 쉬워지게 된다. 부모나 교사의 문제행동을 교정 및 수정하기 위한 일관성은 긴장과 갈등을 해소하는데도 도움이 된다.

물론 아동들은 부모나 교사가 보다 공정하고 합리적이라는 생각을 갖게 되고 긍정적인 관계를 형성하는데도 일조를 하게 된다. 부모와 교사들 간의 빈번한 접촉과 대화를 통해 일관성의 유지기법과 공정한 수용의 한계를 설정하여 협조하에 일관성 있는 아동행동지도 및 상담을 할 수도 있다.

2. 관용성 수준에 관한 의사소통기법

관용성 수준을 설정하기에 앞서 아동과 관용성 수준에 관해 대화를 나누는 것이 중요하다. 관용성 수준에 관해 아동과 논의할 때 중요한 것은 특별하고 효율적인 의사소통기법(communication skill)의 기회를 가져야 한다는 점이다. 아동과의 대화가 즐겁고 긍정적이며 존중받고 이해받는 특별한 느낌을 갖도록 해야 한다. 특히 관용성 수준에 관해 대화할 때에는 자신의 행동이나 모델링을 통해 대화하는 방법이 효과적일 경우도 있다. 예컨대, 부모나 교사가 방문하는 사람에게 인사할 때 아동에게 관용성 수준을 알 수 있는 행동을 제공함으로서 참을성 수준을 이해하도록 할 수 있다. 첫 대면시 인사를 할 때 또는 배웅을 할 때 모두 아동이 이를 배우게 되고 점진적으로 기대되는 바람직한 행동을 증가시킬 수 있도록 하는 계기가 된다.

개인별 아동에 대한 관용성 수준의 이해 이외에도 아동교육기관 차원에서의 관용성 수준과 관련된 규칙을 설정할 필요가 있다. 이때 유의할 점은 기관 차원에서 허용되는 행동이라 할지라도 넓은 사회 차원에서는 허용되지 않는다는점을 알도록 하는 일이다. 그리고 아동이 정상적이고 사회적으로 수용되는 행동을 학교 밖에서도 성공적으로 할 수 있도록 교육하는 일이 중요하다. 그리고 아동교육기관은 아동행동의 변화를 가져올 수 있는 환경을 제공해서 관용성 수준이 사회의 관용성 수준과 부합될 수 있도록 하여야 한다.

3. 적절한 행동의 설정

부모나 교사가 관용성 수준에 관해 적절한 대화를 갖기 전에 적절한 행동의 범위를 정하는 일이 중요하다 적절한 행동의 범위를 정할 때는 언어적인 행동과 비언어적 행동을 기술해서 설정해야 한다. 적절한 행동을 결정하는 요인들은 많겠으나 몇 가지 예시를 하면 다음과 같다.

【예시】

요인 : 사회적 규범과의 갈등

보기 : 우체통이나 공공장소의 휴지통 등을 훼손하는 행동

요인 : 프로그램의 규칙을 깨뜨린다.

보기 : 학교가기 전에 자기 침대나 이불을 정리하지 않는다.

요인 : 생물이나 애완동물 등의 신체적인 상처나 해를 미친다.

보기 : 친구 애완동물들을 발로 차거나 때린는 등 공격적 행동

요인 : 극도의 충동적 정서적(감정적) 폭발

보기 : 아우성치거나 큰소리로 소리친다.

요인 : 다른 사람을 방해하거나 피해를 준다.

보기 : 공공장소에서 욕이나 공격적 행동을 한다.

요인 : 부정적인 결과를 초래한다.

보기 : 재산을 파괴한다.

요인 : 상황에 부적절하다.

보기 : 환경과 상황 등 학교나 장소에 적절하지 않은 옷이나 지나치게 노출된 옷을 입는다.

아동에게 기대를 가지고 있는 것처럼 부모나 교사 역시 인내와 격려, 그리고 인정을 가지고 아동의 행동을 지원함으로서 새로운 사고와 새로운 기법을 습득하도록 돕는 일이 중요하다. 물론 가능하다면 낮은 관용성 수준과 조화되도록 하여야 한다. 즉 높은 기대 수준과 낮은 관용성 수준을 동시에 조화하되 아동의 긍정적인 행동변화나 노력에 대해서 인정하고 격려 칭찬하는 것 또한 잊어서는 안된다는 것이다.

부모나 교사의 낮은 관용성 수준은 아동의 행동을 급격하게 변화하도록 하는데 결정적인 요인이라는 뜻은 아니다. 그러나 낮은 관용성 수준은 부모나 교사에게 효과적이고 지속적인 대화를 통해 아동이 배우기를 기대하는 기법이 무엇인지를 결정하는데 도움을 주는 요인이다. 아동의 행동이 부모나 교사의 기대에 아주 못미친다 해도 아동이 노력한 것이 보이면 칭찬하고 격려하여 보상하는 것 또한 중요하다.

행동적인 측면에서 볼 때 관용성은 사람들이 수용할 수 있거나 적절하다고 생각되는 행동이냐 아니냐를 결정하는 개념이라 볼 수 있다. 앞서도 언급된 바대로 높은 관용성 수준은 많은 부적절한 행동을 허용한다는 의미를 내포하고 있다. 즉, 지나치게 관용성 수준이 높다는 의미는 아동 · 청소년의 교정 및 수정을 필요로 하는 문제의 행동을 덮어 버리거나 지나치거나 하는 행동도 포함되기 때문이다. 반면 낮은 관용성 수준은 부적절한 행동에 대해서 수용하지 않는다는 의미이다. 그러나 반드시 높은 관용성 수준이 최상이라고 말하기는 힘들다. 문제아동의 경우에는 낮은 관용성 수준이 바람직하지만 그렇지 않은 아동의 경우에는 적절한 수준의 관용성이 바람직하기 때문이다. 다만 낮은 수준의 관용성은 아동들로 하여금 부적절한 행동을 아동 스스로 지작하게 하여 자신의 문제행동에 대해 자제하거나 통제할 수 있는 능력을 키우게 한다. 그리고 억제하는 효과와 함께 아동들에게 보다 분명한 행동 지침을 마련해 줄 수 있다. 이때 중요한 것은 아동들이 낮은 관용성 수준을 유지하면서도 아동과 밀접한 관련성을 유지해야 한다는 점이다. 또한 일관성 있는 태도로 아동을 대해야하며 특정한 행동에 대해서는 매번 동일한 방법으로 반응해야 한다는 점이다. 일관성은 아동들에게 갈등을 해소시켜 줄 뿐만 아니라 적절한 기법을 보다 쉽게 학습할 수 있도록 만든다.

학습이론의 활용에 있어서도 허용되는 행동과 허용되지 않는 행동을 설정하여 허용되는 행동을 늘리고 허용되지 않는 행동을 감소시키는데 학습의 목표를 두고 있기 때문에 다양한 방법이 활용될 수 있다.

일반적으로 역동심리적 모델은 높은 참을성을 전제하고 있다. 부적절한 행동을 할 때 높은 참을성으로 이를 수용하고 많은 시간을 아동의 치료 및 치유에 활용해야 한다는 견해를 갖고 있기 때문이다. 또한 아동의 언어나 표현 심지어 행동은 아동의 감정을 나타내기 때문에 때론 부적절한 행동도 있을 수 있다는 것이다. 인지적 모델 또한 역동심리적 모델과 같은 입장을 가지고 있다. 공격적 행동이나 지나친 행동이라 할지라도 느낌이나 감정 표시의 일환이기 때문에 감정이 바뀌게 되면 그러한 행동은 사라질 것이라고 보는 입장이다. 그러므로 역동심리학적인 입장과 마찬가지로 부적절한 행동도 때론 허용되어야 한다는 견해를 가지고 있다.

그러나 행동주의 이론에서는 낮은 관용성 수준 능력을 설정하여 바람직하지 않은 행동은 변화시키고 바람직한 행동을 증가시키는데 학습목표를 두고 있다. 그러나 낮은 관용성 수준을 유지한다 해도 아동과의 좋은 관계가 매우 중요하다는 입장을 가지고 있다. 낮은 관용성을 가진 부모라도 따뜻함과 사랑스런 보살핌을 동시에 지니고 있다면 이상적이라 볼 수 있다. 따라서 행동주의에서는 엄격하되 그 대신 항상 자녀에게 관심과 봉사 그리고 격려가 뒤따라야 된다는 것이다.

종합 모델에서는 행동주의 모델과 같은 입장을 가지고 있는데 바람직한 행동에 대해서는 높은 기대를 가져야 하고 바람직하지 못한 행동에 대해서는 낮은 관용성을 견지해야 한다는 이론이다. 그리고 부모나 교사는 엄격하면서도 칭찬, 온유, 그리고 아동에 대한 관심과 사랑을 그 밑바탕으로 삼아야 한다는 것이다. 그리고 아동도 부모와 같은 높은 수준의 기대를 유지하도록 가르쳐야 한다는 주장을 편다. 특히 대부분의 사회는 부적절한 행동에 대해 낮은 인내심을 발휘한다는 점을 강조하여 아동들이 다른 사회적 상황에서도 성공적으로 적절한 행동을 할 수 있는 태도를 기르는 것이 중요하다고 생각하고 있다.

절충 모델 또한 아동의 지도에 있어서 낮은 관용성과 높은 기대를 유지해야 하지만 아동이 부모나 교사의 높은 기대를 이해하지 못한 경우도 있을 것이라고 생각한다.

아동들의 긍정적인 동료 문화 접근에서는 아동들이 어떤 규율과 가능한 기대 수준을 설정해 놓고 있지만 이들이 설정한 일련의 규율과 가능한 기대 수준은 다른 상황에 적용될 수 있는게 아니어서 아동들이 현실적인 기대 수준을 학습하기가 어렵고 이런 규율과 기대를 다른 상황에 일반화 시킬 수는 없다.

Chapter 11

문제해결능력 개발

유아·아동 보호시설 및 교육기관에 오는 아동들은 중요한 사회적 기술의 결핍 외에도 대인관계, 학교 그리고 가정의 잘못된 부모의 자녀 양육 문제, 가족체계의 역기능 문제, 구성원 간의 갈등과 관련된 문제 등을 가지고 있다. 평범한 사춘기를 경험하면서 아동들은 해답을 필요로 하는 개인적인 문제에 부딪치게 된다. 이러한 충돌들을 해소하고 아동들이 발달 및 성장 가운데 어떻게 그들의 인생을 살아갈 것인가에 관하여 그리고 미래에 대한 계획을 세우고 결심을 세우는 것을 도와주기 위하여 미국의 family home program(가정거주 프로그램)의 행동지도 및 행동치료사, 교사나 대리양육자와 부모들은 아동들과의 개인 면담에서 문제해결기술을 가르친다. 이번 장에서는 문제해결을 위한 면담 및 상담의 목표 그리고 이러한 면담과 상담을 좀 더 효과적으로 만들기 위한 상담사 및 행동지도 및 치료사 그리고 교사나 대리양육자의 태도, 그리고 아동의 상담 및 면담을 성공리에 수행하기 위한 정식 절차 등을 검토한다.

1. 문제해결 상담(problem-solving counseling)

문제해결 상담은 전통적인 상담이나 학업과 관련된 면담에서 활용하는 원칙 외에도 감정을 듣고 이입하고 탐색하는 것을 더욱 중요시한다. 그러므로 행동지도사 및 교사나 양육자들은 문제해결 상담시 아동들이 어떤 말을 하더라도 놀란 표정을 해서는 안 된다. 특히 아동들이 가지고 있는 모든 종류의 감정을 받아들이고 아동들에게 여러 종류의 생각과 감정을 갖는 것은 괜찮다는 것을 알도록 하는 것은 매우 중요하다.

문제해결 상담에서는 아동들이 그들의 감정과 공포 그리고 친근감을 자유롭게 표현하도록 도와주며 당황스러운 사건들에 대한 경험을 자연스럽게 표현을 할 수 있도록 도와준다.

또한 문제해결 상담은 아동들을 더 잘 이해할 수 있게 하고 아동들의 행동을 그들의 감정과 연관하여 생각할 수 있도록 도와준다.

family home program에서의 상담은 전통적인 감정의 답습에서 벗어나 새롭고 더욱 더 적절한 방법으로 감정을 표현하며 문제의 해답을 찾는데 목적을 둔다. 문제해결 상담에서는 감정을 어떻게 느끼느냐 하는 것은 문제가 되지 않지만 사람이 그들이 원하는 대로 행동할 경우에는 그들의 행동에 대해 사회에서 책임을 져야 함으로 문제가 된다는 것을 가르친다.

프로그램의 모든 기법은 중요하다. 아동의 내면의 감정을 충분히 인지하지 못하고 문제해결의 단계로 뛰어넘어서는 안된다. 문제해결 상담은 문제 상황의 해결을 위하여 아동의 특정한 계획을 사용할 수 있도록 도와줌과 동시에 적극적으로 문제해결능력을 가르치는 것을 포함한다. 일반적으로 많은 아동들의 문제들은 서투른 결단의 결과로 인하여 악화되게 된다. 문제해결 상담은 아동이 결정을 내리기 전에 문제점을 파악하여 문제가 무엇인지 분명하게 생각할 수 있는 능력을 가르치도록 돕고 효율적으로 문제해결 방법과 절차를 안내할 수 있는 기회를 제공할 수 있다. 또한 이러한 상담은 아동이 이해하기 쉬울 뿐만 아니라 전통적인 방법들 보다 좀 더 유익한 측면이 있다.

문제해결 상담 과정 기간 동안의 목표는 아동이 그들의 문제에 대하여 실행가능한 답을 구할 수 있게 돕고 아동에게 문제해결능력을 가르치는 것이다. 이러한 상담의 과정동안 부모나 교사 그리고 아동 간의 믿음을 조절하고 확립할 수 있기 때문에 아동의 문제에 관한 관심, 애정, 존경 그리고 흥미의 표현을 통하여 아동과의 관계를 증진시키는 일은 또 하나의 중요한 목표이다. 아동이 내면의 감정이나 비밀을 털어놓을 때 비밀은 존중되지만 문제해결을 위한 관심과 도움은 구할 수 있다는 것을 알도록 하면 아동은 부모나 교사 그리고 대리양육자와 문제를 풀어 나가는 것에 편안함을 느낄것이다.

문제해결 상담은 아동이 자신 스스로 문제행동에 대해 지각하고 그 행동이 주변 사람과 환경에 어떠한 영향을 미쳤는지를 알고 문제해결에 대한 계획을 세울때 가장 적절하다. 문제는 아동이 현재 경험하고 있거나 예상되는 자신의 행동이 문제가 될 수도 있고 아동의 부모, 형제, 선생님, 친구, 또래집단과 관련된 문제를 포함할 수 있다. 문제의 범위는 아동을 불공평하게 다룬 선생님과 어떻게 이야기를 할 것인가부터 시작해서 어떻게 동료와 경쟁하려는 부담을 이겨낼 것인가, 그리고 어떤 활동에 참가 여부를 결정하는 것까지 광범위한 범위가 될 수 있다. 문제해결 상담은 과거의 문제들을 평가함으로서 아동이 미래에는 더 나은 결정을 내릴 수 있게 하는데 이용되기도 한다.

문제해결 상담이 적절하지 못한 경우도 있다. 부모들이 아동들에게 새로운 기술을 가르치는 경우 등이 이에 해당한다. 이러한 경우에는 문제해결 상담이 아닌 예방적 교수(preventive teaching)가 더 적절하다. 능력 부족, 규칙 위반, 현재의 부주의한 행동을 다룰 경우에는 문제해결 상담을 사용하여서는 안된다. 아동들의 이러한 행동에는 지속적이고 관심 있는 상호작용에 기초한 교수법(teaching interaction)의 사용이 요구된다. 아동이 수동적이고 고립되어 있거나 불공평에 대하여 불만하는 경우에서처럼, 아동이 자제 및 통제 능력을 잃었을 때와 같이 행동을 할 경우, 상담을 하고 싶게 되는 경우가 있다. 이러한 경우에는 직무를 지키고 아동의 관심과 협조를 다시 얻은 후에 여러 종류의 교육안을 완수하는 것이 중요하다. 나중에 아동이 진정되고 아동의 행동이 적절한 경우에는 문제해결 과정을 시작해도 된다.

심각한 문제들이 일어나는 경우도 있는데 이러한 때에는 상담에 전문적인 사람을 구해야만 하는 경우도 있다. 예를 들면, 아동으로 하여금 부모의 이혼이나 가족 구성원의 죽음을 이겨 나갈 수 있도록 도와 줄 수도 있지만 이혼이나 가족의 죽음을 다루는 경우에는 그 충격의 정도가 너무 심한 경우도 있기 때문에 전문상담가나 심리치료자가 필요한 때도 있다.

다른 종류의 예는 자살을 상상하는 경우이다. 이것은 문제 자체만으로도 심각하기 때문에 프로그램 관리자와의 즉각적인 연락과 동시에 전문아동상담가에게 위기 상담 의뢰가 요구된다.

사실 어떤 상황에서건 아동이 불편함을 느끼게 될 때에는 아동이 필요한 것을 구할 수 있도록 도와줄 수 있는 전문가의 도움을 구해야 된다. 이럴 경우 전문가인 부서 단위 감독자(unit supervisor)를 만나는 것이 좋다.

일반적으로 아동들을 괴롭히는 문제를 외부인과 의논하는 것이 아동들에게 유익한 경우도 있다. 아동은 문제가 심각하지 않은 경우에도 교사나 대리양육자가 아닌 다른 사람과 문제들을 토론하는 것이 편하다고 느낄 수 있는데 이것은 자연스러운 현상이다. 이것은 부모들이 동기체제(motivation system)를 조정할 수 있고 그렇기 때문에 아동들의 특권을 조정할 수 있는 위치에 있기 때문이다. 어떤 경우에는 전문아동상담가나 심리치료사 전문인에게 아동들의 비밀이나 좌절을 털어놓고 싶어하기도 한다. 그러므로 아동(내담자)이 이런 외부에 문제를 의뢰하거나 의존하는 것을 편안하게 느낄 수 있다.

2. 상담행동(counseling behavior)

문제해결 상담을 성공적으로 수행하는데 이용할 수 있는 효율적인 상담 방법들이 있다. 이러한 방법에는 신체적 접촉(physical proximity), 경청하는 기술(listening skills), 그리고 여러 가지 많은 언어적 상호관계가 있다.

신체적 접촉은 프로그램 과정 중 아동이 편안함을 느낄 수 있도록 신체적인 근접성을 갖도록 하는 것을 의미한다. 상담자는 책상이나 탁자 뒤에 앉거나 다른 물질로서 상담자와 사이를 막는 것은 피하는 것이 좋다. 소파에서 아동 옆에 앉거나 아동을 보면서 의자에 앉아 있는 것은 신체적으로 근접성을 느끼게 해 준다. 거실에서처럼 보다 대중적인 장소에서 면담을 할 경우에는 다른 아동들과 함께 예비교육을 시키고 아동들에게 방해하지 말라고 하는 것이 좋다.

근접성 외에도 아동에게 문제의 토론과 그들이 자유롭게 표현할 수 있도록 동기를 북돋아 주는 여러 가지 경청하는 기법들이 있다. 아동을 바라보면서 아동이 말하는 것을 방해하지 않고 자주 고개를 끄덕여줌으로써 그리고 친절하게 해줌으로써 아동이 말하는 것이 무엇이든 중요시하고 아동의 참여와 반응을 존중한다는 것을 아동에게 보여줄 수 있다.

문제해결 상담 중 상담자의 언어 사용방법 또한 아동으로 하여금 자신이 중요시되고 있다는 것을 느끼도록 할 수 있다. 또한 상담 그 자체를 편안하게 느낄 수 있도록 도와줄 수 있다. 언어로서 용기를 북돋아 주고 칭찬하는 것은 아동이 토론되고 있는 문제에 집중할 수 있도록 도와준다.

예 : "이렇게 생각하는 것은 정말 옳은 것이다."

문제를 분명히 하는 질문과 더 많은 정보를 요구함으로써 아동의 참여 정도를 강화할 수 있다.

예 : "그 다음에 무슨 일이 있었는지 좀 더 말해 줄 수 있겠니?" 또는 "좀 더 자세히 설명해 줄 수 있겠니?" 등

토론 중 공감하고 있다는 것을 아동에게 보여주는 것은 아동의 느낌과 관점을 이해하려 노력하고 있다는 것을 아동이 알 수 있게 한다.

예 : "그것은 너를 몹시 화나게 했겠구나." 또는 "네가 몹시 화났겠구나." 등

공감을 하는 것은 아동과의 조화 있고 바람직한 관계를 수립하고 아동이 문제들을 자유롭게 말할 수 있도록 용기를 주는데 있어서 매우 중요하다.

이러한 특성들은 문제해결 상담에 있어서 뿐만 아니라 아동과의 하루하루 생활에 있어서도 매우 중요하다. 대리양육자나 교사들은 상담에서 뿐만 아니라 평범한 생활의 접촉시에도 아동들을 돌보는데 관심을 가지고 있고, 듣고, 동의하고 있다는 것을 표현하는 것이 좋다. 아동과의 문제해결을 하는데 있어서 행동을 갑자기 바꾸는 것은 좋지 않다. 반대로 지도와 보호의 행동은 매일하는 것이 좋다. 대리양육자들이나 교사들이 자신들의 관점을 지속적으로 표현하고 약속을 보여 줄 수 있는 행동을 한다면 아동들은 그들의 문제를 상담하러 올 것이다.

3. 문제해결 상담의 절차

미국의 family home program의 하나인 미국의 Boys Town 프로그램에서 이용되고 있는 면담과 합리적인 문제해결 방법은 1973년에 Jan Roosa에 의해 개발된 면담방법의 개정판인 SODAS-F 방법에 따른 방법이다. SODAS-F 는 다음의 약자이다.

S : 문제 상황(situation)
O : 문제를 다룰 수 있는 가능한 방법의 고찰(options)
D : 각 방법의 단점을 측정함(disadvantage)
A : 각 방법의 장점을 측정함(advantage)
S : 방법, 단점, 장점의 요약 그리고 답안과 실험 방법을 결정함(solution / simulation)
F : 아동과의 재점검(follow up with youth child).

이러한 문제해결의 일반적인 구조는 커다란 유용성과 유연성을 가지고 있다. 이 방법은 가족이나 일간회의 등에서 제기될 수 있는 단체 문제의 해결이나 토론 등에 이용된다. SODAS-F를 이용함에 있어서, 앞에서 논의 되었던 언어와 언어외의 행위를 사용하는 것이 좋다

1) 문제 상황

문제해결 방법은 아동들에게 문제 상황이나 문제를 분명하게 정의하는 데서 시작된다. 어떤 경우에서 보면 아동들은 처음에 분명하지 않고 감정적인 묘사를 할 것이다.

예 : "나는 학교가 싫어" 또는 "나의 부모님은 내게 무슨 일이 일어나는지 상관하지

않아.

대리양육자나 교사는 일반적이고 분명한 질문이나 표현을 통하여 아동이 문제점을 보다 명확히 묘사할 수 있도록 도와줄 수 있다.

예 : "나에게 그것에 대하여 좀 더 설명해 주지 않겠니?"

그러나 대리양육자나 교사에게 좀 더 직접적이고 명확한 질문이 필요한 경우도 있을 것이다.

예 : "왜 학교가 싫으니?" 또는 "집에 갔을 때 무슨 일이 있었느냐?"

침착하고 능숙하게 특별한 질문을 함으로써 대리양육자 및 교사는 아동을 프로그램에 계속 참여할 수 있도록 하고 아동이 상황에 대한 실제적인 설명을 할 수 있도록 도와줄 수 있다. 질문을 하고 아동이 대답을 함으로써 대리양육자 및 교사는 동의, 관심, 그리고 용기를 북돋는 등의 표현을 제공하는 것이 좋다. 이런 것이 없이는 일련의 특별한 질문들에 대해 아동이 그만두게 하는 원인이 될 수도 있다.

아동이 좀 더 분명하게 상황을 정의하게 됐을 때 아동이 말한 것을 요약해야 한다. 요약은 어떠한 방법들을 논의하기 전에 있어서 아주 중요하다. 이러한 요약은 모든 적절한 정보들이 검토되었는지, 그리고 아동의 상황을 이해했는지 확인하는데 도움을 준다. 만약 요약이 정확하지 않거나 완전하지 않으면 아동이 스스로 틀린 점을 수정할 수 있다. 이것은 굉장히 중요한데 남은 과정이 지금 이 결정된 상황에 의하여 좌우되기 때문이다. 정확하고 분명히 정의된 상황의 설정 없이는 유용한 방법이나 실현 가능한 답안을 구하는 것은 어려울 것이다.

2) 가능한 방법

상황이 명확하게 정의된 후에 대리양육자 및 부모나 교사들은 아동이 문제해결에 도움이 될 수 있는 가능한 방법을 문제에 적용하는 것을 도와줄 수 있다. 아동이 문제를 해결할 수 있는 가능성이 있는 방법을 생각하게 하는 것은 중요하다. 아동이 문제를 풀 수 있는 능력과 답을 구할 수 있도록 하는 것이 목표라는 것을 상기하여야 한다.

아동이 여러 종류의 방법을 사용할 수 있도록 도와주기 위하여, 아동이 어떻게 문제를 풀 것인지 또는 어떻게 상황에 대처해 나갈 것인지 등을 아동에게 명확하게 물어 볼 수 있다.

예 : "너는 거짓을 다룰 수 있는 방법을 생각해 낼 수 있겠니?" 혹은 "너는 이것에 대하여 무엇을 할 수 있다고 생각하니?"

아동이 방법을 제안한 후에는 또 다른 방법을 물어봐야 한다.

예 : "이것 외에 다른 방법을 생각할 수 있겠니?"

처음에 아동들은 어떠한 방식을 생각해 내거나 한 가지 이상의 방식을 생각해 내는데 어려움을 겪을 것이다. 또한 제안된 방법들도 도움이 되지 않거나 현실적이 아닐 것이다. 아동이 어떤 방법을 제안할 때 평가 없이 받아들일 수 있는 태도는 매우 중요하다. 아동에게 문제해결 과정에 참여하는 것을 긍정적으로 말해줌으로서 아동이 스스로 대안을 모색할 수 있도록 돕는다.

예 : "잘했구나, 두 번째 방법을 생각해 냈구나, 너는 정말 이 문제를 풀기 위해서 열심히 혹은 최선을 다하고 있구나."

중립적인 표현을 통하여 더 많은 방식을 유도할 수도 있다.

예 : "잘했구나, 그것도 한 방법이다. 다른 방법을 또 생각해 낼 수 있겠느냐?"

특히 아동이 문제를 더 크게 하는 방식을 제안할 때에는 비평가적 입장에서 계속 있는 것이 힘들 수도 있다.

예 : "그냥 그 아이를 한 대 때리고 말겠어요."

여기에서 대리양육자나 교사의 임무는 아동이 대안을 생각할 수 있도록 하는 것임을 기억해야 한다. 이러한 이유에서 이 과정은 브레인스토밍(brainstorming)이라 할 수 있다. 방식의 장점과 단점을 검토하는 것은 다음 단계인데 그것은 아동들에게 제안된 방법의 지혜를 스스로 평가할 수 있도록 도와줄 수 있게 한다.

방식 단계에서는 교사나 대리양육자도 제안을 할 수가 있다. 하지만 이것은 아동들이 모든 방법을 제안한 후에만 행하여져야 한다. 아동이 계속적으로 프로그램에 참여한다고 느낄 수 있도록 질문 방식의 형태로 하면 더 좋을 수도 있다.

예 : "수업 후에 선생님한테 말하는 것은 어떠냐?"

그러는 동안 아동은 더 좋은 방법을 생각해 낼 수 있고 방법을 생각해 내는데 좀 더 편안할 수 있다.

3) 장점과 단점

여러 가지 방식들이 제안된 후에 교사나 대리양육자 및 부모는 아동들이 방식의 단점과 장점을 생각하도록 도와줄 수 있다. 모든 방식들은 순서에 의해서 검증되고 이 과정에서 장점과 단점들이 토론된다. 어떻게 보면 아동의 결정과 아동에게 무엇이 일어날 것인가의 사이에 내재되어 있는 원인과 이 원인에 따른 결과가 있다는 것을 가르치려고 노력해야 한다.

다시 말해 방법을 생각해 낼 때와 같이 아동이 장점과 단점에 대하여 생각하게 하는 것이 중요하다. 즉 대리양육자나 교사의 임무는 아동에게 질문을 함으로서 능숙하게 아동을 이끄는 것이다.

예 : "네가 그것을 하면 어떤 문제가 있을 것 같으냐? 그것을 함으로서 얻어지는 이익은 있는 거니?"

아동이 장점과 단점을 생각해 내는데에 어려움을 겪는다면 좀 더 구체적인 질문을 해줌으로서 도움을 줄 수가 있다.

예 : "네가 교실에서 싸우면 선생님이 어떻게 할 것 같으니?" 혹은 "네가 원하는 행동을 했다면 친구나 다른 사람들은 어떤 느낌이었을까?" 혹은 "어떤 결과가 있었을까?"

어떠한 방식을 택하든 많은 종류의 장점과 단점이 있다. 다시 말해 아동이 생각하는 것 사회적으로 수용되는 바람직한 행동을 배우는 것을 도와주는 것이 목적이므로 이 단계에서 아동이 생각해 내지 못한 장단점을 알도록 권유하는 것은 매우 중요하다.

예 : "다른 장점이나 다른 문제점을 생각한다면 어떤 것이 있겠니?"

이 과정에서 교사나 대리양육자들은 비평가적 입장에서 아동들의 장단점에 대한 관점에 대하여 논쟁을 하지 않는 것이 바람직하다. 아동이 비현실적이고 어쩌면 문제를 일으킬지도 모르는 방법에 관한 장점에 대해서만 너무 일방적인 태도를 보일 때 객관적인 입장에서 계속 있을 수 있다는 것은 어려운 일일 수도 있다.

예 : "싸우는 것이 좋겠어요. 왜냐하면 그가 나를 내버려둘 테고 모든 사람들이 제가 나쁘다고 생각할 테니까요."

장점에 관하여 논쟁하는 것보다 아동의 관점을 승인하는 것이 좋다.

예 : "좋아, 그러니까 장점이 …란 말이지?"

그리고 단점에 대한 토론을 할 때에는 아동의 판단을 끌어낼 수 있다.

예 : "네가 만약 이기지 못하면 어떻게 되는 거지?" 또는 "네가 다칠 수도 있느냐" 또는 "네가 다른 학생과 싸운 것을 알면 선생님이 어떻게 할 것 같으냐?"

아동이 분명하게 이해하지 못하거나 아동에게 중요한 장점이나 단점을 말로써 표현하는 것을 지도하지 못할 때에는 교사나 대리양육자의 관점을 보여주고 그 관점에 대하여 반응할 수 있도록 하여야 한다.

4) 요약 / 해법 / 조합

모든 방법과 이에 관한 장단점을 검토함으로서 방법에 관한 장단점을 논의한 후 요약하는 것이 좋다. 이 요약은 아동 · 청소년이 자신 행동의 원인과 결과의 관계를 이해하는데 많은 도움을 준다.

그 다음에 아동이 해답을 구하고 모의실험(simulation)이나 역할시연(roleplay) 과정을 함으로서 아동이 성공적으로 수행할 수 있도록 준비시킬 수 있다. 장점과 단점을 검사한 결과로서 아동은 주로 이루어질 만한 대안을 선택한다. 교사나 내리양육사의 관점에서 볼 때 아동이 구한 방법이 최선의 것은 아니겠지만 더욱 중요한 것은 그것이 아동 자신의 방법이라는 것이다. 아동이 대안에 대하여 굉장히 편안함을 느끼고 그 선택이 그들의 것임을 느낄 때 아동은 더욱 나은 대안을 구하기 위하여 적극적으로 관여하게 된다.

아마 대안을 선택한 이후에 아동에게 해답을 성공적으로 수행할 수 있다고 용기를 주고 확인시키거나, 아동이 그들이 선택한 대안에 대해 편안함을 느끼게 하기 위해서 어떻게 하면 성공적으로 수행할 수 있겠는가에 대해 아동의 모든 질문에 대하여 대답해 주어야 한다. 아동 · 청소년의 적절한 사회적 성공 가능성을 높일 수 있는 또 하나의 중요한 방법은 역할시연이나 연습을 준비하는 것이다. 역할시연은 현실에 가까워야 한다. 가끔 아동은 문제를 해결하는데 있어서 아동과 접촉이 필요한 사람이 누구인지를 안다.

예 : 부모, 친구들, 대리양육자, 교사 등

이러한 개인들을 알기 때문에 교사나 대리양육자는 그들의 역할을 수행할 수 있다. 예를 들면, 만약 부모가 단호하고 엄격하다면 부모의 이런 면을 따라함으로서 아동을 최대한 도울 수 있다. 아동이 좀 더 편안하고 좀 더 성공하기 위하여 아동들에게 여러 가지 실현 가능한 대답을 함으로서 역할시연은 더욱 현실적이 될 수 있다.

5) 재점검

문제해결능력이 있다는 확신을 아동에게 표현하는 것은 중요하다. 그러나 아동과 문제해결이 성공할 것이라고 약속을 해서는 안된다. 실천 단계가 끝나면 아동에게 문제해결을 위해 했던 노력을 검토하는 것을 상기시켜야 한다. 만약 아동이 문제를 푸는데 성공하면 성공한 것과 문제해결 단계를 통과한 것에 대하여 칭찬해 주어야 한다. 문제해결이 실현 불가능할 때는 협조적으로 감정을 이입하여야 한다. 대리양육자와 아동은 SODAS-F(situation / option / disadvantage / solution / simulation / follow up with youth child) 형태로 가서 왜 문제해결이 실행안되었는지 검토하고 더욱 성공적인 해답을 찾아야 한다.

문제해결을 배우는 것은 굉장히 힘든 임무이지만 아동의 성공에 있어서 매우 중요하다. 문제해결 절차에 참여하는 것은 매우 중요하기 때문에 아동에게 상품이나 특권 같은 것을 주는 것도 좋은 방법이다. 또 아동들이 과거에 그들의 문제를 적절하지 못한 방법으로 풀어왔기 때문이다.

예 : 도망치거나 공격적이 되는 것.

아동이 문제에 대하여 말하고 싶다고 할 때에 기꺼이 수용하는 태도 및 문제애 대하여 이야기하는 것에 대해 칭찬을 해주는 것도 중요하다.

예 : "학교에서 문제가 있어요. 저와 이 문제에 관하여 이야기 할 수 있나요?"

개별 면담에 있어서 SODAT-F의 완전한 사용은 아동에게 합리적인 문제해결능력을 가르치는데 있어서 매우 중요하다. 그러나 이러한 문제해결 접근을 위한 직접적인 교육과 모델링(modeling)을 허용하는 다른 종류의 공식적이고 비공식적인 활동이 있다. 예를 들면, TV 쇼나 세계적인 이벤트는 토론을 위한 비공식적인 기회를 생각나게 할 수 있다. 아동이 그들이 가지고 있는 의견과 관점을 표현하는 것은 교사나 대리양육자들에게 아동들을 생각하게 하고 방법을 고찰하도록 한다. 또한 그들의 관점과 가치에 관해 가능한 부분들을 토론할 수 있도록 하는 이상적인 기회를 제공한다. 일상생활에서도 그런 기회가 있을 수 있다. 예를 들면 아동과 부모가 자전거를 타고 있을 때 젊은 사람이 아직도 신호등이 빨간불인데 건널목을 빠르게 지나가는 것을 볼 수가 있다. 이 경우 아동이 장차 차를 가질 수 있을 때까지 기다려서 운전을 할 것인가에 대하여 말할 수도 있을 것이다. 대리양육자나 교사들은 이 기회를 아동이 빨간불일 때 그냥 지나치는 것과 과속을 하는 것에 대하여 문제를 찾을 수 있었는가를 물어보는데 이용할 수 있다. 아동에게 어떻게 하면 위험하고 불법적이지 않으면서 사람들의 주목을 받을 수 있는가에 대하여 대안을 물을 수도 있다. 이러한 편안한 대화는 아동이 미리 생각하는 것을 배우고, 그들이 원하는 것을 적절한 방법을 통하여 구하고 그들의 행동을 미래의 가능한 결과와 연결할 수 있게 도와준다. 이러한 모든 행동은 생각과 문제해결의 열쇠이기 때문이다.

아동이 미래에 대한 계획을 세울 필요가 있을 때는 SODAT-F 방법을 이용할 수 있는 공식적인 기회가 있다. 예를 들어 아동이 그의 장래에 관한 직업이나 대학 혹은 그들이 흥미있는 부분을 어떻게 개발할 것인가를 결정 하는데 대한 계획들에는 모두 SODAS-F 과정이 이용된다.

때로는 상담 과정을 시작하고 아동이 좀 더 개인적인 문제들에 대한 계획을 세우는 것을 돕기 위하여 SODAS-F 과정을 이용하는 경우도 있다. 이러한 과정을 능동적으로 대응하는 것도 중요하고 아동에 의하여 시작된 과정에 잘 적응하는 것도 매우 중요하다.

4. 요약

문제해결(problem-solving) 상담은 두 가지 중요한 목표를 가지고 있다. 아동이 그들의 문제를 해결할 수 있는 적절한 해결 방안을 가질 수 있게 도와주고 그들의 문제를 체계적이고 합리적인 방법으로 풀 수 있게 가르쳐 주는 것이다. 중요한 질적요소(다시 말하면 동의, 듣는 방법)와 합성된 SODAS-F 과정은 교사나 대리양육자 및 부모들에게 두 가지 목표를 모두 달성할 수 있도록 도와준다.

그들의 문제를 어떻게 풀어가는지 성공적으로 배움으로서 아동은 그들이 직면할 다른 상황에 의존하고 더욱더 잘 평가하여 상황에 대응할 수 있게 된다. SODAS-F 방법은 합리적이고 체계적으로 문제를 풀어 나갈 수 있는 틀을 제공한다.

5. 모델의 비교

아동들은 과거의 일들을 기억하고 그에 대한 그들의 느낌을 토론하는 것에 중점을 둔 역동심리학적 접근에서는 치료를 받기 때문에 아동들은 문제해결을 해야 한다. 이것은 아동들이 왜 특별한 감정을 갖고 특별한 방법으로 반응하는지 이해하기 시작하는 것을 돕는데 있어 매우 중요하다. 주로 역동심리학적 접근의 치료자들은 이런 방법을 아동을 위한 모델로 삼고 질문을 물어봄으로써 아동들의 용기를 북돋아 준다.

역동심리학적 접근의 치료자들은 아동들에게 문제해결의 방법을 가르쳐 주지 않는다. 치료자들은 미래의 사건에 있어 문제해결을 강조하지 않는데 그 이유는 치료의 모든 중점을 과거에 두고 있기 때문이다.

같은 형식의 과정은 인지치료에서도 이용된다. 치료자들은 아동들이 목적들을 이용하여 과거의 상황을 구하고 그들에게 둘러사인 문제점을 푸는데 모델링과 질문을 통하여 도움을 준다. 다시 말하면 아동들에게는 그들 자신의 문제를 해결하기 위한 방법을 가르쳐주지 않는다.

순수한 행동주의 접근을 사용하는 행동주의치료자들은 문제해결을 가르쳐야 하는 필요성이 없다고 생각한다. 대신에 아동들이 특정한 방법으로 대응할 수 있는 방법을 가르치기 위하여 상황의 전례와 결과를 조정한다. 그러고 나서 반복과 강화를 위하여 아동들이 지속적으로 대응할 수 있게 한다. 그들은 아동들이 비슷한 상황에서도 아동들이 배운 것을 적용할 수 있게 환경을 제공하려고 시도한다. 문제는 아동들이 그러한 변화가 일어나고 있다는 것을 인식하지 않고 지각적으로 왜 그들이 그러한 행동의 선택을 했는지 이해하지 못한다는 것이다. 행동이 강화되지 않거나 벌을 받는 곳에서 아동들이 그들의 행동을 유지하는 것이 어렵다는 뜻이다.

Boys Town 모델은 행동주의기법과 아동들에게 그들 자신이 문제해결을 위한 방법을 가르치는 것을 합성한 것이다. 이것은 적절한 행동에 대한 즉각적인 강조가 가능하지 않더라도 아동들이 상황의 좋고 나쁜 점을 생각해내는 기술을 발전시키는데 도움을 준다. 이것은 아동들이 지각적으로 상황을 어떻게 비슷한 상황과 연계할 것인가와 어떠한 결과가 이러한 다양한 모델의 어떤 행동에 의하여 일어날 것인가를 지각하도록 이해하는데 도움을 준다.

절충적인 접근인 오클라호마 대학의 프로그램은 Boys Town 프로그램과 비슷하다. 이것 역시 훈련을 위하여 관계의 설정과 행동주의 접근을 강조한다. 그러나 이 모델은 아동들에게 문제해결을 위한 실질적인 방법은 가르쳐 주지 않는다. 과정 없이 아동들이 모든 상황 속의 결정의 장점과 단점을 모두 생각해 내는 것은 매우 어렵다.

문제해결은 긍정적인 동료 문화에서 아주 잘 보여질 수 있다. 이것은 아동들의 선택과 결정이 동료들에 의하여 조정되고 질문되는 것을 통하여 자연스럽게 일어나는 것처럼 보일 수가 있다. 그러나 아동들이 이러한 선택과 결정을 그들 자신을 위해 사용하기 위하여 배운 것이 아니기 때문에 아동들이 긍정적 동료 문화 환경 밖에서도 문제해결기법을 계속적으로 이용할 것인지는 분명하지 않다.

1) 아동을 이해하는 상담자의 단계

상담자가 상담 관계에서 제일 중요한 것은 관계를 원활히 하고 내담자의 소망이나 바람에 대하여 내담자가 원하는 내적 세계를 분명하고 정확하게 탐색하고 정의하는 것은 아동의 문제해결을 하는데 토대가 된다.

아동의 필요와 욕구를 탐색하는 절차는 다음 그림과 같다.

[그림 11-1] 아동을 이해하는 아동상담자의 단계

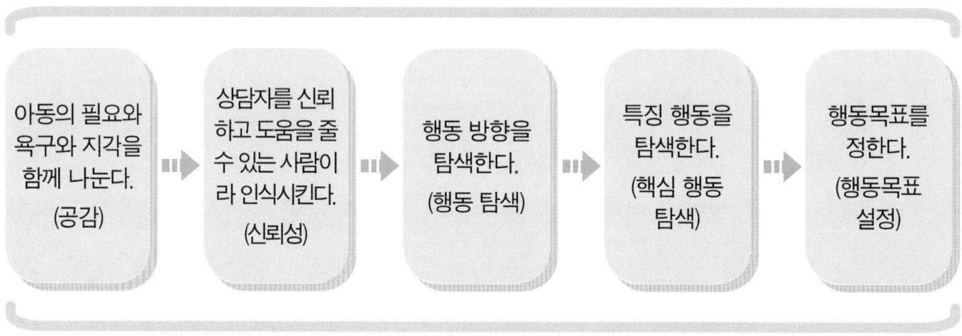

Chapter 12

집중적 교수

미국의 family home program(가정거주 프로그램)의 아동들은 그들이 받는 칭찬과 교육 그리고 스태프들과의 관계 발전에 대단히 민감하게 반응한다. 그러나 스태프들의 커다란 노력에도 불구하고 아동들이 반응을 보이지 않거나 어떠한 지도사항도 따르지 않으려는 경우도 있다. 본질적으로 아동을 감독할 수 없는 상태가 발생할 때에는 보통의 교습방법으로는 비효과적이 된다.

아동이 그 자신이나 다른 사람에게 위험할 때, 관계를 나쁘게 할 수 있는 방향으로 행동할 때, 또는 너무 화가 나 있을 때 교육의 목표는 아동들을 진정시킴으로써 교육을 다시 할 수 있게 하는 것이다. 집중적 교육이란 이러한 경우를 포함한 모든 교육기술을 그 내용으로 한다. 그러나 집중적 교수방법은 원하는 결과를 얻기 위하여 여러 가지 방식과 상황에 이용된다. 그리고 이러한 상황의 특수성 때문에 스태프들은 집중적 교육이 이루어질 때마다 그들의 감독자에게 보고하도록 요구된다.

가장 최선의 목표는 이러한 행동과 일련의 사건 발생을 피하고 막는 것이다. 이번 장에서는 집중적 교육상황의 발생을 최소화하기 위하여 사용되는 일반적인 방어 절차를 간단히 검토할 것이다. 또한 일반적인 집중적 교육의 4단계도 좀 더 자세히 검토한다. 이 4단계에는 방어의 단계, 위기중재 단계, 교육 단계 그리고 교육점검의 단계가 있다.

1. 일반적 예방절차

감독이 불가능한 행동을 다루기 위한 열쇠는 예방이다. 예방은 아동들과 일을 시작한 첫날부터 시작된다 해도 과언은 아니다. 훈련 기간 동안 배운 기술과 방법을 사용하여 감독이 불가능한 사건의 발생을 막아야 한다. ① 효과적인 칭찬, ② 방어적 교육, ③ 교육을 통한 상호반응, ④ 진행 중인 행동을 다루는 일, ⑤ 동기체제(motivation system)의 활용, 그리고 ⑥ 성숙된 관계의 확립 등 모든 것이 아동의 성공과 긍정적인 생활환경을 만드는 데 기여한다.

정기적이고 효과적 칭찬은 관계를 강화하게 되므로 적절한 행동이 강화되고 결과적으로 집중적 교육의 필요성을 막을 수 있다. 아동들이 보다 더 자주 적절한 행동을 하게 되면 아동들은 부적절한 행동을 하게 될 확률이 낮아지기 마련이다.

예방적 교육(preventive education)은 문제를 최소화하는데 사용되는 가장 중요한 방법 중의 하나이다. 한 가지 어려운 점은 예방적 교육을 하기 위하여 기억해야 할 일들이 있다는 것이다.

정기적으로 예방적 교육을 함으로서 아동과 그들을 돌보는 스태프들에게 주어지는 유익한 점들은 너무도 많다. 교사의 경우에는 부적절한 행동을 최소화하므로서 기대를 수립하고 협조하는 분위기와 태도로 가르침으로서 적절한 행동을 강화할 수 있다. 그리고 아동들은 배운 기술들을 상황이 어려운 때나 정신적으로 긴장되는 때에도 보다 성공적으로 기억해 내게 된다.

'지도사항 따르기', '그 순간 필요한 지시를 잘 받아들이는 태도', '비평을 받아들이는 태도' 그리고 '안된다는 대답을 받아들이는 태도' 등의 형성에 중점을 두는 예방적 교육은 만약 아동이 '그들의 행동을 어떻게 다스리는가'를 배우도록 하기 원한다면 반드시 정기적으로 가르쳐야 한다.

한 아동이 자기 자제력을 상실했을 때 그 아동을 제외한 모든 아동들이 지정된 구역으로 가도록 하는 '5초 규칙'을 또한 예방적으로 가르치는 것은 매우 바람직하다. 이 규칙은 아동을 다칠 수 있는 곳에서 피할 수 있게 하고, 부적절한 행동을 강화할 수도 있게 만드는 이중적 효과를 가져다 준다. 또한 다른 아동들이 구경하도록 하는 것을 없애주고, 시설 안에서의 다른 아동들이 자제력을 잃은 아동의 행동을 따라하게 하는 것을 막아 준다. 집중적 교육 및 훈련 기간 중 아동들은 '5초 규칙'을 수행함으로써 보상을 받는다.

그러므로 상호반응과 진행 중인 행동에 반응하는 것 또한 아동의 자제력을 잃는 것을 막아 준다. 진행 중인 행동은 교육 전이나 교육 기간 중에 교육의 주된 쟁점을 방해하는 부주의하거나 문제성이 있는 행동을 말한다. 결국 예방적 교육은 제한 행동을 분명하게 정함으로써 적절한 행동을 하도록 하는 지속적인 교육 그리고 부적절한 행동을 조기에 중재함으로써 아동들이 부적절한 행동을 확대하는 것을 막아 보통의 교육방법에 따르게 되는 확률을 증가시킨다.

동기체제를 효과적으로 사용하는 것 또한 아동이 자제력을 유지하고 집중적 교육의 상황을 막을 수 있게 하는데 도움을 준다. 기대되는 행동에 대해 지속적으로 보상하고 기대되지 않는 행동에 대해서는 지속적으로 벌점을 줌으로서 아동으로 하여금 그들의 행동이 가져다 줄 결과와의 관계를 이해하도록 만든다. 이렇게 함으로써 아동들은 그들이 벌점을 너무 많이 받게 됐을 때 행동을 변화함으로써 상점을 받아야 된다는 필요성을 알게 된다.

신뢰할 수 있는 관계를 확립하는 일은 집중적 교육을 필요로 하는 사건을 막는 또 하나의 열쇠이다. 아동을 돌보는 교사들은 아동에게 칭찬과 교육을 하고, 시간을 아동들과 같이 보내고, 그들을 대변해 줌으로써 그리고 아동에게 보호와 관심을 보여줌으로써 아동들과의 관계를 발전시킨다. 이러한 과정을 통하여 각 아동은 교사들과의 특별한 관계를 형성하기 시작한다. 이것은 교사들의 아동에 대한 의견이 아동들 마음속에 더욱 중요하게 되는 것을 의미한다. 관계가 향상됨에 따라 아동들은 실망시킬 수 있는 행동을 덜하게 되고 자랑스럽게 느낄 수 있는 행동을 많이 하게 된다.

마지막으로, 교사들 자신이 굉장히 스트레스 받는 동안에도 자제하고 진정시킴으로써 집중적 교육상황을 막을 수 있다. 불행하게도 많은 경우 아동들의 행동을 제한 불능 상황으로 만드는 것은 아동을 다루는 사람에 의하여 원인이 있는 경우가 있다. 만일 문제가 있는 아동에게 화를 내고 아동과 논쟁을 하거나 소리를 지른다면 아동의 부적절한 행동은 더욱 더 확대될 수 있다. 진정을 유지하고 천천히 그리고 부드러운 목소리로 말하는 것은 매우 중요하다.

효과적 칭찬, 방어적 교육, 교육 상호반응, 진행 중인 사건을 효과적으로 다루는 자세, 동기체제를 활용하는 태도, 강한 유대관계의 확립 등은 긍정적인 생활 환경을 만들기 위하여 함께 사용되어야 한다. 매일매일 기술적으로 또 지속적으로 family home program의 이러한 요소들을 효과적으로 수행함으로써 교사들은 아동이 자제력을 잃게 되는 상황을 최소화하고 피할 수 있다.

2. 아동행동지도 및 치료사들의 행동

집중적 교육의 방법을 말하기에 앞서서 아동을 돌보는 아동지도사 및 상담사와 치료사의 행동이 아동의 행동방식에 직접적인 영향을 미친다는 것을 깨닫는 것은 중요하다. 아동이 몹시 화가 나 있더라도 반드시 최대한 진정해야 한다. 행동의 빈도와 심각성에 따라 교사는 화를 낼 수도 있다. 이러한 감정적인 반응은 아동의 부적절한 행동을 다루는 아동지도 스태프의 능력을 방해할 수도 있다. 아동을 지도하는 어른이 화를 내게 되면 그것은 아동의 부적절한 행동을 강화하고 건설적인 교육의 목표를 최소화시키게 된다. 진정을 시키는 것은 쉽지 않다. 아동이 소리를 지르거나, 위협을 가하거나, 지도사항을 따르는 것을 거부할 때에 아동의 문제행동에 대응하는 교육에 중점을 두기보다는 감정적으로 아동과 대응할 수도 있다. 집중적 교육의 목표가 되는 것은 근본적인 것이다. 교사들은 온화한 음성과 아동을 이해하는 자세로 아동의 문화와 공간을 존중하는 인내심을 발휘해야 한다. 인내심은 아동에게 지도사항을 따를 수 있는 시간을 주는 것과 집중적 교육에서의 단계적 발전을 서두르지 않는 것을 포함한다. 목표는 아동을 제한하는 것이 아니라 아동이 스스로 자신을 통제하고 자제력을 키울 수 있도록 훈련하고 지도하는 것이어야 한다.

3. 집중적 교수를 위한 절차

아동들의 능력을 키우고 문제를 막으려는 교사들의 노력에도 불구하고 아동이 정상적인 교육방법과 치료 절차에 반응하지 않는 경우가 있다. 아동의 무반응은 수동적이거나 프로그램을 그만두는 것 또는 논쟁, 불평 그리고 악담 등을 통하여 준수하지 않는 것에 대하여 침묵을 지키는 것 등의 광범위한 행동을 포함한다. 문제적 행동은 위협을 가하거나 기물을 파손하는 것도 포함할 수 있다.

문제행동의 다양성에도 불구하고 집중적 교육의 필요성을 가르치는 공통적 요소가 있다. 예로서 아동이 지도사항을 따르지 않는 것이 그것이다. 행동의 심각성과 강도에 관계없이 아동이 자제력을 다시 찾을 수 있도록 도와주기 위하여 동일한 기본 절차가 적용될 수 있다.

과정의 개념화를 돕기 위하여 집중적 교육방법은 4단계로 구성되어 있다. 이 4단계는 방어의 단계, 위기중재의 단계, 교육의 단계 그리고 교육점검의 단계이다. 각 단계 사이가 늘 분명히 나뉘어져 있다기보다 과정상 일반적인 흐름이 있다는 것을 주의하는 것은 중요하다.

방어의 단계는 문제의 확대를 막기 위하여 창안된 정상적 교육방법을 이용하여 아동이 자제력을 다시 찾을 수 있게 돕는 일련의 절차를 포함한다. 만약 아동행동이 자제력을 완전히 상실할 정도로 확대됐을 때에는 교사들은 위기개입 및 중재(crisis intervention phase)의 단계로 들어간다. 위기개입 및 중재 단계의 목적은 아동을 진정시키고 그가 지도사항을 따르기 시작하게 하는 것이다. 아동이 다시 관심을 보이고 반응을 하게 되면 교육의 단계가 시작된다. 교육의 단계에서 교사들은 계속해서 아동의 지도사항 준수의 기술을 강화시키고 그 후에 방어적 교육과 미래의 집중적 교육상황을 막을 수 있는 점검교육을 한다. 교육점검의 단계는 24시간 안에 발생한다.

4. 예방적 조치를 위한 단계

방어적 교육 단계의 목표는 아동에게 부정적 행동이 너무 심각하게 되어 아동이 커다란 벌점을 받게 되기 전에 그러한 부정적인 행동을 막을 수 있는 기회를 제공하는 것이다. 이 과정의 관건은 아동이 지도사항을 따르도록 하고 아동을 부적절한 행동을 더 많이 하지 못하도록 보호하는 교사로서의 능력이다. 사실, 많은 집중적 교육은 예상이 가능하며 그렇기 때문에 방어 또한 가능하다.

모든 아동에게는 어떤 순간에 감정의 폭발이 있을 수 있다는 사실을 늘 기억해야 한다. 아동들이 그렇게 됐을 때에 그것이 분리된 사건인지 아니면 행동의 형태인지를 결정하고 어떻게 대응할 것인지 결정하여야 한다.

집중적 교육의 상황은 자제력 상실의 결과를 초래한 이전의 행동이나 상황과 관련된 선례의 조건을 대부분 예측 가능하기 때문에 어느 정도 방어가 가능하다. 종종 선례의 조건들은 교사가 아동을 교정하는 상황에서 비롯한다. 이러한 상황에서 아동은 비평을 받아들이고 또 끝없이 지도사항을 준수하는데 어려움을 겪을 수도 있다. 다른 또 하나의 집중적 교육의 공통적 선례는 아동이 "아니오"라는 대답을 받아들일 때이다(선례는 아동에 따라 다를 수 있다).

경험을 통하여 교사들은 아동의 행동을 집중적 교육상황으로 이끌 수 있는 자극을 확인하는 것을 배운다. 교사들은 또한 어떤 행동이 자제력의 약화를 나타내는지 배울 것이다.

예 : 짧고 날카로운 대답, 경직된 근육의 표정, 아동을 수용하거나 승인하는 태도의 부족

집중적 교육상황은 제법 예상 가능하기 때문에 자제력의 상실에서 오는 행동을 주로 예방할 수 있다. 자주 교사들은 행동의 확대 없이 상황을 풀어 갈 수 있을 것이다. 교사의 행동은 아동의 자제력 상실을 피할 수 있도록 도와주는데 있어 매우 중요하다. 적절하게 다루어진다면 교사나 부모가 해야 할 행동은 먼저 상황이 위기 단계에 이르기 전에 상황을 풀어 나갈 수 있게 도움을 줄 수 있다. 종종 위기의 회피는 아동 자신이 궁지에 몰려 있다는 느낌을 주는 것보다는 아동과의 동의, 이해 그리고 아동 스스로에게 진정할 수 있는 기회를 주는 것 등의 기법을 통해 적절히 대응하는데 달려 있다.

때때로, 아동은 교사에 의하여 관찰되지 않은 일련의 힘든 경험을 할 수가 있다.

예 : 학교에서의 문제, 친구와의 어려움, 가정방문 시의 문제

만약 이러한 문제들이 아동에게 심각한 방황이나 분노를 일으키게 한다면 가정이나 시설에서의 단순한 상호반응이나 교사와의 몇 가지 평범하고 정기적인 상호반응과정에서도 자제력을 상실한 행동을 야기하게 될 수도 있다.

이러한 상황에서는 여러 가지 절차가 위기를 피하는 것을 돕는데 이용될 수가 있다. 위기를 성공적으로 피하기 위한 하나의 일반적인 방법은 아동이 문제를 갖고 있다는 사실의 인식과 아동의 행동을 다루는 예방적 접근방법을 수행하는 것이다. 아동의 행동이 부적절해지고 있다는 것을 보여주는 첫 번째 신호에서 교사는 어떤 중재의 방법을 이용할 것인가를 결정하여야 한다. 예컨대,

예 : "무엇인가가 너를 화나게 하는 것 같구나. 네가 여기 앉아서 조용히 그 문제에 대하여 이야기한다면 나는 그것에 대하여 너와 토론을 하고 싶을 것이다."

와 같은 말을 함으로써 교사는 중재를 시작할 수 있을 것이다. 이것은 아동에게 아동이 진정하고 솔직하게 문제에 대하여 설명할 수 있는 기회를 제공한다는 뜻이다. 교사가 맡은 아동들 중 많은 아동들이 그러한 감정적 상황을 다루는 기술을 아직 가지고 있지 않을 것이다. 그러므로 교사는 아동이 특성에 맞지 않는 행동을 보일 때에 문제해결이나 면담 등을 활용할 수 있다. 예를 들어, 주로 모든 상황을 조용히 다루는 아동이 일상적인 지도사항에 감정적으로 반응했다면 면담이 필요할 수 있다. 이러한 경우에는 정면 대결 대신에 면담을 택함으로써 유대관계를 위태롭게 하거나 아동의 부정적 행동을 확대시킬 수 있는 상호반응을 피할 수 있다. 좋은 판단력과 분별력은 어떠한 접근방법을 택할 것인지를 가늠하는 중요한 요소이다. 그러나 일반적인 상황에서는 아동을 진정시키고 적절히 관대함을 유지시키기 위하여 집중적 교육기술이 필요하다.

예방적 교육과 암시가 비효과적일 때 상황을 적절하게 토론하기 위하여 아동은 부적절한 행동에 대하여 벌점을 받는다. 행동의 심각성 여부에 따라 벌점의 크기를 결정해

야 한다. 아동이 진행 중인 훈련 행동에 관련되어 있다면 간단하고 확고한 지도사항이 주어진다.

예 : "대화를 중단해 주십시오."

동의의 문장 역시 아동을 진정시키는데 이용될 수 있다. 특히 동의의 문장은 특정한 지도사항과 함께하여 이러한 상황을 풀어가는데 효과적일 수 있다.

예 : "비평을 듣는 것이 힘들다는 것을 안다. 이야기를 중단하고 앉아서 너의 이야기를 들어보자."

아동이 수긍하는 태도를 보이기 시작하면 아동을 칭찬하여 주고 집중적 교육의 절차가 계속 필요한지 결정해야 한다. 아동이 이 상황에서 지도사항을 따를 수 있게 되고 벌점을 받아들일 수 있게 되면 교사는 교육 상호반응을 시도하여야 한다.

그러나 아동이 그의 행동을 확대한다면 집중적 교육은 계속적으로 필요하다. 지금이 아동에게 힘든 시간임을 기억하라. 이 상황에서 인내하고 더욱 동의적이어야 하며 아동이 자제력을 되찾는 것을 돕는데 중점을 두어야 한다. 아동의 지도사항을 제공하는데 쓰이는 시간의 양은 아동행동의 빈도와 심각성 그리고 아동 개개인의 특성에 따라 다양하다.

아동의 부적절한 행동이 계속된다면 아동에게 진정하라고 다시 요청하고 문제에 대하여 토론한다. 이 시점에서 지도사항의 전달과 동의는 아동이 진정하고 자제력을 다시 찾는데 도움이 되지 않는다는 사실에 주의하여야 한다. 간단히 말하면, 아동의 행동은 나아지지 않고 더 나빠진다. 이때 아동은 지도사항을 준수하지 않은 것에 대한 두 번째 벌점을 받는다. 아동이 이 시점에서 진정하고 다시 자제력을 되찾는다면 교사는 지도사항을 준수하지 않은데 대한 교육 상호반응을 계속할 수 있고 주된 교육 쟁점으로 돌아갈 수 있다. 아동이 계속적으로 진행 중인 행동에 관련된다면 아동에게 여러 개의 동의적 문장과 간단하고 확고한 지도사항을 전달해 주어야 한다. 교사는 계속적으로 상호반응을 하는 동안 아동에게 동의하는 자세를 보여야 한다. 지도사항을 전달할 때마다 아동에게 부적절한 행동을 정지하고 진정할 수 있는 기회를 제공해야 한다.

이러한 상호반응의 어떤 시점에서는 교사가 아동행동이 다른 아동에게 '5초 규칙'을 필요로 할 만큼 심각한 것인지 반드시 결정해야 한다. 앞에서 언급한 바와 같이 '5초 규칙'은 그들이 미리 지정된 방이나 구역으로 가도록 하는 표시이다.

아동이 아직도 진정되지 않는다면 아동은 지도사항을 따르지 않은 것과 자제력을 잃은 것에 대한 마지막 50,000점의 벌점을 받는다. 벌점이 지금 시점까지 효과적이지 않았음에도 불구하고 왜 50,000점의 벌점을 주는가? 이 시점에서 아동이 벌점을 적지 않고 글의 행동을 바꿀 것 같지 않더라도 벌점은 교사가 다른 아동과 일할 때에 그리고 꽤 심각한 잘못된 행동에 관련됐을 경우에 의미를 갖는다. 즉 아동에게 해당하는 벌점에 사용할 수 있는 점수의 척도라는 것을 알려주기 때문에 중요하다. 아동은 너무나 많은 벌점을 받았기 때문에 아마도 그 날에는 특권을 갖지 못할 것이다.

50,000점의 벌점은 아동의 부적절한 행동의 모든 범위를 차지하기 때문에 더 이상의 벌점은 주어지지 않는다. 교사가 아동에게 지도사항을 따르지 않은 것에 대한 50,000점의 벌점을 받았다고 말한 후에 위기중재의 단계가 시작된다.

예방적 단계의 과정은 〈표 12-1〉에 나타나 있다. 〈표 12-2〉는 예방적 단계의 상호반응의 예이다. 종종 감정의 폭발이 뒤따르는 육체적인 긴장의 기미를 인지하는 능력과 아동에게 어떻게 적절하게 긴장을 푸는지 가르치는 능력은 가끔 아동의 자제력을 상실하는 것을 막아준다. 또한 교사들은 아동의 행동에 대한 심각성과 강도에 따라 예방적 단계 기간을 결정한다. 상호반응 동안 시간을 충분히 사용하고 서두르기 않는 것을 기억하여야 한다.

빠르게 지도사항을 전달하는 것과 벌점을 주는 것은 아동을 난처하게 할 수 있고 아동의 행동 강도를 더 높게 할 수 있다.

〈표 12-1〉 예방적 단계

교사나 부모행동	아동행동
· 예방적 교육이나 즉각적인 조치	· 처음 부적절한 행동
· 주도적 행동을 위한 결과	· 행동의 지속(예 : 2,000점 정도)
· 단순하고 확고한 지시(중단시키려는 행동)	〃
· 감정이입	〃
· 단순한 결과(5,000점 벌점)	〃
· 감정이입	〃
· 단순하고 확고한 지시(중단시키려는 행동)	〃
· 5초 규칙(필요한 경우)	〃
· 중간 수준의 결과(10,000점 벌점)	〃
· 감정이입	(최종의 결과)
· 커다란 결과(50,000점 벌점)	

5. 위기개입 단계

이 기간 동안 교사는 아동이 자제력을 얻을 때까지 아동을 맡는다. 더 이상의 벌점은 주어지지 않는다.

진정하고 위협적이지 않은 목소리로 천천히 말하는 것이 중요하다. 이 시점에서 감정의 자제는 하나의 중요한 요소이다. 위기중재 동안의 교사 행동은 예방적 단계의 행동과 매우 흡사하다. 많은 동의를 이용하고 특별한 지시사항을 전달하라. 위기중재의 과정동안에도 아동에게 지도사항의 준수와 다른 행동들의 축소 정도에 따라 계속해서 동의를 제공하고 칭찬한다.

예 : "좋았어. 이제 소리 지르는 것을 멈췄구나. 화가 났을 때 진정하고 있는 것이 힘들다는 것은 나도 알아."

긍정적이고 교정적 문장 또한 진정하고 지도사항을 준수함에 따라 그가 잃어버린 점수 중의 일부를 다시 찾기 시작할 수 있다는 것을 아동이 알게 하는데 이용되어야 한다.

〈표 12-2〉 예방적 단계 상호작용

예방적 교수와 처방	교사 : "○○야, 너와 이야기를 하고 싶은데 먼저 네가 어떻게 '아니오.'라는 대답을 받아들이는 것을 기억하는지 묻고 싶구나." 아동 : "예, 사람을 바라보면서 '지시에 따르겠습니다(좋습니다).'라고 말한 다음 만약 이해를 못했으면 조용하게 이유를 물어봅니다." 교사 : "훌륭하다. 이제 내가 너에게 하는 말을 받아들이는 것은 힘들 것이다. 하지만 네가 '아니오'라는 대답을 적절하게 잘 받아들인다면 네가 다음에 '예'란 대답을 받을 확률이 높아진다. 말이 된다고 생각하느냐?" 아동 : "예, 말이 됩니다." 교사 : "좋다 내가 지금 너에게 말하려는 것은 네가 요청한 용돈 요청에 관한 것이다. 지금 그렇게 할 수 없는데 그 이유는 네가 지난 3주간 두 번 요청을 했기 때문이다. 네가 요청해 준 것과 이유를 이해하지만 이번에는 '아니'라고 대답할 수 밖에 없다." 아동 : "저는 정말로 돈이 필요합니다. 저는 CD를 사고 싶어요."
주도적 행동을 위한 결과	교사 : "○○야, 욕 안하고 '아니오'란 대답은 잘 받아들였다. 하지만 지금 너는 투덜거린데 대하여 1,000점의 벌점을 주겠다." 아동 : "당신은 정말 공정하지 않아요. 나는 믿을 수가 없어요." (아동은 방을 배회하기 시작한다.)
단호하고 간결한 지시	교사 : "○○야, 논쟁은 그만하거라. 그래야 우리가 앉아서 네가 원한 것에 대하여 이야기를 나눌 수가 있다."
감정이입	교사 : "○○야, 정말 네가 무엇인가를 원할 때에 '아니오'라는 대답을 받아들이는 것이 힘들다는 것은 안다." 아동 : "선생님은 내가 어떻게 느끼고 있는지 전혀 몰라요."

간결하고 단호한 지시	교사 : "○○야, 이렇게 하면 우리는 아무것도 얻을 수 없단다. 제발 말대답을 멈추고 여기 와서 앉겠니?" 아동 : (더 큰 목소리로) "절대 선생님 말을 따르지 않을 거예요."
작은 결과	교사 : "○○야, 지도사항을 준수하지 않은 것에 대해 넌 5,000점의 벌점을 받았다."
감정이입	교사 : "지금 지도사항을 준수한다는 것이 힘들다는 것을 안다. 하지만 그것만이 지금 이 문제를 풀 수 있는 유일한 방법이다." 아동 : "나는 지도사항을 따르지 않을 거에요. 그리고 선생님도 나를 그렇게 하게 할 수 없어요."
간결하고 단호한 지시	교사 : "○○야, 문제가 심각해지고 있다. 말대답 그만하고 빨리 와서 앉거라." 아동 : "난 말을 멈추지 않을 거에요. 나는 나의 권리를 압니다."
5초 규칙 (five-second rule)	교사 : (다른 아이들에게) "얘들아, 지금 '5초 규칙'을 선언한다. 그래서 ○○와 내가 이 문제를 풀어갈 것이다."
중규모의 결과	교사 : "○○야, 넌 지금 지도사항을 준수하지 않았기 때문에 1,000점의 벌점을 받았다. 네가 지금 논쟁을 멈추고 여기 와서 앉는다면 우리는 문제에 대하여 이야기 할 수 있다."
감정이입	교사 : "네가 화났다는 것을 안다. 하지만 우리는 이 문제를 풀어나갈 수 있다." 아동 : "당신이 나를 이렇게 불공평하게 다룬다는 것을 믿을 수 없어요."
커다란 결과	교사 : "지도사항을 준수하지 않았기 때문에 넌 지금 벌점 50,000점 을 받았다."

아동의 지속적이고 부적절한 행동의 묘사는 기대되는 적절한 행동의 묘사와 함께 아동이 지도사항을 준수하는 상황으로 돌아갈 수 있게 돕도록 하는데 이용된다.

예 : "지금 걷고 있는데 어서 앉으렴. 그래야 우리가 이야기를 나눌 수 있겠구나."

진행 중인 부적절한 행동을 다루는 것처럼 지도사항은 배회하고 소리 지르는 행동처럼 보다 공공연한 행동에 중점을 두어야 한다.

위기중재가 계속됨에 따라 아동의 행동은 몇 번씩 축소되었다가 확대되었다 하게 된다. 목표는 긴장의 주기가 거의 없고 행동이 확대되는 때의 주기도 거의 없는 것이다. 이것은 결과적으로 발전된 행동을 더 많이 하게 만들고 협력의 증가도 더 이루어져서 조금 더 빈번한 주기를 갖게 만든다.

동의의 제공 외에도 지도사항의 전달, 행동의 묘사, 적절한 행동에 대한 칭찬 등 상황을 풀어가기 위하여 기억해야 할 여러 가지 중요한 요소들이었다. 예를 들면, 위기중재의 단계 동안 아동은 그가 잃은 점수에 대하여 불평을 할 수도 있다. 아동이 점수에 대하여 언급할 때마다 교사는 긍정적 교정의 문장 형태로서 대답을 할 수 있다. 다시 말하면, 동의의 문장제공과 아동이 잃은 점수를 되찾을 수 있게 도우려는 의지를 보여주라는 뜻이다.

예 : "네가 많은 점수를 잃었다는 것을 알아. 그리고 나는 네가 점수를 되찾을 수 있게 돕고 싶단다."

이 단계에서 아동에게 계속 말하는 것은 필요치 않다. 교사가 아동이 말하는 모든 말에 반응하고 불편함을 나타내며 너무 많은 지도사항을 전달한다면 아동은 이것을 난처하게 바라볼 수도 있다. 앞서 언급했듯이 이것은 아동의 부적절한 행동을 줄이기보다는 늘리게 작동할 수 있다. 또한 어떠한 칭찬이나 동의의 문장도 성실해야 한다. 그렇지 않을 경우 아동은 이러한 행동을 더 자주 할 수 있다. 간단하고 쉽게 이해할 수 있는 문장과 적절한 멈춤의 시간을 이용한다.

아동은 어쩌면 부모나 교사와의 논쟁을 원할 수 있고 힘으로 부딪히려고 준비할 수도 있다. 아동은 어쩌면 요구를 할 수도 있다.

예 : "난 나를 관찰하여 보호하는 사람을 선택할 권리가 있어요." 또는 "선생님은 내게 공정하지 않아요."

논쟁에 빠져들지 말고 다른 문제에 대하여 논의하지 말라. 근본적인 임무는 아동이 자제력을 다시 찾을 수 있게 돕는 것이며 교사는 이 임무에 중점을 두어야 한다. 요구, 고발, 논쟁의 행동 등을 다루는 가장 좋은 방법은 아동이 일단 진정된 다음 동의를 제공하고 문제를 토론하려는 의지를 보여주는 것이다.

그러면 교사는 아동이 진정하도록 노력할 수 있게 다시 지도할 수 있다.

예 : "네가 진정한 다음에 네가 원하던 행동을 할 수 있다" 또는 "난 네가 화가 난 것을 안다. 또 공정성에 대하여 이야기하고 싶다. 너의 기분이 좀 좋아지면 그 일에 대해 이야기 하자구나…."

임무를 지킴으로써 부모나 교사는 아동의 자제 능력 상실을 연장하고 부모나 교사 나름대로의 교육방법을 방해할 뿐인 부수적 쟁점을 피할 수 있다.

위기를 풀어감에 있어서 아동과 적당한 거리를 유지하는 것이 바람직하다. 교사는 아동과 얘기하기에 충분할 정도의 가까운 거리를 유지해야 하지만 너무 가까워서 아동의 개인적 공간을 침해하거나 어쩌면 육체적으로 공격적인 반응을 자주 할 수 있게 되어서는 안된다. 일반적으로, 적어도 팔 길이 정도의 거리를 아동으로부터 유지하라. 아동이 방을 배회하거나 떠나버리면 가까이 있어야 하지만 너무 가깝게 따라감으로써 몰래 다가가서는 안된다. 아동이 방을 일정하게 왔다갔다한다면 아동을 쫓아다닐 필요는 없다. 단순하게 적당한 곳에 서 있거나 몇걸음 떨어져 있거나 적당한 거리를 유지하면서 있으면 된다.

감독자의 조건과 지도사항을 필요로 할 정도로 아동이 행동을 확대하는 때가 있다. 이것은 아동이 영유아 보육시설이나 유아교육기관 및 행동수정지도시설을 떠나거나 그 자신에게 혹은 다른 사람에게 위험이 됐을 경우를 포함한다.

만약 행동이 심각하다면 감독자는 첫 번째 기회에 그 상황이 보고되어야 한다. 자신의 행동이나 문장의 심각성에 대하여 절대로 판단하지 말라. 이러한 상황을 다루는 것을 훈련받은 사람에게 즉각적으로 보고되어야 한다. 교사는 자살을 할지도 모르는 아동으로부터 절대로 떠나 있어서는 안된다는 것은 매우 중요하다. 보수적인 판단을 하는 것이 아동의 생명을 위험하게 하는 것보다 훨씬 좋다.

집중적 교육은 교사에게 맡겨져 있다. 아동이 자제력을 상실한 동안 교사가 자신의 감정과 행동을 자제하는 것은 매우 중요하다. 아동들은 교사에 대한 불평이나 부수적 문제 또는 아동들을 신경 쓰고 있는지 등에 말려들게 하려는데 목표를 둔 많은 행동을 할 수 있다. 아동들은 교사가 교육을 멈추고 떠나게 하기 위하여 공격적이고 반항적인 행동을 할 수도 있다. 아동들은 교사가 행동을 강화하도록 시도하기 위하여 비지시적인 태도와 수동적인 행동을 일관되고 집중적인 교육기술의 이용과 아동의 행동에 따라 절차를 다양화하는 것이다.

6. 아동행동지도 전문가 및 스태프를 위한 지침

1) 교사들은 공정성에 대한 아동들의 불만에 대하여 반응할 필요가 없다.
   : 문제는 아동의 행동이지 교사의 행동이 아니다.
2) 교사들은 "입씨름으로 이기던지" 아동보다 크게 말해야 한다.
   : 말하기 전 아동이 조용해질 때까지 몇 초간 기다린다
3) 교사들은 진정하고 있어야 한다(흥분하거나 감정적이지 않아야 한다).
4) 교사들은 짧은 침묵을 두려워해서는 안되지만 침묵이 길어지도록 내버려둬서는 안된다.

위기중재의 단계는 수 분에서 수 시간 동안 유지될 수 있다. 특히 아동이 수동적으로

반응하지 않을 때 더 길게 지속될 수 있다. 결국 이러한 단계를 거치는 동안 아동은 진정하고 다음의 지시사항에 대하여 진전을 보이기 시작할 것이다. 그러면 교사는 아동에게 간단한 지시사항을 전달함으로써 아동의 지도사항 준수 능력을 시험해 볼 수 있다(너무 많은 지시사항을 전달하거나 더 부정적인 행동을 자주 할 수 있는 지도사항을 전달하지 않도록 조심해야 한다). 어떠한 교육도 시작하기 전에 아동들은 다음의 지시사항을 위하여 필요한 행동을 보일 수 있어야 한다. 예컨대, 교사를 바라보고, 교사가 말하는 것을 승인하고, 임무를 수행하고, 다시 확인하는 것, 교사는 아동이 그의 감정과 행동을 조절할 수 있을 때까지는 어느 정도 시간이 걸린다는 것을 반드시 상기하여야 한다. 일단 아동이 적절하게 지도사항을 따를 수 있게 되면 교육의 단계가 시작된다.

7. 아동 · 청소년을 위한 사회적 기술

1) 적극적 경청훈련

행동목표

아동은 수업 시간과 일상생활에 적절한 주의집중하는 기술을 하도록 익힌다.

〈표 12-3〉 주의집중하는 기술

필요성 확립하기	경청하는 것은 바람직하고 건강한 사회인으로 되기 위해서 배워야 하는 가장 중요한 기술임을 강조한다. 경청하는 것은 바람직한 관계 형성에 매우 중요하며 친구, 성숙한 대인관계, 생존과 삶의 과정에서 다른 사람의 요구와 바람을 이해하기 위해 필수적이다. 생존 대처 방식으로서도 해결해야 할 문제를 이해하기 위해 주의 깊게 들어야 한다.

주제 도입	사회성 기술을 훈련받은 아동 학생들에게 지시하고자 하는 내용을 말해 주고, 아래의 내용의 순서대로 지도한다.
기술 요소 확인하기	A. 말하고 있는 사람을 쳐다본다. B. 이해하고 있음을 보여주기 위해 얼굴 표정을 짓거나 몸짓을 한다. C. 이야기되고 있는 내용에 집중한다. D. 질문을 받으면 대답을 하거나 고개를 끄덕임으로써 들었다는 것을 보여준다. E. 이해하지 못하거나 추가적인 정보가 필요하다면 질문을 한다.
행동 시연하기	A. 아동들에게 소집단을 구성하게 하고, 지시사황을 어떻게 이해했는지 토론하도록 한다. B. 그리고 그 내용을 다른 집단과 논평하게 한다. C. 올바로 이해한 소집단 혹은 개인 아동에게 칭찬과 인정을 통해 행동을 강화하고, 수정하는 것이 없다면 역할놀이를 완료한다. D. 강화물(언어적 칭찬과 집단강화)로 올바른 행동을 강화한다.

행동지도사 및 상담사와 교사는 관련 상황이 발생하면 경청하기 기술이 수업이나 일상생활에서 중요하다는 것을 지적해 준다.

위기중재 상호반응의 예는 〈표 12-4〉에 설명되어 있다.

〈표 12-4〉 위기개입 상호작용

긍정적 교정상태	부모나 교사 : "○○야! 만약 진정하면 잃은 점수를 되받게 될 거야." 아동 : (서성거린 것을 중단)
적절한 행동의 설명	부모나 교사 : "참 잘했어, 서성거리는 행동을 멈췄구나." 아동 : (행동의 계속)

부적절한 행동의 설명	부모나 교사 : "○○야! 너 지금도 소리지르고 있구나." 아동 : (행동의 계속)
단순하고 단호한 지시	부모나 교사 : "소리를 좀 낮춰!" (중단) 아동 : (행동의 계속)
감정이입	부모나 교사 : "○○야, 어렵다는 것을 알아. 그리고 네가 화났다는 것도 알고." 아동 : (소리 지르는 것을 중단)
지시의 반복	부모나 교사 : "제발 목소리를 낮출 수 없니? 조금 더 말이야?" (중단) 아동 : (말을 부드럽게 함)
긍정적 교정상태	부모나 교사 : "아주 좋아. 서성거리는 것을 중단하고 목소리를 낮추었어, 이제 점수를 돌려받게 됐어."

2) 교육하는 단계(teaching phase)

이 단계는 아동이 진정하고 지도사항을 따르기 시작했을 때 시작된다. 이 단계의 처음 단계에 있어서 교사는 어떠한 적절한 행동에 대하여도 계속해서 동의와 지도사항을 전달하고 칭찬하고 설명하여야 한다. 이 과정 동안 아동에게 그들이 지도사항을 준수함에 따라 점수를 되찾기 시작했다고 말한다.

예 : "훌륭하구나. 정말 진정하고 나의 말을 잘 경청하는 것은 잘하고 있구나."

그러나 상점은 아동이 진정하고 적절하게 그의 카드 위에 벌점을 적을 수 있을 때까지 상점의 합계는 정해지지 않아야 되고 권한 습득 카드에 쓰여져서는 안된다.

교사가 일단 아동이 진정되었고 지도사항을 따를 수 있다고 확신이 되면, 몇 가지 중요한 교육이 일어난다. 첫 번째 임무는 아동이 예방적 단계에서 얻은 벌점을 받아들이고 적을 수 있게 하는 것이므로 첫 번째 교육의 의제는 벌점의 기록이다. 어떤 경우에는 아동이 벌점에 부정적으로 반응하는데 그럴 때에는 예비교육을 하는 것이 좋다. 일단 교사가 아동이 벌점을 적절하게 기록할 수 있다고 결정하면

1. 본래의 문제에 대한 벌점–행동의 심각성과 격렬성에 따른 합계
2. 지도사항을 따르지 않으면 벌점 5,000점
3. 지도사항을 따르지 않으면 벌점 10,000점
4. 지도사항을 따르지 않으면 벌점 50,000점

적절한 행동에 대한 칭찬과 벌점을 받아들이고 지도사항을 준수했을 때 주어지는 상점은 중요하다. 아동이 되찾은 첫 번째 상점은 아동의 행동에 따라 잃어버린 점수의 반까지 되찾을 수 있으므로 매우 관대할 수 있다. 아동들은 지도사항의 준수를 통하여(위기중재 동안 진정함으로써) 벌점을 받아들이는 연습과 문제해결 그리고 정식 벌점을 받아들이는 것을 통하여 즉각적으로 점수를 얻을 수 있다.

이러한 처음의 네 가지 상호반응을 통하여 다시 얻어지는 점수는 총 20,000점이다. 그러고 나서 교사는 더 많은 교육을 선택할 수 있고 아동들에게 지도사항을 준수하는 연습, 적절하게 거절하는 연습, 사과하는 연습, 그리고 본래의 문제점을 연습하는 기회를 제공할 수 있다. 물론 무엇을 가르치느냐는 그 당시 아동의 행동에 달려 있다. 아동은 이러한 네 가지 기술을 연습하는데 대하여 10,000점에서 12,000점까지 얻을 수 있다.

마지막으로 교사는 아동의 자제력 상실이아는 본래의 문제점으로 돌아가서 교육 상호반응을 끝낸다 〈표 12–5〉는 교육 단계 과정을 보여준 표이다.

〈표 12-5〉 교육 단계

교사나 부모행동	아동행동
칭찬(중단) 수용결과에 대해 미리 가르침(중단) 부정적 점수를 받았을 때의 결과에 대해 기록	모든 지시를 따름 모든 지시를 따름 모든 지시를 따름
2,000 : 본래 주어진 점수 5,000 : 지시를 따르지 않을 때 10,000 : 〃 50,000 : 〃	모든 지시를 따름 〃 〃 〃
표출과 기록 긍정적 결과 지시를 따름 결과를 수용함 (소, 중, 대 그리고 역할시연) (중단) 역할시연기법 지시에 따름 적절한 태도로 거절하기 원래 주어진 사항('아니오'를 수용하는 등) 사과하는 것 합의된 원래의 쟁점에 대한 상호교육	모든 지시를 따름 (잃은 점수를 되돌려 받는 점수) 모든 지시를 따름 〃 〃 〃 모든 지시를 따름 (점수를 돌려받음) 〃 〃 〃 〃

3) 후속교육 단계(follow-up teaching phase)

점검교육은 집중적 교육 후 장시간 안에 이루어진다. 아마도 아동은 집중적 교육 기간 중 받은 많은 벌점으로 인하여 그의 특권을 가지지 못할 것이다. 그러므로 교사는 아동의 문제 부분에 중점을 둔 보충교육을 할 수 있는 시간이 있을 것이다. 교사는 교육 단계 기간 중 아동에게 가르친 것과 같은 기술을 아동이 연습하게 할 수 있다(아동행동지도사항의 준수, 벌점을 받아들이는 것, 적절하게 거절하는 것, 사과하는 것, 그리고 본래의 문제점).

교사는 또한 아동들에게 봉사 활동, 긍정적 설명을 하는 법 그리고 칭찬하는 점 등과 같은 유대관계 확립의 기술을 가르쳐야 한다. 아동이 보여주는 어떠한 적절한 행동도 강화시키는 것은 중요하다. 교사는 반드시 집중적 교육이 감정적으로 소모되고 또 아동을 혼내주고 싶더라고 긍정적으로 또 건설적으로 진행되어야 한다는 것을 상기하여야 한다. 아동이 체면을 차리고 시설에서 그의 발전을 계속하는 것은 반드시 허용되어야 한다.

8. 주도적 학습 관련 일반적 쟁점

주도적 학습과 관련된 다음과 같은 일련의 문제점과 지침은 교사가 집중적 교육을 받고 또 잘 해나갈 수 있게 도와줄 수 있다.

집중적 교육의 전략을 발전시키고 보완하는 것을 돕는 하나의 방법은 문제의 빈도, 길이, 그리고 강도 등의 도표를 만드는 것이다. 이러한 도표는 지속적인 문제를 나타내는 아동에게 있어서 특히 도움이 된다.

도표는 교사와 감독자의 전략이 효과적이라는 것을 나타내 줄 수 있는 아주 적지만 향상된 부분도 찾을 수 있게 해준다. 종종 이러한 조그마한 진전은 도표 없이 발견되지 않는다. 그러므로 교사들이 잘 사용하고 있는 효과적인 방법일지라도 이 도표를 활용하기 위해 중단하고 보완할 수도 있게 한다. 비슷한 이치로 문제가 빨리 발견될 수 있게 하고 치료가 어떻게 주어질 것인가 하는 결정에 정보를 제공할 수 있게 한다. 도표의 또 한 가지 장점은 아동이 나타내는 부정적 행동을 객관적으로 볼 수 있게 하고 교사들은 아동들이 문제를 극복할 수 있도록 돕는데 중점을 둘 수 있게 돕는다. 도표의 빈도와 기간은 매우 간단하다. 아래의 자제력 상실의 단위 등급은 강도를 측정할 수 있게 돕는다.

- 불순종한 행동
- 수동적인 행동
- 공격적인 언어
- 물건을 부수는 등의 신체적인 공격성
- 사람이나 동물을 대상으로 한 공격성

이러한 도표들 또한 아동들과 같이 봄으로써 진전 정도가 강화되고 토론될 수 있다. 칭찬이 주어지는 빈도, 길이, 강도의 긍정적 변화는 발전을 나타낸다. 종종 한 부분 이상에서 발전이 있다.

교사들은 집중적 교육상황을 야기한 문제와 선례 또한 계속적으로 점검할 수 있다. 이렇게 함으로써 적절한 예방적 교육을 할 수 있고 신속하게 아동이 자제력을 잃지 않을 수 있게 도울 수 있다. 집중적 교육을 피하는 길은 예방적 교육이라는 것을 기억해야 한다.

집중적 교육이 발생했을 때나 상황이 악화되기 시작했을 때에 교사들은 가능한 한 빨리 그들의 감독자에게 알려야 한다. 집중적 교육을 시작하는 사람은 아동과 함께 있고 다른 사람이 감독자에게 알려주는 것이 좋은 방법이다. 감독자는 신임교사들의 집중적 교육을 처음 몇 번 동안 지도할 수 있다.

특별히 어렵거나 장기간의 집중적 교육에서는 교사들이 짧은 휴식을 위하여 번갈아 가면서 할 수도 있다. 이러한 경우에는 첫 번째로 아동과 교육을 시작한 교사가 성공적으로 결론을 내라는 것이 중요하다.

집중적 교육에 관하여 몇 가지 기억해야 할 점들은 다음과 같다.

- 어떤 아동들은 전문적 행동지도사 및 훈련된 교사가 교육기관으로 오기 전에 수년 동안 행동통제 및 자제력 상실의 행동을 보여 왔다. 교사가 있는 교육기관이 그들의

부정적 행동을 긍정적으로 다루는 첫 번째 장소일 수도 있다. 모든 아동들은 그들의 감정적 발전에 공헌한 요소들이 있는 제각기 다른 배경에서 왔다. 아동이 도착하기 전에 교사들은 그들의 서류를 읽고 전에 아동들을 교육시켰던 사람들과 이야기를 하면서 해결책을 논의한다. 이것은 교사들에게 아동의 행동 경향에 관한 배경을 제공하게 된다.

- 동의적 설명의 사용은 감정적 행동을 감소시키는데 효과적이라고 증명되었다. 그러나 동의적 설명은 다른 상황에서도 많이 쓰여야 집중적 교육상황에서도 효과적일 수 있다. 집중적 교육상황에서만 동의의 설명을 사용하는 교사들은 아동들에게 성실하게 보여지지 않을 수 있고 아동의 관심을 얻기 위하여 부적절하게 행동하는 원인이 될 수도 있다.

- 교사들은 집중적 교육이 끝났다고 해서 아동의 자제력을 얻었다고 가정해서는 안된다. 자제력은 한 번 시도해서 얻어지는 경험이 아니다. 이것을 개발하는 데는 시간과 여러 번의 훈련이 필요하다. 집중적 교육 기간에 벌점을 치료제로써 작용하지 않는다. 벌점은 부정적 행동에 대한 대가일 뿐이다. 능력 있는 교사들은 어떤 아동들에게 있어서는 집중적 교육의 빈도나 심각성이 감소될 수는 있으나 완전히 제거할 수는 없다는 것은 인식하고 있다.

- 벌점은 아동의 부적절한 행동에 대한 사회의 반응으로 작용한다. 사회에서의 이러한 벌점은 정학, 투옥, 관계의 붕괴, 가정과의 결별, 해고 등을 포함한다. 교사들의 목표는 미국의 Boys Town에서 개발한 동기체제를 통하여 이러한 진실을 가르치는 것이어야 한다.

- 교사들이 아동이 그들의 문제를 극복하는 것을 도우려 한다면 아동의 행동을 개인적으로 받아들이지 않도록 반드시 노력해야 한다. 아동이 공격적이고 부적절한 말

을 하더라도 목표는 아동을 돕는 것이어야 한다. 교사들은 아동이 어떻게 사회적으로 적절한 행동하는지를 첫 번째로 가르쳐서 아동이 인생에서 성공할 수 있게 하여야 한다.

9. 요약

예방은 아동이 자제력을 잃고 집중적 교육방법을 필요로 하게 되는 상황으로 가지 않게 하는 열쇠이다. 예방적 교육과 효과적 칭찬의 사용, 그리고 아동과의 강력한 유대관계의 발전은 이러한 목표를 달성하기 위한 몇 가지의 방법일 뿐이다. 아동이 자제력을 잃었다는 신호의 암시를 인식할 수 있는 능력은 교사가 어떤 상황이 수습불가능의 상황이 되기 전에 대응할 수 있도록 도와준다.

침묵과 탈퇴부터 논쟁과 욕설까지의 많은 무반응적인 행동들은 집중적 교육의 필요성이 있다. 이러한 행동들의 공통된 요소는 아동이 더 이상 지도사항을 따르지 않는다는 것이다. 진정하고 필요한 교육의 절차를 준수함으로써 교사들은 아동들이 자제력을 되찾고 부적절한 행동 없이 미래의 상황을 다룰 수 있게 도와줄 수 있다.

집중적 교육은 전반적인 family home program의 한 요소일 뿐이다. 이러한 기술의 성공은 다른 모든 요소의 이용과 강한 유대관계를 가지고 있다. 이러한 요소들을 성공적으로 사용하는 시설은 아동들이 모든 상황에서 긍정적이든 부정적이든 스태프들이 그들을 보호한다는 것을 알 수 있고 그들에게 안내를 해준다는 것을 알 수 있는 곳이다. 집중적 교육상황과 같이 감정적인 시간을 효과적으로 다루는 것은 강하고 긍정적인 유대관계의 확립에 있어 중요한 열쇠일 수 있다. 그리고 아동이 자제력과 적절한 감정의 표현을 배울 수 있다면 시설을 떠난 후 가정이나 사회에서 성공할 확률은 크게 늘어난다.

10. 모델의 비교

아동 · 청소년들의 문제행동치료 과정 중 아동은 화를 낼 수도, 자제력을 잃을 수도 있고, 어떤 경우에는 공격적인 행동을 보일 수 있다. 우리가 비교해 온 여섯 가지 모델은 이러한 상황을 풀어가는 데 있어서 각기 다른 방법을 가지고 있다.

심리역동적(의학적) 치료자의 임무는 주로 자제력을 잃었거나 공격적인 아동을 다루는 것을 포함하지 않는다. 이 모델이 기술에 근거하지 않았기 때문에 치료자들은 전혀 협조적이지 않은 아동과 '치료'를 할 수가 없다. 치료자들은 아동이 그들의 행동과 행동에 대한 대안적 방법들을 인식할 수 있게 도와주는 기술을 사용함으로써 아동을 진정시키려 시도하지 않는다. 대신, 전형적인 치료방법은 아동들을 억누르거나 약물로 치료하는 것이다.

인지치료방법에서 치료자들은 공격적이고 자제력을 잃은 행동에 비슷한 방법으로 반응한다. 아동들이 보다 활동적이고 또 아동들이 치료 과정에서 완전히 협조적인 필요가 없기 때문에 치료자들은 공격적인 행동에 약물이나 제한으로 대응한다. 약물치료가 아동을 진정시키는데 매우 도움을 줄 수는 있어도 아동의 사고과정에 혼돈을 주는 등의 부작용을 가져올 수 있다. 약물치료는 어떤 아동들에게는 필요한 치료방법일 수 있으나 문제적 행동이 조짐뿐이라면 대안적인 행동이 첫 번째로 시도되어야 한다.

행동적 치료 과정에서 치료자들은 아동이 자제력을 잃게 한 선례와 행동을 유지시키는 결과가 무엇인지 알아내려고 시도할 것이다. 그런 후 치료자들은 이것이 아동에게 어떤 영향을 미치는지 알기 위하여 이러한 요소들을 바꾸어 가며 상황을 만든다.

종합 모델도 비슷한 전략을 사용한다. 종합 모델도 아동이 자제력을 잃었을 때 사용할 수 있는 특수한 기술을 교사들에게 훈련시킨다. 이러한 기술은 아동이 진정할 수 있게 돕고 교사들이 집중할 수 있는 것이 무엇인가? 그래서 교사들도 역시 진정할 수 있는 것이 무엇인가를 찾아주는 기법이다. 이러한 위기에서 매우 중요하고 만약 아동을 교육하는 사람이 화가 나면 아동이나 어른이 다치게 될 수도 있기 때문이다. 진정하고 아동이 행동을 변화시킬 수 있게 돕는 것은 약물치료나 제한의 긍정적 대안이다.

대립의 해결도 절충적 접근에 근거를 둔 '오클라호마 대학의 프로그램'에서 확실하게 토론된다. 이것은 분노의 이론과 교사들이 아동의 분노를 어떻게 다루어야 하는지 설명한다. 프로그램은 대립과 그 해결을 위한 특별한 전략도 제공한다. 교사의 행동과 아동에게 전달되는 구두와 비구두적 메시지에 대한 충분한 토론도 있다. 프로그램은 아동과의 대립을 적절하게 풀어가는 것의 중요성을 강조하고 어떻게 풀어갈 것인지에 대한 전략을 제공한다.

과거에는 긍정적 동료 문화 프로그램에서 무반응과 공격적 행동을 하는 아동을 격리시키고 제한하는 식으로 다루어 왔다. 방에 갇혀 지내거나 24시간 동안 그들의 동료에 의해서 '경호'되는 것이 아동들에게는 이상하지 않다. 대중의 인식은 이러한 프로그램의 대부분을 바꾸어 놓았다. 그러나 이 프로그램은 '치료방법을 제공하는 아동'에게 특수한 기술에 관한 훈련을 제공하지 않는다.

〈표 12-6〉은 위기중재 단계의 과정을 보여준다.

〈표 12-6〉 위기중재 단계

교사나 행동치료사	아동행동
· 긍정적 교정 상태(중단)	· 지속적 행동
· 부적절한 행동의 설명	· 지속적 행동
· 적절한 행동의 설명	· 지속적 행동
· 단순하고 단호한 지시(중단)	· 지속적 행동
· 감정이입	· 지속적 행동
· 지시의 반복(중단)	· 지속적 행동
· 긍정적 교정 단계	· 지속적 행동

주 : 자기통제적 행동이 이루어질 때까지 지속적으로 이 단계를 계속함.

Chapter 13

자기조절 및 통제관리 개발

미국의 family home program(가정거주 프로그램) 중 자기조정 관리체제(self-government system)는 아동과 부모 그리고 교사 등이 그들의 삶에 영향을 미칠 수 있는 결정에 참여할 기회를 제공한다. 자기조정 관리체제에는 세 가지 구성요소가 있다. 가족과의 회의와 일일회의(집에서의 가족회의와 보호소에서의 일일회의), 문제의 기록, 그리고 관리체제가 그것이다. 이 세 가지는 이번 장에서 세부적으로 논의된다.

1. 가족회의 / 일일회의

주로 저녁 식사 후에 아동과 대리양육자나 교사들 사이에서 매일 열리는 회의이다. 회의은 주로 10분에서 20분 정도이고 그 목적은 단체나 가족에 영향을 미치는 결정에 참여시키기 위한 것이다.

소기의 목적을 달성하기 위해서 대리양육자나 교사들은 매일 그날그날의 회의을 위한 일반적 목표를 세운다. 첫 번째 목표는 아동에게 문제해결능력을 가르치는 것이다. 이것은 아동들에게 문제 상황을 정의하는 것을 가르치고 아동들이 문제를 다루고 모든 대안이 지니고 있는 장점과 단점을 검토하여 가장 최선의 것으로 보이는 방법을 결정하기 위하여 투표를 할 때에 가능한 선택들이 무엇이며 가장 최선의 선택이 무엇인지를 검토하는 것을 포함한다. 이 문제해결 접근방법을 SODAS-F라고 하는데 이것은 아동들에게 합리적인 결론을 내리기 전에 아동이 상황의 좋은 점과 나쁜 점을 생각하게 하는 것을 가르친다. 두 번째 목표는 긍정적인 사건들, 문제들 그리고 해결책을 나누는 것이다. 대리양육자나 교사들은 이러한 사건과 문제들 그리고 해결책 등을 논의하는 일일회의에서 가능한 한 최대로 바람직한 대안을 제시하고 그 목적을 강화시키는 기회로 삼아야 한다. 대리양육자나 교사들은 아동들에게 부여된 특권을 누릴 수 있는 시간과 일일회의 시간이 겹치지 않게 계획을 해야 한다. 그리고 아동들이 집과 시설에 관한 문제점을 실제로 결정하는 기회를 갖도록 해야 한다. 물론 이에 관한 정보를 나눔으로서 결정을 하는 데 도움을 주도록 한다.

예 : 학교추천, 하루도 결석하지 않는 개근

세 번째로 대리양육자나 교사들은 도덕성과 가치를 가르치는데 일일회의의 기회를 이용한다. SODAS-F를 이용할 때에는 특히 논쟁의 여지가 있는 주제들을 논의할 때나,

예 : 마리화나의 합법화, 성문제, 폭력이 있는 영화

장점과 단점을 토론할 때 그리고 도덕과 가치의 쟁점이 되는 주제가 자주 포함된다. 이러한 토론들은 아동들이 결정을 내리는 데 있어서 아동들에게 도덕적 문제점과 사회적 가치를 숙고하고 토론하게 하는 기회를 대리양육자나 교사들에게 제공한다. 마지막으로 일일회의는 사회적 이상형으로서의 자기통제관리를 가르칠 수 있도록 도와준다. 이러한 회의들은 아동들에게 합리적인 토론과 투표를 통하여 결정을 내릴 수 있는 기회를 제공한다. 회의에서는 아동에게 집에서나 시설의 교육 및 교육기관 내에서의 규칙 그리고 스태프들의 행동에 대해 동의할 수 없을 때 적절한 방법으로 동의하지 않는 태도 등을 말한다. 아동들은 처음에 자기조정 관리체제에 참여하는 것이 어떠한 것인가를 배운다.

대리양육자나 교사들 또한 일일회의에서 얻는 것이 있다. 프로그램에 기여할 수 있는 기회와 함께 아동들을 더 즐겁고 더 만족하게 만들 수 있다. 이러한 일일회의를 함으로써 집약적인 교육상황을 줄일 수 있고 교육 접촉을 줄일 수 있다는 것을 의미한다. 또한 일일회의에서 동기체제(motivation system)를 이용하여 대리양육자나 교사들은 아동들에게 합리적인 문제해결능력을 가르치고 강화할 수 있다. 이것은 아동들이 그들의 문제를 직접적인 아동지도자의 중재 없이 대응하는 것을 배우기 때문에 대리양육자나 교사들의 일을 훨씬 쉽게 한다. 아동들은 또한 일일회의에서 배운 문제해결능력에

대해 감사한다. 일일회의에서 다른 사람의 생각에 귀를 기울이고 공평성, 효율성, 즐거움, 그리고 관심 등을 배우는 것은 아동들이 결정을 내릴 때의 합리적인 방법을 택하는 기법을 이해하는데 도움을 준다.

문제해결능력 지도 ➡

- 문제 상황을 명확히 파악한다.
- 모든 대안의 장점과 단점을 검토하여 가장 최선을 선택하게 한다.
- 자기통제를 할 수 있게 한다.

1) 일일회의의 기능

일일회의의 기능은 회의를 주재하는 대리양육자나 교사의 능력 수준에 의해 좌우된다. 위탁보육 프로그램(home stay program)에서 처음으로 스태프가 된 대리양육자나 교사들은 처음에는 기본적 기능에 중점을 두고 복잡한 기능은 몇 달 후에 조금 더하여진다. 기본적 기능은 다음과 같다.

(1) 자기통제 관리기법의 교육

프로그램에 어느 정도 있었던 아동들은 자기통제 관리기법의 많은 부분을 배울 것이다. 그러나 결정을 내리는 법, 규칙에 대한 토론 그리고 투표 등의 기본적인 자기통제 관리기법들은 새로운 아동들에게는 새로 가르쳐져야 하고 좀 경험있는 아동들에게는 이러한 기법들을 상기시켜야 한다.

(2) 절차에 의한 검토와 칭찬

성과, 상, 목표까지의 진전 상태 그리고 자기통제 관리 단계의 진전 등을 위해서 스태프는 효과적인 칭찬을 이용하여야 한다. 이것은 일일회의를 통해 아동들을 강화시킬 수 있게 도와준다.

(3) 광고

일일회의는 특별한 사건을 발표하거나 단체 전체에게 영향을 미칠 수 있는 문제점을 토의하는데 아주 좋은 시간이다.

예 : 방문객에 대한 소개 등

(4) 계획 수립 그룹 또는 시설 내에서의 행동

스태프 구성원들과 아동들은 어떤 대안의 선택과 여가 활동에 대한 결정을 논의하여야 한다.

(5) 동료 간의 비판과 비판의 수용

일일회의는 아동들이 비판적인 피드백을 동료에게 주는 기법과 동료들로부터 비판적인 피드백을 받는 연습을 하기에 좋은 기회이다. 이 연습은 프로그램 안에서 동료들과의 관계를 발전시키고 유지시키는 것 뿐만 아니라 동료 간의 상호작용 같은 기법들을 발전시키는데 있어서 중요하다.

(6) 규칙의 설정과 변화

현재의 규칙을 검토하는 것, 그리고 필요할 때마다 규칙을 보완하는 것, 그리고 현재의 문제들을 해결하는데 도움을 주기 위해서 새로운 규칙을 만든다든지, 예전의 규칙들이 무시되어야 하는지를 알기 위해서 규칙에 대한 이론적 평가를 논의하는 것 등은 모두 다 일일회의에 좋은 주제이고 일일회의에서 아동들에게 프로그램의 수행에 대한 말을 할 수 있도록 허용해 주어야 한다.

대리양육자나 교사들이 일일회의와 관련된 여섯 가지 분야에 능숙해진 후에는 그들의 자문 그룹이나 감독자의 조언 그리고 도움을 얻어 다섯 가지 기능을 습득할 수 있다.

(7) 아동행동지도 스태프를 위한 피드백

아동지도 스태프에게 피드백을 하는 일은 매우 중요한 기능이지만 이러한 기법을 습득하기는 쉽지 않다. 스태프들은 아동들에게 또 언제 피드백을 주어야 하는가를 가르쳐주어야 하고 이들과 함께 아동들이 피드백을 주는데 있어 편안한지를 확인하기 위해서 연습을 해야 한다. 스태프들은 피드백을 자주 물어봐야 하고 건설적인 피드백은 강화시키면서 피드백을 할 때 적절하게 대응해 주어야 한다. 그리고 아동행동변화와 맞다면 피드백에 대한 조치로서 그들 자신의 행동을 바꾸어야 한다. 이것은 아동들이 건설적인 피드백을 제공할 수 있게 용기를 주는 결과가 된다.

(8) 결과와 절차에 관한 논의

결과를 설정하고 규칙을 위반했을 때 어떻게 할 것인지를 논의하는 일은 아동이 규칙 위반을 했을 때 받게 될 벌칙에 대하여 토론하고 투표하는 상황에서 활용된다. 종종 스태프들은 벌칙의 허용 범위가 어디까지인가를 아동에게 미리 말해둔다. 그러면 아동들은 그 범위 안에서 벌칙을 정하기 위하여 투표한다. 아동의 위치를 무너뜨릴 수 있는 규칙 위반은 토의되지 않는다. 이러한 규칙과 벌칙에 관한 것은 오직 감독하는 사람과 프로그램 책임자와의 상의 후에 정해질 수 있다.

(9) 매니저의 평가

매니저의 프로그램에서 다른 아동들에 대한 어느 정도의 책임이 주어진 아동이다. 매니저 체제의 중요한 부분은 일일회의에서 논의되는 검토기능이다. 이 검토 과정에서 모든 아동들은 매니저의 그날 성과에 대하여 언급할 수 있다. 그러면 매니저의 평가에 의하여 벌칙이나 상품을 얻는다.

(10) 결과의 평가

결과의 평가는 토론될 수 있는 새 규칙의 위반에 대한 벌칙이나 기존의 규칙을 위반했을 때 벌칙을 결정하는 것을 포함한다. 스태프들은 규칙위반과 1~2주간의 벌칙 등을 잘 보관했다가 일일회의에서 보고하여야 한다. 규칙 위반이 계속 되풀이 된다면 문제해결을 위하여 스태프와 아동들은 상호 접촉을 통한 교육 접촉을 어떻게 조정할 것인지 그리고 벌칙의 크기는 어떻게 할 것인지에 관하여 토의할 수 있다. 만약 위반의 정도가 받아들일 수 있을 정도로 크지 않으면 스태프들은 모범적인 행동을 강화하기 위하여 효과적인 칭찬을 이용할 수 있다.

(11) 불만에 관한 논의

아동들은 그들이 불공정하다고 느끼는 벌칙이나 규칙을 가져와서 토론할 수 있고, 다른 아동들과 스태프들에게 불공정하다고 느끼는 규칙이나 벌칙들을 바꾸기 위하여 호소할 수 있다. 이것은 스태프에 의해 관리된 개인의 벌칙 뿐만 아니라 프로그램이 정한 규칙 위반을 했을 때 받게 되는 벌칙에 대해 바꾸도록 호소하는 것도 포함한다. 스태프들이 준 벌칙에 대하여 질문할 수 있도록 허용함으로서 아동들은 스태프와 프로그램이 공정하다는 것을 이해한다. 그러나 스태프들은 아동들의 이러한 불만의 원인이 일일회의의 주제로서 적합한지 확인하여야 한다 어떠한 문제들은 개인적이기 때문에 그것이 단체의 문제가 되어서는 안되기 때문이다.

2) 일일회의를 위한 기법교육

대리양육자들은 생산적인 일일회의를 위하여 아동들에게 여러 가지 기법을 가르쳐야 한다. 이러한 기법들은 보통 잘 조직되고 계획된 교육을 통하여 개인적으로 가르쳐질 수 있다. 그러나 많은 아동들이 배워야 할 내용이거나 모든 아동들에게 필요한 기술일 경우에는 단체교육이 주어질 수도 있다. 이것은 일일회의에서 아동들을 단체로 교육하는 것과 아동들에게 배운 기술을 연습하게 하는 것 등을 포함할 수 있다. 아동들이 개인적으로 배우든 단체적으로 배우든 상관없이 아동 각각은 다음과 같은 사회성 기법들을 일일회의에서 배울 필요성이 있다

(1) 토론기법

발표하는 사람의 눈을 바라보는 것, 수긍(행동 혹은 말로서)하는 태도, 방해 안하기, 질문하기, 번갈아 가며 말하기, 조언과 자극에 주의를 기울이는 태도, 똑바로 앉는 것, 침착하게 말하는 것 등은 모두 토론의 기법을 가르치기 위해 도움이 되는 행동이다.

(2) 비판하는 기법

피드백 주고 받기, 눈을 바라보는 것, 수긍, 언쟁하지 않는 태도, 친절한 목소리, 적절히 부정하는 태도 그리고 해답의 제공 등에 관한 것이 비평적 기법의 구성요소들이다.

(3) 규칙과 처벌에 관한 합리적 설명

아동과 스태프들에 의하여 제공되는 이론적 논리는 아동에게 왜 규칙이 필요하고 행동을 수정하고 바람직한 행동을 강화하는데 이용되는지를 가르쳐 주는데 매우 중요하다.

(4) 긍정적 행동과 문제행동에 대한 인식

아동들은 어떤 행동이 중요한지를 배우고, 그런 행동이 일어날 때 그런 행동에 대해 인식하고 그러한 행동에 관하여 일일회의에서 어떻게 언급할 것인가에 대하여 배울 필요가 있다. 이것은 아동들이 무엇이 맞고 무엇이 틀린가를 스스로 알게 하도록 도와주며 한 아동으로부터 다른 아동에게 효과적인 칭찬과 비평의 가치를 전파시키는데 도움을 준다.

(5) 합리적 제안을 하는 기법

처음에 스태프들은 아동들의 어떠한 제안에 대해서도 강화하기를 원할 것이다. 그러는 동안에도 스태프들은 아동들이 합리적이고 이치에 맞는 제안을 할 수 있도록 가르쳐야 한다. 만약 제안이 말이 안되거나 매우 합리적인지 아닐 경우에는 스태프들은 아동에게 제안된 대안이 가지고 있는 장점과 단점을 조사해 보라고 물을 수 있다. 이것은 아동이 어떤 측면에서 원래의 제안이 말이 안되는지의 이유를 발견할 수 있기 때문에 아동에게 교육적 경험이 될 수 있다. 다른 방법으로는 스태프가 아동에게 어떻게 하면 좀 더 합리적이고 이치에 맞는 제안을 할 수 있는지 직접적으로 가르치는 것을 선택할 수도 있다.

(6) 학습개념들

스태프들은 일일회의의 각 회의 시간 동안 아동들이 일일회의의 공평성, 즐거움, 효율성 그리고 관심과 개념의 의미에 대하여 배울 수 있도록 이것들의 개념에 대하여 말해야 한다. 스태프들은 아동들이 회의가 공정했는지 즐거웠는지 등을 물어봄으로써 그들이 개념을 완전히 이해했는지 확인할 수 있다.

(7) 문제를 보고하는 기법

아동들은 무엇이 적절하고 무엇이 부적절한 행동인가를 인식하는 것을 배우는 것 뿐만 아니라 스태프들에게 배운 것을 보고하는 태도도 배워야 한다. 아동이 변화를 가져와야 할 것을 봤을 때 아동은 일일회의 카드를 써서 일일회의에서 논의하여야 한다. 그들은 어떤 한 사람의 적절한 행동이나 부적절한 행동에 의해 서로 영향을 받을 수 있다는 것을 이해해야 한다. 그러므로 일일회의에서 문제를 보고하고 그러한 것에 대응하는 것은 중요하다.

3) 일일회의 행동을 가르치는 과제

다른 중요한 기법에서처럼 회의에 앞서 예비교육(preteaching)은 일일회의에서도 매우 중요하다. 스태프들은 새로운 아동이 있는 경우 처음 몇 차례의 회의에서는 일일회의 행동에 대해 설명하는 데 이용하는 것이 좋다. 어떻게 스태프의 관심을 끌 수 있는가.

예 : 손을 든다.

어떻게 문제점을 꺼내는가.

예 : 카드에 써서 제출하고 스태프를 만난다.

등의 기법들을 가르친 후 다음 미팅에서는 테이블을 돌면서 아동들에게 이러한 기대들 중 하나나 두개를 말해 보라고 말하면서 회의를 시작할 수 있다. 이것은 모든 사람에게 좋은 기회가 되고 바람직한 행동을 강화하는데 도움을 준다.

마찬가지로 왜 일일회의가 중요하며 토론의 주제에 제한이 있는지의 이 유도회의를 시작할 때 아동들에게 물어봄으로서 이해를 촉진할 수 있다. 주로 심각한 문제를 가지고 있는 아동에게 민감할 수 있는 것들은 회의주제에서 제한점을 갖게 된다. 마약, 섹스, 오줌싸개 등의 매우 민감하거나 사람의 개인적 특성에 관련된 주제도 일일회의에서 토론될 수는 있지만 '누가 한다', '했다' 등의 아동의 이름이 포함되는 것은 절대로 안 된다. 스태프들은 아동들을 화나게 할 수 있는 폭로 등을 피하기 위하여 이러한 문제들을 늘 개인적으로 다뤄야 한다. 또한 법적인 주제나

예 : 미성년자는 술을 마실 수 없다.

프로그램 규칙,

예 : 금연

또는 확고한 프로그램의 규칙,

예 : 어떤 아동도 다른 아동의 방에 혼자 있어서는 안됨.

은 아동의 권한 밖이므로 일일회의에서 토론되어서는 안된다.

예비교육(preteaching) 외에도, 스태프들은 일일회의 행동을 가르치기 위하여 자발적인 교육을 이용할 수 있다. 기법들을 가르치고 연습시킨 후에 일일회의 동안 일어나는 모든 기법을 효과적인 칭찬과 상품을 통하여 크게 강화시켜야 한다. 예를 들면, 문제를 풀기 위하여 아동이 SODAS-F 방법을 이용할 때 스태프들은 모든 것을 멈추고 효과적인 칭찬과 상품을 이용하여 모든 참여자들을 강화시켜야 한다. 다시 말하면 아동이 일단 혼자서 적절한 일일회의의 행동을 보여주기 시작했을 때 아동들은 상을 받게 되고 또 계속 그렇게 용기를 북돋아 주는 것이 중요하다.

스태프들은 회의에서 적절하지 않은 행동에 대하여 조언과 상호작용을 통해 이러한

행동을 올바른 행동으로 변화시키는 노력을 해야 한다. 이것은 특히 긍정적 교정을 위한 지시(positive correction statement)를 포함하는 교수 상호작용(teaching interaction)을 통해 아동을 가르치는데 매우 유용하다(예 : "네가 계속해서 방해없이 토론을 한다면 너는 벌점의 반을 줄여줄 수 있다"). 만약 조언과 가르치면서 하는 교수 상호작용이 효과가 없을 때 그리고 아동의 행동이 계속해서 확대될 때 스태프는 회의를 멈추고 문제행동을 교정하여야 한다. 회의는 나중에라도 계속될 수 있다.

4) 권위의 한계

여러 가지의 주제가 일일회의에서 토론될 수 있고 스태프들과 아동들에 의해서 많은 결정이 내려질 수 있지만 아동의 권한에는 제한이 있다. 이러한 제한들은 다음과 같다.

(1) 청소년통제를 벗어난 문제

앞에서 언급된 바와 같이 법에 관한 것

예 : 마약

프로그램의 구성요소

예 : 벌칙

프로그램의 규칙, 안전상의 문제

예 : 침대에서의 금연

등 이러한 것들은 아이의 권한 밖에 있다. 아동과 다른 단체 참가자의 이러한 법이나 규칙을 바꾸려는 시도는 헛된 것이다.

(2) 청소년의 능력

다른 문제점들은 그룹 회의(group meeting) 참가자의 권한이지만 스태프들은 그 단체의 능력에 따라 주제의 범위를 제한하거나 확대할 수 있다. 문제를 풀거나 좋은 판단을 잘하는 아동들로 구성된 그룹은 결정을 내리는 문제에 있어서 더 커다란 폭과 범위를 가질 수 있다. 예를 들면 그룹이 어떤 활동을 계획하고 그때 아동이 동기체제를 중지하고 싶을 때 과거에 이러한 문제를 잘 해결했다면 스태프는 이에 동의할 수도 있다. 좀 기술이 부족한 집단일 경우에 스태프들은 집단의 요구를 거절할 수 있고 대신에 개인적인 것에 근거하여 누가 동기체제에 남아야 하는지 결정한다.

(3) 거부하는 능력

가끔씩, 스태프들과 아동들은 어떤 행동에 대한 벌칙의 크기에 상호 동의하지 않는다. 만약 아동이 벌칙을 바꾸기를 원한다면 스태프들은 그 결정을 무시하거나 "책임을 지라"라고 요청할 수 있다. 이것은 스태프들이 아동에 의하여 만들어진 벌칙에 동의하는 것이며 만약 그러한 행동이 후일 다시 일어난다면 모든 아동들은 스태프에 의하여 정하여진 똑같은 벌칙을 받는다. 이러한 방법은 스태프들이 아동들 사이에 공모한 행동이거나 한 아동 개인을 보호하기 위하여 공동 제작됐다고 의심이 될 때 기본적으로 사용한다.

(4) 정해진 날짜의 재점검(유예 기간의 설정)

유예 기간의 설정(review date)은 만들어진 모든 규칙과 결정을 위해 세워진다. 좋은 규칙과 결정은 칭찬을 받는 반면 비효과적인 결정은 다시 토론될 수 있다. 그러므로 스태프의 잘못된 결정들은 유예 기간 동안에 보완되고 발전될 수 있기 때문에 긴 시간 동안 효력을 발휘하지 못한다.

5) 아동지도의 행동

스태프들은 일일회의 동안 분주하다. 회의 전에 어떤 스태프가 미팅을 이끌어 갈 것인지를 결정한다. 결정된 사람은 회의의 리더로서 활동을 하고 나머지는 회의에 참여하여 아동들의 행동을 감독한다. 직원들은 일일회의기법과 아동치료의 개인 목표를 생각하면서 회의에서의 적절한 행동을 강화하기 위하여 효과적인 칭찬을 이용한다. 칭찬을 너무 많이 해도 안좋지만 제안을 하거나, 좋은 이론적 논리를 이용할 때, 그리고 임무를 지키고, 새롭게 배운 행동을 처음 사용하는 경우에는 칭찬을 하여야 한다.

스태프들은 회의의 흐름을 방해하지 않으면서 아동에게 적절한 일일회의를 위한 행동을 기억시켜 주기 위하여 자극과 암시들을 이용한다. 게다가 회의 시간 동안 스태프는 즐거움, 효율성, 공정성 등의 개념을 그 개념과 관련된 특정한 행동을 설명할 때 사용함으로서 개념을 이해하도록 가르친다. 개념과 행동을 짝지어줌으로서 아동들은 개념의 의미를 이해하게 되고 어떻게 일상생활에 그것을 이용할 수 있는지를 배운다.

마지막으로 스태프들은 모든 선택들을 투표 전에 분명히 하기 위하여 토론을 안내하고 주제가 무엇인가에 중점을 두어 논리적으로 설명하고 요약을 해준다.

마지막으로서 스태프들은 프로그램에서 내려진 모든 결정에 대하여 책임이 있다. 만일 아동들이 벌칙이나 규칙이 불공평하거나 학대하는 규칙이라고 결정하면 스태프들은 결정을 다시 주재하거나 그 결정을 거부함으로서 모두에게 공평한 취급을 한다는 것을 확인해 주어야 한다.

6) 갈등해소 접근방법

갈등 해소를 위한 접근방법은 갈등을 겪는 사람의 수만큼이나 다양하고 복잡하다. 갈등 해소의 목표는 크게 ① 적응(adaptation), ② 유지(maintence), ③ 종합화(integration)로 구성된다.

첫째, 적응이란 일정한 조건이나 주의 환경 따위에 적합하도록 맞추어 나가는 것으로 환경과 생활이 조화를 이루기 위해서는 환경을 변화시켜 적응하는 경우와 스스로를 변화시켜 적응하는 경우가 있다.

둘째, 유지란 어떤 상태나 상황을 있는 그대로 보존하거나 변함없이 계속하여 지탱하는 것으로, 대인관계에서 갈등 이전의 원상태 회복으로 지속적인 관계를 유지하는 것이다.

셋째, 종합화란 조직의 각 성원을 전체의 조직 시스템으로 통합하는 것을 뜻한다. 사람은 문제를 만나거나 갈등의 혼란에 빠질 때 다양한 시각에서(환경, 기질 및 성격) 갈등을 해소하는 대처 방안이나 해결책 자신만의 방법이 있다.

[그림 13-1] 대인관계의 갈등 구조

급변해 가는 사회 속에 어느 조직이나 사회는 의견 대립과 갈등을 내포하고 있어 항상 변화와 사회 발전에 기여하는 갈등 덕분에 무질서와 다른 갈등이 발생한다. 인간의 소유욕은 무한한데, 이 모습을 해결할 길이 없으므로 인간의 경쟁과 갈등은 불가피하다.

갈등을 대처하는 유형은 아래와 같다.

첫째, 갈등을 회피하는 회피형이 있다.

· 내면에 많은 분노와 부정적 감정 등을 축적하고 있지만 이를 표현하기를 회피하는 형이다.
· 감정적인 문제를 잘 처리하지 못하고, 육체적, 심리적 고통을 모두 회피하여 다른 사람과 친밀한 관계를 형성하지 못한다.

둘째, 서로 다른 의견, 관점을 알맞게 조절하여 주변 사람들과 잘 어울리는 절충형이 있다. 서로 얼굴을 맞대고 논쟁의 본질을 대화함으로써 서로의 갈등 요소의 문제를 명확히 파악하고 해결책을 찾는 방법이다.

셋째, 타협점을 찾아 분쟁을 중간에서 잘 조정하는 조정형이다.

넷째, 중재 과정을 거치는 중재형이다. 중재는 제3자의 개입이 결정을 내는 양측의 갈등을 절충하는 해결 방법이다.

이 중재형은 상담자와 내담자의 관계성을 보호하면서 문제의 실체에 초점을 맞춤으로써 서로 대립하는 이해관계를 중재할 수 있다.

7) 일일회의 절차

아동이 일일회의에 가져올 문제가 있을 때에는 일일회의을 위한 카드(daily meeting card)를 쓰도록 요청 받는다. 카드 뒤에는 선가족회의(prefamily meeting)라고 적혀있다. 아동과 스태프들은 주제가 분명하고 아동의 이론적 논리가 회의 전에 충분히 고려됐다는 것을 확인하기 위하여 이 카드의 뒷면을 작성한다. 카드의 앞면에는 가족회의를 위한 제안(family meeting presentation)이라고 적혀 있고 주제에 대한 토론이 완전히 끝났을 때 일일회의 동안 작성된다.

일일회의 동안 스태프들은 전반적으로 일일회의 구성요소 목록의 단계를 따라야 한다. 회의 안건과 SODAS-F 요소의 관계는 왼쪽 칼럼에 보여 지고 있음을 인식해야 된다. SODAS-F 요소들은 회의에서 각 주제가 토론 될 때 계속된다. 그러나 스태프들은 이런 제안된 회의 안건에 의해 제재되고 있다는 느낌을 받아서는 안된다. 일일회의에서 중점적으로 강조되는 점은 능률적이면서도 최선의 목적을 달성할 수 있도록 여러 대안이 제공되어 그중에서 최선의 대안을 선택하는 결정을 내리는 것이다. 즉 스태프는 좋은 판단을 가지고 일일회의에서 무엇이 아동에게 최선인가를 알아 낼 수 있도록 장려된다.

일일회의 내용을 조직하게 되면,

[그림 13-2] 일일회의 내용 조직

문제해결 접근방법 (SODAS-F) ⇒

S : 문제를 정의하라. - 일일회의 카드를 사용하라.

O : 아이의 투입

D : 합리적 준거 - 공정성의 개념을 이용하라.

A : 즐거움과 관심을 이용하라.

D : 가능한 벌칙을 논의하라. - 공정성의 개념을 이용하라.

A : 즐거움, 효율성 그리고 관심

S : 투표

F : 내려진 결정의 follow-up에 대하여 논의하라(개념을 이용하라). 유예 기간을 정하라.

2. 문제의 보고

스태프들은 아동들에게 '단체' 생활은 구성원 모두를 위해 최상의 권익과 관심사를 존중해야 한다는 것을 반드시 가르쳐야 한다. 이것은 프로그램안에 있는 모든 사람을 보호하여 문제가 확인될 경우에는 이 문제들을 해결하는 것을 포함한다. 따라서 모든 사람의 몫은 서로 도울 수 있어야 한다는 것이며 "모든이"는 단순히 영유아 보육기관 및 아동 · 청소년 교육기관과 특수한 시설의 상담사, 교사, 복지사, 대리양육자 등의 스태프나, 어른들만을 포함하는 것이 아니라 아동도 의미한다. 따라서 프로그램내의 아동들에게 그들 자신들의 문제뿐만 아니라 동료의 문제와 부적절한 행동을 보고하도록 기대된다는 것을 의미한다.

아동들은 문제를 보고하는 것이 그들 자신과 남들에게 관심을 보이는 한 방법이라는 것을 배울 필요가 있다. 이것은 고자질이 아니다. 그것은 아동들이 문제를 해결하기 위하여 문제를 지적하고 프로그램안의 스태프들과 다른 아동들에게 도움을 요청할 만큼 충분히 배려한다는 것을 보여주는 것이다. 아동들은 문제를 보고하는 것은 자기훈련과 자기지도의 한 형태임을 배울 필요도 있다. 규칙은 아동을 보호하는 스태프뿐만 아니라 그룹 전체가 믿을 수 있는 사항이므로 규칙을 감독하고 따르고 또 규칙 위반이 일어났을 때 보고하는 것은 스태프들 뿐만 아니라 그룹전체의 임무이다. 이러한 형태의 자기훈련은 특정 아동지도 프로그램하에 있는 아동들이 즐기는 자기조정 관리체제(self-government system)에서 큰 부분을 차지한다.

문제를 보고하는 것은 아동이 문제에서 벗어나 있게 하기 위하여 도안된 것이다. 스태프들이 동시에 모든 곳에 있을 수는 없으므로 좋은 보고 시스템은 스태프가 매일 아동의 행동을 관리하는 능력을 향상시킬 수 있게 해준다. 아동들은 그들이 같은 건물에서 생활하기 때문에 모든 아동들이 함께 잘해야만 공동으로 좋은 평판을 가진다는 것을 배우게 된다. 아동들은 서로의 책임을 나누고 좋은 행동에 대해 큰 관심을 가져야 된다는 것을 알게 된다.

아동이 치료시설에서 일어나는 모든 것에 대해 책임을 져야 된다는 것을 배우는 것은 매우 중요하기 때문에 이러한 개념은 아동이 프로그램에 들어간 후 짧은 시간 안에 알도록 해야 한다. 아동이 이러한 책임을 질 수 있도록 용기를 주기 위해 스태프들은 이러한 방법에 관심을 보이는 아동에게 상품을 줘야 할 필요가 있다. 아동들은 동료의 부적절한 행동을 보고하지 않는 것은 무관심을 보여주는 행동일 뿐만 아니라 그렇게 하는 것은 그들을 공범자가 되게 하는 것임을 이해시킬 필요가 있다. 그러므로 만약 ○○가 잘못을 저지른 아동 ○○와 ○○가 그것을 보고도 보고하지 않는다면 ○○처럼 큰 벌은 아니지만 ○○와 ○○도 역시 벌을 받게 된다는 것을 알도록 한다.

보고체제에 근거한 세 가지 절차 수준에는

(1) 자기보고(self-report)

만일 아동이 무엇인가 부적절한 일을 했으나 스태프에게 신속히 문제를 보고하고 벌칙을 받는다(잘못된 크기에 근거하여). 하지만 그 벌칙은 자기보고를 함으로 인해 조금 줄어든다.

(2) 동료보고(peer-report)

만약 어떤 아동이 잘못을 저지르고 다른 아동이 그 잘못을 스태프에게 보고했을 때에는 잘못을 저지른 아동은 보통 때보다 큰 벌칙을 받고 잘못을 보고한 아동은 상당한 크기의 상품을 받는다.

(3) 공적인 보고(public report)

만약 아동이 잘못을 하고 그룹 외의 어떤 사람(이웃, 선생님, 경찰, 부모)이 그 잘못은 스태프에게 보고했을 때에 잘못한 아동은 그 잘못에 대하여 보통 때보다 큰 벌에다 공적인 보고의 잘못에 대한 벌을 받는다. 이 경우 만약 다른 아동들이 이 사건을 알고도 보고를 하지 않았을 때에는 그 아동들은 공적인 보고 상황에서 받는 것과 비슷한 벌칙을 받는다.

그러므로 공적으로 보고가 될 경우에는 늘 더 많은 벌칙을 받게 되는 결과를 가져오는데 반해 자기 스스로 보고하는 자기보고의 경우는 가장 작은 벌칙을 받는다. 아동이 능동적으로 다른 아동이 부적절한 행위를 하는 것을 막으면 그 아동은 프로그램 속의 다른 아동들에 관심을 보인 대가로서 상품과 칭찬을 스태프로부터 받는다. 그러나 고자질하는 행동과는 구별되기 마련이다.

1) 동료보고의 영역

스태프가 동료보고를 받았을 때는 그 보고에 대하여 무엇인가 행동을 취하기 전에 여러 가지 요소들을 신중히 검토해야 한다.

① 보고를 한 아동이 잘못을 한 아동에게 나쁜 피드백을 준 적이 있는가? 사고를 목격한 아동이 그 사건을 막기 위하여 중재하려고 노력했는가? 아동이 능동적으로 동료 아동의 잘못을 보고하게 하는 것은 아동보호 스태프가 발전시키고자 하는 종류의 친사회적 동료 그룹(prosocial peer group)을 형성하고자 하는 목적이 있다. 만약 보고를 한 아동이 중재를 하려고 했으나 문제를 일으킨 아동이 결국 문제를 일으켰을 경우에 동료적 보고는 더욱 중요해진다.

② 보고된 행동이 얼마나 심각한가? 보고서가 하찮은 사건을 다룬것인가?

예 : 영수는 화장실을 떠나면서 불을 끄지 않는다.

혹은 좀 더 심각한 것인가? 고자질처럼 되버리는 하찮은 사건의 보고는 종종 스태프들에 의해서 무시된다. 좀 더 심각한 사건에 대한 보고서가 더욱 중요하며 스태프들은 이에 대해 항상 움직여야 한다.

③ 아동이 자주 다른 아동에 관하여 보고하는가? 보고를 자주하고, 특히 하찮은 일에 대한 사건에 대하여 보고를 자주하는 아동은 어쩌면 스태프들이나 다른 아동을 속이려 하는 것일 수도 있다. 자주 보고하는 아동이 보고할 동료보고의 중요성과 타당성을 확립하기 위하여서도 조치를 취하기 전에 좀 더 확실히 점검되어야 한다.

④ 보고된 아동 외에 다른 사람도 보고서에 의해 영향을 받았는가? 프로그램안에 있는 많은 다른 아동에 대해 보고한 보고서는 보고하는 아동이 그의 이익을 위해서 상황의 조작을 시도하는 것일 수도 있다. 이러한 보고서들은 그 아동에 대한 대응이 시작되기 전에 좀 더 면밀히 조사되어야 한다.

⑤ 아동이 그 보고서를 일일회의에 가져오려고 하는가? 스태프들은 아동들이 그들의 동료보고와 자기보고를 일일회의에서 떳떳하게 개방적으로 가져올 수 있게 용기를 주어야 한다. 이렇게 함으로서 보고서는 그룹에 의하여 만들어지고 토론될 수 있으며 그 결과가 그룹의 결정에 의해 정하여 질 수 있다. 만약 아동이 보고서를 일일회의에서 발표하고 싶지 않아 한다면 스태프들은 이 기회를 아동에게 어떻게 보고서를 발표하고 토론하는지를 가르치는 기회로 활용하여야 한다. 만약 아동이 그래도 원하지 않는다면 스태프들은 보고 자체를 다른 방법으로 다루어야 한다.

⑥ 아동이 동료보고에 의하여 이익을 가질 수 있는가? 동료보고의 목적을 아동이 문제를 일으키지 않고 친사회적 치료의 목적을 이루는 데 있다. 그러므로 동료보고는 건설적이어야지 파괴적이어서는 안된다. 동료보고는 아동이 좀 더 나은 사람이 될 수 있도록 도와주는 것에 중점을 두어야지 벌을 위한 것에 중점을 두어서는 안된다.

위의 여섯 가지에서 나타나듯이 모든 동료보고가 같은 것은 아니다. 어떤 것은 하찮고 또 조작적인 것이어서 중요하지 않은 경우도 있다. 그러나 시간이 경과할수록 대부분의 것은 보고되어서 토론되고 단체에 의해서 결정되어야 하는 좀 더 심각한 행동에 대한 보고서이다. 스태프들은 보고서가 어떤 종류의 보고서인지 결정한 후 이에 의하여 행동하여야 한다.

3. 관리자 체제

관리자 체제(manager system)는 family home program(가정거주 프로그램) 안에서 자기조정 관리체제의 세 번째이자 마지막 요소이다. 관리자 체제에 있어서는 어느 한 아동이 프로그램의 다른 아동을 감독하고 특정한 행동에 대하여 벌칙을 제공하는 역할이 주어진다. 아동에게 이러한 책임이 주어지기는 하지만 그가 스태프는 아니다. 스태프들은 광범위한 책임과 결정권을 가지고 있고 미리 지정된 임무와 제한된 결정을 하는 경우는 조금에 불과하다.

스태프들은 관리자 체제가 없는 것이 더 쉽다고 생각할 수도 있다. 관리자 체제를 확립하고 효율적으로 운영하기 위해서는 스태프들이 스스로 관리자로서의 임무만을 수행하는 것보다 많은 시간과 노력이 필요하다. 그럼에도 아동을 지도자로 지명하여 관리자 체제를 운영하는 이유는 아동들이 관리자체제로부터 이익을 얻기 때문이다. 관리자 체제의 특성은 리더십의 특성과 다른 사람을 책임지는 것 그리고 그러한 개념과 관련된 특정한 행동을 가르치는데 도움을 준다. 게다가 관리자 체제는 아동이 프로그램에 공헌할 수 있게 하는 또 하나의 방법이다. 그러므로 관리자 체제는 아동들의 프로그램에 대해 협조하고자하는 의지를 증가시킨다. 관리자로 지명되지 않은 다른 아동들은 관리자를 선택하고 그들의 일일회의에서의 행동을 평가함으로서 공헌을 한다. 마지막으로 관리자 체제는 아동지도 스태프가 아동보호를 함에 있어서 더 나은 이해와 감사를 하도록 만든다. 즉 아동지도 스태프들로 하여금 감독의 임무를 나누어 가지게 되고 협동적이고 즐거운 사회환경을 유지하도록 노력하는 것이 어떤 것인가를 느끼게 된다.

1) 관리자 체제의 특징

(1) 관리자는 선출된다.

관리자들은 일일회의에서 아동들의 투표에 의해 선출된다. 관리자의 기간은 하루에서 일주일 정도이다.

(2) 관리자는 훈련된다.

스태프들은 예방적 교수(preventive teaching)를 이용하여 관리자가 그의 책임을 준비하도록 한다.

(3) 관리자는 평가를 받는다.

관리자의 행동은 매일 일일회의 시간에 다른 아동들에 의하여 평가된다. 관리자들은 그들의 행동에 대한 평가에 근거하여 상을 받던지 벌을 받을 수도 있다.

(4) 관리자들은 면책될 수 있다.

관리자는 일일회의에서 아동들이나 스태프들에 의해서 언제든지 취소될 수 있다.

(5) 어떤 아동도 관리자가 될 수 있다.

어떤 동기체제(motivation system)에 있었느냐에 관계없이 어떤 아동도 관리자가 될 수 있다.

2) 관리자 체제의 시작

스태프들은 관리자 체제의 시작을 대다수의 아동이

- 심각한 문제 없이 올바르게 하는 비평이나 벌칙 같은 부정적인 피드백을 받아들일 수 있을 때
- 기본적인 교수지도-지도에 따르는 기법들을 내보일 수 있을 때
- 기본적인 프로그램의 일과를 알 때
- 일일회의 시간에 다른 아동에 대한 잘못된 결과를 토론할 수 있을 때

이와 같은 네 부분을 할 수 있을 때까지는 2주에서 4주 정도 걸릴 수 있다.

3) 관리자 체제의 소개

관리자 체제는 2~3일간의 일일회의 시간 동안이나 개인적으로 소개될 수 있다. 스태프들은 무엇이 관리자 체제이고 왜 이것이 중요한지를 효과적으로 설명할 수 있어야 한다. 이것은 스태프들의 관리자 체제에 관한 합리적인 논리와 이유까지 토론할 수 있는 기회를 아동들에게 준다는 의미이다. 그러면 스태프는 관리자로서의 장점을 토론할 수 있다. 예를 들면, 관리자는 다른 사람에 대하여 상당한 권한과 책임을 갖게 되고 자존심과 자기 존중의 근원이 될 수 있다. 게다가 관리자는 다른 아동들과 달리 매일하는 허드렛일이 없다. 그리고 상품과 부수적인 특권을 얻을 수 있다. 마지막으로 관리자는 많은 칭찬을 스태프와 다른 아동들로부터 받으며 특별한 위치에 대하여 방문객으로부터 인정을 받을 수 있다.

일단 아동이 관리자 체제를 확실히 이해하게 되면 아동과 스태프는 관리자의 임무에 대하여 결정할 수 있다. 가능한 임무는 다음과 같다.

- 기상 관리
- 학교 전 침실의 관리와 점검
- 아침 식사 후 정리 정돈에 관한 점검
- 학교의 등교 여부 점검
- 학교로 떠나기 전 라디오가 꺼져 있는가 등의 소등과 절약에 관련된 점검
- 허드렛일의 점검
- 저녁 식사 후 정리 정돈에 관한 점검
- 취침 감독

새로운 관리자는 하나에서 두개의 임무를 갖고 시작할 수 있다. 그룹 내의 스태프와 아동들은 기법의 발전 정도에 따라 관리자에게 임무를 조금 더 부여할 것인가에 대하여 투표할 수 있다. 임무가 결정된 후에 아동들과 스태프들은 어느 만큼의 권한을 관리자가 부여할 것인가에 대하여 결정하여야 한다.

예를 들면, 관리자들은 상품이나 벌칙 그리고 진행중이거나 잘 진행되고 있는 일에 대해 효과적인 칭찬 등을 주는 권한을 받을 수 있다. 그러나 관리자는 문제 발생시 사회적인 기법을 가르쳐 주려고 시도하기보다는 스태프에게 알리라고 요청받을 수 있다.

예를 들면, 관리자는 침실유지 상태나 제한된 처벌을 주는 것에 대한 책임은 있지만 지시를 따르지 않거나 피드백을 잘 받아들이지 못하는 아동을 다루는 것에 대한 책임은 없다. 그러나 스태프는 아동에게 가끔씩 일일회의에서 관리자로부터의 피드백은 스태프로부터의 피드백과 같은 효과가 있다고 상기시킬 필요가 있다. 스태프는 아동이 관리자의 지시사항이 있은 후 피드백을 받아들이는데 실패하면 예방적 교수(preventive teaching)와 교정적 교수(corective teaching)를 사용할 수 있다.

이러한 토론 후에 스태프는 적절한 관리자의 행동을 학습하는 것을 돕기 위해서 책임있는 아동을 관리자로 임명할 수 있고 관리자 체제의 성공적인 확인을 위하여 도울 수 있다. 스태프가 다른 아동도 관리자의 책임을 다룰 수 있다는 것을 호가인하고 만족하게 되면 아동들은 새로운 관리자를 선출 할 수 있다.

4) 관리자의 훈련

효과적인 임무수행을 위해서 관리자는 각 보수작업에 대한 평가부문에 대해서 이해를 해야 하고, 일일회의에서 관리자의 행동을 검토할 때 동료로부터 어떻게 피드백을 받아들일 것인가, 어떻게 긍정적이고 부정적인 피드백을 줄 것인가에 대하여 배울 필요가 있다. 관리자가 긍정적인 피드백을 줄 때에는 다음의 절차를 따라야 한다.

- 칭찬의 제공
- 적절한 행동의 묘사
- 상품의 제공
- 이론적 논리의 제공

관리자가 부정적인 피드백을 줄 때는 다음의 절차를 따라야 한다.

- 칭찬의 제공
- 부적절한 행동의 묘사
- 잘못된 행동에 대한 처벌 결과의 제공–긍정적인 바로잡기의 이용
- 적절한 행동의 묘사
- 이론적 논리의 제공
- 승인요구
- 아동에게 일을 다시 하라고 요청
- 스태프에게 보고함
- 일을 다시 확인함

스태프들은 과정중에 며칠간 이러한 기법을 가르친다. 첫 번째로, 관리자는 그의 임무를 수행하기 위하여 스태프들과 함께하고 스태프들은 관리자를 지켜본다. 그리고 스

태프들은 아동에게 특정한 기술을 가르치기 위하여 연습하고 아동이 새로운 기법을 해보는 것을 지켜본다. 이 관찰에 근거하여 스태프들은 피드백이 필요하다면 장래의 일과 역할을 제공한다. 마지막으로 스태프들은 관리자가 관리자의 임무를 수행하는 것을 관찰하고 좀 더 자세한 피드백과 연습을 필요한 경우에 제공한다.

5) 관리자의 평가

매일 일일회의에서 다른 아동들과 아동보호 스태프로부터 구두로 피드백을 받는다. 그들의 종합된 관찰에 근거하여 스태프들은 좋은 관리자의 자질과 임무수행에 대해 상품을 준다. 물론 관리자가 특별하게 안좋게 했을 때는 스태프는 벌칙을 줄 수 있고 관리자는 소환을 위한 투표의 대상이 될 수 있다.

관리자를 평가하는 기준은,

- 관리자가 수선이 필요한 모든 보수를 점검하고 끼끗함과 완벽함을 기준에 맞게 유지했는가?
- 관리자는 긍정적이고, 즐겁게 강화시킬 수 있도록 했는가?
- 관리자가 진정되고 객관적인 방식으로 부정적인 피드백을 주었는가?
- 관리자는 공정했고 편애함 없이 모든 사람에게 똑같이 대했는가?
- 일일회의 중에 관리자의 행동 중 관리자는 긍정적인 피드백을 잘 받아들였는가?

처음 며칠간의 예방적 교수, 빈번한 관찰, 그리고 즉각적인 피드백을 통하여 대부분의 아동들은 아주 좋은 관리자로 발전된다. 너무 쉬운 관리자는 일을 끝내지 않는 반면에서 너무 힘든 매니저는 그들의 동료로부터 많은 피드백을 받는다. 관리자로 지명된 아동들의 연습과 민감한 피드백을 통하여 관리자 체제는 자기조정 관리체제의 한 구성요소가 된다.

4. 요약

자기조정 관리체제(self-government system)는 모든 아동에게 그들의 생활에 영향을 미치는 결정에 참여할 수 있는 기회를 준다.

가족회의 또는 일일회의는 스태프들의 문제점을 토론하고 관심과 규칙에 관한 결정을 내리는 회의이다. 그리고 문제에 대한 보고는 아동이 서로에 대하여 조심하는 것을 장려하고 그들 자신과 다른 사람들에 대한 관심을 보여주는 방법이다. 보고서를 통해 심각한 문제를 보고했을 때 이것은 고자질이 아니다. 대신에 아동이 대리양육자들에게 아동들이나 시설에 부정적인 영향을 미칠 수 있는 문제에 대하여 말할 수 있는 한 방법이다. 관리자 체제는 아동들이 그들의 감독자를 스스로 선택하게 하고 관리자로서 봉사하는 아동이 책임과 감독기법을 배울 수 있도록 도와준다.

아동이 보호시설이나 집에서의 하루하루 기능에 참여할 수 있도록 허락됐을 때에는 일어난 일에 대해 더 많은 권한이 있다고 느낀다. 그리고 그들이 받는 치료방법에서 좀 더 활발한 참가자가 될 수 있도록 도와준다.

5. 모델의 비교

심리역동적(임상적) 접근과 인지적 접근방법을 동시에 볼 때 두 방법이 자기조정 관리의 형태를 유용하게 활용하지 않는다는 것은 분명하다. 이 프로그램에 있는 아동들은 그들의 치료방법에 대해 거의 얘기하지 않는다. 치료자들이 치료방법을 결정하에 대해 거의 얘기하지 않는다. 치료자들이 치료방법을 결정하고 아동은 무조건 따르도록 기대된다.

행동주의 모델에서도 어느 형태로이건 간에 자기조정 관리를 사용하지 않는다. 아동은 주로 수동적인 참가자이기 때문에 그들은 치료방법을 늘 인식하고 있지 않다. 이것은 아동들이 어떠한 의견을 제시하는 것도 실질적으로 불가능하게 한다. 치료자들은 아동이 무엇을 어떻게 배우느냐에 따라서 결정을 내린다.

자기조정 관리는 통합 모델(comprehensive model)에 있어 중요한 구성요소이다. 통합 모델은 아동들이 그들이 받는 보호와 그들이 따라야 하는 규칙에 대하여 말을 할 수 있도록 허용한다. 이것은 아동에게 어떻게 해야 적절한 의견 제시 등의 투입을 하고 어떻게 적절한 규칙을 정할 수 있는가를 배울 수 있는 기회를 준다. 자기조정 관리체제는 아동이 지도기법을 배우고 경험 할 수 있는 것을 허락해 준다. 이것은 아동들에게 다른 상황에서도 커다란 도움이 될 수가 있다.

절충적인 접근인 오클라호마 대학의 프로그램은 자기조정 관리 요소를 가지고 있지 않다. 이 프로그램은 아동이 프로그램과 치료방법 결정에 참여하는 것을 허용하는 구조의 제공없이 스태프의 역할만을 강조한다. 긍정적 동료 문화는 아동이 프로그램의 치료방법과 운영에 책임이 있음으로 자기조정 관리의 모양이 있다. 아동은 주로 규칙을 정하고 다른 아동에 대한 치료방법에 대해서도 어느 정도 결정을 내릴 수 있다. 주로 이러한 특권은 프로그램의 운영에 많은 기여를 하거나 협조를 한 오래 있었던 아동에게 주어진다.

Chapter 14

아동 및 청소년의 권리

– 미국 아동보호교육 프로그램 : Boys Town 중심 –

모든 영유아 · 아동 및 청소년의 교육 및 보육기관은 상당한 양의 책임을 지고 있다. 이런 기관들은 아동들의 부모 역할을 하기도 하고 선생님, 보조 역할 또는 보호하는 사람의 역할을 하기도 한다. 이러한 역할들을 책임지는 아동행동치료사 및 상담사, 교사와 부모, 대리양육자들은 그들의 역할을 수행하면서 상당한 권한을 가지게 된다. 그들은 상당한 양의 권한을 가지기는 하지만 그 권한의 범위에 제한이 없는 것은 아니다. 예컨대, 아동행동치료사 및 아동행동치료사, 상담사들이 아동의 부모의 역할을 수행하면서 그에 따른 책임을 지기는 하지만 부모들이 가지고 있는 모든 종류의 권한이나 조건 등을 가지고 있는 것은 아니다. 부모들은 아동들을 위해서, 또 아동들과 합법적이고 도덕적이며 그리고 윤리적인 많은 일들을 할 수가 있는데 그 범위는 다른 사람이나 기관의 영향력을 훨씬 뛰어넘는 광범위한 것이다. 그럼에도 불구하고 기관의 스태프들은 그들이 부모의 역할을 담당하게 되었을 때는 부모의 역할을 성공적으로 수행하고 그에 따른 책임을 져야 한다. 그러므로 종합적 모델과 다른 여러 기관에서 부모의 역할을 수행할 때에는 모든 방면에서 최선의 것을 주려고 하여야 한다(본 장에서 스태프라고 표현된 의미는 아동행동치료사 및 아동행동지도사, 상담사, 부모, 대리양육자, 교사 등을 의미한다).

아동들을 돌보는 단체들은 부모의 역할을 담당할 때에 아동에게 가장 좋은 것을 주고 늘 그 행동에 대한 책임을 가지고 있었다. 그러나 가끔씩 그렇지 못한 경우도 있다. 감독을 유지하거나 프로그램 수행을 쉽게 하기 위해서 사실상 학대하는 방법이 사용되기 때문이다. 미국의 경우, 1960년대와 1970년대에 이런 학대적인 일들이 대중들에게 밝혀졌기 때문에 각 주와 연방정부에서는 제재 조치를 취했고 입법부에서는 새로운 법안들이 통과 되었으며 제재를 위한 요구 조건들이 수용되었고 새로운 전문적인 기준이 설정되고 이러한 조건과 기준들이 수행되었다.

이 모든 일련의 행동들은 모든 기관들이 아동을 최대한으로 잘 돌보기 위해서 도안되었다. 아동들은 권한이 있는 한 개체가 된 것이다.

아동들의 권한에 관한 법정 집회는 1960년대까지 일어나지 않았는데 아직도 아동들의 권한을 다루는 것에 있어서는 불분명한 점이 많다. 이들 권한에 대한 법적 해석은 어떤 경우는 너무 광범위하고 또 어떤 경우에는 너무 제한이 많다. 많은 아동보호 기관들은 이런 문제들을 연구하고 탄원해왔고 아동들의 자유를 극대화하여 학대를 막고 효과적인 대우를 통하여 인간적으로 키우는데 목표를 둔 전반적인 방식을 발전시켜 왔다. 우리의 공약은 "자유의 최대화와 제재의 최소화"이다.

예로서 아동지도기관의 한 프로그램인 미국의 Boys Town은 아동을 돌보는데 있어서 안전한 환경을 제공하는 것을 공약으로 삼고 있다. 안전한 환경은 학대만이 없는 환경을 말하는 것이 아니다. 아동들이 정신적으로, 감성적으로, 심리적으로, 지적으로 그리고 육체적으로 건강하게 성장되고 양육될 수 있는 환경을 말하는 것이다. 이런 환경은 아동들을 돌봄에 있어 아동들의 권한을 존중해 주고 가장 긍정적이고 제한이 없는 방법을 사용하는 것이다

Boys Town 프로그램의 안전한 환경을 위한 노력에는 여러 가지 요소가 있는데 이들 요소들은 다음과 같다.

- 정책 방침과 절차
- 긍정적 상호 교류 속에서의 훈련
- 계속되는 프로그램의 평가
- 아동과의 규칙적인 대화
- 고객들의 피드백
- 직원 조사
- 이동의 권한 연습

위의 모든 요소들은 안전의 준비와 인간적인 어린이 돌보는 것에 중점을 둔 아동보호 체계 속에 스며들어 있다. 이 여러 가지 요소들의 이용을 통해서 구하여진 정보들은 새롭고 보안된 프로그램을 위해서 지속적으로 사용된다.

1. 정책과 절차

안전한 환경을 제공하겠다는 약속은 정책 설정 과정과 절차로부터 시작된다. 스태프들은 각자 아동들의 권한을 보호하는 것에 관련된 정책과 절차를 알고 있어야 한다. 정책과 절차는 잠재적인 정책 위반이 일어날 때 프로그램의 의지와 절차의 윤곽이 드러나는 것을 의미한다. 기본적으로 정책과 절차는 다른 요소들의 기본이 된다.

1) 긍정적 상호작용 타입의 훈련

모든 스태프들은 아동들이 그들의 고귀함과 자유를 계속 존중하면서 행동을 바꿀 수 있게 도와주기 위해서 긍정적인 절차 속에서 교육을 받는다. 스태프들은 어떻게 하면 아동 들과의 교류를 증진시킬 수 있는지도 배운다.

2) 진행 중인 프로그램 평가

행정관리자, 감독자, 그리고 직접적인 교사들은 규칙적인 평가보고서를 통하여 프로그램의 효율성에 대한 체계적인 피드백을 받는다. 이 보고서들은 모든 스태프나 아동들에게 제공되는 관심의 질에 대한 통찰력을 준다. 학교 출석률, 학업 향상력, 소개서의 행동, 그리고 치료 목표 부분 등에 중점을 둔 아동치료 프로그램에 대한 계속적인 관찰은 프로그램의 전반적인 품질을 관리하는 소중한 방법이다. 목표를 이루는 것도 인간성을 위한 프로그램 속에 포함되어 있다. 계속적으로 중요한 목표에 대한 향상을 관찰하는 것은 프로그램이 그 소기의 목적을 달성하는데 도움을 준다.

3) 정규적 아동면담

통제 과정에서 이루어지는 정기적인 면담 외에도 아동을 관리하는 것에 직접적인 관계가 없는 사람과 아동은 1년에 최소한 두 번씩 면담을 하게 된다. 이 면담에서 아동들은 그들이 교사나 다른 사람에게 잘못된 대우를 받았는지 질문을 받는다. 아동들은 교사들이 협조적인지 그리고 즐겁게 그들을 대하는지에 대해서 질문을 받는다. 이러한 질문들은 보호시설의 환경에 대한 중요한 답변을 얻게 해준다. 어떻게 해야 목표를 이루고 어떤 방법을 사용해야 되는지가 중점적으로 다루어져야 한다. 이런 질문을 통해서 얻어진 정보는 필요하다면 교사들의 교류와 대화기술을 발전시키 는데에 사용된다.

4) 기관 외 인사로부터 피드백

관심이 있고 관련된 외부인들—선생님들, 학생부원들, 부모들, 그리고 가족—등은 제공되는 보호의 품질에 대한 정보를 구할 수 있는 또 다른 중요한 근원이다. 고객들을 위해 아동들의 보호에 관한 기관 외 인사들의 느낌에 관한 설문조사를 받는다.

5) 아동지도 스태프의 조사

교사들이 조금이라도 의심스러운 행동을 할 경우에는 조사를 받게 된다. 교사에 대한 조사는 아동의 보고서, 고객의 보고서, 또는 다른 스태프나 교사들의 관찰에 의해서 보여진 의심스럽고 부적절한 행동에 대한 조사이다. 어떤 근거에서 야기된, 증거가 불충분할지라도, 부적당한 보호는 전체적으로 적절하게 조사를 받는다. 어떤 단체가 적절하게 이러한 조사를 시작한다는 사실은 그 단체가 얼마나 심각하게 그 자신의 역할을 다하려 하는지를 분명하게 한다. 조사의 절차는 대개 모든 고발들에 대해 그 심각성과 타당성에 관계없이 모두 조사하는 것이다. 높은 질적인 규범과 규칙을 유지하기 위해 중요한 점들을 모든 교사들에게 상기시키기 위해서 비교적 양호한 것들도 조사를 받는다. 아동의 권리를 안전하게 보호하는 것은 전 직원의 공동적 책임이다. 아동들이나 교사들에게 후은 외부인에게 관찰된 학대하는 모든 행동으로 의심되는 행동은 즉시 적절한 관리자나 프로그램 책임자에게 보고되어야 한다. 이런 보고서가 들어왔을 때에는 감독자가 교사나 스태프에 대한 조사를 시작하여야 한다. 이에 관련된 아동과 어른은 그것에 관한 정보를 가진 사람들과 함께 면담을 받는다. 진술이 이루어지고 결론은 가능한 한 빨리 내려져야 한다. 아동의 어떠한 위험이나 불편함을 해소하고 교사나 스태프의 명예훼손을 최소화시키기 위하여 재빠른 조치를 취하는 것은 매우 중요하다. 스태프 조사에서는 비밀보장을 유지하기 위한 노력을 해야 한다. 때로는 완전한 익명이 보장되지 않을 수도 있다. 적당한 사람들이 이 조사에서 얻어진 정보를 원하는 경우도 있다. 예를 들면, 지도교사나 법적 보호자는 어떤 경우의 진술도 즉시 보고 받게 된다. 진술이 심각할 경우에는 아동보호기관이 그들의 조사를 다시 할 것인지에 대하여 결정할 수 있게 하기 위하여 보고를 받게 된다. 또 교사나 스태프 조사의 단계 중에서 중요한 단계는 논술의 단계이다. 어떠한 결과라도 보고받을 권리가 있는 사람에게는 구두로써 혹은 서신으로써 결과가 보고 된다. 적절한 사람이 정보를 가지게 되는 것이 중요한 이유는 이를 통해서 아동의 권리도 보호될 뿐만 아니라 교사나 스태프의 명성도 보호되기 때문이다.

6) 아동권리에 관한 훈련

아동들과 함께 일하는 모든 교사들은 아동들의 권리에 관해 민감성을 증진시킬 수 있도록 하기 위하여 훈련을 받는다. 전형적으로, 이 훈련은 교사들이 아동들과 일을 시작하기 전에 이루어진다. 교사들은 미리 이루어진 훈련 후에는 관리자가 제공하는 준비 과정과 교재 또는 회의를 통해서 준비를 하게 된다. 교사들은 아동을 돌봄에 있어 무엇을 하고 해서는 안되는지에 관한 특정한 규칙과 아동을 돌보는데 필요한 세부적인 규칙보다는 조금 특정한 지침서를 필요로 하게 된다.

2. 권리 : 규칙과 규정의 지침서

아동의 권리와 관련해서 앞서 언급된 Boys Town 프로그램의 예를 들고자 한다. 이 장에서는 미국의 아동보호 프로그램의 하나인 Boys Town에서 다루고 있는 아동의 권리에 관한 14가지 중요한 부분을 설명하면 다음과 같다. 이 13가지 분야에서는 규칙과 안내지침서를 포함하고 있다. 규칙은 대개 경험적으로 얻어진 보편화할 수 있는 규칙이나 활용하기 쉬운 규칙들이다. 규칙은 우선순위를 필요로 하는데 그 이유는 규칙들을 활용하는 곳이 한정되어 있지 않기 때문이다. 아주 드물게는 규칙을 활용할 목적이 한정되는데 이러한 규칙들은 미리 관리자의 허락을 받기 전에는 결코 수정될 수 없다. 그와 달리 안내서는 규칙보다는 덜 뚜렷하게 보편화된 내용들이 포함되어 있다. 원칙적으로 안내지침서는 교사들과 아동들이 요구되는 일들이나 환경에 관련된 일들을 교사들이 분별력 있고 믿을 수 있는 판단을 내릴 필요가 있을 때에 제공된다. 안내지침서는 특수한 상황과 관련해서는 세심한 연습을 필요로 한다.

1) 영양을 공급받을 권리(right to nourishment)

보육 및 보호교육기관의 교사는 아동에게 반드시 건강한 음식과 적절한 영양분을 공급하여야 한다. 건강한 음식에 관한 권리는 각자 아동의 주요 권리이다.

(1) 규칙

1) 보육 및 보호교육기관의 교사나 스태프들을 반드시 매일 세 번에 걸쳐서 아동들에게 적당한 영양이 있는 음식을 제공해야 한다.
2) 이 세 번의 음식(아침, 점심, 저녁)은 절대로 아동행동을 통제하기 위한 수단으로 활용되는 특권적인 결과나 상품으로 이용되어서는 안된다. 인간으로서 아동으로 영양을 공급받을 권리가 있다.
3) 어떤 이유에서는 음식은 일부러 부적절하고 맛없고 영양가 없이 만들어져서는 안된다.
4) 체중을 줄이기 위한 프로그램의 실시는 반드시 의료진단서나 부모의 동의를 얻고 나서 시작되어야 한다.

(2) 안내지침 사항

1) 보육 및 보호교육기관의 교사나 스태프들은 가능하다면 기호에 맞는 음식을 포함해서 여러 종류의 영양 있는 음식을 아동에게 제공하여야 한다.
2) 교사나 스태프는 그가 좋아한다고 해서 그 음식을 억지로 줘서는 안 된다(채식하는 사람의 음식 혹은 무설탕). 혹은 일시적 유행적인 음식을 준비하는 것도 가끔은 괜찮다.
3) 과자는 특권을 부여할 때 팔 수 있지만 미국의 경우 어떤 주 휴식 시간 때 과일 등 건강에 유익한 것으로 주는 것).
4) "간식"은 적당하게 준비되어야 한다.
5) 교사나 스태프들은 적절한 영양분의 표를 제공하여야 한다
   예 : 6개월간 메뉴를 간직함.

2) 의미있는 타인(significant others)과 대화할 권리

교사나 스태프는 적극적으로 아동에게 어떻게 사람들과 바람직하게 대화하는지를 가르쳐 주어야 한다. 의미있는 중요한 사람들과의 건강한 관계는 아동에게 많이 요구된다.

(1) 규칙

1) 아동은 부모나 보호자, 기관의 직원이나 아동지도사 및 치료자, 성직자처럼 중요한 사람과 대화하고 그들에게 변호할 권리가 있다.
2) 중요한 사람들과의 대화는 특권으로서의 결과나 상품으로 쓰여서는 안된다.
   예 : ㅇㅇ는 교사에게 사과하지 않았으므로 부모에게 전화할 수 없다.
3) 교사나 스태프는 편지나 전화 등 정기적이고 급할 때 중요한 사람과 연락할 수 있는 방법을 제공하여야 한다.
4) 교사나 스태프는 어떠한 곳에서건 아동이 발표할 수 있는 권리가 있다는 것을 변호해 주어야 한다.

(2) 안내지침 사항

1) 교사나 스태프는 아동의 행동방식이나 시간에 대하여 적절한 영향력을 행사할 수 있다.
   예 : 한 달에 두 번의 장거리 전화.
2) 방식, 빈도, 시간 등에 대한 영향력 행사는 적절해야 한다
   예 : 아동이 조용하지 않다고 해도 아동은 적절한 시도 후에는 전화를 걸 수 있어야 한다. 그러므로 세 시간의 회의 후에 아동이 전화를 걸 수 있게 하는 것은 세심한 것 같다.
3) 몸과 사람에 대한 공경심을 나타낼 권리

교사나 스태프는 늘 인간적이고 전문적이면서 관심있게 또 기쁘게 상호교류의 방식을 이용하여 돌봐야 한다. 육체적 간섭은 언어로서 아동을 다스릴 수 없을 때나 아동이 그 자신이나 다른 사람을 위험하게 할 때만 사용되어져야 한다. 폭력은 언제나 금지되어 있다.

(3) 규칙

1) 육체적 벌칙(때리는 것과 음식)은 아동들을 교육하는데 절대로 사용되어서는 안 된다.
2) 교사와 스태프들은 제재를 마지막 수단으로 사용하여야 하고 또 아동이 자신이나 다른 사람에게 해를 끼치는 경우를 막는 데만 사용하여야한다.
3) 교사와 스태프는 낙인찍는 일이나 이름을 부르는 등의 자존심을 건드리는 행동을 피해야 한다

   예 : 회의에서 ㅇㅇ가 침대에 오줌을 싼 것에 대한 논의.
4) 비속한 언어 속어 등은 결코 적절한 표현이 될 수 없다.

(4) 안내지침 사항

1) 제재가 필요한 경우에는 가장 작은 강제성이 사용되어야 한다.

3) 소유와 관련된 권리

아동은 생활환경이나 그의 발전 정도를 위해서 그 자신의 소유물을 소유할 권한이 있다. 교사나 스태프들은 아동의 이러한 권리를 존중해 주어야 하고 아동의 개인 소유품에 대한 소유권을 가질 수 있는 여건 조성을 제공하여야 한다.

(1) 규칙

1) 교사나 스태프는 아동들이 위험한 물건을 가지고 있지 않은지를 확인하여야 한다.
   예 : 마약, 총기 류, 칼
2) 교사나 스태프는 아동이 그들의 동료들과 비슷한 학교에서나 숙소에서 필요한 물품들을 가지고 있는가를 확인하여야 한다.
   예 : 책, 옷, 침대
3) 교사나 스태프들은 위험한 소유물 외에는 아동이나 아동의 보호자의 허락없이 아동들의 소유물을 뒤져서는 안된다.

(2) 안내지침 사항

1) 교사나 스태프들은 아동이 교육시설로 가지고 오는 물건의 종류에 대해 적당한 조절을 할 수가 있다.
   예 : 커다란 가구는 가지고 올 수 없음
2) 교사나 스태프들은 아동의 소유권이 적절한 때와 장소에서만 인정될 수 있도록 할 수 있다.
   예 : 점호 후에는 라디오를 들을 수 없음
3) 아동에게 제재 조치가 취해진 경우에는 아동에게 어떻게 하면 다시 소유물을 되찾을 수 있는가 말해 주어야 한다.
4) 사생활에 관한 권리
5) 교사나 스태프들은 아동에게 사회의 모든 사람들처럼 사생활에 대한 권리가 있다는 사실을 확인시켜 주어야 한다. 모든 아동들은 개인적인 삶과 공간이 주어져야 한다. 아동은 육체적으로도 사생활이 보장되어야 한다.

4) 우편 등 개인의 프라이버시를 유지받을 권리

(1) 규칙

1) 교사나 스태프는 아동의 허락없이 아동의 우편물을 보거나 전화를 몰래 들어서는 안된다.
2) 교사나 스태프는 계속적으로나 비밀리에 아동의 방이나 소유물을 뒤져서는 안된다.
3) 교사나 스태프는 아동의 몸을 뒤져서는 안된다.
4) 교사나 스태프는 아동의 서류물들을 아동의 법적 보호자나 그들에게 권리를 이양받을 사람으로부터 서류 형식의 허락 없이 다른 사람들에게 보여지거나 주어서는 안된다.

(2) 안내지침 사항

1) 교사나 스태프는 아동에게 사적인 공간과 소유물을 가질 수 있는 권리가 있다는 것을 확인시켜 주어야 한다

   예 : 침대, 옷장, 의류.
2) 조사의 필요가 있을 때에는 금지된 물건 등을 뒤질 수 있다.
3) 우편물을 열어보는 것이 금지되어 있기는 하지만 우편물이 위험한 물건들을 포함하고 있다고 의심될 때에는 아동에게 동의를 얻어 직원들 앞에서 우편물을 열어보라고 요구할 수 있다

   예 : 아동이 친구에게서 마약을 받는다고 의심될 때

5) 활동을 할 권리

아동들은 그들의 나이와 성숙도에 비례한 여러 경험을 할 권리가 있다. 아동의 움직임을 제한하거나 운동을 금지하는 등의 방법은 좋은 방법이 아니다.

(1) 규칙

1) 교사나 스태프는 교육을 위해서 아동을 고립시켜서는 안된다.

예 : 방안에 가두거나 단체로부터 격리하는 것

2) 아동에게는 특별한 대우를 받을 수 있는 기회가 늘 제공되어야 한다.

(2) 안내지침 사항

1) 교사나 스태프는 아동의 행동 장소와 시간을 제한할 수 있다.

예 : 8시부터 4시 15분까지는 학교, 그리고 4시 30분부터 6시까지는 집

6) 의미있는 일을 부과받을 권리

교사나 스태프는 아동에게 소일거리, 임무, 목표 그리고 특권 등의 의미있는 경험을 통해서 그들이 정신과 육체가 건강해질 수 있는 교육적인 환경 속에서 살고 있다는 것을 확인시켜 주어야 한다. 이상적인 것은 문제의 해결을 통해서 배움을 얻는 것이지 혼내는 것이 아니다.

(1) 규칙

1) 교사나 스태프들은 아동에게 적절하지 않은 임무를 주어서는 안된다.

예 : 칫솔로 마루 치우기, 구멍을 파고 메우기, 문장 500번 쓰기 등

2) 벌칙만을 주기 위한 방법은 쓰여져서는 안된다.

예 : 무릎을 굽히거나 빗자루를 들게 하는 것, 맛없고 싫어하는 음식을 먹게 하는 것

3) 교사나 스태프들은 아동이 교사나 스태프의 사적인 일을 도와줄 때에는 아동에게 법적 최소 급여를 지불하여야 하고,

예 : P 교사나 스태프의 차 청소

또 기관의 이익을 위한 일을 할 때도 대가를 주어야 한다.

예 : 운동장 청소

(2) 안내지침 사항

1) 교사나 스태프는 인생을 사는데 도움을 줄 수 있거나 가치가 있는 일을 아동이 하게 할 수 있다.

   예 : 아동의 침구와 방 청소

2) 나쁜 행동의 결과로서 아동의 임무를 빼앗아서는 안된다. 단, 아동이 반드시 여러 활동에서 제외시킬 수 있는 경우가 있기는 해도 이것은 오직 심각하거나 활동의 참여가 계속적으로 부정적일 때에만 행해져야 한다.

7) 필요한 서류를 철해 둘 권리

교사나 스태프는 교육지침서에서 어떤 대화가 진행되고 있는지 아동이 알 수 있도록 하여야 한다. 교육지침서는 하루의 치료방법과 목적하는 바 등을 포함하여야 한다. 좋은 아동의 교육은 아동에게 무엇이 목표이고 어떻게 아동의 행동이 향상되고 있는지를 알게 하는 것이다.

(1) 규칙

1) 교사나 스태프는 아동이 교육지침서에 무엇이 써 있는지 알고자 하는 권리를 무시하여서는 안 된다.
2) 아동이 정리된 지침서를 볼 때는 늘 교사나 스태프가 함께 있어야 한다.
3) 교사나 스태프들은 그들이 부재시에 서류들이 문이 잠겨진 캐비닛 등에 안전하게 있는지 확인하여야 한다.

(2) 안내지침 사항

1) 교사나 스태프는 계속적으로 아동이 교육지침서를 확인할 수 있게 할 수 있다.
2) 중요한 서류 등은 구분되어 정리되어야 한다. 이렇게 함으로써 아동은 혼돈을 피하고 아동은 감정의 흥분을 피할 수 있다.
   예 : 정신과평가와 사회기록

8) 타인과 상호작용할 권리

아동은 동료와 어른들과의 관계를 증진시킬 수 있는 기술을 배워야 한다. 아동은 동성이나 이성의 동료들과 교류할 수 있는 충분한 기회를 제공받아야 한다. 사람과의 교류는 기본적인 권리이다. 교사나 스태프들은 아동이 적절하게 사회교류를 하는지를 관찰하여야 한다.

(1) 규칙

1) 격리는 잘못된 행동에 대한 벌칙으로 사용되어서는 안된다.
   예 : 잘못 한 후에 말을 못하게 하는 것
2) 교사나 스태프는 아동에게 이성과 교류할 수 있는 적절한 기회를 제공하여야 한다.

(2) 안내지침 사항

1) 교사나 스태프는 아동과 동료 간의 교류를 제한해야 하는 경우도 있다.
   예 : 학대적인 아동이나 성적으로 발전하고 있는 아동은 같은 문제를 가진 아동과 만나지 못하게 할 수 있다.
2) 교사나 스태프는 아동과 언제, 어떻게 동료들과 교류하는지 제한할 수 있다.
   예 : 밤 9시 30분에는 전화 금지

3) 교사나 스태프는 특수한 교육의 경우에는 교육받는 아동 이외의 아동들에게 자리를 비켜 달라고 요구할 수 있다.

9) 목표 설정과 특권을 가질 권리

모든 아동들은 원하는 목표와 특권을 이루기 위한 기회를 가지기 위해서 늘 그들의 나이와 발전 수준에 상응하는 교육계획을 가져야 한다. 모든 체제는 아동이 이런 특권을 가질 수 있도록 하여야 한다. 아동들은 그들의 교육계획을 이루기 위해서 어떤 행동이 필요한지 알아야 한다.

(1) 규칙

1) 어떤 아동에게도 부적당하게 긴 시간(24시간 이상) 동안 아동이 권리를 가질 수 없게 하는 벌칙이 주어져서는 안된다.
2) 아동에게 최소한 하루에 필요한 기본적인 과자와 TV 시청 그리고 한 통화의 전화는 매일 할 수 있는 기회를 가져야 한다.
3) 아동에게 어떻게 하면 벌칙을 없애고 다시 그들의 특권을 찾을 수 있는가에 대한 언급이 없이 벌칙을 부과해서는 안된다.

(2) 안내지침 사항

1) 시간적인 벌칙(일정한 시간 동안 주어지는 벌칙)은 심각한 문제행동일 경우에만 주어져야 한다.
   예 : 자동차를 훔친다든지, 가게에서 물건을 훔치는 것 등
2) 교사나 스태프는 3일 이상 특권을 얻지 못한 아동에게 특별한 교육과 관심을 기울여야 한다. 다시 말하면 격려의 시간을 늘이고 아동과 교류하는 시간을 늘려라.

10) 기본적 의복을 제공받을 권리

아동은 아동의 나이와 성에 맞는 적절한 옷을 제공받을 수 있다. 직원은 아동이 늘 기본적인 의복을 제공받고 있는지 확인하여야 한다.

(1) 규칙

1) 기본적 의류에 대한 제한은 절대로 문제적 행동에 대한 벌칙으로 사용되어서는 안 된다.
   예 : 외투를 잃어버린 후 외투를 못입게 하는 것이나 벌칙으로 부적당한 옷을 입게 함으로 잃어버린 외투의 소중함을 인식하고 조심하도록 하는 것 등
2) 아동은 다른 아동에게 제공되는 것과 같은 모양과 같은 수의 의류를 제공받을 권리가 있다.

(2) 안내지침 사항

1) 가격이나 모양새가 허용되는 범위 안에서 아동의 의류에 대한 기호는 충분히 고려되어야 한다.
2) 교사나 스태프들은 아동의 교육목표와 일치할 수 있도록 의류의 모양에 관한 제재를 할 수 있다.

11) 자연스런 요소에 대한 권리

모든 아동들은 신선한 공기, 불빛, 햇빛 그리고 운동 같은 자연 요소에 관한 권리가 있다. 건강한 장외의 활동은 아동에게 정기적인 부분이 되어야 한다. 교사나 스태프들은 아동들이 매일 자연 요소를 경험할 수 있는 기회를 가질 수 있는지 확인하여야 한다.

(1) 규칙

1) 자연 요소나 실내의 불빛은 벌칙으로 쓰여서는 안된다.

예 : 제한적인 동기의 제제 안에서 아동은 실외에서 운동할 수 있어야 한다.

(2) 안내지침 사항

1) 아동에게는 매일 실외에서 운동할 수 있는 기회가 주어져야 한다.

예 : 운동장 걷기 혹은 지정된 구역에서 놀기.

2) 교사나 스태프는 실외에서 보내는 시간과 아동을 위한 준비 시간의 양을 정할 수 있다.

12) 개인 침대를 제공받을 권리

모든 아동들은 개인 침대와 개인 취침 공간을 가질 권리가 있다.

(1) 규칙

1) 취침 시간 중에는 아동은 제한 없이 개인 침대와 수면을 할 수 있어야 한다.

(2) 안내지침 사항

1) 교사나 스태프는 모든 아동들이 충분한 공간과 사생활을 가질 수 있도록 해야 한다. 모든 아동들은 개인 침대를 갖고 침대를 나눠쓰지 않도록 해야 한다.

2) 교사나 스태프들은 취침 시간이 아닌 경우에 아동들의 침실사용을 제한 할 수 있고 아동이 위험에 처했을 때에는 침실 도구의 사적인 활용을 제한할 수 있다.

예 : 아동이 자살을 시도할 때

13) 프로그램을 중단할 권리

교사나 스태프는 법적인 보호자의 적절한 요구에 의해 아동에게 보호를 해야 한다는 것은 인지하고 있어야 한다. 아동들은 그 프로그램의 참가 여부를 결정할 수 있는 권리를 포함한 보호자의 대리 역할을 누군가로부터 받을 권리가 있다.

(1) 규칙

1) 교사나 스태프는 보호자가 아니기 때문에 집으로 돌아가거나 다른 장소로 이동하는 것을 요구 했을 때에는 이러한 행동을 금지할 수 없다.
2) 교사나 스태프는 만약 좀 더 먼 제한적인 곳으로 가는 것이 적절하다고 생각됐을 때에는 아동이 그런 곳으로 가는 것을 막을 수 없다.

(2) 안내지침 사항

1) 교사나 스태프는 보호자가 아동의 퇴교를 원했을 때에 적절한 방법을 통해서 왜 아동을 위한 교육이 지속되어야 하는지를 말할 수 있다.
2) 교사나 스태프는 아동의 이동을 방해해서는 안된다.

3. 요약

미국의 Boys Town 프로그램은 아동의 모든 권리와 특권을 보호하고 확인하는 것에 커다란 관심을 가지고 있다. 지금까지 이러한 관심은 안내지침서와 교육방법을 통해서 묘사되어왔다. 그러나 아동의 권리를 확인하는 것은 방법만으로는 이루어지지 않는다. 아동의 권리를 보장하는 교사나 스태프들의 품질에 대한 감각을 통해서 이루어질 수 있다. 모든 교사나 스태프들은 자신들의 수행력과 아동을 관찰하려는 다른 것들에 대한 행동이 성공의 여부를 결정한다는 것을 이해하여야 한다. 규칙과 안내지침서에 관한 진행 절차가 필요하기는 하지만 아동에게 더욱 더 안전한 환경을 제공하는 것에 있어서 중요한 것은 교사나 스태프들의 실천 의지이다.

4. 모델의 비교

대부분의 아동 · 청소년들의 행동지도사 및 치료자들과 전문상담사와 보육원 교사나 스태프들은 그들과 같이 일하는 아동들의 권리를 보호하는데 관심을 가지고 있다. 그러나 이러한 관심이 어떻게 강조될 것인가에 대한 방식은 모델에 따라 커다란 차이가 있다.

심리역동 모델(psychodynamic model) 안에서 일하는 심리학자와 정신치료학자는 특정한 도덕의 규범이 반드시 뒤따라야 한다고 생각한다. 이 규범의 목적 중의 하나는 환자의 권리가 보호되는가를 확인하기 위해서이다. 하지만 불행하게도 이런 모델을 사용하는 정신병원에서 일하는 스태프들은 이런 규범 안에서만 일을 할 수 있는 것은 아니다.

정신병원에서 환자를 진정시키기 위한 육체적인 제재는 역사적으로 허용되어 왔다. 그리고 많은 경우에 있어서, 직원들은 이런 것들에 대한 교육을 받아오지 않았다. 이러한 경우에서는 종종 이런 이유로 필요 이상의 거칠은 육체적인 제재가 행해져 왔다. 사회적 인식과 압력은 과거에 일어났던 이러한 폭력을 제거하였다. 그러나 아직도 정신병원을 가보면 많은 육체적 제재가 환자들의 기본적인 제재 수단으로서 사용되어짐을 알 수 있다.

이것은 인지적 모델(cognitive model)에서도 나타난다. 이런 모델 안에서 일하는 치료자들의 대부분은 반드시 그것에 대한 도덕적 규범을 가지고 있어야 한다. 치료자들이 환자의 권리를 침해한다는 소리를 듣기는 쉽지 않다.

그러나 심리역동 모델처럼 인지치료자들은 그들의 심각한 환자를 치료하기 위해서 정신병원을 이용하고 아동들이 받는 보호와 처방을 도와준다.

행동치료자들은 그들의 치료 처방에 있어서 도덕의 역할을 의무시해왔다. 그들이 환자들을 로봇화하는 경향이 있고 그들의 처방 방식에 의문이 있다는 우려가 있다. 이 모델에서 가장 빈번하게 논쟁되고 있는 면은 싫어하는 자극을 이용하는 것이다. 이 방법의 사용이 얼마나 환자를 위해서 이루어질 수 있는가는 종종 논쟁이 되어 왔다.

종합적 모델은 행동기술에 있어서 싫어하는 자극을 이용하지 않는다. 아동들의 권리들은 프로그램에서 가장 중요한 것이고 가장 강조되어야 하는 것이다. 이 프로그램에서 묘사된 방법을 사용하는 교사나 스태프들을 통해서 아동들이 더욱 인간적이고 도덕적인 처방을 받을 수 있다는 강한 확신이 있다. 이 교육방법을 사용하는 교사나 스태프들은 좀처럼 물리적 제재를 사용하지 않는다는 것으로 밝혀져 왔다. 종합적 모델에서 아동의 권리는 항상 자세하게 묘사되어야 하고 교사나 스태프들은 이러한 권리들을 존중하고 보호하는 것이 마땅하다.

절충학인 접근인 오클라호마 대학의 프로그램에서는 아동들을 돌봄에 있어서 관심과 존경을 보여주는 것에 중점을 둔다. 아동들은 하나의 인간 개체로서 받아들여지고 그들의 권리는 존중되어져야 한다고 이 프로그램은 말한다. 그러나 이 프로그램은 아동의 권리가 무엇인가를 정확하게 묘사하지 않았다. 이러한 배경 아래서 커다란 의미를 차지하는 아동상담가 및 행동치료사나 교사나 스태프들은 아동들의 권리가 무엇인가를 알지도 못하고 그들의 권리를 침해한다.

아동들의 권리는 긍정적 동료 문화 접근(positive peer culture environment) 안에서도 배울 수 없다. 앞에서처럼 격리와 제재가 이들 프로그램에서도 이용되었지만 이러한 제재의 방법은 많이 줄어들었다. 이 프로그램을 허용하는 행동지도사 및 교사나 스태프들은 그들이 교육을 받는 아동들에게 모욕감을 주는 것처럼 받아들여지는 그러한 기술을 이용하지 않는다는 것을 항상 관찰해야 한다.

PART 03

아동기 장애와 부모상담

(실제편)

Chapter 15

정서장애 · 발달장애아동의 부모상담

– 워크숍 및 임상 장면의 실제 –

본장은 필자가 수년간 정서장애 · 발달장애아동들의 부모를 위한 부모상담과 부모훈련 워크숍의 내용을 본 저에서 필요한 부분만을 요약 정리한 것이다(ADHD, 지적장애, 자폐아동중심).

1. 부모상담의 중요성

일반적으로 아동상담에서는 부모 면담이 상담에 의뢰된 아동 면담보다 우선적으로 이루어지는데 아동의 주 호소 문제에 대한 중요한 정보를 듣게 된다. 부모 면담과 아동 면담 중 어느 대상을 우선하느냐는 각기 장단점이 있다. 아동 면담을 먼저 실시할 경우 아동이 현재 겪고 있는 문제나 어려움에 관한 기본 정보가 없으므로 상담 계획을 위한 정보를 얻는데 중요한 부분의 초점을 맞추지 못할 수 있는 반면에 부모 면담이 먼저 이루어질 경우에는 아동의 주 호소 문제나 가족체계의 역동 및 가족 구성원의 상황에 대한 정보를 구하기는 쉬우나, 아동에 대한 부모의 아동을 보는 관점에서의 편견을 가질 우려가 있다.

2. 부모 면담의 내용

1) 상담 의뢰 사유 및 아동 문제

부모 면담을 하는 주요 목적은 상담을 의뢰하는 이유와 현재 아동이 가지고 있는 문제나 어려움이 무엇인가에 대한 정보를 구하는데 있다. 우선 부모상담을 통해 얻어야 할 정보를 살펴보면 아래와 같다.

(1) 가족 환경

부모의 결혼 생활 및 부부 관계, 직업, 종교, 결혼 생활 만족도와 생활환경이나 가족 체계의 기능, 즉 역기능 가정과 순기능 가정, 부모 개인의 매해결된 욕구 및 과제, 사회 적응도 등 부모 환경 요인의 대부분이 자녀의 성장 과정에서 아동이 어려움을 겪게 하는데 중요 요인으로 작용하기 때문이다.

(2) 태내기 환경

많은 아동상담자들이 아동기 태내기 환경을 소홀히 하는 경향이 있는데, 태내기의 부모 상황은 성장하면서 아동 문제의 근원적인 요인과 배경으로 작용하는 경우가 많다. 예컨대, 부모의 정서 문제인 불안, 우울, 정신장애, 약물 남용, 건강 문제 등은 자녀에게 많은 영향을 끼친다.

태내기 환경의 정보는 부모가 어떠한 환경에서 임신했는지에 대한 질문으로 시작하여 많은 정보를 얻고 아동의 문제를 탐색하고 해결하는데 도움이 된다.

(3) 생애 초기 환경

일반적으로 누가 생애 초기의 경험은 아동의 인성에 절대적 영향을 미친다는 이론은 정신분석학자들에 의해 주장되고 있다. 생애 초기의 경험은 무의식 내에 남아 부모와의 애착 관계나 환경, 양육 태도를 통해 일생에 걸쳐 성격 형성 및 신념 등 중요한 영향을 미친다.

(4) 부모 면담 및 상담의 질문 사항

상담에 의뢰된 아동에 관한 충분한 정보를 얻기 위해 기본적으로 접수 면접에서 부모에게 질문하는 사항들을 살펴보면 다음과 같다.

- 아동의 주 호소 문제는 무엇인지, 가장 힘들어 하는 것은 무엇인가?
- 부모가 보는 아동의 성격과 타고난 기질적 서향은 어떠한가?
- 가족 유형(예 : 한부모, 재혼, 이혼, 사별, 조손가정 등)은 어떠한가?
- 친가나 외가에서 아동과 유사한 문제를 가지고 있는 사람이 있는가?
- 아동이 정신적, 신체적 언어적 발달지체가 있는가?
- 가족의 분리, 잦은 이사, 사별, 학대 등의 경험이 있는가?
- 아동의 주 스트레스는 무엇인가?
- 부모의 양육 스타일은? 또 한 부모의 양육 태도에 아동의 반응은?
- 최근 가족 상황은?(예 : 경제적, 가정폭력, 부부 관계 등)
- 특히 아동에게 마음이 쓰이는 부분이 있다면 무엇인가?
- 면담 및 상담 중 부모의 태도는 어떠한 것인가?

등을 질문할 수 있는데, 그 외에도 필요에 따라 질문할 수 있다.

지금까지 부모 면담 및 상담시에 일반적으로 할 수 있는 질문들이었다면 아동기 · 청소년기에 흔히 빈발되는 장애인, 행동 영역의 ADHD, 적대적 반항장애, 품행장애, 발달 영역의 지적장애, 전반적 발달장애(자폐), 학습장애, 언어장애, 정서 영역으로 우울장애, 분리불안장애, 생리기능 영역으로 섭식장애, 수면장애, 배설장애 등을 들 수 있다. 본 저에서는 필자가 수년 간 정서장애와 발달장애 자녀를 둔 부모들을 위한 워크숍 내용 중 부모-자녀 간에 바람직한 관계를 위한 놀이를 위한 실제적인 소통의 부분들을 요약 · 정리하였다.

3. 아이의 좋은 놀이 행동에 대해 관심 쏟기

프로그램의 단계는 아동의 놀이 시간 동안 바람직한 행동에 주의집중을 어떻게 하게 하는지에 대해 배우는 것이 포함된다. 먼저 주의집중(관심)이라고 부르는 기술을 연습할 필요가 있으며 그 이후에는 당신의 요구와 명령에 대해 아동의 순종이 증가되는 새로운 관심을 기울이는(주의집중) 기술을 어떻게 사용하는지를 보여 줄 것이다.

아이의 놀이 행동에 대해 관심을 기울이기 위해서는 다음과 같은 상황을 따르도록 한다.

(1) 만일 당신 자녀가 9세 이하의 아이라면 날마다 자녀와 특별한 시간이 될 수 있는 시간을 선택한다.

학교에 다니는 아동이라면 저녁이나 방과 후 시간이 좋겠고, 유치원이나 어린이집 등의 아동이라면 다른 아이들이 학교에 가고 없는 아침을 선택할 수 있다. 아이와 특별한 놀이 시간을 위해 매일이 시간 20분씩을 제외시켜 놓아야 한다. 만일 당신 자녀가 9세 이상이라면 이런 특별한 시간을 위해 매일 기본 시간을 선택할 수는 없을 것이다. 대신에 당신 자녀가 혼자서 놀이 활동을 즐기고 있는 매일의 시간을 특별히 만든다. 그러고 난 후, 부모가 일을 중단하고, 아래 지시에 따라 아이의 놀이에 참여하도록 한다.

(2) 다른 아동들은 이 특별한 놀이 시간에 참여시키지 않는다.

만일 다른 자녀가 있다면 그 자녀가 이 문제아동과의 특별한 시간을 방해할 것 같지 않은 시간을 선택하거나, 문제행동아동과 함께하는 동안 다른 가족에게로 하여금 다른 아동을 돌보게 한다.

(3) 만일 매일 기본적인 특별한 놀이 시간을 계획하였다면, 이 시간이 다가오면 자녀에게 간단히 이야기하는 것이 좋다.

'자, 우리가 함께 놀 수 있는 특별한 시간이다. 무엇을 하면 좋을까' 아이가 적당한 범위 내에서 놀이 활동을 선택하도록 한다. 단, TV 시청은 허락되지 않는다. 그 외의 어떤 놀이 활동이든지 허용된다. 만일 당신이 기본적인 특별한 놀이 시간을 계획하지 않았다면, 아동이 혼자서 놀고 있는 동안 아이에게 접근하여 '함께해도 괜찮은지'를 물어본다. 이 두 경우에 아동의 놀이를 통제하거나 놀이 방향을 제시해서는 안 된다. 아동에게 놀이 활동을 선택하도록 한다.

(4) 긴장하지 않는다.

몇 분 동안 자녀가 무엇을 하는지 지켜본 후 적당한 시기에 함께한다. 부모가 화가 났거나, 매우 바쁘거나, 용무나 여행을 위해 곧 집을 떠날 계획이 있을 때는 이 특별한 놀이 시간을 만들지 않는 것이 좋다. 부모의 마음이 이런 일에 몰두되어 있어, 아동에 대한 부모의 관심의 질을 떨어져 있을 것이다.

(5) 자녀의 놀이를 지켜본 후 아이가 하고 있는 행동을 큰 소리로 기술해 본다.

이것은 아동의 놀이 흥미를 갖고 있다는 것을 아이에게 보여주는 것이다. 이것은 스포츠 해설자가 축구나 야구 경기를 하는 방법과 같은 것이고 단일한 목소리 억양이나 활기 없는 목소리가 아닌 흥분되고 사실적인 행동 지향적인 어떤 것이 될 수 있다. 예컨대, 아이의 놀이를 설명하는 것이다. 어린 아동들은 이것을 진정으로 즐기기 때문이다. 학령기 아이들도 마찬가지지만, 그 정도는 영유가 아이들보다 더 적은 편이다.

(6) 질문도 하지 말고, 명령도 하지 말라.

이것은 매우 중요한 것이다. 이것은 아동의 놀이를 확실히 파괴하고 불필요하게 하므로 당신은 가능한 한 아동들에게 어떤 질문도 피해야 한다. 만일 아동이 무엇을 하는지 분명하지 않다면, 아동에게 어떤 놀이를 하고 있는지 명확하게 하기 위해서 질문하는 것은 좋다. 또한 놀이를 하는 동안에 아이를 가르치려고 어떤 노력도 하지 말고 명령도 방향도 주지 말아야 한다. 이 시간은 편안한 친구로서 즐기기 위한 아동의 특별한 시간이지, 아동 놀이를 가르치는 시간은 아니라고 생각해야 한다.

(7) 아동의 놀이에서 당신이 좋아하는 점에 대해 칭찬, 승인, 순수한 피드백과 같은 긍정적인 이야기를 해준다. 지나친 칭찬이나 지지는 하지 않는 것이 바람직하고 정확하고 정직하게 한다.

예를 들면 '나는 우리가 이처럼 차분히 놀 때가 좋다', '나는 우리가 함께하는 특별한 시간을 진정으로 즐긴다', '너가 만든 것이 얼마나 근사한지 보아라. 근사하게 잘 만들었구나' 등은 긍정적이며 적당한 평가이다. 만일 이런 평을 하는데 도움이 필요하다면, 아동을 승인하는 방법을 나타내 주는 목록의 다른 유인물을 찾아 참조하도록 한다.

(8) 만일 자녀가 무례하게 굴기 시작한다면, 짧은 순간 다른 곳을 보거나 무시하라.

만일 무례하게 구는 것이 계속된다면 특별한 시간이 끝났음을 이야기하고 방을 떠난다. 즉 이후에 바람직한 행동을 할 때, 당신이 놀이를 할 것이라고 이야기한다. 만일 아동이 놀이 동안에 모욕적이거나, 파괴적이거나, 극단적으로 소란스럽다면, 당신은 평소하는 방법으로 아이를 훈육한다. 당신 치료자는 이후의 프로그램 안에서 효과적인 훈육을 가르쳐 줄 것이다.

(9) 부모들은 이 특별한 놀이 시간을 아동과 20분씩 보낸다.

첫 주 동안에는 매일 이 시간을 갖기 위해 노력하거나 적어도 1주 내에 5번이라도 시간을 갖기 위해 노력해야 한다. 첫 주 이후부터는 1주에 적어도 3~4번 이런 특별한 시간을 갖도록 노력해야 한다. 그리고 지속해서 이같은 특별한 놀이 시간을 계속한다.

이 프로그램은 읽기는 쉽다. 그러나 이것을 행동 하기는 쉽지 않다! 많은 부모들은 이 첫 주 동안 놀이 시간에 실수를 범할 수 있다. 대부분 부모들은 너무 많은 질문과 명령을 하고 아이에 대한 긍정적인 평은 아주 적게 한다. 부모는 자녀를 향해서 함께 지내는 기술을 향상시키기 위해 다음 시간에 더욱더 노력해야 할 것이다. 일단 정서장애 및 발달장애를 가진 아이와 함께 지내는 의사소통 및 기술을 향상 시킨 후에 이런 종류의 특별한 놀이 시간을 가족 내 다른 아이와도 함께 갖는 것이 바람직하다.

4. 아이에게 칭찬하기

◎ 인정하는 몸짓

- 포옹
- 어깨, 머리를 가볍게 두드려 주는 것
- 가벼운 입맞춤
- 다정하게 머리를 쓰다듬기
- 엄지손가락을 위로 들어주는 신호
- 아이를 팔로 감싸는 것
- 윙크 등

◎ 언어적 인정

- 너가 … 때 나는 좋다.
- 멋있다, 와아!
- … 일 때 멋지다.

- 훌륭한 소년 / 소녀가 될 것으로 믿는다.
- 너가 … 하는 것은 대단한 일이다.
- 이렇게 하는 것이 얼마나 멋있는지 모르겠다.
- 참 잘했다. 계속 잘해라.
- 환상적이다. 끝내준다. 최고다.
- 나는 너가 … 때 매우 자랑스럽다.
- 너 알고 있니, 6개월 전의 너는 지금의 너가 아니었었다. 너가 얼마나 빨리 성장하는지! 등

유의 사항

1. 가능한 칭찬은 즉시 하십시오. 미루거나 기다리지 말 것!

2. 당신이 좋아하는 것이 무엇인가를 구체적으로 할 것!

3. 거꾸로 된 칭찬은 하지 않는다. 예를 들면 "방 청소 했구나, 왜 이전에는 하지 않았었니?"와 같은 표현은 절대 하지 않는다.

5. 정적 강화의 원리

어떤 행동으로 인해 받은 좋은 결과를 우리는 정적 강화(보상)라고 한다. 아동이 보인 바람직한 행동에 정적 강화를 해줌으로써 이후 그 행동이 더 자주 나타나도록 유도할 수 있다. 이 정적 강화를 효과적으로 사용하려면 아래의 내용을 참고한다.

(1) 정적 강화를 해 줄 행동을 구체적으로 정한다.

어떤 행동에 대해 정적 강화를 해 줄지 미리 구체적으로 정함으로써, 그 행동이 일어났는지의 여부를 보다 정확히 판단할 수 있으며 따라서 강화가 일관되게 주어질 수 있다.

(2) 적절한 강화물을 선택한다.

어떤 강화물은 모든 아동들이 다 좋아하고, 어떤 강화물은 일부의 아동들만 좋아한다. 그러므로 지금부터 아동을 잘 관찰하고, 아이에게 물어 보고, 또 선택하게 함으로써 효과적인 강화물 몇 가지를 알아둔다. 그 중에서 쉽게 사용할 수 있는 것, 많은 시간이 걸리지 않는 것, 아이가 빨리 싫증냄이 없이 반복적으로 사용할 수 있는 것 등을 골라 상황에 따라 융통성 있게 사용하면 된다.

(3) 바람직한 행동이 나타나면 즉시 강화해 준다.

바람직한 행동 직후에 즉시 강화를 해 주는 것은 행동변화 과정의 초기 단계에서 특히 중요하다. 만약 강화가 지연되어 주어진다면, 그 동안 일어났을 수도 있는 바람직하지 못한 행동들이 우연히, 무의식적으로 강화 받을 수도 있기 때문이다.

(4) 바람직한 행동이 나타날 때마다 매번 강화해 준다.

비일관적으로, 가끔씩만 강화를 해 줄 경우, 아동은 혼란을 느끼고, 바람직한 행동이 완전히 자리잡는 데 오랜 시간이 걸릴 것이다 따라서 바람직한 행동이 목표하는 만족스런 수준으로 수정될 때까지는 그 행동이 나타날 때마다 강화해 준다. 일단 이 초기 단계가 지나고 나면 그때부터 가끔씩만 강화를 해 주는 것이 행동 유지에 더 도움이 된다.

(5) 항상 사회적 강화물과 유형적 강화물을 함께 사용한다.

만일 유형적 강화물이 사용된다면, 반드시 칭찬과 미소 등의 사회적 강화물과 같이 사용한다. 이런 식으로 유형적 강화물과 사회적 강화물을 연결시켜야 이후에 사회적 강화물 안으로도 바람직한 행동이 유지될 수 있으며 아동은 유형의 보상 때문이 아니라 자기만족을 위해 그 행동을 하게 될 것이다.

(6) 강화를 해 주는 이유를 설명한다.

꼭 그럴 필요는 없지만, 강화해 주는 이유를 말로 이해시켜 주는 것이 바람직하다. 아동이 자신의 행동에 대해 더 많은 통찰을 갖도록 하는 것이다. 그리고 바람직한 행동을 할 경우엔 앞으로도 계속 강화를 해주겠다는 것도 설명하는 것이 좋다.

6. 아이의 관심 쏟기

비록 특별 놀이 시간 동안에 아동의 놀이에 대해 어떻게 관심을 쏟아야 하는지를 배웠다 할지라도, 이제는 아동이 부모의 지시나 요구에 따를 때, 아이의 순종을 인정해 주는데 이런 관심 쏟기 기술을 사용할 수 있어야 한다. 부모가 자녀에게 지시를 할 때, 부모는 아동이 얼마나 잘했는지에 대해 즉시 피드백을 하고 칭찬을 해 줄 필요가 있다. 딴 데로 가지 말고, 자녀 곁에 있으면서 관심을 보여주며, 자녀의 순종에 대해 좋은 말을 해 준다.

(1) 부모가 지시나 요구를 하고 아이가 그것에 따르기 시작하자마자, 순종에 대해 다음과 같이 아이를 칭찬한다.

"내가 말하고 지시한 것을 네가 행동으로 보이니, 참 기쁘다."

"내가 말하는 대로 네가 행동하니, 좋구나."

"엄마 / 아빠가 요구한 것을 하니 고맙구나."

"너가 …을 하는 것이 얼마나 멋있는지 너 스스로 보니 느낌이 어떠니?"

"… 하다니 참 자랑스럽구나."

또는 요구되어진 그 무엇을 아동이 했을 때 부모가 고맙게 생각하고 있다는 것을 특별히 지적하는 다른 말을 해도 좋다. 또한 2단계 지침서에 있었던 여러 말 중에서 몇 가지를 골라 사용해도 좋다.

(2) 아동의 순종에 대해 먼저 관심을 쏟은 뒤에는, 꼭 그래야만 한다면 잠깐 동안 자리를 뜰 수는 있지만, 아동의 순종을 계속해서 칭찬해 주기 위해 자주 되돌아와야만 한다.

(3) 만일 아동이 시키지도 않았는데 잔심부름이나 일을 했다면, 아동에게 특별한 칭찬을 해주고, 조그만 보상을 주어도 좋다. 이것은 그렇게 하라고 항상 시키지 않아도 집안일이나 자기 일을 아동이 기억해서 수행하도록 도와준다.

(4) 실질적으로 부모가 한 모든 명령에 대해 아동에게 긍정적인 관심 쏟기를 사용해야 한다. 덧붙여서 이번 주에는 아동이 잘 따르지 않는 2~3개의 지시를 선택한다. 부모는 아동이 이 지시들에 따를 때면 언제라도, 아동을 칭찬하고 관심을 쏟기 위해 특별한 노력을 해야만 한다.

7. 어떻게 효과적인 지시를 할 것인가?

많은 행동 문제아동들과 일하면서 우리는 만일 부모가 그들 자녀에게 하는 지시 방법을 바꾸기만 해도, 아동들의 순종을 유의미하게 증진시킬 수 있다는 것을 알게 되었다. 자녀에게 지시하거나 훈육하고자 할 때, 다음과 같이 해 보기 바란다.

(1) 부모가 뜻하는 바를 확실히 한다.

즉, 아동이 그 지시를 끝마칠 때까지 지켜볼 생각이 없으면 아예 지시를 하지 말라. 요구를 할 때는, 당신이 이야기했던 것이 그 의미였다는 것을 보여주기 위해서, 긍정적이든 부정적이든, 적절한 결과를 제시해 줄 계획을 세워라.

(2) 질문이나 부탁처럼 지시하지 않는다.

간단하고, 직접적이고, 사무적인 목소리로 지시한다.

(3) 한꺼번에 너무 많은 지시를 하지 않는다.

대부분의 아동들은 한 번에 한 두개의 지시에게만 따를 수 있을 뿐이다. 지금은, 한 번에 오로지 한 가지 구체적인 지시만을 하도록 한다. 만약 부모가 아동에게 시킨 일이 복잡하다면, 그 일을 작은 단계로 나누어 한 번에 오직 한 단계씩만 시킨다.

(4) 아동이 부모에게 주의집중을 하도록 만들 것

아동의 눈을 똑바로 쳐다본다. 필요하다면, 지시를 할 때 아동이 제대로 듣고, 보고, 있는지 확실히 하기 위해서 당신을 쳐다보도록 아동의 얼굴을 당신 쪽으로 가볍게 돌려도 좋다.

(5) 지시를 하기 전에 모든 잡음이나 방해물을 줄인다.

부모들이 하는 가장 흔한 실수는 TV, 전축, 오락 게임을 켜 놓은 채, 지시를 하려고 하는 것들이다. 방안에서 더 재미있는 어떤 것이 계속될 때는, 아동이 주의를 기울일 것이라고 기대할 수 없다. 그렇기 때문에 지시를 할 때는 부모가 직접 이런 방해물을 끄거나 아동들에게 끄라고 시킨다.

(6) 아동에게 지시를 반복해 보라고 한다.

요구를 할 때마다 이럴 필요는 없지만, 만약 아동이 지시를 들었는지, 이해했는지가 확실하지 않으면, 반복시킬 필요가 있다. 또한 주의집중 시간이 짧은 아이라면, 지시를 반복시키는 것이 아동이 그것을 따를 가능성을 증가시킨다.

(7) 잔심부름 카드를 만들 것

만일 아동이 집안일을 할 수 있을 만큼 나이가 들었다면, 잔심부름 카드를 만들어 유용하게 사용할 수 있다. 이것은 독서 카드로 간단히 만들 수 있다. 거기에 기록할 것은 어떤 잔심부름을 정확히 하는데 필요한 단계들이다. 그런 후, 심부름을 시킬 때, 아동에게 카드를 주고, 그 카드에 적힌 것이 아동이 해야 할 일임을 말해 준다. 물론 읽을 수 있을 만큼 충분히 나이든 아동들을 위한 방법이다. 이런 카드로 아동이 잔심부름을 할 때 발생할 수 있는 논쟁을 크게 줄일 수 있다. 부모는 또한 잔심부름 카드에 그 일을 하는데 걸리는 시간을 표시할 수 있으며, 그러고 나서 그 시간만큼 타이머를 맞춰 놓아 아동으로 하여금 언제 그 일을 끝내야 하는지 정확히 알도록 해 준다.

만일 부모가 이같은 일곱 단계를 따른다면, 부모 지시에 아동이 응하는 태도가 좋아진 것을 발견하게 될 것이다.

[그림 15-1] 효과적인 지시

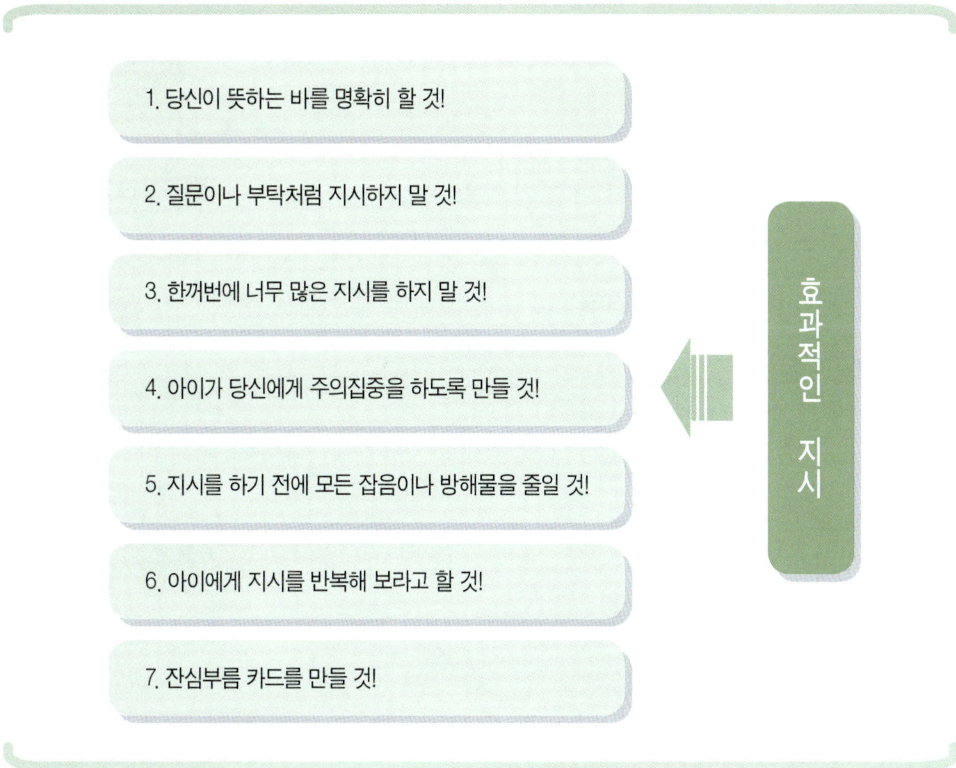

8. 순종훈련 시간 설정

다음 1~2주 동안 부모가 시간을 내서, 아동에게 특별히 순종훈련을 시키는 것이 매우 중요하다. 당신은 아주 쉽게 이것을 할 수 있다. 아동이 바쁘지 않은 시간을 골라서, "휴지(수저, 수건, 잡지) 좀 다오", "…을 내게 가져오라"와 같은 아주 간단한 일을 하도록 요구한다. 필자는 이것을 '가져오는 지시'라 정하고, 이 지시는 아동에게 매우 간단하고 단순한 노력만을 요구한다. 몇 분 동안에 이같은 것 5~6개를 시켜 본다. 아동이 각 행동 하나를 행할 때마다 "네가 내 말을 잘 들어 좋구나", "내가 요구한 것을 하니 참 좋구나", "내가 말한 것을 해주니 고맙다" 등 아이의 순종과 지시에 따라 준 것에 대한 구체적인 칭찬을 해준다.

매일 몇 번씩 이런 순종훈련 시간을 갖도록 노력한다. 왜냐면 요구들이 단순하고 간단하기 때문에 대부분의 아동들(심지어 문제행동을 갖고 있는 아이들조차도)이 할 수 있다. 이는 아동이 잘한 것을 찾아내고, 순종에 대해 칭찬해 줄 수 있는 좋은 기회를 제공해 준다.

9. 효과적인 한계 설정

1) 자율성의 획득

아동 스스로 할 수 있는 일은 하도록 놔둔다. 자율성은 모든 아동들의 성장 과정에서 필수적인 부분이며, 부모가 할 가장 중요한 일은 아이를 격려해 주고 바람직한 행동에 칭찬과 관심(정적 강화)을 보이는 것이기 때문이다.

2) 자기 한계의 인식

아동의 자율적인 행동이 항상 바람직한 결과를 가져오는 것만은 아니다. 가끔은 그 행동으로 인해 실패와 좌절, 주위의 비난을 겪게 된다. 그런데 이런 경험을 미리 막는 것은 물론 너무 잦으면 안되겠지만, 아동이 해서는 안될 일, 자신의 힘으로 할 수 없는 일이 어떤 것인지를 배우며, 자기 한계를 알게 될 좋은 기회가 될 수 있도록 하는 것이 좋다.

3) 외적 통제

자기 한계의 인식이 부족하거나, 충동 억제가 잘 안되는 아동의 경우, 부모가 어느 정도까지는 아동의 행동을 통제해 줄 필요가 있다. 부모가 할 수 있는 외적 통제의 방법으로는 아래와 같다.

(1) 가정환경

우선, 아동의 주변 환경을 정돈하여 모든 산만하고 위험한 요소들을 제거한다. 그 다음엔 아동의 일과를 규칙적이며 예측 가능하게 만들어야 한다. 이런 환경은 특히 통제력이 부족한 아이들에게는 매우 중요하다.

(2) 모방

아동이 새로운 행동을 배우는 일반적인 방법 중 하나가 바로 다른 사람의 행동을 관찰하고, 그것을 모방하는 것이다. 그러므로 가정에서 부모나 형제는 아동의 가장 좋은 스승이라고 할 수 있다. 차분하게 다시 한 번 생각하고 행동하는 모습의 모델이 되어 보여 주는 것이 좋다.

(3) 소거

소거란 지금까지 부모가 아동의 바람직하지 못한 행동에 보여 왔던 관심을 더 이상 보이지 않는 것, 즉 그 행동을 무시하는 것이다. 소거를 효과적으로 사용하려면, 아동의 좋지 못한 행동은 무시하는 반면, 바람직한 행동엔 반드시 정적 강화를 해 주어야 한다는 것을 기억해야 한다.

(4) 행동 조형

이 방법은 아동에게 새로운 좋은 행동을 가르칠 때 사용할 수 있는 것으로, 그 행동을 조금이라도 보일 때마다 아동을 단계적으로 칭찬해 주어 점점 더 그에 가깝게 행동하도록 만든다는 것이다.

(5) 벌

아동의 바람직하지 못한 행동을 없애기 위해 흔히 쓰는 방법이다. 벌에는 꾸중, 체벌, 반응 비용, 타임아웃 등 여러 가지 종류가 있는데, 부모가 가장 객관적인 자세로 사용할 수 있는 것이 바로 반응 비용과 타임아웃이다. 반응 비용은 아동에게 주었던 특권을 바람직하지 못한 행동의 대가로 다시 빼앗는 것이고, 타임아웃은 아동을 한 곳에 잠시 동안 분리시켜 놓아 모든 정적 강화들을 차단하는 것을 말한다. 어느 방법을 사용하든지 부모가 명심해야 할 것은, 체벌이 아동의 행동을 바로잡기 위한 최선책이 결코 아니라는 사실이다.

4) 자기통제

부모가 언제까지나 아동의 모든 행동을 다 지시하고 가르칠 수는 없다. 결국 가장 바람직한 것은 외적 통제에서 자기통제로의 전환이다. 외적 통제를 통해서 우리는 아이의 행동을 더 나은 방향으로 변화시키며 책임과 규칙을 가르쳐야 하기 때문이다. 이 모든 것들이 아동에게 내면화 되었을 때, 비로소 자기통제가 발휘되길 기대할 수 있는 것이다. 그러나 어느 한 순간에 이루어지는 것이 아니기에 부모의 많은 인내와 노력이 필요하다고 본다.

Chapter 16

아동기 장애와 미술치료

1. 아동 미술치료의 이해
2. 아동기 장애와 미술치료
3. 발달장애아동의 미술치료

1. 아동 미술치료의 이해

아동은 존귀한 생명체이며, 끊임없이 성장하고 있는 전인격체이다. 인간의 연령과 상관없이 사랑이 최고의 치료이다. 아동이 무엇을 느끼고, 생각하고, 행하며, 또 그 행동은 어떤 법칙에 의하여 이루어지는지를 알고 싶은 것은, 교육이라는 과업을 안고 있는 모든 교사와 양육자인 부모의 가장 큰 관심사이다. 아동미술의 아동심리 이해는 아동의 사고와 느낌, 공포와 욕구, 희망과 좌절 등의 내면 세계를 그림이란 통로를 통해서 외부로 표현하는 언어의 수단이다. 이것은 아동이 그림을 그릴 때 사실적으로 본 것이나 아는 것을 그리는 것이 아니라, 아동이 사물이나 대상에 대해 느끼는 것을 그리기 때문에 아동의 그림을 어떻게 이해하고, 왜 그와 같은 반응이 일어나게 되었는지를 분석하고 진단하며, 아동에게 일어나고 있고, 또한 장차 일어날 여러 가지 문제행동의 방향이나 부적응적인 행동에 대한 특성을 예방하고 대처 능력을 키워준다. 또한 교육적으로 바로잡아 주고 지도해 주며, 나아가 보다 잘 적응력이 균형을 이룬 건강한 아동이 되도록 하는데 목적을 두고 있다. 그리고 자유로운 아동미술의 표현은 아동이 언어적인 수단으로 미술이라는 매체를 사용하는 데서 오는 곤란을 극복할 수 있고, 비구조화된 방법으로 아동의 반응을 탐색할 수 있고, 아동의 다양하고 내면의 자유로운 반응을 파악할 수 있는 장점이 있다.

1) 아동미술에서 볼 수 있는 투사적 기법의 특징

아동에게 어떤 과제를 주거나 표현의 매체를 제공해 주고, 거기서 일정한 지시를 곁들여서 자기 자신의 내부 세계를 투사하도록 하는, 이른바 투사적 기법이란 것이 있고, 이것을 적용하여 그림에 의한 아동 진단을 할 수 있다.

이러한 투사적 기법은 다음과 같은 특징을 지니고 있다.

투사법은 "모호하고 구조화되지 않은 자극에 직면하게 되면, 사람은 자기의 내적 요구, 성장 과정에서의 해결되었어야 할 욕구가 미해결된 욕구 및 좌절과 수용의 거부 등의 부정적 감정이나 태도에 대해 막연한 투사 같은 것으로 반응하기 쉽다."는 가설에 입각하고 있다. 그리고 이 자극은 모호성, 불완전성, 다양성 등을 가지고 있다. 따라서 그 반응의 해석에는 여러 가지 난점이 따른다. 방법이 간접적이기 때문에, 아동은 검사자가 요구하는 바를 모른다는 점이다. 즉, 무엇이 바람직한 반응이고 무엇이 바람직하지 않은 반응인지를 아동은 알지 못한다. 반응이 자유로움으로, 아동의 반응은 그 개인에 있어서는 중요하고도 결정적인 의미를 가지고 있는 것들일 가능성이 높다. 반응의 해석에 있어서는 자료의 여러 가지 측면을 총체적인 관점에서 해석해야 한다. 즉, 색채뿐 아니라, 선, 형, 내용, 구성 등을 종합적으로 봐야 한다.

정신분석적인 개념의 투사는, 어떤 극한 상황에 있어서의 자유로운 반응에 반영된 개인의 무의식의 세계 또는 방어기제라는 뜻이므로, 아동의 그림에서 아동의 무의식의 내면 세계 또는 방어기제를 탐지할 수 있다.

이와 같은 투사법의 특징으로서의 아동의 그림은 아동의 내면 세계를 이해하고 탐색하는데 있어서 매우 유익하고 적절하고, 효과적인 기법이라 할 수 있다.

2) 아동상담과 미술치료

아동들에게 그림은 여러 가지 그들 내면의 이야기들을 말하고 표현하는 방법일 뿐 아니라 그들을 둘러싸고 있고 주변 세계에 대한 그들만의 독특한 견해를 전달해 주는 언어의 수단이다. 아동들의 그림은 아주 개인적인 담화로써(Malchiodi), 그들의 감정이나 경험, 또는 문제들을 형상화하고 구상화하는데 도움을 준다. 그런 형상화 작업은 어린이들이 마치 가정의 세계를 만들어 놓고 놀이하는 것과 같다. 아동의 그림은 아동의 환상들이 표현될 수 있는 공간이며, 그 자신의 개인적 언어 즉, 미술 언어를 통한 의

사소통의 공간이다. 그래서 아동들에게 자기들이 가지고 있는 부정적 감정이나 갈등과 좌절의 느낌과 문제점과 느낌을 그림으로 그려 보라고 할 때는, 그들로 하여금 자신들의 문제와 감정이 짐짓 자기 외부의 것인 양 가장하여 종이 위에 옮겨 놓도록 해서 함께 들여다보고 대화를 나눌 수 있도록 한다. 아동미술심리치료에 있어서 "문제는 문제이고 사람(여기선 '문제의 행동아동')은 사람이다"라는 것으로 치료를 필요로 하는 아동 자신과 그 아동이 지니고 있는 문제 자체는 엄연히 구별되어야 한다는 것이다.

특히, 정신적 외상을 지닌 아동인 경우 문제의 아동이 그 자신과 문제를 구별하도록 도와주는 것이 중요하다. 왜냐하면 정신적 외상을 지닌 아동들은 스스로 비난이나 자책감 혹은 우울증에 시달리고, 변화를 시도하지 못하는 무기력한 자신을 느낀다. 아동이 자신에게 큰 문제가 있다고 생각할 때는 자신을 개선시키거나 자신에 대한 긍지를 가지기가 무척 힘들다. 그런 점에서 그림이나 다른 예술 활동을 통해서 문제 자체를 아동 자신으로부터 분리시킨다는 것은 아동을 비난, 부끄러움, 자책감 등 그들을 억누르는 감정들로부터 해방시키는 하나의 방법이다.

또한, 그림이 아동들에게 자신들의 이야기를 말하는 중요한 수단이기에 학대받은 아이들에게 특히, 이야기법(storytelling)을 통해서 하나의 통제가 가능해지는데, 그것은 아동이 그림을 통해 자기가 나타내 보이고자 하는 만큼 자신을 통제하고 있다는 것이다.

(1) 정신적 외상과 아동들의 그림

가정 내의 폭력, 신체적이나 성적 학대, 길거리 폭력, 그리고 여러 파국적인 일들이 미치는 영향에 대한 인식이 높아짐으로 인해 어린이들의 정신적 외상의 경험은 정신건강 종사자들과 아동상담 전문가에게 큰 관심과 연구과제이다. 정신적 외상을 지닌 아동들은 불안감, 무기력, 좌절, 공포, 외로움, 소외감, 우울, 거부감, 소심, 절망감 등의 여러 가지 부정적 감정을 경험한다. 상실감 또한 모든 정신적 외상에서 보여지는 주요 관심사 중 하나인데, 아마 이혼, 교도소 감금, 정신적 · 신체적 질병, 가정폭력 혹은 부모의 사망 등으로 인한 부모나 의미 있는 사람들을 잃게 되는 탓일 것이다. 아동들은 부모가 직장을 잃거나 멀리 낯선 지역으로 이사를 갔을 때도 정신적 외상을 경험한다. 이런 경험으로 인해 전에 즐기던 활동에 더 이상 즐거움을 느끼지 못한다거나 억압된 정서, 미래에 대한 희망 상실, 신체적 고통, 반복되는 정신적 외상에 대한 두려움, 그리고 정신적 무기력 및 무감각에 빠질 수도 있다. 또한 극단적인 경계심, 불안, 의기소침, 반복되는 악몽, 대인기피 그리고 성적 저하 등도 정신적 외상의 후유증 증세라고 하겠다(Terr).

가정폭력이나 학대 등에 시달려 온 아동들에겐 그림 그리기는 도달하기 힘들고 불가능한 무언가를 향한 환상의 세계를 보여 준다.

학대가정에서 자란 8세 여아인 수잔(Suzan)은 그녀가 경험하지 못했던 가정환경을 끊임없이 그렸다. 그 그림들은 즐거운 장면들이었고, 장난감과 정원이 어우러진 멋진 집들도 있었다. 그 그림들은 안정적이고 양육적인 가정환경을 보여 주었으며, 수잔이 가족과 함께 오래 살면서 채소도 키웠으면 하는 장소로서 그녀가 살아 보지는 못한, 그러나 정말 살아 보고 싶은 환경이라고 수잔을 설명했다. 현실적으로 수잔은 항상 엄마 때문에 우울하고 짜증이 많은데, 엄마는 알코올 중독자이고 학대적이고 복잡한 남자관계에다가 과거 한때는 수잔과 수잔의 어린 남동생을 학대하곤 했다. 여러 가지 면에서 수잔의 생활은 전쟁이나 재난의 생존자들의 생활과 흡사했다. 왜냐하면 수잔은 자신의 집에서 끊임없는 학대와 폭력에 시달려야 했기 때문이다. 그림 그리기는 수잔이 세상을 더 긍정적으로 보게 해주고 가족의 미래도 희망적이게 보도록 도와주는 방법이었다.

미술표현은 정신적 외상을 가진 아동에게 아주 적절한 치료적 접근인 것으로 보이는데 그것은 아동이 그들의 정신적 외상을 말로 나타낼 수 있기 전에 시각적인 대화 형태를 이용하는 그림으로 표현하는 것을 더 용이하게 느끼기 때문이다. 비록 위기나 정신적 외상의 반응으로 나타나는 심상의 구조나 내용이 많은 공통성을 가지지만 각각의 아동은 모두 제 나름대로 그들의 언어로 그림들을 그린다. 말하자면, 정신적 외상을 주는 사건들은 깊은 내면의 세계로 자세히 표현될 수도 있고 아주 의식적 세계를 간단히 표현 되어질 수도 있다. 어떤 아동은 그들의 공포를 아주 구체적으로 나타내기도 하고 어떤 아동은 그런 경험 내용을 가능한 한 나타내지 않으려 한다.

다음과 같은 많은 요소들이 그들의 그림에 영향을 준다.

- 후원자가 있을 경우(예 : 가족, 친구, 혹은 다른 이들)
- 치료사에 대한 신뢰의 정도(자유롭고 안전하게 자신을 표현할 수 있는 정도)
- 아동의 미술적 대화 능력(예 : 어떤 아동들은 타고난 예술적 재능이 있는 반면 어떤 아동들은 그림을 통한 대화에 흥미를 가지지 않을 수도 있다.)
- 성장 배경(예 : 표현 내용, 세밀성, 표현 양식에 영향을 줄 수 있는 연령과 발달 수준)
- 정신적 외상의 종류와 지속 기간은 그림 표현에 확실히 영향을 미친다(예 : 회오리 폭풍처럼 우연이거나 우리들의 통제 능력을 벗어난 정신적 외상의 경우는 가정폭력이나 학대와 다른 양상을 보인다).

아동들이 연필이나 크레용을 들고서 자신들의 정신적 외상에 대한 기억을 그림으로 나타내는 것은 대단히 어려운 일임을 치료사들은 염두에 두어야 할 것이다. 흔히 정신적 외상을 지닌 아동이 무엇을 그린다는 것은 상당히 힘든 일이며 그런 경우 공포나 불안을 느끼며 또한 자신에게 일어났던 불행한 사실을 잘 믿지 않으려 한다.

(2) 정신적 외상에 대한 개인적 반응과 그림

일부 아동들은 정신적 외상을 경험한 직후에 곧 그림을 통해 자신을 표현하고자 하는 반면, 또 다른 아동들은 일어난 사건을 묘사한다는 자체를 위험한 것으로 느끼는데, 특히 그것이 신체적이고 성적 학대일 경우에 더욱 그렇다. 후자의 경우, 그들의 그림 자체는 아마 공포, 폭력 혹은 정신적 외상을 보여줄 만한 자료를 나타내 보이지 않을지 모르나 그림 속에 아주 포착하기 힘든 미묘한 모습으로 숨어 있거나 아니면 아예 그들 감정을 나타내지 않을 수도 있다.

단 한 번의 정신적 외상을 가진 아이들이 비교적 쉽게 그림으로 표현하는 반면에 정신적 외상을 만성적(반복적으로)으로 경험한 아이들은 자신들의 입장을 자유롭게 잘 표현하지 못한다. 정신적 외상을 반복적으로 경험한 아동은 미술을 포함한 어떤 방식으로도 표현하기를 꺼려해서 치료사나 치료환경에 대해 신뢰감을 가질 때까지 상당한 시간이 요구된다. 미술표현은 정신적 외상으로 인한 일시적인 자아 상실이나 자기 혼돈을 통합시켜 주는 한 방편이다. 정신적 외상을 입게 될 때 어린이는 자신이 부서진 듯 느끼고 세상 또한 부서진 듯 느낀다. 정신적 외상은 곧 비교적 안전했던 시절과 우울, 두려움, 불안 등 정신적 외상과 관련한 일들이 발생한 시기를 구분(이분화) 짓는 역할을 한다. 그런데 하나의 공통된 사실은 그러한 고통스러운 정신적 외상에도 불구하고 어린이들은 그림 그리는 창조적 활동에 즐거움을 느낀다는 것이다. 아마도 창조적 미술 활동을 통해 자연스럽게 하나의 전체성 혹은 완전성을 느끼고 얻으려고 하는 것 같다. 바로 그 점이 우리가 정신적 외상을 가진 아동들의 그림을 이해하는 가장 핵심이며 또한 치료에 있어서도 바로 그 점에 초점을 맞추어야 할 것이다.

2. 아동기 장애와 미술치료

1) 아동기 장애의 미술치료의 의미

장애라는 말은 사전적 정의로는 선천적, 후천적으로 정상발달이 아닌 이상발달을 의미한다. 장애아동 및 특수교육의 관련된 전문가들은 신체와 정신의 장애를 표현하는데 장애는 예의적인 아동들 혹은 보다 많은 관심과 돌봄적 사랑을 필요로 하는 아동들이라고 할 수 있다. 예컨대 무질서적 혼란, 분리 불안, 부적응, 뇌 손상 등의 다양한 의미로 표현되는데 혼란은 정신적 장애의 표현으로 손상은 신체적 표현으로 각기 그 쓰임이 다르게 나타난다.

장애란 정상발달이 아닌 이상발달의 사회부적응 등의 다른 특성을 갖고 있는 아동으로 정상발달에 비해 발달이 지체되거나 사회의 부적응 아동의 존재로써의 인식이 아니라 단지 정상발달인과는 다른 특성과 조건을 가지고 있는 것으로 이해되고 수용되어야 한다. 그와 대비하여 소위 장애를 판단하는 기준의 정상이라 함은 장애를 갖고 있지 않은 비장애의 의미로써 장애의 특성을 인정하고 사회의 구성원으로써 장애인에 대한 왜곡된 사회적 인식이 바뀌어야 한다.

심리장애를 지닌 사람을 진단하고 치료하는데 있어 가장 주된 수단은 "언어"이다. 언어는 개인의 의식을 외부 세계로 보내어지는 중요한 표현 수단임에도 틀림없지만, 종종 언어는 개인이 애초 소통하고자 했던 느낌과 생각들을 온전히 표현하지 못하는 한계를 보이기도 하고, 때로는 개인의 내면을 왜곡하여 온전히 표현하지 못하는 한계를 말하기 때문에 우를 범하기 쉽다. 무엇보다도 자신의 무의식의 내면을 스스로 알지 못하기에 "무의식"을 표현하기에 언어는 큰 제한과 한계가 있다. 자신의 무의식의 내면을 표현하는 것뿐만 아니라 타인의 무의식을 이해하고자 하는 경우에도 언어를 통해 무의식의 내념에 접근하기란 거의 불가능하다. 따라서 언어를 통해 개인의 감정과 느낌 그리고 욕구와 좌절 등을 그림으로 표현될 수 있다.

그럼 장애아동에게 있어서 미술치료의 필요성 또는 가치는 어떠한가?

장애로 인한 낮은 자존감과 사람과 환경에 대해 부적응하고 소극적인 성향을 미술심리치료를 통해 활동적이고 적극적인 적응과 참여가 이루어질 수 있으며, 내면의 억제되어져 있던 욕구나 생각들을 그림을 통해 자신만의 언어로 표현해 낼 수 있다는 것과 스스로가 만든 작품을 통해 할 수 있다는 자신감과 독립성을 가질 수 있다.

2) 아동기 장애에 대한 이해

아동기에 흔히 빈발되는 장애를 아동기 장애라고 한다. 아동기 장애는 행동 영역, 발달 영역, 정서 영역, 생리기능 영역으로 나누고, 행동 영역은 주의력 결핍 및 과잉행동장애(ADHD), 적대적 반항장애, 품행장애 등을 말할 수 있고, 발달 영역으로 지적장애, 전반적 발달장애(자폐증), 학습장애, 언어장애 등이 있다. 정서장애 영역으로는 섭식장애, 배설장애, 수면장애, 기타 영역으로 뇌 손상 등으로 나누어 볼 수 있다.

정상과의 비교에서 큰 차이가 있음을 기준으로 하는데 신체적, 감각적, 언어적, 정신적 특성 내지는 능력에서의 정상을 기준으로 하여 큰 차이가 있음을 뜻한다. 아동기 장애의 범주는 크게 장애와 우수아 즉 영재아를 포함해 두 부류로 구분할 수 있는데 전자와 후자가 상반되는 특성을 가지고 있지만 둘 다 정상의 기준에서 벗어나고 있음은 다를 바가 없다. 이들의 잠재력을 최대한 발휘하기 위해서는 일반교육이 아닌 이들의 특성을 고려한 특수한 교육 내지는 특별한 관심과 이해가 필요하다. 다시 말해 정상과 비교하여 어떤 특성이 어느 정도의 차이를 가지고 있는가를 파악하여 그들의 능력을 최대한 발휘할 수 있는 기회를 제공해 주는 것을 의미한다.

(1) 아동기 장애의 정의와 상담

필자의 다른 저서인 『아동 · 청소년 정신병리와 상담』이라는 책에서 장애아동에 대해 더욱더 자세히 설명하였다. 본 저에서는 책의 성격상 아동 · 청소년발달에서 흔히 빈번하게 일어나는 발달정신병리의 증상을 보이는 장애를 중심으로 미술치료사들의 필요한 지식을 설명하는 정도로만 하겠다.

분류에는 장애의 정도, 출현율, 장애의 종별에 따른 3가지가 있다. 그러나 가장 인지도가 높은 분류 방식은 장애의 종별에 따른 분류이다. 다시 말해 일반아동과 특수아동을 비교함으로써 어떤 능력과 특성을 가지고 있으며 그 차이의 정도가 어떠한가에 따라 분류할 수 있다.

발달장애

발달장애는 특수교육 대상자 가운데 절대 다수를 차지하며 일반적 범주에 따른 접근이 강조되고 있는 장애 영역들이다. 보통 발달장애는 학습장애, 지적장애, 정서장애, 언어장애로 구분하고 있지만 그 교육적 요구가 유사하다.

발달이 지체된 내담자들을 위해서는 인지, 정서, 운동 능력 등 손상된 부분의 발달이 원활히 이루어질 수 있도록 계획되어져야 한다. 그러기 위해서는 무엇보다 우선 내담자의 발달 상황과 DSM-IV 진단 기준에 준거하여 장애 내용 등을 정확히 평가하여 변화하는 내담자의 특성과 발달단계에 맞는 미술 재료와 치료 목표들을 계획, 설정하는 신속함이 필요하다. 발달이 지체된 아동 내담자들의 대부분은 생활 속에서 겪는 많은 좌절감으로 인한 낮은 자존감과 위축 때문에 그 발달이 더욱 늦어질 수 있으므로 내담자의 현 능력을 파악하고 발달 수준에 맞는 재료와 프로그램을 제공함으로써 내담자에게 만족감과 성취감 또한 긍정적인 자아상을 형성하도록 하는 것이 무엇보다 중요하다. 이런 자아의 정체성을 회복하기 위해서는 신체의 접촉으로 자기를 인식하는 손 뜨기, 점토를 이용한 자소상 만들기 등과 콜라주의 과거, 현재, 미래의 작업도 자기 인식의 프로그램으로 효과적으로 쓰여지고 있다. 특히 발달장애아동은 결과에 대한 두려움과 부담감을 가지고 있을 수 있으므로 미술치료에 있어 결과에 대한 집착이나 평가적인 언행에 주의해야 한다.

a. 학습장애

학습장애아동은 심리과정의 장애와 학습의 장애로 구분되며 심리과정의 장애에서는 아동의 성장이 발달함에 따라 그 편차가 있을 수 있음을 인정하고 있다. 심리과정의 장애는 과제 학습을 신속하게 처리하는 데 필요한 주의집중력장애와 감각을 인지하고 변별하고 해석하는 능력이 떨어지는 지각장애, 운동장애, 기억장애, 구두표현과 듣기가 결합된 음성언어장애, 임무 내지는 과제를 수행하기 위해 필요한 자기통제, 규제의 능력이 결여된 상위인지장애가 있으며 학습학문장애는 읽기장애, 쓰기장애, 철자장애, 산수장애로 구분되어 있다.

학습장애의 출현율은 특수아동들의 약 50%를 차지하고 있는 장애이다. 미국 연방정부의 1990년 개정 「장애아동교육법」(PL 101-476)에서 규정하고 있는 특정 학습장애 정의는 듣기, 말하기, 읽기, 철자 또는 산수의 불완전한 능력으로 나타날 수 있다. 이 용어는 시각 손상, 청력 손상, 또는 운동 손상, 지적장애, 정서장애, 환경, 문화, 경제적으로 불리한 조건의 학습 문제를 가진 아동들은 포함시키지 않는다.

b. 자폐증

자폐증은 여러 분야에서 다각적인 연구가 이루어지고 있으며 처음 자폐증이라 불리게 된 것은 1943년 미국의 카너에 의해서였다. 최근의 미국의 NSAC(National Society for Autistic)와 프리먼과 뤼트보가 밝힌 전 세계의 임상가와 연구원들의 자폐증 증후군에 대한 일치된 개념들을 보면 다음과 같다.

첫째, 출생 후 30개월 이전에 자폐증이 나타난다.

둘째, 자폐증은 일생 동안 지속된다. 증상에 변동이 있으나 30개월이 안된 나이에 이 증후군이 나타났을 경우에는 일생 동안 지속될 가능성이 크다.

셋째, 생후 몇 주 사이에 발달지체와 자폐 증상이 관찰되는 경우도 있고 또 12~24개월까지는 정상적인 발달을 보이다가 그 후부터는 발달상의 퇴보 혹은 정지가 시작되고 특이한 증상이 나타나기 시작하는 경우도 있다. 그러나 병의 시작과 병의 증상 간에 어떤 연관이 있는지는 알려져 있지 않 다.

넷째, 자폐증은 다른 증후군, 특정한 질병, 발달이상을 동반한다.

자폐아동에 약 10~15%는 여러 다른 기능 영역과 비교하여 예상치 못하게 높은 수행수준을 나타내는 '조각 기능'을 가지고 있는 것으로 알려져 있다(Hardman, Drew, Egan & Wolf). 사고력이나 언어 기능에 심한 결핍이 있는 아동이 그림이나 기억력에 뛰어남을 나타내는 것이 대표적이다.

c. 지적장애(정신지체)

지적장애아동은 우리나라 특수교육진흥법 상에는 지능검사 결과 지능지수가 75 이하이며 적응행동에 결함이 있는 자로 규명하고 있다. 최근 미국정신지체협회에서는 정신지체는 현재 실질적인 제한을 지칭한다.

지능이 평균 이하인 동시에 가정생활, 의사소통, 사회적 기술, 대인관계기술, 기능적 효과, 자기 지향성과 자기관리 등이 내용 가운데 두 가지 이상 제한적인 결함을 가지고 있는 자이며 지적장애의 발병은 18세 이전에 나타난다고 정의하고 있다. 또한 장애인 복지법 시행규칙에서는 스스로 자기 보호가 전혀 불가능하여 타인의 보호가 필요한 지능지수 34 이하의 1급, 일상에서 기본적인 생활을 할 수 있는 훈련이 가능한 지능지수는 35 이상 49 이하의 2급이며, 지능지수 50~70 이하의 교육을 통한 사회적응과 생활이 가능한 3급으로 나누어진다(한현민).

감각장애

감각장애아동에는 시각장애, 청각장애, 지체부자유아동 등이 포함된다.

a. 시각장애(visual handicap)의 정의

시각장애의 정의는 국가나 전문가에 따라 다르게 정의될 수 있으나 여기서는 법적 정의와 교육적 정의에 대해 간단히 언급하겠다. 우선, 시각장애는 심한 시각 손상에서부터 전맹까지 포함한다.

우리나라 특수교육진흥법에서는 특수교육 대상자를 두 눈의 교정 시력이 각각 0.04 미만인 자, 시력의 손상이 심하여 시각에 의하여 학습과제를 수행할 수 없고, 촉각이나 청각을 학습의 주요 수단으로 사용하는 자, 두 눈의 교정시력은 각각 0.04 이상이나 특정의 학습매체 또는 과제의 수행을 통해서도 시각적 과제 수행이 어려운 자, 특정의 과학기구 학습매체 또는 설비를 통하여서만 시각적 과제 수행을 할 수 있는 자로 정의하고 있다.

교육적 정의에 의하면 청력 매체나 점자, 촉각을 통하여 교육해야 할 아동을 맹인으로 규정하고 기구나 잔존 시력을 통해 교육이 가능한 정도의 장애를 약시로 규정하고 있다.

b. 청각장애

청각장애아동은 농아동과 난청아동으로 분류되며 청력이 모두 손실된 아동이다. 청각장애는 청력 손실의 정도, 유형, 시기 등에 따라 분류되며 청력 손실의 정도에 따르면 0~26dB의 청력 손실은 정상 범위에 속하고, 27~70dB의 청력 손실은 난청에 해당되며, 71dB 이상의 청력 손실은 농으로 분류되고 있듯이 아동의 청각을 통한 언어적 정보처리의 손상이 심하여 교육적으로 불리한 영향을 미치는 청각 손상과 일시적인 손상이라 할지라도 아동의 교육에 불리한 영향을 미치는 청각 손상은 농으로 분류하진 않지만 청각 손실로 포함한다.

신체장애

신체장애는 정형 외과적 장애와 선천적인 장애, 건강장애로 구분된다. 정형 외과적 장애란 사고, 질병 또는 출산 과정 상의 문제로 장애가 발생된 것이며 건강장애는 지속적인 의학적 관심이 필요한 아동으로 특별한 장애는 없지만 몸이 허약하여 정상적인 생활에 불편이 있는 자라 정의한다.

미국에서는 공법 94-142에 정형외과적 장애라는 용어로 쓰이고 있지만 사실상 우리나라에서는 신체장애라는 용어를 쓰기보다는 지체장애라는 용어를 쓰는데 이는 우리나라 장애인복지법에서 선택한 것이며 특수교육진흥법에서는 지체부자유자라는 명칭으로 쓰여 지고 있다.

정서장애

정서장애의 아동기 우울증, 불안증, 분리불안장애 그 외에 반응성 애착장애 등이 있으나 본 저에서는 미술심리치료에서 필자가 상담했던 아동기 장애 내담자 중심으로 정리하였다. 정서장애의 의미와 개념만 다루고 필자의 저서 『아동 · 청소년 정신병리』에서 좀 더 자세히 설명하겠다.

우선 우리나라 특수교육진흥법에는 '정서장애를 지닌 특수교육대상자'를 지적, 신체적, 지각적인 면에 이상이 없음에도 학업 성적의 부진 또는 또래나 성인들과의 대인관계가 원활하지 못하고 부적응적인 문제를 가지고 있거나 정상적 환경임에도 부적절한 행동이나 감정을 나타내고 늘 불안해하며 우울한 기분으로 생활하거나, 학교나 개인 문제에 관련된 정서적인 장애로 인하여 신체적인 통증이나 공포를 느끼거나, 감각적 자극에 대한 반응 · 언어 · 인지능력 또는 대인관계에 결함이 있는 자로 정의하고 있다.

미국의 장애아동교육법이나 우리나라 특수교육진흥법 등에서는 위와 같은 내용을 기준으로 해서 정서장애(emotional disturbance)로 명명하고 있지만 실제로 행동장애(behavior disorder)라는 용어가 더 많이 사용되고 있다. 정서 및 행동장애는 다른 여러 장애와 중복되어 나타날 수 있어 다른 장애 영역에서도 정서장애를 위한 치료 또는 교육 프로그램이 포함되는 경우가 많다.

정서장애의 원인 내지는 요인으로서 유전적, 즉 개인적인 원인과 환경적인 원인으로 구분하자면 신체적 장애, 지적 장애, 신경학적 장애, 유전적인 장애 등을 개인적인 요인으로 들 수 있다. 환경적인 요인으로는 양육자의 성격 양육 방식 태도 등을 들 수 있으며 이런 개인적 · 환경적 요소들의 작용으로 인해 정서면에 장애가 일어나는 아동을 정서장애아동으로 규명하고 있지만 요즘에서는 정서장애라는 말 대신에 Reinert에 의해 갈등 상태에 있는 아동이란 말을 사용하기도 한다.

a. 기타 건강장애

기타 건강장애는 기본적인 생활조차 할 수 없는 장애는 아니지만 오랜 기간 동안 장애를 가지고 살아감으로써 정상적인 사회생활에 어려움을 가진 자를 말한다.

장애아동교육법(PL 101-476)에서는 기타 건강장애(other health impairment)를 결핵, 천식, 류마티스, 간질, 혈우병 또는 당뇨병 등으로 인해 생활 또는 학업에 불리한 영향을 미치는 만성이나 급성 건강 문제로 근력과 민첩성에 제한이 되는 것을 의미한다.

b. 중복장애

중복장애는 말 그대로 장애가 한 가지가 아니라 한 가지 이상의 장애를 복합적으로 가질 수도 있다는 것이다. 예를 들자면 뇌성마비와 정신지체, 행동장애와 청각장애 사실상 지체부자유장애를 가지고 있는 내담자들의 대부분은 정신장애를 가지고 있는 경우가 많으며 감각장애인 청각장애나 시각장애의 경우에도 중복장애를 볼 수 있다.

c. 외상성 뇌 손상

뇌 손상의 주요 요인으로는 교통사고, 폭행, 아동학대 등이 있지만 최근은 교통사고가 가장 큰 요인으로 지목되고 있다.

3. 발달장애아동의 미술치료

1) 학습장애아동의 특성과 미술치료

(1) 학습장애아동의 특성

학습장애는 듣기, 말하기, 쓰기, 읽기, 추리하기 또는 산수 능력의 곤란을 갖고 있으며 정보처리 과정이나 의사전달 즉 자기표현에 문제가 있다. 이러한 문제들로 인해 사회성 발달에 문제가 되며 자존감의 상실과 위축 아동으로 정서적인 면에까지 영향을 미치며 학습장애로 인한 실패와 좌절감으로 인한 부수적인 장애까지 수반되는 경우가 많다. 이런 특성을 고려하여 단계별 프로그램으로 장애아동이 충분히 극복할 수 있는 프로그램을 제공함으로써 좌절감으로 인한 위축과 학습에 대한 두려움을 감소시킬 수 있어야 한다.

(2) 학습장애아동의 미술치료

학습장애에도 여러 특성이 있기 때문에 구분된 장애의 특성을 고려해 치료 프로그램을 제시해야만 한다. 과제 학습을 신속하게 처리하는 정보처리 능력의 부족은 학습에 대한 능력을 키워주기 위한 목적이 아니라 학습장애로 인해 낮아진 자존감과 위축 그리고 이로 인한 대인관계의 소극적 양상을 위해 내담자가 충분히 받아들일 수 있는 재료와 프로그램을 준비하는 것이 효과적이며, 감각을 인지하는 능력이 결합된 지각장애일 경우는 근 감각과 촉각 경험을 동시에 느낄 수 있도록 하는 것이 중요하다. 찢어 붙이기나 점토 작업을 이용해 보는 것도 유용할 것이다. 학습장애아동들은 정보처리 과정이나 의사전달 또는 표현 등에 문제를 지니고 있다. 이러한 장애 특성에 맞는 미술 활동은 그들의 문제를 해결하는데 기본적인 치료방법이 될수 있다. 예컨대 시각적 혹은 청각적 기억이나 계열성에 문제를 가지고 있는 아동의 경우에도 미술 활동이 계열성을 강화할 수 있는 바, 이는 미술 활동이 특정의 순서에 의한 단계적인 작업을 요구하기 때문이다(Lerner).

또한 미술 활동을 전개하면서 근 감각과 촉각 경험을 동시에 갖도록 하는 것이 중요하다. 예컨대 기본적인 기하학적 모형을 제시하면 아동들은 촉각으로 카드 모형을 나타내거나 그들의 신체로 이러한 형태를 만들어 보일 수 있다. 운동발달이 열악하거나 지체된 위축증의 아동은 미술 활동을 하기 전에 먼저 활동적인 내용의 학습이 선행되어야 한다. 이러한 아동 가운데는 특정의 행동수정 프로그램을 통해 치료 팀의 치료를 받을 필요가 있다. 미술적인 활동뿐만 아니라 적절한 미술 학습에 보상체계와 같은 방법을 덧붙일 수 있다. 과잉행동아동은 쉽게 주의가 산만해져서 학습에 문제를 초래하므로 체계적이고 조화로운 자극을 제공할 수 있는 교실환경의 미적 구성이 요구된다.

또한 사회성 발달에 문제가 있는 아동들은 부정적인 자아개념을 지니고 있어 그들의 신체개념이 지체되거나 왜곡되고 있는 경우가 많다(Harris). 이러한 아동들은 자율적 학습능력이 부족하기 때문에 미술 학습에서 격려와 개인지도가 필요하다. 일측성(laterality)에 문제가 있는 아동은 한 손만을 사용한다. 어느 손을 사용하느냐 하는 것은 교사의 계속적인 강화에 의해 이루어질 수 있다. 또 고집성을 지닌 아동들은 지각적 신체적으로 한 가지 일에만 몰두하는 경향이 있어 교사의 지도가 부족하면 변화되기 어렵다. 지각은 학습된 행동이고 미술의 많은 부분이 지각발달에 초점을 두고 있기 때문에 지각장애아동에게는 미술 활동이 크게 도움이 된다.

지각장애아동은 전체적인 배경(윤곽)은 잘 보지만 부분을 잘 놓치곤 한다. 반면에 도형-배경 변별에 문제가 있는 아동들은 퍼즐게임을 활용하여 훈련한다. 삼차원적 미술 학습은 공간관계나 환경개념에 문제를 지닌 아동에게 도움이 된다. 시각적으로 사물을 인식하는 능력과 한 물체와 다른 물체를 변별하는 능력을 길러주는 내용이 미술 활동에는 많이 포함되어 있기 때문이다.

기초적인 그림 그리기와 색칠하기 등은 아동들의 시각화(visual ization)에 중요한 활동들이다. 시각화는 복잡한 지각능력으로써 본 것과 만진 것을 기억하는 능력과 그것을 머릿속에 담아 두는 능력이 아동의 시각화에 도움을 줄 수 있고 기초적인 그리기와 색칠하기 학습은 가까운 과거의 일들(오늘 아침의 사건)이나 몇 개월 전의 일들(지난 여름의 활동)에 기초하고 있다. 또 미래에 아동이 무엇을 계획하고 있는지에 대한 시각적 표현이 시각화에 도움이 된다. 학습장애아동들은 과제에 대해 쉽게 불만족을 표시한다는 것을 기억해야 한다. 이는 아동이 미술 활동을 하는데 있어서의 선택성과 한계성을 지니고 있음을 시사하는 것이다. 많은 학습장애아동들이 부정적인 신체 영상과 자아개념을 가지고 있다. 그래서 미술 학습 내용에는 신체개념과 자아개념 발달을 돕는 것들이 포함되어 있다. 예를 들면 사람의 눈 부위만 그려둔 종이를 두고 나머지 부위를 완성하게 하는 것이나 종이나 천을 이용하여 포토 몽타쥬를 하는 것 등이 있으며 종이나 천, 병 뚜껑, 인형 등을 활용한 공작 활동이 있을 수 있다.

2) 지적장애의 특성과 미술치료

(1) 지적장애아동의 특성

아동기에는 새로움에 대한 욕구와 흥미가 왕성한 시기로 자극과 표현 활동을 즐긴다. 표현은 대상을 관찰하고 인지하는 능력의 결과물이며 아동의 창의력신장의 바탕이 된다. 지적장애아동 또한 일반아동과 같은 발달단계의 성장이 이루어지나 일반아동에 비해 발달이 지체함으로 조기 치료 및 특수교육으로 발달의 성장을 도모하고 위축과 장애 상태를 경감시켜 주어야 한다. 다시 말해 정신지체아동들도 일반 정상발달아동과 마찬가지로 새로움에 대한 욕구, 자극 표현의 욕구를 갖게 된다는 의미이다. 하지만 지적 기능과 소근육의 신체적 기능이 떨어짐으로 인해 정상적인 발달단계의 표현을 할 수 없으므로 표현 기술상의 곤란에 부딪쳐서 자신의 의지대로 되지 않아 흥미를 잃는 경우가 많다. 표현의 어려움 또는 괴로움이란 표현력이 미흡함을 의미하기도 한다.

지적장애아동의 인물화 표현에 있어서는 지나친 과대 표현, 과소 표현, 탈락 표현 등 기하학적 표현이 현저하고 대부분 묘사가 부정확하고 지체되게 표현된다.

지적장애아동의 그리기 표현발달은 대체로 5~6세까지는 일반아동과 크게 차이가 없이 발달 된다. 그 이유는 5~6세까지는 둘 다 동물학적 또는 생물학적 성장일 뿐이기 때문이다. 그러나 대체로 지적장애아들은 4~7세와 7~8세에 머물러 있어 일반아동이 단계별 발달이 원활히 이루어짐에 따라 그 차이는 점차 커질 수밖에 없는 것이다.

(2) 지적장애아동의 미술치료

지적장애아동에게 있어선 미술심리치료라 함은 정서적 안정과 자기조절 능력 최소한의 학습능력을 기르고자 하는 목적일 것이다. 이런 여러 장애의 특성 중에 어떤 특성이 치료의 주 목표가 되는가에 따라 치료 프로그램 또한 달라질 것이다.

로웬필드는 지적장애아동의 미술표현 특성을 다음과 같이 제시하고 있다.

- 성장 발달단계의 속도는 느리지만 일반아동과 같은 성장 패턴을 보여준다.
- 단조롭고 원시적인 형태지만 손의 운동 기능은 뒤지지 않는다.
- 촉각적 형태의 경험에 치우치는 경향이 있다.
- 형태나 주제의 반복적인 표현을 하며 실험적인 태도를 보여주지 못한다. 지각활동 연상에까지 확대된 에너지의 결여를 보여주는 빈약한 공간적 형태의 특징이 있다. 또한 지적장애아동은 인지능력의 미흡함으로 인해 화면 구성이 변칙적이다. 더구나 공간과 위치의 개념 등이 잘 발달되지 못한 특징과 신체 각 부위에 대한 인지개념 형성이 부족하므로 인물화 표현에 있어 과대, 과소 탈락표현이 많이 나타나고 있다. 그러므로 대상을 관찰하고 개념화시키는 학습이 되는 인지발달치료로써 다양한 미술재료를 이용하여 각 훈련과 소근육 운동을 유도하고 여러 사물을 보고 그리면서 대상에 대한 지각능력을 기를 수 있도록 도와주어야 한다. 색종이 찢어 붙이기, 색종이 접기, 모방화 등은 손과 눈의 협응력을 길러 줄 수 있는 예가 될 수 있으며 찰흙 만들기 또는 점토를 이용한 신체 본뜨기 등은 소근육 운동과 신체 지각능력을 기를 수 있는 예라 할 수 있겠다.

교육 가능 지적장애아동의 경우는 읽기, 쓰기, 셈하기 등 최소한의 기능을 습득할 수 있도록 배려해야 한다. 또한 환경에 스스로 적응할 수 있도록 사회적 적응력을 강조하는 프로그램과 직업능력 또한 그들이 경제적으로 독립할 수 있도록 개발되어야 한다. 미술 활동의 구성에 있어서 미술치료사들은 지적장애아동들이 천천히 학습한다는 사실을 인식해야 한다. 교육 가능 지적장애아동들도 추상화된 일반화 능력에 문제가 있으므로 각 학습 장면에서의 주의가 요구되며 교사는 이전의 경험으로부터 학습을 이행한다는 가정을 고집하지 않는 것이 좋다. 즉, 미술 활동을 통해 조금씩 성취하는 것이 중요하다고 보는 것이다(Insight).

긴 시간 동안 아동이 미술 활동에 참여할 수 있지만 지적장애아동은 짧은 시간에 중요한 기능과 개념에 초점을 맞추어 실패감을 맛보지 않게 하는 것이 좋은 방법이다. 아동을 그의 작품을 생산하는데 있어서 많은 피드백이 요구되며, 이러한 피드백은 아동을 격려하고 긍정적으로 강화를 해야 한다. 또한 새로운 낱말이나 어떤 기능은 미술 학습을 통해 반복 연습하는 것이 중요하다. 아동이 한 번에 한 단계만 집중하도록 작은 단계들로 미술 학습과제로 구성되어야 한다. 여기서 교사는 과제 분석의 기능을 갖추어야 한다. 또한 쉬운 과제로부터 어려운 과제로 계열 있는 조직도 필요하게 된다.

여러 가지 미술 활동의 재료나 과정의 선택은 미술치료의 과정과 기능에 대한 아동의 표현력에 혼란을 줄 수 있다. 그러나 미술 학습 자료나 학습 활동이 다양하게 제공되면 동기를 부여하는데 크게 도움이 된다. 예를 들면 신체 인식과 신체 부위의 명칭에 대한 학습 매체는 이에 따라 다양화되어야 할 것이다.

훈련 가능 지적장애아동의 경우, 독립된 기능과 사회화 기능발달에 역점을 둔 교육 프로그램이 요구된다. 교육과정에는 드라마, 노래부르기, 그림보고 토론하기, 이야기듣기 등을 포함한다. 또한 고학년의 경우는 요리나 바느질, 정원 손질 등 직업적 기능을 배운다. 훈련 가능 지적장애아동 문제 중 하나는 운동발달의 지체이다. 미술치료 프로그램은 미술 학습 매체, 도구, 재료 등의 적절한 사용방법과 같은 기본적 기능 배양에 역점을 두어야 한다.

일단 이러한 기능을 습득하고 나면 아동은 표현을 위해 이 기능들을 사용할 수 있다.

미술치료사는 아동들이 지닌 발달지체를 늘 인식해야 한다. 예를 들면 난화(scribbling)와 같은 표현을 하고 있는 아동은 두세 살 정도의 미술 능력 발달단계에 있다고 할 수 있다. 이러한 아동은 연필그림(소묘)이나 회화 또는 자료 사용에 있어서 정상아동과 같은 기대를 하기 어렵다. 지적장애아동의 미술 프로그램은 유치원 미술교육과정과 유사하다고 할 수 있다. 그들이 난화 단계를 넘어서길 가정하면서 아동들이 미술 재료를 이용하여 그들 자신의 표현력을 개발할 시간을 제공해야 한다. 즉 연필이나 물감을 사용한 학습 활동의 기회를 제공한다. 물론 미술재료 가운데는 너무 단단하거나 액체 상태여서 선택의 제한성이 있다. 자료의 제한된 선택과 활동의 부분으로 이루어져야 한다. 또 짧은 활동의 반복을 통해 기본적인 개념을 형성시킬 수 있다. 왜냐하면 이러한 아동은 짧은 집중력과 제한된 기억력을 지니고 있기 때문이다.

3) 정서장애아동의 특성과 미술치료

프로이트는 1894년 정서장애 영역의 불안에 대해서 처음 언급했다. 프로이트는 불안을 성적 오르가즘의 좌절에 대한 생리적 반응이라고 보았는데, 이에 대한 비판은 1923년 수정되었다. 즉, 불안은 인간의 심적 내부 세계로부터 오는 경고 신호로서 불안에 대한 수단이 비합리적이고 부당할 때 신경증 증상을 일으킨다고 하였다. 한편, 호르나이(Horney)는 불안은 프로이트의 생물학적 리비도(libido)가 일으키는 성적 갈등에서 오는 것이 아닌, 개인이 처해 있는 사회나 문화가 가지고 있는 갈등 때문에 생긴다고 주장했다. 호르나이의 중요 개념인 기본 불안(basic anxiety)은 어려서 부모 및 양육자로부터 당연히 수용되어야 하고 있는 그대로의 사랑을 받지 못한 데서 기인한다고 주장했다. 이러한 아동은 양육자인 부모로부터 이해와 수용 그리고 안전한 애착 관계를 맺고 있는 그대로 사랑받지 못했을 때, 반응성 증후가 생기며 이 증후가 모든 불안의 근원이라고 보았다.

(1) 정서장애아동의 특성

정서장애아동으로는 불안장애, 아동기 우울증, 연극성 장애 등로 나누어 볼 수 있다. 정서장애는 대부분의 장애의 증상으로 중복되는 장애로써 심리적인 요인이 크게 좌우되며 외관상 신체적 또는 지각적인 문제가 없음에도 정상적인 대인관계가 어려우며 지각 · 인지능력이 떨어지고 학습 면에서도 상당한 문제가 있어 그대로 간과할 수 없다. 정서장애는 대인관계 다시 말해 학교와 같은 집단에서 그 증상이 확연하게 들어 나는 경우가 많다. 그 만큼 대인관계와 학업 성적에 절대적인 영향을 미치기 때문이라 하겠다. 하지만 지능이 일반아동보다 낮기 때문이라는 절대적인 근거는 없다. 물론 지능이 낮을 수도 있겠지만 일반아동과 비교해 학습능력의 현저한 차이는 지능지수의 차이가 아니라 주의력 다시 말해 정서적인 불안이나 주의집중력이 떨어지기 때문일 수도 있다 이런 특징들은 자폐증과 학습장애아동에게도 일관되는 특징이다. 또한 정서장애의 원인과 결과가 될 수 있다. 사회성이 결여된 정서장애아동들은 아이들의 놀림으로 소단위이지만 그들의 첫 사회생활에서 패배감과 자신에 대한 낮은 자존감을 갖게 될 수 있다. 이런 면들을 간과한다면 앞으로 타인과의 관계 형성 즉 자신을 표현할 수 있는 능력이 결여될 수 있다. 이 말은 사회에서 고립된다. 또는 자신의 부정적 자아감으로 사회의 반감을 가질 수 있게 되는 부정적 결과를 낳을 수 있다. 위와 같은 특징들은 장애아동의 두 가지 성향으로 표출된다.

(2) 정서장애아동의 미술치료

정서장애는 일반적으로 공격성과 위축성 두 성향으로 나타나는데 물론 공격성은 프로이드가 말했듯이 본능일 수 있겠지만 프로이트의 공격성은 아동의 발달단계에서 자신과 타인을 분리함으로써 '나'라는 존재를 인식하여 다른 대상에게 분노 또는 적대감으로 표현된다는 의미이다. 하지만 상황에 맞지 않는 공격성, 맹목적인 공격성 그리고 충동적인 공격성은 대인관계 형성에 부정적인 원인으로 작용할 것이다.

공격적인 아동들의 행동은 주로 타인에 대한 민감한 반응 즉 대부분의 타인에게서 거부당했던 상처와 적대적인 반감을 가지고 있기 때문에 상대방의 의도를 자신을 헤치는 것으로 오해하기도 하고, 적대적인 것으로 해석할 수 있다. 자신의 방어가 공격적인 행동으로 표현되는 것이며 자신의 무능력함에 대한 보상심리일 수도 있겠다.

충동적인 공격성을 가진 아이들에게는 위축과 공격성이 동시에 나타나는 경우가 공격성만을 가지고 있는 아이보다 많으며 화를 내고 싸워야 하는 상황에서 위축되어 엉뚱한 대상에게 그 공격성을 표출하는 경우에 위축과 공격성을 둘 다 보유하고 있다고 볼 수 있다. 또한 다른 경우의 공격성은 충동적인 행동으로 나타나는 것이 아니라 소위 말하는 심리전으로써 상대방의 심리를 파악하고 반대적인 행동을 하여 화를 돋우거나 상대방의 반응에 쾌감을 느끼는 교묘한 공격성이 있다.

관심을 끌기 위한 일탈행동 또한 공격성으로 볼 수도 있으며 이런 일탈 행동에 상대방이 반응을 보여주면 공격성이 습관화될 수 있으므로 세심한 관찰로 공격성의 양상을 파악해야 한다. 문제가 되는 공격성을 건강한 공격성으로 전환하기 위해서는 미술치료자의 수용적 미술치료가 바탕이 되어야 하며 수용적 태도란 치료의 주도자가 치료사가 아니라 내담자로써 치료사는 내담자를 수용하는 입장에서 타협과 양보를 통해 자신의 공격성을 조절해 자기통제력을 기를 수 있도록 하는 것이다. 내담자도 자신의 욕구가 어느 정도 만족된 후에 타인과의 타협, 양보가 가능하므로 내담자가 성취감을 느낄 수 있게 해주는 것도 중요한 부분이다. 공격적인 아동에게 좋은 재료는 점토이며 점토는 에너지를 흡수 할 수 있는 재료적 특성을 가지고 있어 내담자가 점토를 치고 던지고 두드리면서 자신의 공격성을 표출하며 만족감을 느낄 수 있기 때문이다.

예를 들어 어떤 한 소녀가 기분이 너무 우울해 침대 위에서 팡팡 뛰었더니 기분이 좋아졌다고 하자. 그렇다면 그 소녀에게는 침대가 바로 소녀가 억제하고 있던 공격성을 흡수해 준 치료의 역할을 해주었다 할 수 있다. 또 하나의 치료방법으로 문제와 직접적인 전면전을 함으로써 문제를 해결하는 것이다. 게슈탈트 치료법으로 자신의 문제의 근원이 무엇인지 스스로 인지하기 위한 프로그램으로 점토를 이용한 자소상 또는 콜라주를 이용하여 자신의 과거, 현재, 미래를 잡지에서 선택해 붙여 보는 방법도 적용해

볼 수 있다.

프로이트가 말한 바와 같이 공격성은 본능인데 그 공격성을 무조건적으로 억제함은 건강하지 못한 심신을 갖게 되는 것이며 본능이라는 것이 억제하면 할수록 더욱 필요함을 확인시키는 작용을 함으로써 어떤 방식으로든 다시 말해 좋은 현상이든 나쁜 현상이든 간에 표출되기 마련이므로 본능에 적당히 충실함은 아주 중요한 문제이다.

위축성 아동은 자기표현이 거의 이루어지지 않음으로 상대방과의 상호작용이 원활하게 이루어지지 않으며 공격적인 아동과는 반대로 과다한 자기통제가 원인이 된다. 항상 어딘가 불안, 초조한 불안정한 태도가 보여진다. 타인과의 접촉을 피하기 때문에 백일몽에 빠지기 쉬우며 어떤 상황에 합당하게 자신의 감정을 표현하지 못하고 엉뚱한 상황에서 감정이 폭발하는 감정 조절이 이루어지지 않는 특징도 있다. 위축아동 그림의 일반적인 특징은 화면의 전체를 활용하지 못함과 과다한 규칙성 물론 이 특징은 강박과도 일관되는 부분이다. 낯선 것에 두려움을 가지고 프로이트가 말한 바와 같이 공격성은 본능인데 그 공격성을 무조건적으로 억제함은 건강하지 못한 심신을 갖게 되는 것이며 본능이라는 것이 억제하면 할수록 더욱 필요함을 확인시키는 작용을 함으로써 어떤 방식으로든 다시 말해 좋은 현상이든 나쁜 현상이든 간에 표출되기 마련이므로 본능에 적당히 충실함은 아주 중요한 문제이다.

위축아동이 자기표현능력의 부족으로 그림에 있어서도 거의 같은 주제와 형태를 그리며 자기를 표현하는 그림을 잘 그리지 않는다는 것 등이 특징이다. 이런 특징을 가지고 있는 위축아동에게는 평소 억제해 온 것들을 발산시키는 발산 프로그램이 효과적이다. 발산을 도모할 만한 재료로는 물총놀이, 풍선에 물감을 넣은 물풍선 던지기, 점토 던지기, 낙서하기 그리고 펀치를 이용해 종이에 마구 구멍을 내는 것도 발산적인 행동이며 소리가 크게 나는 도구를 이용하는 것도 효과적이다. 미술치료에 소리를 더불어 이용함도 아주 효과적인 방법일 수 있다.

위축아동의 치료 과정에서 아동의 점진적인 호전에 당황할 수도 있는데 이는 위축아동의 특성상 아동의 장애가 잘 드러나지 않음으로 그리 큰 문제가 없다고 생각할 수 있으며 항상 위축되어 다루기 쉽던 아이가 갑자기 자기주장이 강해지고 자신이 억제해 왔던 모든 것을 발산하려 한다고 생각해 보자. 어쩌면 더욱 큰 문제아가 되어 가고 있다고 오해할 수 있을 정도로 과격한 행동이나 부정적인 언행 등의 발산 행동을 보일 수 있기 때문이다.

또한 여러 가지 재료를 주어 스스로 선택할 수 있는 기회를 줌으로써 주도성을 인정할 수 있게 하며 선택에 대한 결과를 눈으로 바로 인식할 수 있게 한다. 이질적인 재료의 혼합을 통한 치료는 사물에 대한 상호작용, 즉 통합의 기능을 키우는데 도움이 될 수 있다.

사회성의 결여의 문제가 있으므로 개인치료에서 점차 소규모의 집단치료를 통해 또래와의 직접적인 상호작용을 하면서 적응훈련을 하는 것도 중요한 프로그램이라 하겠다.

4) 자폐아동의 특성과 미술치료

(1) 자폐아동의 특성

자폐는 정서장애에도 포함되며 이는 정서장애의 특징과도 무관하지 않다는 것을 의미한다. 아이젠버그와 카너(Eisenberg & Kanner)가 말하는 자폐성 아동의 특징에는 여러 가지가 나타나는데 특정한 대상에 지나친 집착을 보이며 대상관계에 어려움이 있으며 애착 관계 및 행동이 이루어지지 않는다. 언어장애와 강박 그리고 사회성이 결여되어 있으며 상대방과 눈을 마주치지 않으려고 시선을 피하거나 짧게 눈을 마주칠 뿐이다. Rotter도 자폐성 아동의 특징적인 증상에 대해 부모와의 상호작용, 다시 말해 애착 관계 및 행동이 전혀 이루어지지 않고 사람과의 접촉을 피한다고 하였다. 자폐아동들은 환경에 대해서도 적응하는 능력이 결여되어 있어 새로운 환경에 당면하면 크게 당황하여 변화에 저항하는 행동을 보이기도 한다. 하지만 이런 루터나 카너가 말하고 있는 자폐의 증상들은 절대적인 것이 아니라 자폐의 여러 병리의 일부이므로 자폐를 속단해서는 안 된다. 어떤 장애든지 그러하겠지만 특히 자폐증은 100%의 완벽한 치료가 이루어질 수 없으므로 최대한의 정상화를 위해 노력하는 것이 최선이다. 하지만 현대에 이르러 자폐의 치유에 가능성을 제기하고 있다.

미국의 프랜시스 터스틴은 자폐아동의 치유를 자신의 사례를 통해 주장하고 있으며 자폐아동의 과거의 절망에서 희망으로 전환시키고자 하고 있다. 뇌의 이상증이라는 병리에 대한 치유를 자폐증에 관한 연구도 과거의 치유의 절대적인 불가능성에의 유전적 요소에 의한 선천적인 문제를 제기하고 치유의 가능성을 연구하고 증명하고자 하는 연구가 이루어지고 있다고 한다. 자기 고집이 너무 세고 자기의 세계를 만들어 단단한 껍질을 자신의 방어벽으로서 사회라는 다른 세계로부터 자신만의 세계를 지키고 끊임없이 구축하고자 하며 그 안에서 자신만의 규칙을 만들어 살고 있어 그 규칙에서 어긋남은 곧 불안과 공포로 다가온다. 이 공포는 내담자의 병리적인 현실, 사회의 기피를 조장하는 병리적인 특성으로 전환되어 자폐 내담자에게 치명적인 병리 요인이 된다. 치료에 있어 우선 치료사가 자폐아동을 치료하기 위해서는 그 세계에 들어갈 수 있는 허락을 얻어야만 한다. 또한 내담자의 초기 유아기적 시절, 즉, 양육자와의 애착 시기의 미해결의 문제들을 살펴주어야 함이 무엇보다 중요하다. 어떤 정신병리, 신경증의 그 문제는 현재라는 좁은 범주가 아니라 과거의 미해결 과제와 좌절 그리고 부정적 감정과 불만족이 병리의 원인으로 발생될 수 있으므로 과거와 현재를 모두 살펴야 한다.

(2) 자폐아동의 미술치료

자폐아동들의 미술 특성은 자신이 관심을 갖고 집착하는 부분에 대해서는 굉장히 세부적인 묘사를 한다는 것이며 사인펜과 같은 선적 표현이 가능하고 세밀한 묘사를 할 수 있는 재료를 선호한다. 또한 특정한 미술 재료나 도구에 집착을 보이는데 흰 도화지에 집착을 보이는 경우가 많으며, 그림을 그릴 때 창작보다는 모방을 많이 하여 잡지나

TV에서 관심을 가졌던 장면이나 사진을 외워 그리는 경우가 많다. 그래서 자폐아동들의 그림은 대부분 비슷한 패턴이 많으며 주로 그리는 주제 또한 비슷한 경향을 보인다. 사람은 잘 그리지 않으며 도심이나 사물 등을 빽빽이 그리는 경우가 많다. 다른 장애보다 자폐아동들에게 특히 미술치료가 많은 도움이 되는 것은 다양한 재료를 접해 봄으로서 변화에 대처하고 적응할 수 있는 훈련, 즉 미술치료로 인해 사회와 건강한 결합을 맺는데 그 의의가 있다.

자폐아동은 언어 결핍 또한 큰 문제인데 언어화가 결핍된 아동에게는 묽은 점토가 유용하며 특히 대상관계, 애착 관계가 부족할 때 더욱 유용하게 활용된다. 정서적인 불안정과 억제되어 있던 내면을 해소시키는 작업으로는 핑거페인팅이 효과적이다. 잡지나 사진을 이용한 콜라주 작업은 자폐아동의 내면을 읽는데 효과적이며 그림을 그리기를 부담스러워 하는 아동에게는 더없이 좋은 방법이다. 전지 그림이나 돌려 그리기 등은 소집단 프로그램으로 자폐아동이 타인과의 상호작용을 통해 사회성을 발달시키는 프로그램으로 효과적이다.

미술치료는 자폐아동의 장애에 따른 여러 프로그램을 조금씩 시행함으로써 아동에게 변화에 대한 저항감과 두려움을 줄이면서 치료를 할 수 있어 효과적인 치료가 될 수 있다.

Chapter 17

놀이치료와 모래놀이치료

1. 놀이치료의 개념
2. 놀이치료 과정
3. 아동의 세계와 놀이치료
4. 모래놀이치료

1. 놀이치료(play therapy)의 개념

1) 놀이치료의 이론적 배경

놀이치료의 시작은 Sigmund Freud가 Hans라는 어린 소년의 치료 과정에서 어린이의 마음속에 쌓인 좌절이나 상한 감정의 갈등을 정신분석학적 관점에 의해 해결할 수 있다는 가능성을 보여준 것으로 부터라고 할 수 있다.

그 이후 Hun-Hellmuth는 처음으로 놀이 상황을 어린이들의 정신치료를 위해, 도입했고 Anna Freud도 이 방법을 적용했다. 이 두 사람은 놀이치료 자체로서의 가치보다는 정서적인 문제를 가진 아동을 치료할 때 치료자와 어린이가 친밀감을 느낄 수 있는 계기를 마련하기 위한 것이었다.

놀이치료이론을 독자적인 가치로서 인정한 사람은 Melaine Klein을 들 수 있다. Klein은 놀이를 아동의 자연적인 표현 매체라고 보고 언어가 발달되지 않은 아동의 경험이나 정서, 복잡한 사고의 표현 등의 수단으로서 중요하다고 강조했다.

Anna Freud가 정신분열증이 있는 아이들이 분석을 받으면 도움을 받는다고 생각하는 반면 Klein은 정상적인 어린이들도 생활에서 생기는 정서적인 문제를 놀이를 통해 그때그때 해결한다면 정신질환의 예방적인 측면에서도 가치가 있다고 인정했다. 또한, 아동들의 상한 감정이나 무의식의 미해결된 과제를 놀이를 통해 무의식을 의식화시키고 정신치료의 중요한 방법으로 보는 계기가 되었다.

Klein 이후 Levy는 "release therapy"라는 이름 하에 놀이치료를 시도하였다. release therapy란 가능한 어린이가 과거에 경험했던 비참했던 경험을 놀이를 통해 그대로 재연함으로써 치료된다는 방법이다.

Levy는 어린이가 정서적인 상처를 입힌 과거의 사건을 그대로 재연하기 위해서는 놀이 환경도 의도적으로 구조화 되어야 한다고 주장한다. 이 이론적인 근거는 Freud의

'반복적 충동'에 근거를 둔 것이다. Jhon Bredshow는 인간은 어린 시절에 미해결된 과제가 사람을 통해 투사되거나 그것이 부정적인 영향을 미친다고 했다. Freud는 충동 중에는 과거의 비참했던 경험을 다시 반복하려는 반복적인 충동이 있으므로 상한 감정이나 해결하고 싶은 과거의 경험을 놀이를 통해 반복 재연해 볼 수 있게 구조화된 놀이 상황을 준비해 놓고 이때 치료자가 어린이의 상한 감정이나 부정적인 생각이나 느낌을 의식화시켜 해소하게 도와주는 것이 release therapy이다.

Solomon의 "active play therapy"도 Levy release therapy와 유사하나 Levy에 비해 비참하고 좌절되었던 경험의 재생보다는 긍정적인 방향으로 놀이를 적용한 것이다. Solomon은 과거의 상처받은 경험을 그대로 재연하지 않더라도 놀이를 통해 공포나 분노를 발산할 수 있으며 놀이방에서 치료자와 새로운 인간관계를 맺음으로써 사회적으로 용납되어지는 방향으로 행동하는 것을 배우게 된다는 적극적이고 능동적인 의미의 놀이치료를 강조하고 있다. 즉, 치료자는 시간의 개념을 심어주어 과거의 경험을 현재로 끊을 수 있고 반드시 미래로 연결되는 것이 아니라는 것을 가르치려고 한 것이다.

이상과 같은 놀이치료학자들의 놀이치료의 의미를 살펴보았으나 현재의 놀이치료를 이론화한 사람은 Verginia Axline이다.

Verginia Axline이 시작한 놀이치료방법은 '비지시적 놀이치료'라고 한다. 이 방법은 Carl Rogers의 비지시적 상담이론을 놀이치료에 적용한 것으로 놀이치료 과정을 어린이가 주도해가며 치료자는 놀이치료 환경을 준비하고 아동의 행동을 관찰, 반응 분석함으로써 아동은 자발적으로 자신을 변화시키려고 노력하게 된다는 입장에서 아동중심적 놀이치료라 한다.

놀이치료 과정에서 어린이는 다른 사람과의 관계에서 느끼지 못했던 느낌을 받게 된다. 즉, 자신의 있는 그대로가 수용되고 이해를 받으며 안정감을 느끼게 된다는 뜻이다. 다른 종료의 놀이치료보다 어린이의 행동에 즉각적인 평가나 비평이 적으므로 어린이 자신이 자기를 발견할 수 있는 허용적인 분위기 속에서 어린이는 부정적인 느낌 등을 표출하게 되며 이 실상을 직시할 수 있게 되고 스스로 이런 문제들을 해결해 나가면서 '자아'를 찾게 되는 것이다.

Axline 이후 심리학이 발달되면서 그 사조에 따라 놀이치료방법과 다양한 기법들이 발달되고 있다. 현재 사용되고 있는 놀이치료방법은 놀이치료자가 어떤 심리학적 이론으로 접근하고 치료에 임하는가에 따라 개인차가 크다고 볼 수 있다. 이런 이론적인 근거에 따라 정신분석학적 놀이치료(rsychoanalytic play therapy), 아동중심 놀이치료(client-centered play therapy), 가족 참여 놀이치료(family play therapy), 치료자 동참 놀이치료(sand play therapy), 게임 놀이치료(game play therapy), 미술놀이치료(art play therapy) 등이 있다.

2) 놀이치료자의 자질과 자격

놀이치료자의 자격은 인간에 대한 다양한 관점에서의 전문적 이해 능력이 요구된다. 즉 인간심리의 역동적 관계(psychodynamic), 진단(dignosis)과 그 밖에 인간을 이해하고 도울 수 있는 심리학적 배경이 요구되며 이에 관련된 학력 및 충분한 임상 경험이 요구된다.

놀이치료자의 자격을 갖추었다 하더라도 인간을 이해하고 수용하는 태도 못지않게 상담자 자신의 자아를 끊임없이 성장시키려는 능력과 태도가 요구되므로 상담자로서의 인격적 성숙을 중요한 자질로 꼽고 있다.

Axline은 다음과 같이 놀이치료자가 갖추어야 할 원칙을 세웠다.

① 치료자는 어린이와 따뜻하고 친밀한 관계를 가능한 빨리 형성하도록 한다.

② 치료자는 어린이를 타고난 기질적 성향을 잘 파악하고 있는 그대로 수용해야 한다.

③ 치료자는 어린이가 자신의 감정을 완전히 자유롭게 표현할 수 있도록 하기 위해 수용적이고 허용적인 분위기를 조성한다.

④ 치료자는 어린이가 표현하는 감정을 민감하게 느끼고 안정하며 어린이가 자신의 행

동에 대한 통찰력을 갖도록 느낌이나 생각을 반응해 준다.

⑤ 치료자는 어린이가 기회만 주어지면 자신의 문제를 해결할 능력을 갖고 있음을 존중하고 선택의 책임과 변화를 시도할 자유가 어린이에게 있다고 인정한다.

⑥ 치료자는 어떤 방법으로도 어린이의 행동과 대화를 지시하지 않는다.

⑦ 치료자는 치료를 서두르지 않는다. 치료는 점진적인 과정임을 치료자가 인식한다.

⑧ 치료자는 어린이가 다른 사람과 관계를 맺는 것을 자신의 책임이라는 것을 믿도록 하기 위해서만 제한을 가한다.

3) 놀이치료의 제약 원칙

Axline의 제자 Ginott에 의하면 적절한 제한이 주어질 때 어린이는 어른들에 의해 보호되고 있다고 느끼므로 오히려 제약 원칙이 필요하다고 한다.

놀이치료에서의 행동적인 한계는 학자마다, 상담자마다 다소의 차이가 있다. 어린이가 일탈 행동을 할 때 어린이의 행동의 허용 단계는 어린이의 연령, 발달 정도, 문제 유형, 개인치료인지 집단치료인지 등에 따라 차이가 있을 수 있지만 같은 정도의 어린이도 치료자에게 요구하거나 가하는 육체적, 심리적 공격의 허용 단계는 문화적 차이가 크고 또한 상담자의 태도에 따라 고려되어야 한다.

2. 놀이치료 과정

Finke는 놀이치료 단계는 세단계로 나누어진다고 한다.

1단계 : 어린이는 놀이치료실에서 말없이 혹은 지나치게 말을 많이 하며 탐색한다. 어린이가 공격성을 표현하게 되면 이 단계에서 나타낸다.

2단계 : 공격성은 점차 줄게 되고 어린이는 놀이치료실에서 지켜야할 제한이 어떤 것인지 시험한다.

3단계 : 어린이는 치료자를 자신의 게임이나 놀이에 참여시키려고 하면서 치료자와 더 가까운 관계를 맺으려는 노력을 확장시킨다.

한편, Moustakas는 어린이가 표현하는 놀이에서 투사된 부정적 · 긍정적 표현을 6단계로 구분하고 마지막 단계로 갈수록 현실감 있는 감정과 긍정적인 감정 표현이 많아진다고 보고 있다. 이때 기간은 상처받은 어린이들은 부정적 감정 표현, 즉각적이고 흥분적인 표현의 기간이 정상발달아동 보다 오래간다고 보고 있다.

놀이치료 과정에서 제일 도움을 많이 받는 어린이는 정서장애아동들이며 치료 단계 접수 상담, 놀이치료의 초기 단계, 놀이치료의 중기 단계, 놀이치료의 말기 단계, 종료, 추후 상담으로 나눌 수 있다.

1) 접수상담 및 평가

상담 의뢰자(부모, 교사, 보호자 및 성인 등)와의 면담을 통해 아동의 가족관계, 생육사, 행동특성 및 문제점, 다른 기관에 다닌 경험, 아동의 진단 명과 정도, 친구관계, 학교생활 등의 정보를 수집한다. 또한, 아동의 놀이를 통해 아동의 발달 특성, 행동 특성, 심리적인 특성 등을 권찰하고 진단 평가한다. 아동의 문제나 치료계획의 수립을 위해서 발달평가, 심리검사, 진단적인 놀이평가 등으로 현재 수준을 파악하고 구체적인 치료계획을 세운다.

2) 놀이치료의 초기 단계

놀이치료의 초기의 경험은 치료의 성패에 중요한 영향을 미친다. 아동은 치료자와 친밀한 관계를 맺어가는 과정이므로 놀이치료실과 치료자에 대해 탐색하는 단계이다. 그러므로 이 단계에 아동과의 라포 형성을 위해 아동과의 신뢰의 관계를 구축하기 위해 노력을 기울이는 단계이다. 치료자는 수용적인 태도로 아동과의 관계 형성을 위해 아동의 감정을 반영해 주고 동기를 부여해 주며 깊은 해석을 하지 않는 단계이다. 이때 치료실에서의 한계를 알게 하여야 한다. 이 시기에는 탐색 단계, 일시적인 수용 단계 등의 특징을 나타낸다.

3) 놀이치료의 중간 단계

놀이치료가 계속되면서 점차로 아동과 놀이치료자의 관계는 친밀해지면서 신뢰감이 형성되어진다. 특히, 치료 시간만큼은 놀이치료실이 자기만의 공간이라는 생각과 상담자는 자기를 위한 존재라는 인식이 들기 시작하면서 아동의 부정적이고 감정이 자연스럽게 놀이에서 나타나게 된다. 즉, 부정적인 반응을 보이는 시기를 거친다. 특히 정서장애아동들은 자신의 과거의 좌절되고 불쾌했던 경험들의 재연을 시도하게 되는데 이때 아동이 그러한 좌절과 상한 감정을 경험했던 나이에 대해 치료자가 주목하여야 한다.

신생아 시기부터 걸음마 시기에 어려움이 있었던 아동은 기본적인 신뢰감 형성에 제일 큰 장애를 나타내게 된다. 유치원 시기에 경험했던 어려움은 스스로 죄의식을 느끼게 하고 부모에 대한 지나친 죄책감을 갖게 하기도 한다.

초등학교 시기에 경험했던 사건으로는 새로운 적응 기술을 배울 기회를 상실하게 되고 또래집단 및 친구와 놀며 배우게 되는 사회성 발달에 어려움을 갖게 하며 형제 간의 경쟁장애나 열등감 등을 갖기도 한다. 그러므로 아동의 과거에 좌절의 경험과 어려움을 겪게 했던 경험이 어떤 시기에 있었는지를 이해하고 심리치료의 목표를 재조정할 필요가 있다.

이 시기에 자아존중감을 형성하기 위한 통찰력을 아동이 가질 수 있도록 도와야 하고 성취감을 느끼도록 놀이를 계획하여야 하며 좌절을 경험하지 않도록 격려해 주는 태도가 더욱 중요하다.

이 기간은 치료와 대부분을 차지하는 과정으로 가장 긴 시기이다. 이 단계에서는 아동은 현재의 보호자와의 관계에서 결핍되거나 미해결된 과제나 왜곡된 부분을 보충하고 수정하는 교정적인 경험을 하게 되며 재해석을 통해 자신의 과거에 일어났던 충격적인 사건을 통합하고 성장하게 되는 것이다. 즉, 치료자와 적절한 치료적인 관계와 놀이감을 통해 재창조하도록 계획된 교정적인 관정을 통해 치료가 되며 또한 해석을 통해 성자하게 되는 것이다.

4) 놀이치료의 말기

이 단계가 되면 아동이 자신의 문제를 있는 그대로 수용할 수 있게 하며 자신의 장점을 존중하며 자아존중감이 향상되어 있어 적극적으로 현실에 대처하는 모습을 보이게 된다. 이때 집단치료를 병행하면 현실 상황에 대해 구체적으로 적응하는 기술의 습득 및 자신의 목표 구축에 큰 도움이 된다. 보통 발달이 지연되었거나 결핍된 부분에 대한 재교육을 받을 수 있게 병행하며 성장 발달할 수 있게 도와주어야 한다.

또한 치료의 종료를 위해서 사전에 계획하고 아동과 합의를 보는 것이 필요하다. 치료의 종료를 계획하기 위해서는 아동의 발달 수준에 따라 방법을 선택하는데 어린 아동에게 사용하는 사탕의 숫자로 종료를 알리는 굿바이 캔디나 보다 큰 아동을 위해서는 종료계약서 등을 활용할 수 있다.

5) 놀이치료의 종료

놀이치료의 아동 내담자의 치료의 목표가 달성되면 치료를 종료를 하게 된다. 종료의 의미는 아동에게 중요한 의미이므로 사전에 반드시 계획되어야 한다. 만약, 놀이치료 목표가 달성되지 않은 상태에서 부득이 중단을 하여야 하는 경우도 있는데 그런 경우는 반드시 아이와 종료의 시간을 갖게 하는 것이 중요하다. 특히, 정서장애를 가진 아동들은 다른 사람과의 관계에서 생긴 상처가 다른 장애아동보다 크므로 놀이치료자와의 준비가 안 된 이별은 또 하나의 관계에서의 큰 상처가 될 수 있기 때문이다. 놀이치료의 종료는 아동의 발달 수준에 맞추어 준비하여야 하는데 내담자인 아동과 치료를 종결할 때 송별 파티, 선물, 작품집 만들기, 편지 나누기 등이 이용될 수 있다.

3. 아동의 세계와 놀이치료

놀이는 아동에게 있어 매우 중요하고 자연스러운 활동이다.

아동의 행동은 생각이나 마음속의 내적인 갈등이나 혼란 등의 상태와 깊이 연결되어 있다. 아동에게 놀이는 깊은 내면의 정서와 감정으로 성장의 축이 되어 기능하는 마음의 움직임이라고 할 수 있다.

놀이의 그러한 성향과 성격을 생각하면, 아동에 대한 심리치료가 놀이를 매개로 한 놀이치료(play therapy)라는 방법으로 놀이치료훈련을 받은 놀이치료 전문가에 의해 행해지는 것이 놀이치료이다. 즉, 놀이치료란, 놀이를 매개로하여 행해지는 심리치료이다. 놀이치료는 보통 아동(2~13세)을 대상으로 행해진다. 아동에 대한 심리치료는 놀이를 매개로해서 이루어지는 것이 일반적이다.

1) 놀이치료의 개관

놀이치료의 장은 아동이 현실 생활에서 떨어져 치료자와 일대일의 깊은 관계를 통해 친밀감을 만들고, 그 구도 안에서 비밀의 공동 작업을 할 수 있는 특별한 장이다. 놀이치료는 주1회 약 40~50분의 시간에 걸쳐 이루어지는 것이 일반적이다.

아동은 그 구도 안에서 편안하고 자유롭게, 또 이해와 수용을 받으면서 노는 과정에서 다양한 자기표현과 자기노출을 통해 호소 문제의 해결과 연결되는 역동과 변화를 전개한다.

2) 놀이치료의 유형과 이론

놀이치료는 다양한 놀이치료 유형이 있다.

우선, 개인별 놀이치료와 여러 아동들과 치료자 간에 생기는 상호적인 역동을 특징으로 하는 집단놀이치료가 있다. 또, 치료자가 아동을 의도적으로 특정한 놀치(인형놀이, 핑거페인팅 등)로 이끄는 제한 놀이치료가 행해지기도 한다. 그러나 놀이치료의 가장 기본적이고 일반적인 형식은 A에게 행해진 것 같이 아동들과 치료자가 일대일로 서로 관계하는 개별 놀이치료이며, 아동이 놀이를 자유롭게 선택할 수 있는 자유놀이치료이다.

또한, 놀이치료는 치료적인 이론의 관점에서도 다양한 입장으로 나누어지는데 다음과 같다.

① 정신분석적 놀이치료

② 인지·행동적 놀이치료

③ 관계놀이치료

④ 아동중심 놀이치료(비지시적 놀이치료)

이러한 다양한 놀이치료 유형들은 각각 강조점과 착안점에 차이가 있고, 대립하는 면도 있긴 하지만, 본질적으로 서로 모순되는 것은 아니다. 일본에서는 칼 로저스의 이론을 중심으로 한 아동중심 놀이치료가 가장 일반적으로 받아들여지고 있다. 그러나 실제적인 치료인 임상에서는 다양한 놀이치료 유형의 이론과 기법을 다양하게 절충해서 치료가 이루어지는 경우가 많다. 그리고 실제 치료의 진전에는 이론적인 입장의 차이보다 오히려 놀이치료자의 경륜과 숙련도와 성격의 차이가 훨씬 큰 영향을 미친다고 할 수 있다.

놀이치료에서 치료사가 유념해야 할 부분을 정리해보면 다음과 같다.

1) 아동의 문제를 심인성(심리적 · 정서적 원인에 의한 것)의 측면에 초점을 두고 이해하려고 한다.
2) 아동의 내적인 변화와 성장에 초점을 둔다.
3) 아동의 잠재적인 자기성장력과 자기치유력에 충분한 신뢰를 두고 있다.

최근에, 놀이치료는 지적장애와 자폐증 등 발달장애에 따르는 모든 사례에 대해서도 적용되어 다양한 치료적 · 지원적인 효과를 거두고 있다. 임상 장면에서 놀이치료가 가장 효과를 발휘하는 경우는 심리적, 정서적 원인에 의한 사례이다. 발달장애의 사례는 심리적인 원인에 의한 사례와 비교하면 놀이치료에 한계성을 가질 수밖에 없다.

3) 놀이치료의 의미와 기능

앞에서도 언급한 바와 같이 놀이치료는 놀이를 통해 '아동에 대한 심리치료를 하는 것이다.' 심리치료는 언어를 매개로 해서 이루어지는 것이 기본이지만, 아동들의 경우 성인처럼 삶의 과정을 통해 경험한 부정적 감정이나 내면의 정서를 언어로 표현하는 것을 아동에게 기대하는 것은 무리인 경우가 많다.

아동의 놀이치료는 성인들이 자신의 감정을 언어로 표현할 수 있는 것을 놀이를 통해 그들의 깊은 내면의 언어를 듣는 것과 같다. 다시 말해 '놀이는 아동에게 언어이다.' 언어를 대신해서 놀이를 통해 표현되는 그들의 무의식 세계를 이론과 임상으로 숙련된 놀이치료 전문가가 의식화된 놀이 형태를 관찰하고 분석과 진단을 통해 아동의 내면 세계와 소통하는 것이다. 즉, 아동의 놀이에는 그들의 풍부하고 진솔한 자기표현이 아동의 놀이 속에 포함되어 있다. 아동중심치료의 선구자인 액슬린(Axline)도 "놀이치료는 놀이가 아동에게 있어 자기를 표현하는 자연스러운 매체라는 것에 핵심을 두고 있다."고 말하고 있다.

놀이치료의 실제 상황 속에서 놀이는 단순히 언어를 대신할 뿐만 아니라 치료를 전개해 나가는 데에 다양한 기능을 가지고 있다는 것을 알 수 있다. 아동이 하는 놀이 자체를 소중하게 다룬다고 생각하고 놀이치료에서는 우선 놀이가 아동의 마음의 일부라고 생각하고 치료를 전개해 간다.

그러한 놀이 활동을 소중하게 관찰하고 적절하게 개입하거나 지원하는 것 자체가 아동에게 자신이 놀이치료실에서 치료자로 하여금 존중받고 소중하게 다루어진다는 느낌을 주도록 한다.

4. 모래놀이치료

1) 모래놀이치료의 개념

모래놀이치료는 내담자인 아동의 잠재력을 인정하고 감정의 흐름을 공감하면서 내담자의 자기치유력(self-healing)의 확신을 갖고, 진행하는 상담기법의 하나이며 모래가 담겨 있는 상자에서 놀이를 통해 치료가 이루어진다는 것을 의미한다. 모래놀이치료는 모래가 들어 있는 정해진 크기의 모래상자를 준비하고 모래상자 안에 다양한 장난감이나 재료를 가지고 작품을 만든 것을 모래놀이치료사가 그 작품을 통해 내담자인 아동의 내면을 탐색하여 문제를 해결하고 치료하는 것이다.

모래놀이치료에서는 내담자 중심의 치료방법을 강조한다. 브레디(Brady)는 처음 아동들을 대상으로 모래놀이치료를 사용하는 임상심리치료실에서 진단하는 임상가 일을 맡고 있었다. 그는 대부분의 로샤학파들과 마찬가지로 모래상자놀이치료법을 내담자의 진단과 평가를 위해 모래놀이치료를 사용하였다.

내담자를 평가하는데 Rorchach 이론을 사용하는 일부 심리치료사들은 모래상자놀이치료에 나타난 장면을 로샤 이론가들처럼 투사적 실험(projective test)으로 '판독'하는 경향이 있다.

실제적으로 내담자들은 모래놀이치료에서 자신들의 욕구를 상징적으로 표현하고 해결한다. 모래놀이치료는 로저스(C. Rogers)의 인간 중심 상담기법을 중요시한다.

2) 모래놀이치료의 이해

모래놀이치료는 내담자의 자기치유력(self-healing)에 바탕을 둔다. 영혼에 상처를 입은 내담자에게 자유를 안전이 보장된 공간에서 상한 감정을 표현하고 내부로부터 자기치유 과정이 일어나는 것이다. 내담자의 외상을 치유하는 것은 내담자가 그 과정을 직접 경험하는 과정에 있다.

칼 로저스(Carl Rogers)는 감정을 반영하는 것에 기초하여 '내담자 중심 심리치료(client-centerd therapy)' 기법을 선보이며 '직관은 그저 타인의 교육이나 설명을 통해 얻을 수 있는 것이 아니라 내담자가 겪는 경험에서 나온다'고 하였다(C. Rogers).

또한 모래상자놀이치료에 있어 가장 중요한 것은 내담자가 표현했다고 탐색하고 진단 · 평가하는 것보다 내담자 자신이 모래상자 안에서 내담자 자신의 감정과 내면을 표현하는 것이 '카타르시스', 즉 감정의 정화와 같은 맥락에서 이해하였다.

모래놀이치료는 모래상자, 모래, 물 그리고 장난감 및 소품 모두가 필요하여 이들 장난감이나 소품 각각이 지니는 의미가 있고, 또한 그 소품들이 사용되는 상태에 따라 다른 의미들을 부여할 수 있다. 모래상자는 제한된 공간 안에서 자신을 표현하는 것이 모래상자놀이치료의 핵심적인 활동인 것이다. 때로는 모래상자 공간 밖으로 표현하려는 내담자들도 있다. 그것 역시 내담자의 내면을 표현하는 것이므로 중요한 의미이다. 다시 말하면, 모래상자놀이치료에서 보여지는 작품의 형태와 내담자가 선택한 소품들은 내담자가 편안하게 느끼는 정도에 따라 투사가 이루어지면서 내담자의 우주가 표현되는 것이다.

지금까지의 설명을 간단히 요약하면 다음과 같다.

모래놀이치료란,

- 모래놀이치료는 내담자의 자기치유력(self-healing).
- 자기치유력은 안전과 자유가 보장된 공간에서 카타르시스와 치료가 일어난다.
- 모래놀이치료의 작업은 표현과 경험을 중요시한다.
- 모래놀이치료에서 중요한 것은 내담자가 스스로 무엇을 경험하는가이다.
- 모래놀이치료의 준비물은 모래상자, 모래, 물, 소품, 소품장식장 등이다.
- 모래놀이치료는 치료자와 내담자 간의 모자 일체성을 중요시한다.

3) 모래놀이의 치료 과정

모래상자놀이치료 과정은 모래상자 공간 안에서의 소품을 통해 작품이 된 자신의 내면 깊은 곳을 이해하고 통합의 과정으로 나아갈 수 있도록 하고 내담자는 자기(self)를 활성화시키고, 크게는 내담자의 무의식 세계를 의식화시키는 작업을 통해 카타르시즈와 자유를 느끼게 하는 과정이라고 본다.

모래놀이치료는 치료사가 모래상자를 소개하는 순간부터 시작되며 모래상자 안에 소품을 활용하여 모래상자 꾸미기, 자유연상 및 질문과 응답, 사진 찍기, 허물기 과정 등으로 진행된다.

효과적인 모래놀이치료 과정을 요약하면 다음과 같다.

[그림 17-1] 효과적인 모래놀이치료 과정

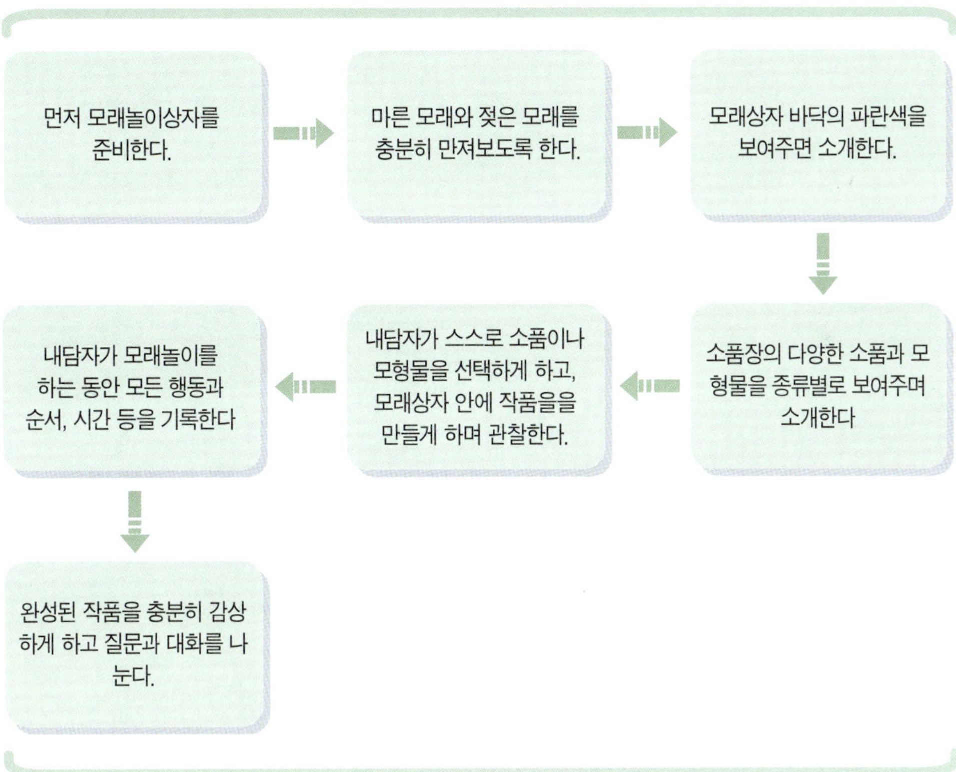

Chapter 18

행동의 원리와 행동수정

아동의 행동을 변화시키기 위해서는 행동을 어떻게 학습하는지에 관한 기본적 지식을 가져야 한다. 따라서 이 장에서는 아동들이 행동을 어떻게 습득하고 어떤 행동의 원리가 적용되는지 그리고 행동과 행동의 주변 조건 간의 관계에 관한 원리를 다루려고 한다.

행동의 원리는 행동의 본질에 관한 기본적 법칙이고 가정이라 할 수 있다. 행동의 원리는 행동과 행동의 주변 상황 간의 관계를 특징 지어주는 기초라 볼 수 있다.

많은 행동원리 중에서도 특정한 행동변화를 가져다 줄 중요한 원리들이 있다. 예컨대 바람직한 행동을 강화시키기 위한 긍정적 강화(positive reinforcement), 그리고 부적절한 행동을 감소시키기 위한 반응원리 등이 이러한 예에 속한다. 적절한 선행사건을 통제하는 조건하에서 행동을 유발시키는 일반화와 식별화 과정도 이런 원리에 속한다. 기본적으로 이런 원리들을 통해 행동을 변화시킴으로서 아동의 부적절한 행동을 교정시키는데 도움을 줄 수 있다.

1. 긍정적 강화

긍정적 강화는 향후 다시 발생할 가능성이 있는 행동을 증가시키기 위해 행동 직후 긍정적인 절차를 제공해 주는 것이다.

긍정적인 절차는 행동을 강화하고 긍정적인 강화는 자연적인 절차나 응용적인 절차(예컨대 점수나 토큰 제도)와 함께 이루어진다. 긍정적인 강화는 적절한 행동을 유지하거나 증가시키기 위해 사용된다. 긍정적 강화의 효과를 결정하는 몇몇 요인이 있다.

1) 올바른 강화인자를 선택한다

강화인자는 실제로 행동의 변화를 가져다 줄 수 있도록 개별화할 필요가 있다. 물론 긍정적 절차가 아동행동에 영향을 주었는지 여부는 행동을 관찰해 봄으로서 알 수 있다. 행동이 증가하거나 개선되게 되면 올바른 강화인자를 선택한 셈이다.

교사와 부모들은 아동 개인의 강화인자를 결정하기 위해 보상조사(reward survey)를 활용할 수 있다.

강화인자의 범주

· 소모성 강화인자 : 스낵, 과자, 주스, 식음료 등
· 활동 관련 인자 : TV 보기, 책 읽기, 취미 활동, 영화, 스포츠, 메이크업, 머리 손질하기 등
· 조작 관련 인자 : 장난감, 블록, 퍼즐 놀이, 모델, 그림 그리기 재료 등
· 소유와 관련된 인자 : 포상 특별한 책, 잡지 수집이나 표집물, 옷 등
· 사회적 인자 : (언어적) 칭찬하는 말, 격려나 보상 등 (신체적) 껴안아주기, 쓰다듬기, 윙크 등
· 교환 관련 인자 : 스티커, 별, 점수, 돈, 다른 강화인자와 교환할 수 있는 기타 물질

보상조사

보상조사를 아동을 위해 작성한다. 보상을 하거나 아동의 절절한 행동을 위해 긍정적 절차를 제공하기를 원하는 정보를 활용한다.

· 대상 : 아동이 누구와 함께 시간을 보내고 싶어하는가?
· 일상 활동 : 아동이 선호하는 일상 활동들은 무엇인가?(예를 들어, TV 시청, 퍼즐 놀이, 인형, 자동차 놀이, 모래 놀이 등)

· 특별활동 : 아동이 즐거워하는 특별활동은 무엇인가?(농구, 탁구, 과자 만들기, 낚시, 영화 구경, 동물원 견학 등)
· 음식 : 아동이 선호하는 음식과 음료는 무엇인가?
· 주의집중 : 아동이 주의를 기울이는 언어적 지시나 특별한 신체적 행동은 무엇인가?(칭찬, 보상, 안아주는 행동, 등을 쓰다듬어 주는 행동 등)
· 교환할 수 있는 보상 : 교환할 수 있는 보상은 무엇인가?(별, 토큰, 금전, 웃는 얼굴, 마크 등)
· 기타 보상 : 그 이외에 아동이 좋아하거나 관심이 있고 시간을 보내고자 하는 것이 무엇인지 목록을 작성해 둔다.

2) 보상과 강화는 즉시한다

보상하거나 강화를 통해 바람직한 행동을 얻고자 할 때는 즉시 강화나 보상을 하는 것이 가장 바람직하다. 행동과 강화 간의 간격이 넓으면 강화의 효과가 반감되게 된다. 강화가 즉시 이루어지면 아동의 바람직한 행동에 영향을 주게 되고 향후 바람직한 행동을 할 확률도 높아지게 된다. 토큰이나 점수를 어떤 행동 후에 즉시 주고 후에 실제적인 보상이나 강화에 따른 혜택과 교환하는 방법도 사용이 가능하다.

3) 적절한 양과 크기를 선택한다

강화의 크기는 행동에 걸맞게 적절하게 주어져야 한다. 어떤 행동을 습득하는데 필요한 시간이 길면 길수록 아동에게는 그 행동이 생소하고 더 어려운 경우가 많기 때문에 보상의 크기 또한 상대적으로 더 커져야만 한다. 예컨대 유치원에 가기를 싫어하는 아동이 유치원에 온 첫 주일에는 한 주 동안 매일 점수나 토큰을 주는 방법이 이러한 예이다. 그러나 유치원에서 적응을 잘하는 아동은 한 학기 동안 몇 번의 토큰을 받게 될 뿐이다. 따라서 아동이 처음 바람직한 행동을 학습하고자 할 때는 강화의 횟수가 크기를 더 하지만 일단 행동이 학습된 경우에는 적절한 규모와 크기로 조정해야만 한다. 즉 부모나 교사가 강화의 크기와 범위를 적절히 선택할 수 있는 기법이 필요하다.

[그림 18-1] 행동을 위한 강화 절차의 적응

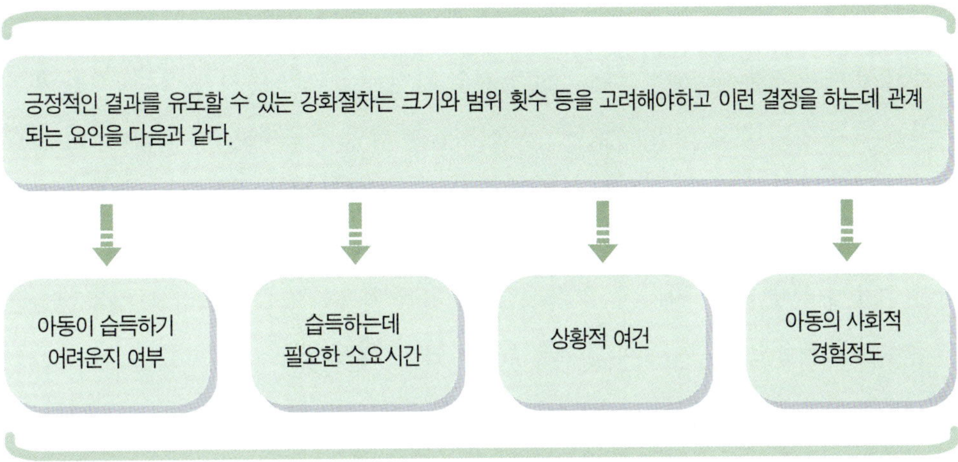

4) 강화인자를 지속적으로 활용한다

바람직한 행동이 지속적으로 행해지고 있는지를 확인하는 일이 매우 중요하다. 바람직한 행동이 지속되고 있는지를 확인하는 일반적인 방법은 '만약 … 한다면 …… 한다'의 등식이다.

아동이 어떤 행동을 하게 되면 이에 따라 어떤 행동의 결과를 얻게 된다. 한 예로 아동이 지속적으로 떼쓰고 졸라대면 부모는 아동(자녀) 관심을 쏟게 되고 결국은 아동의 요구를 들어주게 되는데 이러한 경우 지속적으로 졸라대는 행동을 귀찮다고 쉽게 들어줌으로서 오히려 나쁜 행동을 강화시켜주는 결과를 초래하게 된다.

5) 다양한 강화인자를 활용한다

만약 특정한 강화와 강화 절차를 지나치게 반복하게 되면 효과가 없어지게 된다. 과자 하나는 강화인자가 될 수 있지만 커다란 과자 한 봉지를 주게 되면 강화인자가 되기보다는 역효과를 나타낼 수도 있다. 아동에게 30분만 TV를 시청하고 공부를 하도록 하는 경우는 강화가 될 수 있으나 3시간 동안 TV를 시청하게 할 경우는 강화가 될 수 없다. 강화의 효과를 거두기 위해서는 아동이 절실히 요구할 때 적정량의 강화인자를 줌으로서 효과를 거둘 수 있다. 식사 1시간 전의 간식은 효과가 있지만 식사 1시간 후의 간식은 효과가 더 적을 수밖에 없다. TV 시청을 허락할 경우에도 프로그램이 어떤 것이냐에 따라 강화 효과가 다르다, 아동이 좋아하는 프로그램을 시청하게 할 경우는 강화 효과가 크지만 아동과는 무관한 뉴스나 기록영화 등을 시청하게 할 경우는 강화 효과가 없을 수밖에 없다. 따라서 다양한 강화인자를 활용함으로서 그리고 가장 절실할 때 적정량을 제공함으로서 강화 효과를 극대화할 수 있다.

6) 강화 스케줄을 활용한다

아동들에게 강화를 하기 위해서는 기본적으로 두 유형의 스케줄을 사용한다. 하나의 유형은 대상 행동이 발생할 때마다 강화인자를 활용하는 '지속적 스케줄(continuous schedule)'이다. 지속적 스케줄은 새로운 행동을 가르칠 때 매우 유용한 방법이다. 새로운 행동을 매번 강화할 때 그러한 행동은 강화되어지고 아동으로 하여금 그 행동을 하도록 격려 권장하게 된다. 아동으로 하여금 외출한 다음 집에 돌아와 샤워를 하도록 했을 때 샤워를 함으로서 긍정적인 결과를 얻도록 하여야 한다. 그래야만 샤워를 하는 습관이 형성되게 된다. 일단 한 행동이 학습된 후에는 '간헐적 강화 스케줄(intermittent schedule)'에 따라 종종 강화를 시켜야 한다. 그러나 일단 학습된 행동에 대해서는 매번 강화를 시킬 필요는 없다. 행동의 특성에 따라 두서너 번 행동할 때 한 번 정도 재

강화를 하든지 아니면 한달에 한 번 정도 하든지 등의 스케줄을 활용할 필요가 있다. 다만 너무 자주 강화할 필요는 없다. 또한 종종 보상을 해주고 칭찬을 하는 등의 방법이 필요하다.

중간 강화 스케줄은 보다 현실에 기초한 스케줄이기 때문에 아동이 잘하고 있는데도 불구하고 매번 강화할 필요가 없다.

2. 행동형성

때로는 아무리 강화를 시켜도 변화를 시킬 수 없는 특수 행동이 있을 수 있다. 이때는 강화의 원리를 다시 검토하고 목표행동이 아동에게 너무 부담이 되는 행동이거나 어려운 행동인지를 결정해야 한다. 그리고 행동을 점진적으로 형성해 나가는 노력을 기울여야 한다. 강화를 해도 변화가 없는 특정 행동을 형성하기 위해서는 몇 가지 단계를 활용해야 한다.

첫째, 목표행동을 분명하게 기술한다.
둘째, 기술된 행동과 가장 유사한 행동을 선택한다.
셋째, 지속적으로 행동이 일어날 때까지 근접행동을 강화시키도록 한다.
넷째, 목표행동이 달성될 때까지 반복한다.

행동형성의 한 예는 아동들로 하여금 한 시간 정도는 과제를 수행할 수 있는 집중력을 향상시켜줄 수도 있다. 아동이 과제는 시작했지만 끝내지 않고 딴전을 부릴 경우에 매일 저녁 한자리에서 한 시간 정도 과제를 하도록 하는 행동목표를 설정하고 5분 동안 조용하게 과제를 하게 되면 긍정적인 결과를 얻을 것이라고 분명하게 지시를 한다. 5

분이 지나면 긍정적인 배려와 함께 기대에 부응할 경우 효과적인 칭찬을 해준다. 물론 기대에 부응하지 못하면 부정적인 조치를 취한다. 만약 아동이 최소 6회 이상 5분간의 목표에 도달하게 되면 장기 행동형성 계획을 수립한다. 그리고 1시간 목표에 도달할 때까지 늘려가면서 강화인자나 단계를 시험해 가며 반복한다.

1) 반응대가

때로 아동들은 부정적인 행동을 할 경우 좋지 않은 결과를 가져올 것이라는 것을 알면서도 그러한 행동을 하게 된다. 반응대가(response cost)는 목표행동의 발생 빈도가 줄어들 필요가 있을 때 긍정적인 강화인자를 제거해 버리는 것을 의미한다. 그리고 아동이 알고 있는 긍정적인 강화인자를 제거함으로서 처벌하는 기능을 갖게 만든다. 그러나 처벌은 보통 행동을 바꿔 놓을 수 있는 자극을 적용하는 것으로 생각한다.

반응대가는 부정적인 어떤 것을 부가하기보다는 긍정적인 것을 제거한다는 점이 다르다. 그러므로 결국 아동은 그가 행한 부정적인 행동을 해서 부정적인 결과를 얻게 된다. 이러한 것을 반응대가라고 한다. 긍정적 강화 효과에 영향을 주는 동일한 조건은 반응대가에도 영향을 주게 된다. 즉 강화의 선택을 즉시 제거해 버린다든지 강화의 양을 축소해 버린다든지 행동 여부에 따라 강화인자를 유보한다든지 하는 것이 반응대가에 속한다. 따라서 아동들 개개인에게 사용할 수 있는 강화인자를 극대화 할 수 있는 조건을 만들 필요가 있다.

2) 일반화

아동의 행동을 바람직하게 교육한다는 것은 아동이 가능한 한 강화인자를 사용하지 않고도 새로운 상황에 맞게 새로운 행동기법을 사용할 수 있게 행동한다는 것을 의미한다. 물론 가정에서 뿐만 아니라 가정 밖에서도 새로운 행동기법을 활용할 수 있는 능력을 갖게 된다는 것을 의미한다.

일반화(generalization)란 일련의 선행조건하에서 얻어진 기법을 또 다른 선행조건하에서도 사용한다는 것을 의미한다. 이러한 행동원리는 새로 습득된 어떤 행동을 각기 다른 환경이나 상황마다 가르칠 필요 없이 스스로 사용할 수 있는 능력을 갖는다는 의미이다.

일반화는 매번 필요한 기법을 완전히 실천함으로써 증진될 수 있고 가정, 학교, 오락장소 등 실제 환경과 가능한 유사한 상황하에서 일어나는 실천을 함으로서 일반화를 촉진할 수 있다. 물론 부모나 교사가 다양한 환경에서 아동이 어떻게 행동하는지를 모니터함으로써 일반화를 촉진시킬 수 있다. 이러한 모니터링은 가정통신문, 학교에 보내는 통신문, 전화 혹은 다른 아동들로부터 얻게 되는 정보를 통해서 가능하다. 이러한 모니터링에 의한 피드백은 다양한 상황에서 아동이 적절한 행동을 할 수 있도록 일반화시키는데 효과가 있다.

3) 차별화

차별화(discrimination)는 선행 상황에서 일어난 변화들의 행동변화를 가져다주는 것을 말한다. 차별화는 일반화의 반대개념이다. 차별화의 개념은 행동이 어떤 상황에서는 일어나지만 다른 상황에서는 일어나지 않는다는 것이다. 따라서 아동이 교회에서 하는 행동과 체육관에서 하는 행동은 다를 수밖에 없다. 이와 마찬가지로 운동경기를 응원하는 운동장에서는 어느 정도 공격적 행동이 허용되지만 가정에서는 허용될 수가 없다. 인사를 하는 예법도 어른에게 하는 것과 친구들에게 하는 것이 다를 수밖에 없다. 아동이 어떤 상황에 적절한 행동과 기법을 상용하게 되면 어떤 상황에 적절한 행동을 학습한 것으로 간주된다. 많은 아동지도 관련 인사들은 아동들에게 새로운 기법을 가르칠 뿐만 아니라 어떤 상황에서 언제 어떤 행동이 바람직한지를 가르치는 역할이 중요하다. 특히 아동 개개인의 타고난 기질적 성향과 특성이 다르고 상황이 다르기 때문에 '차별화' 전략을 활용하는 것은 매우 중요하다. 따라서 특정 상황에 각기 적절한 행동을 지도하기 위해서는 상황적 단서(enviornmental cues)를 파악하는 일이 매우 중요하다.

Chapter 19

아동의 행동변화와 행동주의 동기체제의 개념

영유아 · 아동보육기관의 교육 프로그램의 성공을 위한 중요한 요소 중의 하나는 아동을 돌보는 스태프(아동행동치료사 및 교사)의 기술과 행동지도교육이다. 아동들이 다른 여러가지 방법으로 행동하는 것을 배울 때에 문제를 해결하는데 있어서 그리고 여러 가지의 선택을 가지고 인간관계를 확립하는데 있어서 더 좋은 기반을 가지게 된다. 그러나 치료를 위한 프로그램으로 오는 아동들은 배우려고 하지도 않고 그들의 행동을 바꾸려고도 하지 않는다. 많은 아동들이 환경의 자연적인 결과에 대하여 반응하지 않는다. 아동들이 이러한 긍정적이고 부정적이며 자연적, 사회적 결과에 반응하기 시작할 때까지는 그러한 의지를 갖게 하는 인위적인 수단이 필요하다. 여러 가지 면에서 이루어진 동기체제는 의사가 부러진 다리를 고치는데 이용하는 석고 틀과 같다. 석고 틀은 고치는 방법에 있어서 매우 중요하고 석고 틀을 떼어내는 것은 진전이 있었다는 것을 보여주는 좋은 표현이다.

동기체제(motivation system)는 아동들이 적절한 행동을 했을 때는 좋은 결과(주로 점수)를 얻고 부적절한 행동을 했을 때는 나쁜 결과를 얻게 되도록 설계되어 있다. 아동이 얻은 점수는 여러 가지 특권을 구하는데 쓰여질수 있다. 아동은 동기체제에서 그가 어떤 특권을 구입할 것인지를 결정한다. 대부분의 긍정적인 결과(긍정적인 점수)는 주로 다음 장에서 논의될 효과적인 칭찬을 하는 부모-자녀 간 상호작용의 장에서 언급될 것인데 부정적인 결과(점수를 잃은 것)는 주로 교육 상호작용 동안 일어난다.

벌점은 아동행동의 변화를 가져오기 위한 방법에 있어서 중요하지만 어떠한 교육의 요소보다 더 중요하지도 덜 중요하지도 않다. 만약 아동을 돌보는 사람이 의도적으로 너무 많이 동기체제에 의지한다면 그것은 자연적인 아동의 발달을 방해할 수도 있다. 아동들은 사회적, 환경적 우연한 사건에 대응하는 것을 스스로 배우기보다는 점수만을 위해서 행동하게 될 수도 있기 때문이다.

반면에, 돌보는 사람이 동기체제를 충분히 이용하지 않으면 교사로서의 효율성은 줄어들고 아동들은 충분히 이용했을 때처럼 빨리 배우지 않는다.

위탁보육 프로그램은 동기체제를 스태프들이 아동들을 돌보면서 자극하고, 훈련하고, 그리고 감독하는 개인적 능력을 발전시키고 확장시키기 위하여 제안된 방안이다.

동기체제는 도움을 줄 수는 있으나 실제로 일을 할 수는 없다. 동기체제는 아동을 가르치지 않는다. 아동을 돌보거나 교육하는 아동지도사나 스태프들이 아동을 가르친다. 결과적으로 그들의 효율성은 아동들의 협조에 달려 있고 스태프의 능력에 달려 있다. 스태프들은 이 시스템을 아동들이 좀 더 능력있는 청년과 어른이 될 수 있도록 교육하는데 필요한 기술과 능력을 보완하는 도구로서 이용할 필요가 있다. 아동들이 더 많은 기술을 배우고 적절한 행동에 의한 자연적 혜택을 즐길 수 있게 됨에 따라 아동들은 동기체제의 역할을 감소시키게 만든다.

1. 긍정적 행동 강화를 위한 토큰(token) 활용

결과는 자연적일 수도 있고 응용된 것일 수도 있다. 자연적인 결과는 계획된 인간의 중재 없이 일어난 행동의 결과이다. 예를 들면 피부가 벗겨진 것과 타박상은 시멘트 바닥에 넘어져서 생긴 자연적인 결과이다. 몸무게가 줄어드는 것은 영양분의 흡입을 줄인 것에 대한 자연적 결과이다.

행동에 대한 응용적 결과는 나열된 결과이다. 토큰이나 점수를 얻는 것은 수학 문제를 맞게 풀거나 방문객에게 인사하는 것을 배움으로서 생길 수 있는 응용적 결과이다. 토큰이나 점수 같은 응용적 결과는 오직 이것들이 과자, TV 시청 시간, 자유 시간, 게임, 용돈 같이 많은 종류의 특권과 교환될 수 있기 때문에 효과적이다. 점수와 토큰은 특권의 유용성과 함께하게 되므로 조건적 강화제로 쓰인다. 특권은 '지원적' 강화제로서 불리는데 그것은 특권이 아동을 자극하는데 효과적이라는 것이 벌써 증명되어졌기 때문이다. 만약 점수나 토큰이 특권을 구입하는데 쓰여질 수 없다면 그것들은 응용적 결과로서 효과적일 수 없을 것이다.

왜 점수같은 응용적 결과를 사용하는가? 왜 자연적이거나 '지원적'인 강화제나 특권을 직접 사용하지 않는가? 그것은 응용적 결과가 직접적으로 자연적 결과를 사용하는 것보다 더 좋게 만드는 많은 특성이 있기 때문이다.

1) 점수와 같은 응용적 결과는 싫증이 나지 않는다. 이것은 점수는 모든 특권을 나타내는 것이기 때문에 아동들은 오랫동안 강화물들이 강화시킬 것을 안다는 것을 의미한다. 반복적인 특권의 직접적 이용에 의한 강화는 싫증이 나게 될 수도 있다. 아동이 강화체제에 싫증나게 됨에 따라 그 강화제는 효력을 잃는다.

2) 점수는 사용될 수 있게 준비되어 있다. 점수는 언제 어느 곳에서나 편리하게 사용될 수 있다. 특권을 제공하는 것이 늘 가능한 것은 아니다.

3) 점수는 사용될 수 있게 준비되어 있기 때문에 점수는 행동이 일어나자마자 주어질 수 있다. 이러한 즉시성은 연계를 강하게 하는데 도움을 주고 그럼에 따라 결과의 효율성과 힘을 증가시키는데 도움을 준다. 이것은 아동이 그들의 행동과 목표의 달성 또는 문제를 피하는 것과의 관계를 더욱 잘 이해할 수 있는 것을 말한다.

4) 점수는 언제나 준비되어 있고 즉시 주어질 수 있기 때문에 아동을 돌보는 사람들은 이러한 응용적 결과를 잘 예측할 수 있다. 행동이 일어날 때마다 결과는 뒤따른다. 이러한 지속성 또한 아동이 새로운 기술과 행동을 보다 빨리 배우는데 도움을 준다.

5) 점수와 같은 응용적 결과는 배워지고 있는 기술의 어려움의 정도에 비례하여 이용될 수 있고 큰 성과뿐만 아니라 작은 발전을 강화하는데도 이용될 수 있다. 이러한 난감한 응용은 아동이 새로운 기술을 배우고 그의 노력에 의한 즉각적인 성공을 경험할 수 있게 도와준다. 결국에는 새로운 행동의 재주있는 이용은 긍정적이고 자연적인 결과에 뒤따르는 것이다.

2. 효율적 동기체제의 관건

아동 모두에게 유익할 수 있는 동기체제를 가지기 위하여 아동들을 돌보는 사람들을 어떻게 그 시스템을 이용하여야 하는가에 특별한 관심을 기울여야 할 필요가 있다. 다음과 같은 정책들이 고려되어야 한다.

1) 특권은 행동에 비례하여 만들어져야 한다. 아동행동치료사 및 교사 외에 관련된 스태프들은 아동들이 동기체제를 통하여 점수를 얻는다는 것을 확실히 할 필요가 있다. 만약 아동들이 노력 없이 특권을 얻을 수 있다면 점수만이 특권을 얻는 유일한 방법이 더 이상 아니기 때문에 동기체제는 효율성을 잃게 된다.

2) 교육과 특권은 개별화되어야 한다. 스태프들은 아동들에게 중요한 활동과 사건들이 무엇인가를 반드시 확인하여야 한다. 아동들은 그것들을 위해서 노력하고 특권이나 점수를 사용한다. 이것들이 바로 아동이 새로운 행위를 배울 수 있도록 자극하는 것들이고, 스태프들이 아동들에 대하여 더 많이 알게 됨에 따라 그들의 지식은 그들의 교육방법이 아동들을 가장 잘 도와줄 수 있는 교육방법이 될 수 있도록 하는데 도움이 된다.

3) 동기체제는 교육 상호작용과 함께 이용되어야 한다. 동기체제 하나로서는 아동들이 새로운 행동의 방법을 배울 수 있도록 도움을 주지 않는다. 동기체제는 교육 상호작용과 함께 아동들이 새로운 행동의 방법을 배울 수 있게 할 때 가장 잘 그 기능을 발휘한다. 교육은 중요한 요소이다. 그리고 동기체제는 교육방법을 도와줄 수 있을 뿐이다.

4) 모든 아동들에게는 동기체제의 목표와 기능에 대한 것 등이 가르쳐져야 한다. 스태

프들은 아동들이 어떻게 특권이 주어지고 잃어지는가, 어떻게 결정되는 것들을 기록하는가, 어떻게 특권과 점수 또는 토큰을 교환하는가, 그리고 왜 동기체제가 사용되는가 등을 이해하였는지를 확인할 필요가 있다. 스태프의 설명을 아동들이 행동, 점수 / 토큰과 특권 사이의 기본적 관계를 배우는데 도움이 될 것이다.

5) 아동행동지도 치료사 및 관련 스태프들은 행동의 원리를 이용하여야 한다. 특히 결과(점수)를 행동에 맞게 주어야 하고, 즉각적으로 주어야 하고, 행동에 맞는 점수나 토큰이 결과에 합당하게 주어지거나 잃거나 함께해야 한다. 특히 한 번에 배울 수 있는 것을 기대해서는 안 된다. 아동이 새로운 기술을 첫 번째로 가르쳤을 때 그것을 배울 것이라고 기대하는 것은 비현실적이다. 이러한 행동의 원리를 이용함으로써 적절한 행동을 강화하고, 부적절한 행동을 약화시키며, 아동의 발전을 빠르게 하는데 도움을 줄 것이다.

스태프들은 점수나 토큰의 크기에 대한 의미 부여와 함께 "제일 제한이 없는 방법"을 생각하여야 한다.

행동의 원리에 관한 또 다른 중요한 개념은 '구체화'하는 일이다. 구체화는 원하는 행동의 근사치를 강화하는 것이다. 만약 아동을 돌보는 사람들이 아동에게 좋은 대화의 기술을 가르쳐 주길 원한다면 대화를 위한 시도가 비록 부적절 할지라도 10초간의 적절한 눈 마주침과 두 가지 정도의 적당한 문제를 가지고 중점적으로 강화해야 한다. 이것은 완전한 대화 능력을 위한 근사치의 시작이다. 적절한 행동을 가르치기 위해 이 행동목표에 근접하는 어떠한 근사치 행동에 대한 강화도 아동의 삶을 위해서나 습득해야 할 기술의 구체화를 위해 도움을 준다.

6) 아동이 한 번이라도 그의 특권을 빼앗긴 적이 있는가? 아동을 돌보는 사람들이 늘 그들이 원하는 대로 허락해 준다면 좋지 않은 행동을 한 날 특권 없이 보내게 하면 대가를 느끼지 못하게 된다. 또한 아동들은 대가를 느끼지 못하더라도 타인의 도움

으로 특권을 얻기 때문에 행동을 조절할 필요가 없다고 생각하게 된다.

7) 아동들을 돌보는 사람이 원하는 결과를 성취하기 위하여 체제를 조절할 필요가 있다.

8) 마지막으로 아동행동치료사나 교사나 대리양육자들은 긍정적 강화의 사용에 중점을 둘 필요가 있다. 아동이 잘하고 있을 때나 적절한 행동에 대한 긍정적 강화를 할 때 좋은 관계를 확립하고 교사나 대리양육자들이 계속적으로 적절한 행동의 개발에 중점을 둘 수 있도록 도와준다. 만약 교사나 대리양육자들이 이렇게 하지 못하면 부정적이고 부적절한 행동이 너무 많아 질수도 있다. 이것은 아동행동치료사나 교사나 대리양육자들에게 달려 있다.

3. 권한 습득의 기제

여기까지 우리는 동기체제를 토의하고 어떻게 아동이 그들의 행동에 의하여 점수를 얻거나 잃게 되는가에 대하여 논의했다. 지금부터는 아동과 스태프(아동행동치료사 및 지도사와 교사)들이 어떻게 점수가 주어졌을 때의 상호작용을 관리하는가에 대하여 토론한다. 가정거주 프로그램의 아동들은 권한 습득 카드(empowerment card)에 그들이 매일 얻거나 잃은 점수를 기록한다. 〈표 19-1〉에 권한 습득의 양쪽 면이 나와 있다. 카드의 앞면은 2개로 나뉘어져 있다.

1. 왼쪽 윗면 : 아이의 이름과 동기체제를 위한 공간

2. 우측 상단 : 아이가 얻거나 잃을 수 있는 점수의 일반적 유형의 행동과 목표된 기술을 분리하는데 사용되는 규율

- 사회적 행동은 다른 시간과의 상호작용을 포함한다(지도를 따르고 칭찬의 말과 문제해결을 따르는 것). 이러한 행동들은 "1"이라고 지정한다.
- 독립적 생활 행동은 아동이 혼자서 지낼 수 있게 하는데 있어 아동이 반드시 배워야 하는 기술을 포함한다(청소, 요리, 자기 보호 등). 이러한 행동들은 "2"로 표시한다.
- 교육적 행동은 교사들과의 상호작용, 또는 학교와 관련된 물건이나 상황과의 상호작용을 포함한다(공부, 숙제, 수업 참가). 이러한 행동들을 "3"으로 지정한다.

아이가 점수를 얻거나 잃을 때마다 그 행동의 유형에 해당하는 번호가 "SK" 칸에 쓰여진다. 많은 아이들에게, 얻어진 점수의 전형적인 분배는 아마도 40~50%의 사회적 행동, 20~30%의 학업적 행동, 그리고 20~30%의 독립적 생활행동일 것이다.

3. 목표기법 : 목표기법은 아동을 가르칠 때 아동행동치료사 및 교사 외에 관련 스태프가 특별한 강조를 두는 곳이다. 목표기법은 권한 습득 카드(empowerment card) 뒤쪽의 주어진 칸에 기록된다. 이것에 의하여 점수가 주어지거나 잃게 됐을 때 각 목적 기술에 해당하는 번호가 "TS" 칸에 쓰여진다.

4. 긍정적 점수 : 점수는 이 칸에 기록된다. 점수의 가치는 100에서 수천까지 될 수 있다.

5. 교과과정기법(curriculum skill) : 지금 배워지고 있는 기술의 이름이 이 칸에 쓰여진다.

6. 특수행동(specific behavior) : 결과가 얻어진 행동이나 사건은 이 칸에 기록된다. 적절한 행동이 일어났을 때 아동은 점수를 얻는다. 부적절한 행동이 일어났거나 적절한 행동이 이용되지 않았을 때는 점수를 잃는다. 각 교과과정기법(curriculum skill)에 적용되는 적절하고 부적절한 행동에 대한 아동의 이해를 돕기 위하여 행동에 대한 특수한 묘사를 해야 한다.

예를 들면 다른 사람의 이야기를 듣는 교과과정기법은 "사람을 바라보기, 조용히 앉거나 서 있기, 무엇이 말하여지고 있는가 생각하기, 승인, 다시 묻기(필요하다면)" 등을 포함한다. 논쟁, 소리 지름, 악담, 노려보는 것 등은 부적절하여 점수를 잃게 되는 결과를 초래한다.

7. 부정적 점수(negative points) : 잃은 점수는 이 칸에 기록된다.

8. FT : (카드에서 제일 오른쪽 칸) 점수의 이동을 확인하기 위하여 부부교사나 보육기관의 스태프 혹은 대리양육자들은 그들의 약자를 이 칸에 적는다('FT'는 부부교사(family-teacher)를 나타낸다.

카드의 뒷면은 다음을 포함한다.

1. 성명 : 아동의 이름이 카드의 구분을 위하여 다시 한 번 쓰여진다.

2. 특권 습득 여부 : 아동이 점수를 얻었는지 가르치기 위하여 '예' 혹은 '아니오'를 점검하라. 특권 다음의 상자에 체크한다.

3. 일짜 : 적당한 날과 날짜를 써 넣는 것을 점검하는 것은 정보를 정리하는데 도움을 준다.

4. 동기체제 적응 단계 : 이 총계는 아동이 어떤 동기체제를 끝내기 위하여 필요한 점수를 말한다.

5. 총점 : 카드 뒷면의 얻은 점수 합계, 잃은 점수 합계 그리고 점수의 차를 구하는데 도

〈표 19-1a〉 아동행동관찰표

앞면

이름 ____________________

체제 ☐ 매일 ☐ 하위 체제 ______

☐ 주 단위 ☐ 기타 __________

	0	1	2	3	4
F-T	MGR	MFT	FFT	AFT	
기법		사회적	독자적 행동	학구적	
목표	없음				
+ / -	-	+	PC		

긍정적 점수				교과과정기법	특별한 행동	부정적 점수	F T	S K	T SF	+ -	F T
				총 긍정적 점수	총 부정적 점수						

〈표 19-1b〉 아동행동관찰표

날짜 일수 성명 특권 습득 여부 : ☐ 예 ☐ 아니오 ☐ 기본 ☐ 스낵 ☐ TV ☐ 전화 ☐ 자유 시간 ☐ 기타							목표기법 1 ____ 3 ____ 2 ____ 4 ____				
긍정적 점수				교과과정기법	특별한 행동	부정적 점수	F T	S K	T SF	+ -	F T
				총 긍정적 점수(뒷면)	총 부정적 점수(뒷면)		금일의 교육 내용				
				총 긍정적 점수(뒷면)	총 부정적 점수(뒷면)		☐ MFT				
				총 습득된 사항	총 잃은 점수		☐ FFT				
				총 잃은 점수(마이너스)	체제 위치		☐ AFT				
				차이나는 점수(본카드)							

출처 : Tom Dowd(1994), Effective skills for child - care workwes, p. 71.

뒷면

움이 된다. 점수의 차는 특권을 사는데 필요한 점수가 있는지를 결정하는 중요한 계산이다.

6. 목표기법 : 특별한 주의를 요하는 교과과정기법이 여기에 써여진다. 효력을 발생하고 있는 특수한 사건이나 상황 등을 적는데 이용할 수 있다(예 : 4시 치과 약속).

7. 금일의 교육 내용 : 이 상자에는 누가 아동을 오늘 가르쳤는가를 표시한다. 이것은 미래의 치료와 교육정책의 정보를 제공한다. MFT는 부부교사 중 남성인 교사(male family-teacher)를 의미하고 FFT는 부부 중 여성인 교사(female family-teacher)를 의미한다. 그리고 AFT는 보조 부부 교사(assistan ant family-teacher)를 나타낸다.

4. 권한 습득 카드의 활용

주로 각 아동들은 점수 변화를 쉽고 빠르게 하기 위하여 카드와 연필 혹은 펜을 가지고 다닌다. 그러나 아동행동치료사와 교사나 대리양육자들은 권한 습득 카드를 게시판에 보관하는 것을 좋아한다. 이것은 카드가 깨끗이 그리고 잃을 수 있게 하고 한곳에 보관하기 때문에 교사나 대리양육자들은 각 아동의 진전 상태를 빠르게 점검할 수 있다.

점수 변화가 생겼을 때 아동들은 점수가치 교과과정기법, 특수한 행동 등을 적는다. 교사나 대리양육자들이 정보를 주지만 아동은 카드에 이것들을 반드시 적어야 한다. 이렇게 함으로서 아동이 얼마나 많은 점수를 얻거나 잃었는지 또 점수 결과를 일으킨 행동 등에 계속 주의할 수 있게 하는데 도움을 준다. 이것은 또한 아동이 글씨 쓰기, 철자법 그리고 큰 숫자를 어떻게 적는지 배우는데 도움을 준다. 학교에서 잘하지 못한 아동들은 글자나 숫자 그리고 철자법에 더 많은 도움을 필요로 한다. 이러한 아동들에게 각 점수의 변화 등은 부수적 교육 차원에서도 이러한 체제를 필요로 한다. 얻거나 잃은 점수가 합산됐을 때 아동들은 총계회의에서 매일 새로운 카드를 시작한다. 이름과 날짜, 요일 그리고 체제를 정리한 후 아동은 그가 얻은 특권을 기록하고 '체제활용 단계'의 공간을 채워 넣는다. 교사나 대리양육자들은 카드를 점검하고 변화를 제안하거나 아동이 최종점검회의를 떠나기 전에 정보를 확인한다. 최종점검회의 동안에도, 교사나 대리양육자들은 완성된 카드를 검토하고 목표를 위한 진전에 대해서 칭찬하고 새로운 체제의 기준을 계산하고 많은 칭찬과 용기를 각 아동에게 주어야 한다. 최종점검회의 후에 아동은 얻은 점수와 잃은 점수에 따라 하고 싶은 행동을 취할 수 있다.

5. 요약

동기체제(motivation system)와 권한 습득 카드(empowerment card)는 아동이 새로운 사회성 기술을 배우는 것을 돕는 중요한 도구이다. 토큰을 사용하여 적절한 행동을 강화하는 것은 아동 스스로 그들의 행동을 발전시키기 위해서 노력할 수 있도록 자극을 줄 수 있다.이러한 기제들을 활용하여 자극을 주고 이러한 자극이 교육의 한 자연스러운 부분으로 되게 하는 것은 아동과의 상호작용을 좀 더 효과적으로 할 수 있도록 하는데 도움을 준다.

6. 모델의 비교

행동주의 동기체제는 주로 아동이 행동을 변화시킬 마음을 갖게 하는데 도움을 주기 위한 것이다. 심리역동 모델에서 이 방법이 이용될 수 있는지는 의문점이 생긴다. 행동은 보여지고 측정될 수 있기 때문에 아동이 행동에 근거하여 점수를 잃거나 얻게 하는 것은 쉬운 일이다. 그러나 아동의 느낌이나 생각에 근거해서 이런 것들은 보여질 수 없기 때문에 사실상 불가능하다. 그리고 무엇이 강화되고 있는지 분명하게 아는 것도 힘들 것이다. 임상치료자들은 아동이 말로 표현하는 것을 토대로 아동이 무엇을 생각하는지, 느끼는지를 가정할 수 있다. 또 동기체제 시스템을 활용하는 것은 자극(결과)을 변형시키기 때문에 임상치료자들은 이것이 적당한 치료방법이라고 생각하지 않을 것이다. 임상치료자들은 아동들이 무엇 때문에 그들의 즉각적인 행동에 자극받는지에 중점을 두는 것이 아니라 아동기의 아주 어린 시절에 일어난 행동을 분석하는데 중점을 두고 있기 때문이다.

인지 모델의 치료자들도 아동의 생각과 느낌에 중점을 둔다. 그들은 동기체제를 좀 더 활동적으로 이용하기는 하지만 아동의 현재 행동이나 자극 요인에 강조점을 두지 않는다. 그러므로 인지 모델에서 동기체제를 활용할 가능성은 희박하다.

행동주의 치료자들은 체제의 정식 형태는 아니더라도 아동을 위하여 어떤 형태로든 동기유발 방법을 이용하고 싶어한다. 행동주의의 전체적인 철학은 행동 후의 즉각적 사건은 행동을 증가시키거나 감소시킨다는 전제에 근거한다. 결과적으로 아동의 긍정적인 행동을 증대시키기 위해서, 동기체제를 활용하는 것을 중요하게 여긴다. 행동주의에서는 환경 요인을 변형시키거나 아동이 받는 사회적 강화제를 바꾸거나 동기체제와 같은 인공적 강화제를 이용함으로써 아동의 행동변화를 유도하려 한다. 종합 동기 모델에서는 아동이 적극적으로 치료 절차에 참여하도록 하고 동기체제를 치료 프로그램의 일부로 수용하고 있다. 이 시스템의 주된 목적은 아동의 긍정적 행동을 증대시키기 위해 긍정적인 행동을 위한 강화제를 제공하는 것이다. 만약 아동들이 긍정적인 행동에 관련된 곳에서 많은 시간을 보내면 상대적으로 부정적인 행동에 적은 시간을 보낸 것으로 인식되고 있다.

어떤 행동 뒤에 즉각적으로 수반되는 부정적인 사건들은 아동들의 행동을 감소시키는 요인이 된다. 그러므로 교사나 대리양육자들은 부적절한 행동에 대해서는 벌칙을 주도록 장려된다. 적절한 행동에 강화제를 주는 것과 부적절한 행동에 벌칙을 주는 것을 적절히 균형 있게 조화하는 것은 아동이 사회적으로 적절한 행동을 빠른 시일에 습득하도록 하는데 도움을 준다. 물론 이렇게 함으로서 아동이 교사나 대리양육자들과 빠른 관계 확립을 시작할 수 있게 도움을 줄 수 있다.

절충적인 방법에 근거한 오클라호마 대학의 행동관리소(behavior management section)에서 부모들은 강화제를 사용하도록 장려된다. 아동의 긍정적인 행동에 대한 강화제의 중요성에 중점을 둠으로서 바람직한 행동을 증대시키려고 한다. 교사나 대리양육자들은 사회적 강화제, 상품, 그리고 토큰 등의 방법들 중에 선택을 할 수가 있다. 특정한 동기체제가 제공되는 것이 아니므로 아동행동치료사 및 교사나 대리양육자들은 어떤 류의 강화제가 사용된 것인지 또 어떻게 구조될 것인지 결정을 해야 한다.

긍정적 동료 문화이론(positive peer culture) 프로그램은 어떤 종류의 동기체제도 이용하지 않는다. 이 프로그램의 대부분이 어떤 종류건 간에 집단치료를 중요시하기 때문에 아동의 행동 뒤에 즉각적으로 따르는 강화제나 벌칙을 조절하는데 관심이 없다. 앞에서 언급한 바와 같이 긍정적 동료 문화이론에서는 동료 간에 아동이 그들의 생각과 느낌을 나누게 장려된다. 거의 모든 류의 토론이 과거 사건들을 다시 살펴보고 변화시키도록 하고 있기 때문에 동료집단 전체에 영향을 미치지 않는 한 아동의 현재 행동에 대해 거의 관심을 갖지 않는다.

Chapter 20

인지행동치료기법

본장은 필자의 공저인 『행동수정과 치료』(2001)의 내용 일부를 필요에 따라 삽입하였다.

행동수정의 통합적인 행동치료기법으로 인지적 변수에 초점을 맞추는 행동치료, 자기통제법, 모델링, 사회기술 훈련, 자기주장훈련, 이완요법, 홍수법 등의 치료기법 등이 있다.

1. 인지행동치료

인지적 치료방법과 행동치료기법이 상호교류적인 인지적 행동치료의 전제는 다양한 효율적인 기법을 동원하고 인지적인 생각과 신념, 태도 등을 재구조화함으로써 정서와 외현적 행동을 재구조화하는 기법으로 대중적이며 다양한 문제 상황에서 활용되는 기법이다.

1) 인지행동치료의 원리

Goldenberg은 정상적이고 비정상적인 모든 행동은 같은 방법으로 획득되고 유지된다고 보았다. 인지행동치료는 객관적으로 문제행동을 평가하면서 반복된 기법을 개발하고 과학적 심리학의 실험적인 결과를 적용한다고 알려져 있다. 일반적으로 인지와 신념과 같은 단어는 사적인 행동을 의미하며 사적인 치료에 적용하기 때문에 공적인 행동의 적용 원리와 다르다.

그러나 조작적이며 반응적 조건형성의 원리는 공적인 행동에서와 마찬가지로 사적인 행동에도 적용이 된다고 가정한다. 즉 어떠한 행동치료에서도 공적인 행동을 치료하기 위해서 사적인 행동을 수정하고 공적인 행동과 사적인 행동 모두에게 적용되어지며 동일한 일반 원리와 치료 과정을 가지고 있음을 전제로 하고 있다.

Martin과 Pear에 의하면 '인지행동치료'가 '인지치료'라고 불리우지 않는 이유는 인지행동치료 접근은 내담자 자신과 내담자 환경에 관한 내담자의 사적 언어행동을 다루기 때문이며, 이런 치료를 활용하는 치료자들이 치료에 행동수정의 요소들을 활용하기 때문이다.

(1) 행동의 변화의 구체적인 목표

인지행동치료는 통찰보다는 구체적으로 드러나는 행동의 변화에 더 강조점을 두고 있다. 문제를 복잡하게 이해하고 치료하는 것을 지연시키고 비효율성을 거부한다. 인지행동적 접근에서는 비합리적인 사고와 신념의 문제가 문제의 정서와 행동을 유발한다고 보기 때문에 먼저 인지 재구조화를 위한 합리적인 사고와 신념의 정보에 대한 평가에 초점을 두게되고 행동변화를 계획하게 된다. 인지행동치료 과정은 상담가의 유용한 의사전달과 라포의 형성을 강조하고 구체적이고 구조화된 목표를 강조한다.

(2) 문제의 단순화와 치료적 구조화

Beck과 Emery는 인지행동치료는 정신분석과 여러 심리학이론들이 인간행동의 문제를 복잡하게 만들고 있음에 대해 문제를 제기한다. 인지행동치료는 '인간의 복잡한 문제를 단순하게(keep it simple) 개념화시키는 것'이 치료에 도움이 된다고 주장하지만 문제행동에 대한 치료를 구체화하고 상세하게 다룰 것을 주장한다.

인지행동치료는 '전체 상담 과정'과 '각 회기의 구조'의 두 가지 측면에서 구조화되어 있다. 특별히 전체 상담 과정은 문제의 탐색, 상담의 목표 설정, 구체적 사건과 환경의 탐색, 세상을 이해하는 방식의 탐색, 문제의 해결 등의 치료에 대한 구조적 모델을 가지고 있다.

(3) 치료 전략의 구체화

심층적이고 어두운 측면의 문제는 상담이 진행되면서 드러나는 경우가 많으므로 내담자의 문제에 대한 평가는 초기에만 이루어지는 것이 아니라 상담이 진행되면서 계속 되어지는 것을 원칙으로 한다.

인지행동치료의 전제는 앞에서도 언급되었듯이 문제행동의 개념화와 치료 전략이 추상적일수록 문제를 제기하기 때문에 치료 전략은 시간을 적절하고 효과적으로 활용하고 있는지를 항상 점검해야 하며 구체적인 치료 전략을 강조한다.

(4) 다양한 기법 활용

각 회기마다 주제나 논의 사항을 설정하고 필요에 따라서는 상담의 효율성을 극대화하기 위해서 치료공학적 도구, 내담자에 대한 긍정심리적인 질문, 역할극, 독서치료(bibliotherapy), 이야기치료 등을 활용할 수도 있다.

2) 인지행동치료의 특징

인지행동치료는 중다양식적 접근(multi-modal approach)으로서 왜곡된 인지를 매개로 하여 인간의 다양한 문제가 부적절한 정서와 부적응 행동을 연출시키는 가정을 전제로 한다. 문제해결 과정에서도 인간의 심리 구조의 세 가지 요소인 인지, 정서 그리고 행동이 상호작용한다고 보기 때문에 세 가지를 위한 다양한 기법들을 활용한다.

과거를 무시하지 않고 현재에 초점을 두는 인지행동치료는 목표지향적이며 효과성을 강조한 구조화된 상담으로 10회에서 20회 정도의 단기 모델을 가지고 있는데 사회적 상황과 내담자의 욕구에 초점을 맞춘다.

치료적 본질이 상담의 단기적 형태를 취하고 있으므로 Beck의 인지치료에서는 우울한 내담자의 경우 5~14회기 동안에 치료하며, Ellis의 인지,정서, 행동치료(REBT)에서는 내담자가 이상 심리적 문제를 가지고 있지 않는 내담자의 경우 10~20회기 사이에서 치료가 진행된다.

인지행동치료는 상담 효과를 중요하게 생각하며 내담자가 원하는 모든 문제의 해결보다는 내담자가 호소하는 가장 중요하고 임상적으로 문제를 선택하여 스스로 해결할 수 있는 능력을 키워준다. 상담 과정은 과업지향적이며 문제해결 중심으로 다양하게 진행되며 상담이나 치료의 종결 후 새롭게 출현한 문제나 미해결 과제로 남아 있는 문제에 대한 인식(insight)을 강조한다.

치료적 효과를 계속적으로 평가하고 특정한 개입기법은 계속 평가되는 특정한 문제에 개별적으로 맞추어지는 것이 이상적이라고 보기 때문에 인지행동치료는 과거를 재구조화하기보다는 현재에 집중한다. 내담자가 행동을 바꾸기 위해 원하지 않는 행동을 강화하는 현재 환경 자극을 확인하면서 치료 결과를 측정할 수 있는 변화를 평가하게 된다.

치료 중에 혹은 치료 이후에 과제를 부여하는 경우가 많은데 인간의 행동변화는 상담의 회기 중에 일어나기보다는 일상생활 속에서 적용되어야 하며 치료가 끝난 후에도 치료적인 효과를 유지하기 위한 효과적인 방법으로 시도된다. 상담회기 이외의 일상생활에서 과제를 통해 내담자는 스스로 치료적인 삶을 계속해 나갈 수 있는 유용성이 있다.

3) 인지행동치료를 설명하는 이론들

(1) Aron, T. Beck

Beck은 Ellis와 다르게 당위성이나 평가적인 신념보다는 개인의 정보처리 과정에서 나타나는 오류와 왜곡을 인지 도식인 스키마 문제와 관련시킨다. '스키마(schema)'는 기본적인 신념과 가정을 포함하여 사건에 대한 한 개인의 지각과 반응을 형성하는 인지구조이다. 스키마는 이전 경험이나 타인과의 관계에서 얻은 관찰 경험을 통해 이루어진다.

벡은 자동적 사고, 추론, 귀인, 추측 그리고 평가적 인지와 핵심인지 등은 스키마로 구성되어 있다고 가정한다. 특별히 자동적 사고는 한 개인이 어떤 상황에 대해 내리는 즉각적이며 자발적인 평가를 의미하는데 '핵심 인지'나 '도식'으로부터 파생하는 것이다. 신념의 타당성을 경험적으로 검증하는 '자동적 사고'는 인지적 오류로 강조된다.

Beck은 스키마의 오류로서 역기능과 비합리적인 문제를 '임의적인 추론', '선택적인 추상화', '과대 과소평가', '사적인 것으로 받아들이기' , '지나친 일반화', '이분법 사고' 등으로 보고 있다.

추론에서 나오는 체계적인 오류로서 '임의적인 추론'은 어떤 결과를 지지하는 증거가 없거나 증거가 결론에 위배되는 데도 잘못된 결론을 내리는 것이다. '선택적인 추상화'는 다른 중요한 요소를 무시하고 사소한 부분에 초점을 맞추어 부분적인 경험을 이해하는 것이다.

'과대평가' 혹은 '과소평가'는 어떤 사건, 한 개인이 가진 경험에 있어 한 측면을 강조하고 실제 사건과는 무관하게 과소평가 혹은 과대평가하는 것이다.

'사적인 것으로 받아들이기'는 객관적으로 일어날 수 있는 문제를 자신에게 관련시켜 주된 원인으로 간주하고, 내담자 자신이 책임을 지는 것으로 받아들이는 것이다. 이러한 현상은 특정한 사건의 의미 혹은 중요성을 과장하는 것이다.

'지나친 일반화'는 한두 개의 고립된 사건에 근거하여 일반적인 결론을 내리고 서로 관계없는 상황을 적용시키는 것으로, 예를 들어 항상 자신을 배려하던 배우자가 특정한 시기에 자신을 배려하지 않으면 부부관계에서 나쁘고 무관심한 사람으로 배우자를 결론 내리는 것 등을 다루고 있다.

Beck은 또한 '절대적인 이분법 사고'에 대한 '흑백논리'를 역기능 문제로 언급한다. 이분법 사고는 완벽주의적인 내담자에게 많은 것으로 중간 지대가 없으며 모든 경험을 극과 극의 한두 가지 범주로 이해하는 비합리적인 정보처리 문제로 간주한다. 그러므로 내담자의 인지구조인 스키마의 오류를 재구조화시키는 것이 치료적 목표가 된다.

(2) Allbert Ellis

Ellis는 인간의 사고방식 중 경직된 당위성과 평가적 신념에 대해 비합리적인 문제로 간주한다. '당위성'을 중심으로 경직적이며 당위적인 사고, 지나친 과장(재앙화), 자기 및 타인의 비하, 좌절에 대한 인내심 문제 등을 관련시키면서 인간의 역기능 문제로 제시한다. '경직된 사고'의 예로서는 '고통없이 편해야 하는 것', '일이 뜻대로 되지 않으면 매우 끔찍하다는 것', '세상은 반드시 공평해야 하는 것', '정의는 반드시 승리해야 하는 것', '내가 좋아하는 사람들은 나를 좋아해야 한다는 것' 등으로서 강한 요구가 포함되어 있다.

Ellis는 지나친 과장, 재앙적인 사고(예 : '~하면 끔찍하다', '~ 큰일이다' 등의 사고나 진술), 자기 및 타인의 비하(예 : '나' 혹은 '그'는 무가치한 사람이며, '시험을 망쳤으니 바보이다' 등), 좌절에 대한 인내심이 없는 것(좌절이 많은 상황을 잘 견디어 내지 못하는 것) 등에 대해 자기파괴적 결론을 부적응으로 간주한다.

Ellis의 인지행동치료기법은 내담자 주위 사람들에게 자신에 대해 묻고 그 결과를 보고하도록 하며 자신의 사고를 현실적으로 검증받는 기회를 가지는 절차를 가지기도 한다.

4) ABCD 모델과 REBT(rational emotive behavior therapy)

Ellis에 의하면 특정 증상과 심리적 문제는 어떠한 상황을 해석하여 일어나므로 첫째, 비합리적인 신념 및 사고에서 비롯된 사고를 확인하고 난 후, 둘째, 잘못된 그 신념을 논박하고 마지막으로 비합리적인 신념을 합리적인 사고로 대처하는 세 가지 주요 과정을 강조한다.

ABCD 모델은 A(선행사건), B(신념체계), C(결과)와 D(논박) 요인의 상호작용으로서 내담자가 겪는 정서적 · 행동적인 장애에 대한 논박을 하여 내담자의 부정적이며 역기능 사고를 조절하는 것을 의미한다.

ABCD 모델에서 대문자 A(activatig event, 선행사건)는 '실직'이나 '문제의 상사로부터 꾸지람을 듣는 것' 등의 인간의 부정적인 정서를 유발하는 어떤 사건이나 현상, 또는 행위를 의미한다. 선행사건을 의미하는 부적응 반응으로 고통당하는 사람들의 대부분은 비합리적인 신념체계를 가지고 있다고 본다.

B(belief system, 신념체계)를 의미하는 사고나 신념체계는 어떤 사건이나 행위 등과 같은 환경적 자극에 대한 개인적 사고방식이라고 볼 수 있다. 즉 어떤 사건이나 행위를 아주 수치스럽고 끔직한 현상 등, 자신의 신념체계에 맞게 해석하여 스스로를 징벌하고, 자포자기하거나 타인이나 세상을 원망하는 사고방식을 의미한다.

결과를 의미하는 C(consequence, 결과)는 내담자가 스트레스 유발 사건에 접했을 때 개인의 태도 내지 사고방식으로 사건을 해석함으로서 느끼게 되는 정서적, 행동적 결과를 의미한다. 비합리적인 사고방식을 지닌 사람들은 대개의 경우 지나친 불안, 원망, 비판, 좌절감 등과 같은 감정을 갖고 행동하게 된다. D(disput, 논박)는 치료사의 논박을 의미한다.

반복하는 내담자의 언어 내용에 중심을 둔 기저 핵심적인 비합리적 신념, 정서와 행동에 대한 내용의 예는 필자의 저서 『행동수정과 치료』〈표 20-1〉에 기재되어 있다.

〈표 20-1〉 ABCD 모델

사건(A)	정서(B)	행동(C)
문제 발생과 스트레스 상황	불안, 두려움, 상황을 회피하고 싶은 감정	긴장되어 경직되고 불안하고 자신없는 행동

자기언어	핵심신념(B)
내가 잘 해낼 수 있을까? 잘해야만 하는데… 뭐든지 꼭 맞는 것만 해야 하는데… 실수하지 않으면 안되는데… 난 못할 거야…	당위성과 자기비하적인 신념

결론적으로 정서와 행동적 결과는 A의 선행사건 때문에 유발되는 것이 아니고 B인 신념의 체계 때문에 유발된다고 보는데 여기에는 REBT 치료적 기법이 활용되어진다.

REBT(rational emotive behavior therapy)는 인지기법, 정서기법, 행동기법 등을 포함하고 있다.

REBT의 인지기법은 평가적 인지나 핵심 인지 등을 논박의 목표 대상으로 하고, 논박의 두 단계로서 내담자의 사고 양식을 조사하고 새롭고 기능적인 사고양식에 대한 전략을 포함한다. REBT의 정서적 기법은 먼저 내담자의 불완전성에 대한 무조건적인 수용을 하고 합리적으로 생각할 수 있도록 돕는 기법인데 정서적 심상법, 수치심을 공격하기, 유머 기법 등이 있다.

'정서적 심상법'은 정서적 기법의 대표적인 것으로 내담자에게 새로운 정서 패턴을 형성하게 하기 위한 방법이다. 이 기법은 내담자 갈망 욕구를 다른 관심으로 돌리는데 사용하는 기법이므로 행동 문제와 관련된 믿음을 변화시키게 된다. 이 기법은 또한 강력한 연습 과정을 포함한다.

'수치심 공격하기'는 수치스러운 행동을 억제시키고 수치심에 대해 무뎌지게 하는 방법으로서 사소한 사회적인 규범을 어기는 행동을 내담자에게 역설적으로 해 보도록 한다. REBT는 '유머'를 사용함으로서 내담자를 공격하는 것보다 비합리적인 신념을 공격하는 것이 강조되어진다.

REBT의 행동기법에는 여론조사, 범람법 등이 있다. '여론조사'는 내담자 주위 사람들에게 자신에 대해 묻고 그 결과를 보고하도록 하며 내담자의 사고를 현실적으로 검증받는 기회를 갖도록 하는 기법이다. '범람법'은 어떤 대상이나 상황에 대해 공포를 느끼는 내담자의 문제나 상황에서 몇 분 동안 빠지게 함으로서 극단 상황에서 견디게 하는 기법이다.

5) 인지행동치료기법

(1) 자기지시적 대처기법

Donald Meichen Baum에 의한 '자기지시적인 대처기법'은 내담자의 통제력 밖에 있는 스트레스 상황을 다루며 대처 기술을 발달시키도록 돕는데 초점을 맞춘다. 인지행동치료기법으로 사용되는 자기지시훈련은 행동치료의 보조 요법으로 널리 활용되고 있다.

자기지시훈련은 훈련 과정을 되풀이하면서 내담자 스스로 반복하는 연습을 하면서 강화하는 기법이다. 치료사가 큰 소리로 지시하면 그에 따라 과제를 수행하게 되는데 내담자 자신이 큰 소리를 내면서 과제를 스스로 해내도록 한다. 또한 수행하고자 하는 과제를 자신의 말로 반복함으로서 비지시적 자기지시에 따라 과제를 수행하게 된다.

자기지시기법은 부정적인 사고를 긍정적인 사고로 대치하는데 초점을 두게 된다. 바람직한 행동변화를 가져오기 위하여 다양한 상황에서 해야 할 일에 대하여 자기지시를 하고 긍정적인 혼잣말을 하도록 한다. 이 기법은 부정적인 정서를 완전히 제거하기보다는 내담자가 부정적인 문제에 대처하도록 가르치는 것을 더 강조하는 기법이다.

첫 단계로서 내담자를 도와서 스트레스 상황과 자기 스스로 만들어낸 부정적인 진술문(예 : "나는 잘하는 것이나 처리할 수 있는 능력이 아무 것도 없어")에 의하여 유발된 내적 자극들을 찾아낸다.

두 번째 단계는 모델링과 행동 시연을 통하여 내담자가 스트레스 상황에 있을 때 부정적 자기 진술을 상쇄시키는 혼잣말을 학습시킨다. 내담자에게 예기치 못한 불안이 보인다면 '불안'은 단지 내담자 자신을 각성시키고 문제를 해결할 수 있게 준비시키는 하나의 대처 방식이 될 수 있다는 인지구조의 변화를 진행시킨다.

세 번째 단계로 내담자가 어떠한 행동을 먼저 수행하는 것을 상상하면서 적당한 활동을 실행하도록 자기지시를 하며 반복된 연습을 하도록 한다.

마지막 단계에서 내담자는 스트레스 상황을 성공적으로 대처한 후에 즉시 자기 강화의 진술을 하도록 지시받는다(예 : "나는 잘 해내었어").

(2) 행동 실험

행동 실험은 내담자의 문제행동과 관련된 믿음과 핵심 사고의 타당성을 검증하는데 사용된다. 행동 실험의 또 다른 양식은 'as if' 기법으로서 치료사는 내담자가 바라는 행동이나 상황 설정이 그에게 마치 진실인양 행동하며 실행하도록 격려하는 기법이다. 이러한 행동을 통해 내담자의 문제행동 뿐만 아니라 믿음을 변화시키는 것이 된다.

(3) 역할 연습

역할 연습은 적극적인 듣기, 자기주장하기, 타협하기 같은 행동에 대해 학습시키는 것이다. 습관이나 문제행동에 대해 깨달을 수 있도록 돕는 기법이다. 자주 역할 연습을 시키는 것은 효과적인 개인 상호 간의 행동을 배우고 실습하는 사회기술훈련을 의미한다.

습관을 바꾸기에 매우 힘든 내담자의 경우 역할 연습 참여를 권유하며 적극적인 참여를 유도하기 위한 한 가지 방법이기도 하다. 내담자가 자기와 갈등을 맺는 타인의 역할을 공동치료사 혹은 치료자가 대신하도록 하고 내담자의 문제행동으로 주위의 상처받은 사람의 역할을 내담자가 하게 함으로서 상대방에게 감정이입을 할 수 있도록 도움을 준다.

(4) 점진적 과제 수행

점진적 과제 수행은 행동치료 목표를 달성하기 위하여 단지 표적행동의 문제에 초점을 두기보다는 그 이외에 건강한 사람들과의 새로운 관계를 만들어 나가거나 다른 활동을 활용하여 표적행동에 대한 주변을 정리하는 기법이다. 어려운 상황 연습을 거치고 문제행동을 능숙하게 수정해 나가면서 먼저 성공적인 경험을 통하여 서서히 목표행동에 다가가는 것이다.

(5) 문제해결

문제해결 방법은 내담자로 하여금 대인관계에 예민하게 대처하게 하고, 또 다른 해결 방법을 모색하게 하는 수단과 방법의 관계를 이해시키며 내담자 자신의 행동이 다른 사람에게 어떻게 영향을 주는가를 이해시키기 위해 활용되고 있다.

문제해결의 과정은 먼저 문제가 무엇인지 명확한 용어로 정의해야 한다. 문제에 대한 가능한 해결 방법을 모색해야 하고 각 해결 방법의 장단점을 파악하며 최선의 해결 방법을 선택하여 계획을 세우게 된다. 그리고 준비된 과정을 통하여 실제행동을 하도록 하는 과정을 진행하게 된다. 최종 결과를 평가하고 문제점을 파악하도록 하여 문제해결의 기술을 계속할 것인지 혹은 다른 방법으로 시도할 것인지를 파악하고 적절한 해결을 모색하도록 도움을 주며 경험을 지속시킨다.

(6) 자극 조절

자극 조절은 가능한 한 취약한 요소들을 피하는 방법들을 계획하며 자극에 직면했을 때, 이러한 문제의 자극을 지혜롭게 대처하거나 대응하도록 처리하는 방법을 준비하는 인지행동치료기법이다. 어떠한 잘못된 행동 습관에 대하여 잘못된 모든 자극을 제거하여 끊게 하는 것은 현실적으로 불가능하다. 예를 들어 컴퓨터 중독이나 게임 중독으로 컴퓨터와 게임에 접근하는 자극과의 접촉을 끊기 위하여 컴퓨터를 없애거나 쓰지 못하도록 강요하는 것보다는 컴퓨터 의존과 관련된 비합리적인 믿음을 활성화시키며 위험한 자극을 인식하도록 하는 기법이다.

(7) 대처 기술

대처 기술은 자기주장훈련, 문제해결 기술훈련, 감정 조절을 위한 방법들을 활용하는 기법으로서 잘못되어진 습관이 지나칠 때 그러한 습관에 무관하도록 대처하는 방법으로서 조정하거나 훈련하는 방법을 계획하며 미리 피할 수 있는 행동 전략을 세우는 것이다. 예를 들어 게임에 의존하는 청소년에게 동료와의 관계에서 '게임 거절 기술'과 필요한 ‘대처 방안’, 그리고 ‘게임을 하고 싶을 때 더 건강하고 바람직한 다른 활동’ 등을 치료에 포함시킨다.

(8) 이익-불이익 분석

내담자가 가지고 있는 전형적인 문제행동에 대해 문제를 최소화하고 내담자 믿음을 변화시키는데 ‘이익-불이익 분석’을 활용하는 것이 유용하다. 이익-불이익 분석은 내담자들이 문제에 대한 내담자의 유용한 점들을 나열하게 하고, 문제가 되는 점에 대한 불이익을 나열하게 함으로서 자신이 처해진 상황에서 선택해야 하는 것을 재평가하는 과정을 포함시키고 있다.

(9) 책임감 부여

내담자 문제의 결과에 대한 불행한 원인을 환경의 탓으로 돌리거나 피하는 것보다 내담자 자신이 책임감을 가질 수 있도록 돕는 방법이다. 내담자가 문제 원인을 변화시키며 주도권을 내담자 자신이 소유하도록 하는 과학적, 혹은 객관적인 증명들을 통하여 개입하는 행동수정기법이다.

(10) 상상기법

‘상상’은 내담자가 문제와 관련된 믿음, 자동적 사고에 초점을 맞추어 갈망 욕구를 다른 곳으로 관심을 돌리는데 사용하는 기법이므로 행동 문제와 관련된 믿음과 생각을 변화시키는 중요한 요소이다. 상상에 사용되는 기법은 자기주장에 대한 이미지, 타인에게 “NO”를 할 수 있는 거절 방법, 긍정적 이미지 상상, 문제행동의 대체물로서 바람직하게 활동하는 것, 그리고 문제행동을 활용하지 않는 결과로서 건강하고 생산적인 삶을 상상 하는 것 등이 포함되어진다.

상상은 뇌과학 발달의 과학적인 근거가 있다. 상상과 실제 경험 자체에 신경 회로가 공유된다. 상상을 통해서 뇌를 활성화시키고 효과를 발휘할 수 있는데 중요한 것은 그냥 상상하는 것보다 오감을 통해 상상하는 것이 더욱 효과적이다. 상상은 뇌회로를 활성화시키고 실제 원하는 효과를 발휘할 수 있다는 것이다.

그러나 실제 경험하고 연습하는 것처럼 동일한 효과는 아니지만 상상은 선행학습이나 리허설의 효과가 있으므로 상상의 힘을 잘 발휘할 수 있으면 행동변화를 촉발시킬 수 있다. 정신과 전문의 문요한은 상상이 몸의 호르몬과 감각 등을 변화시켜 실제적으로 몸과 정신을 변화시키는 힘을 가지고 있고 그러한 상상의 소망이 간절하면 상상의 일들이 벌어진다고 강조한다.

'이미지 상상기법'은 내담자가 자신의 문제행동에 대하여 스스로 '자기조절'을 시각화하고 할 수 있도록 돕는다. 긍정적인 상상을 하게 되면 실제 그렇게 실행하거나 행동하는 것과 같이 뇌 회로가 형성된다. 상상기법은 체계적 둔감법이나 근육이완 등의 행동치료기법에 활용되어진다.

자신의 행동을 통제하는 것은 '자기통제 모형'을 형성하게 된다. 자기통제 모형은 두 가지를 포함하고 있는데 통제하려는 문제를 구체화하고, 그 다음 그러한 문제에 대하여 행동수정기법을 적당히 적용하는 것이다. 행동통제는 행동주의 심리학을 적용한다면 선행 자극과 그 결과를 관리하는 전략이다.

자기통제 모형은 [그림 20-1]에 제시되어 있다.

[그림 20-1] 자기통제 모형

2. 자기통제기법

자기통제기법의 원리에는 자기관찰법, 자기지시법, 자기계약법 등이 있다.

1) 자기관찰법(self-monitoring)

'자기통제기법'의 '자기관찰법'은 내담자 자신이 자기의 행동 및 태도, 감정, 사고 등을 관찰하거나 기록함으로써 자신의 행동 및 태도, 감정, 사고과정 등에 대해 구체적이고도 객관적으로 알고 평가를 할 수 있도록 하는 절차를 의미한다. 효과적인 자기관찰은 구체적이면서 제한적인 바람직한 표적행동을 연속적으로 모니터링하고 자기관찰을 하면 행동수정을 가져올 수 있다는 기대를 갖고 시도해야 한다.

자기관찰기록은 문제나 불쾌한 감정 사건에 대한 정서반응의 강도에 대한 평점을 기록하고 그러한 감정을 느꼈을 때의 자동 사고에 대한 구체적 내용, 자동 사고에 대응하는 합리적 사고의 구체적 내용을 기록하고 자동 사고와 합리적 사고를 가진 후 정서반응의 강도 평가 등을 기록한다.

2) 자기지시법(self-instruction)

자신의 언어로 자기 자신에게 지시를 하여 언어 자극으로 행동의 변화를 추구하는 방안으로 폭언과 폭력행동, 비합리적인 대인관계 등의 다양한 행동에 유용하다.

3) 자기계약법(self-comtract)

특정 행동을 실행하는데 있어 내담자 자신과 계약하는 기법으로 비만 방지를 위한 식사 제한, 금연, 주의집중 등의 문제가 대상이 된다. 만일 계약을 어기면 내담자 자신이 자신에게 반응대가를 취할 수도 있으며 권리 박탈도 가능할 수 있도록 목격자를 설정하기도 한다. 부적 강화도 하나의 수단으로 쓰일 수 있다.

자기통제기법의 실제 과정은 1) 문제를 구체화하고, 2) 변화에 대한 서약, 3) 기능분석 혹은 유관분석 등으로 문제의 원인을 분석하고, 4) 치료계획을 세우고, 5) 프로그램 설계와 실행, 6) 재발을 방지, 7) 치료사 없이 스스로 행동수정하기 등을 포함한다.

프로그램 설계 및 실행에서는 모델링, 행동 조형, 용암법, 행동 연쇄기법, 숙달 준거를 포함한 행동관리기법 등을 활용하며, 재발과 관리 등에 많은 행동수정기법들이 포함되어야 한다.

[그림 20-2] 자기통제기법의 실제 과정

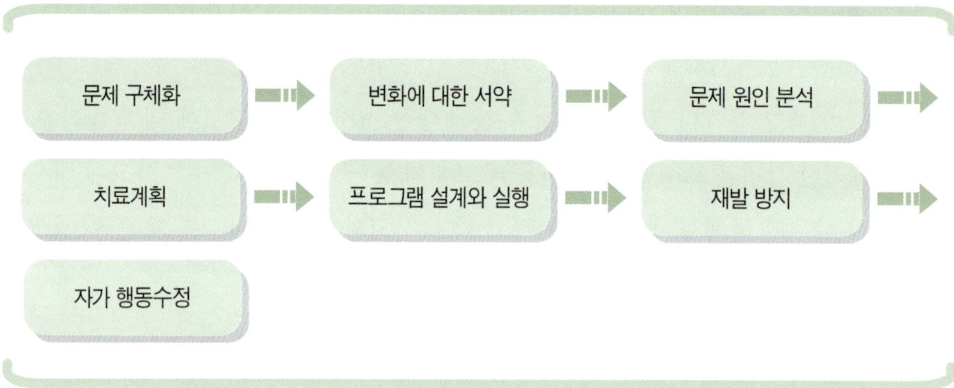

3. 토큰 경제

토큰 경제는 구조화된 치료 환경 내에서 매우 드물게 나타나는 내담자의 바람직한 행동을 강화하고 바람직하지 않은 행동을 감소시키는 종합적인 행동수정 프로그램이다. 토큰 경제의 기본 요소는 강화해야 할 바람직한 표적행동과 조건 강화인으로 사용되는 토큰이다. 바람직한 행동을 하면 토큰을 얻고 바람직하지 못한 행동을 하면 토큰을 잃게 된다.

점수, 별표, 플라스틱 동전 등의 토큰 강화방법을 널리 활용되는 강화방법인 토큰 경제는 정적, 강화 자극과 교환할 수 있는 여러 가지 형태로서 정적 강화의 기능을 지니고 있으며 모을 수 있는 것은 무엇이든 토큰 체제의 교환 매개체로 사용할 수가 있다. 물리적 자극을 대신할 수 있는 토큰과 상표 등으로 활용할 수 있는 '토큰 경제(token economy)'는 행동통제를 하는 행동변화의 기법이다. 토큰 경제는 강화가 즉각적으로 주어지지 않기 때문에 본능적이나 즉각적인 요구를 하는 아동, 청소년, 혹은 충동적인 내담자에게 '마쉬멜로 효과'를 주어 인내하고 견디어 내며 자신을 조정할 수 있는 조건 강화의 효과를 줄 수 있다. 내담자 자신이 모은 토큰은 실제 강화제와 교환이 가능하므로 즉각적으로 강화가 제공되지 않는다.

토큰 체제는 세 가지 특성을 지니고 있다. 점수나 토큰은 교환될 수 있고, 예비 보상적이며, 점수를 딸 수 있는 행동과 딴 점수를 교환할 수 있는 예비 강화 간의 규칙 이 세부적으로 정해져 있다.

점수와 토큰 프로그램은 매우 효과적이기 때문에 치료센터에서 뿐만 아니라 다른 상황에서 널리 활용되고 있다. 이러한 토큰 강화방법은 몇 가지의 장점을 지니고 있다. 일단 토큰은 즉시 내담자에게 전달되기 때문에 어떤 행동을 실천하게 만드는 중요한 요인이 된다. 또한 다른 강화의 전달을 위한 가교 역할도 한다. 토큰에 의한 예비 강화 인자를 선택할 때는 내담자 개인적 선호도를 표현하도록 허락한다. 이와 함께 토큰 방법이 일반화된 까닭에 받은 점수가 차후 행동에 부정적 역할을 가져다 줄 수 있는 과잉 효과도 방지할 수 있다.

토큰 강화과정은 내담자에게 가장 중요하고 행동목표의 선행조건이 되는 목표의 표적행동을 정한다. 그리고 그 전에 표적행동을 위하여 기저선을 측정한다. 프리맥 원리를 활용하고 지원 강화를 위하여 내담자에게 가장 효과적인 강화물을 선택하는데 강화물의 합법성과 윤리성을 고려한다.

그 다음 단계로 적절한 자료의 기록을 설계하고 누가 자료를 수집하고 언제 어떻게 자료를 기록할지 결정하는데 하루 동안 얻을 수 있는 적절한 토큰 수를 결정하며 지원 강화물의 토큰 강화를 결정한다. 다음 단계에서는 치료사와 내담자의 토큰 요강을 준비하고 토큰 경제를 실행한다. 특별히 토큰 경제에서는 자연적인 환경에 일반화될 수 있는 전략을 계획하는 것이 바람직하다.

4. 행동치료사의 윤리

행동분석학회(APA)는 1988년 Stiktz와 Van Houten의 보고서와 함께 행동치료에 적합하게 적용하도록 지도하기 위한 행동치료사의 윤리 내용을 다음과 같이 요약하였다.

1) 내담자의 행동목표 수행

행동치료사는 내담자 문제행동에 대한 치료 목표를 결정하고 수행하는데 기능적이며 내담자의 문화와 연령에 적합한 행동을 재구조화하도록 유의해야 한다. 목표는 내담자의 존엄성, 자유 인격적인 배려와 내담자 권리가 포함되어야 한다. 바람직한 행동기능을 증가시키거나 유지시키는 행동치료가 있는 반면 문제의 행동을 관찰하면서 소거해야 할 때가 있다. 이러한 문제행동을 소거해야 할 때도 바람직한 대처 방안을 포함시켜야 한다.

내담자와 치료사가 만일 서로 상반된 가치관이나 견해를 가지고 있다면 내담자가 자신의 문제에 관한 행동수정가의 가치관을 명백히 밝히도록 한다. 이러한 역통제는 내담자의 가치관과 건강한 개인과 사회목표를 일치시키는데 중요성을 부여한다. 만일 내담자가 발달장애와 지적인 장애자라면 장애인들과 많이 접근해왔던 측근의 사람들이나 이웃들에게 공평한 기회를 주고 목표를 결정하는데 참여시키는 것이 바람직하다.

2) 행동치료사의 치료 선택

행동치료기법은 내담자의 불편한 상황과 부작용을 최소한 줄이며 내담자에게 효율적인 효과를 주어야 한다. 상황이 허락하는 동안 내담자의 권한과 권리에 대하여 제한을 최소화 시켜야 하는데 세 가지 방법이 동원된다. 첫째, 발달장애나 지적장애의 내담자라 하더라도 어떤 과제를 강요하는 것보다 여러 가지 방법 중 내담자가 선호하는 선택을 하도록 하는 방법을 채택하도록 한다.

둘째, 바람직한 행동목표를 설정하는 과정에서 치료사의 조정이나 조작에 의한 의도보다는 행동치료 과정에서 자연적인 강화와 관련된 계획을 구축하는 것이 더 효과적이며 윤리적이다. 행동의 즉각적인 효과보다는 강화의 '자연적 수반성'을 활용하는 것이 바람직하다.

셋째, 정적 강화나 혹은 간헐적인 강화는 혐오적인 기법이나 통제보다 더 적절한 전략이 된다. 이는 문제행동을 줄일 수 있는 혐오기법이나 권리 박탈을 전혀 사용하지 않는다는 의미가 아니라 행동을 감소시킬 수 있는 간헐 강화 등을 적절히 활용할 수 있음을 의미한다. 치료적인 효력을 즉각적으로 나타내 보이는 효과적 기법보다는 천천히 단계적으로 바람직한 효과를 보이는 치료방안들이 더 적절하며 윤리적이다.

넷째, 행동치료사는 다양한 문화를 인정하고 그 문화를 치료에 적용해야 하는데 자신의 가치관으로 내담자를 분석하거나 내담자의 문화적인 기준이 아니라 자신의 기준에 맞추어 아떤 부류에 내담자의 상황에 대한 편견으로 치료계획을 세우는 무모한 일은 윤리기준에 어긋난다.

3) 기록 보존과 지속적인 평가

윤리적인 치료는 정확한 치료를 구상하며 유지시키는 것이다. 문제에 대한 행동평가와 표적행동을 위한 기저선을 정하고, 표적행동을 위한 관찰과 기능 분석, 그리고 치료가 종료된 이후에 하는 추후 평가에 있어서 과학성과 정확성이 요구되어져야 하는데 그러한 방안을 위한 기록은 필수적이 된다.

중요한 역통제는 행동치료사와 내담자가 진행 사항에 대한 논의와 평가를 자주 하는 것을 포함하고 있으며 내담자에 대한 자신의 기록에 대해 내담자가 볼 수 있고 아는 것이 포함되어진다.

치료의 올바른 진행을 위하여 내담자와 직접 관련이 있거나 내담자의 문제에 관여하는 모든 이웃이나 가족들과 함께 기록을 공유하는 방법은 바람직하다.

행동 문제와 행동의 변화에 대한 정확한 측정을 위하여 주위의 부서 혹은 내담자와 관련 있는 모든 사람들과의 평가회의를 통하여 자료를 함께 평가하는 것은 중요한 이슈가 된다. 문제행동에 대해서 직접, 그리고 간접적으로 관련이 있는 내담자 주위 사람들과 함께 치료적인 효과를 위한 피드백을 주고받으며 문제를 공유한다.

4) 행동치료사의 자격

행동치료사의 조건은 우선 행동치료에 대한 이론을 잘 알고 활용하고 행동평가를 정확히 하며 행동수정 프로그램을 잘 설계할 뿐만 아니라 실행하고, 행동 결과에 대해 평가하는 능력이 있어야 한다. 그러기 위해서는 내담자 사례에 대한 수퍼비전 훈련을 수퍼바이저에게 받아야 한다. 행동치료사는 행동수정 및 행동치료 학술지에 발표된 결과에 부합하는 절차들을 활용해야 한다.

전문가는 다양하고 중요한 행동치료를 관리하는 학회 등의 인증을 받아야 하며 면허를 받을 수 있도록 자격시험과 실무 등을 단계적으로 진행되는 훈련과정이 진행되어야 한다.

윤리강령

미국 심리학회, 캐나다 심리학회에는 심리학자 윤리강령을 윤리원칙으로 사용하고 있는데 〈표 20-2〉에서 제시되었다.

〈표 20-2〉 심리학자의 윤리 원칙

원리 : 능력
심리학자들은 전문가로서 그들의 특별한 능력과 제한점의 경계선을 인정한다. 심리학자들은 단지 그들이 자격이 있는 서비스와 기술들만을 사용한다.
원리 : 성실
심리학자들은 정직하고 공정하며 다른 사람들을 존중한다. 그들의 자격, 서비스, 저작물, 치료비, 연구 혹은 교수법(teaching)을 기술하거나 보고하는데, 거짓이나 그릇된 인상을 주거나 속임수가 없어야 한다.
원리 : 전문적이고 과학적 책임감
심리학자들은 전문가의 행동(conduct) 기준을 준수하고 행동에 대한 책임을 인정한다. 필요한 경우에, 그들은 비윤리적인 행위를 방지하거나 회피하기 위하여 동료에게 의뢰한다.
원리 : 사람들의 권리와 존엄에 대한 존중
심리학자들은 모든 사람들의 기본적인 권리와 존엄과 가치를 존중한다. 그들은 사생활과 비밀보장, 자기-결정권 및 자율에 대한 권리를 존중한다.
원리 : 다른 사람의 복지에 대한 배려
심리학자들은 직업적으로 상호작용하는 사람들의 복지에 기여하려고 노력한다. 심리학자들의 의무 혹은 배려가 서로 상충할 때, 그들은 손해를 피하거나 최소화하는 합리적인 방식으로 이런 갈등을 해결하려고 시도한다.
원리 : 사회적 책임감
심리학자들은 자신들이 일하고 사는 지역사회에서 그들의 전문적 및 과학적 책임감을 인식한다. 그들은 인간의 복지에 기여하기 위하여 심리학에 대한 그들의 지식을 적용하고 발표한다.

출처 : Martin & Peer, 2003, p. 556

1977년 치료사가 행동치료학회(AABT)는 치료사가 행동치료와 행동수정 프로그램을 활용할 때 행동치료사에게 요구되는 기본적 윤리 질문들을 제시해 왔는데 〈표 20-3〉에 제시되었다.

〈표 20-3〉 행동치료에서의 윤리적 문제

이 성명서는 행동수정을 실시할 때 결정적으로 중요한 문제에 초점을 맞추어져 있다. 이 성명서는 규정이나 금지에 대한 목록이 아니다.

기술된 문제 각각에 대하여 이상적인 개입을 하기 위하여 행동이 변화되어야 할 사람(내담자)을 최대한 관련시켜야 하며, 그 사람(내담자)과 치료자 및 치료자의 고용주에 대한 사회적인 압력을 충분히 고려해야만 한다. 실제 장면에서의 실용성으로 인하여 때로 예외가 있지만, 이 경우에 그런 예외는 윤리적 관례에 따른다는 점을 분명히 해야 한다.

문제들의 목록에서 "내담자"라는 용어는 행동이 변화되어야 할 사람을 기술하는데 사용된다. "치료자"는 개입의 책임을 맡은 전문가를 말한다. "처치"와 "문제"는 단수로 기술되어 있지만, 이 표에서 제시하는 처치와 문제 모두를 언급한다. 이 논쟁점들은 가능한 많은 장면들과 사람들에게 관련되도록 공식화하였다. 따라서 내담자가 아닌 다른 사람이 치료비를 지불할 때 혹은 개인의 능력이나 그 사람의 자발적인 동의가 의심될 때, 내담자의 보호자에게 처치에 대한 논쟁점들을 살펴볼 자격을 부여할 필요가 있다. 예를 들어, 내담자가 사용하려는 치료의 목표와 방법을 이해하지 못하면, 치료자는 "내담자" 대신 내담자의 보호자나 다른 책임있는 사람에게 문제 목록을 살펴보도록 해야만 한다.

A. 처치의 목적이 적절히 고려되었는가?

1. 목적을 명백하게 밝히기 위하여, 목적이 기록되어 있나?
2. 처치 목적을 말이나 글로 재진술하게 함으로써 내담자가 목적을 이해하였는지 입증하였는가?
3. 치료자와 내담자가 치료 목적에 동의하는가?
4. 내담자의 이익을 위하는 것이 다른 사람들의 이익에 상반되는가?
5. 내담자의 당면한 이익이 내담자의 장기적인 이익에 상반되는가?

B. 처치방법들의 선택이 적절하게 고려되었는가?

1. 발표된 문헌에서 그 문제에 대하여 사용할 수 있는 가장 좋은 절차가 제시되어 있나?
2. 그 처치방법에 관한 연구문헌이 없다면, 그 방법은 일반적으로 실행하는 것과 일관되는가?
3. 내담자가 선호하는 방법을 선택할 수 있도록 내담자에게 불편함, 처치 기간, 비용, 입증된 효율성 정도에서 유의한 차이를 나타내는 대안적인 절차들을 알려주었나?
4. 어떤 처치 절차가 공개적으로, 법적으로 혹은 전문적으로 쟁점이 되고 있다면, 반작용을 적절하게 고려하였고, 대안적인 처치방법을 면밀하게 재검토하고 재고려하였는가?

C. 내담자의 참여가 자발적인가?

1. 내담자의 참여가 강압에 의하였을 가능성을 고려하였나?
2. 처치가 법적으로 지시된 것이라면, 처치와 치료자의 범위가 정해져있나?

3. 내담자가 실제적인 임상적 비용을 초과하는 벌금이나 경제적인 손실 없이 처치를 중단할 수 있나?

D. 다른 사람이나 기고나 이 치료를 조정할 권한을 가지고 있을 때, 이에 따른 내담자의 이익이 충분히 고려되었나?
1. 치료를 받는 내담자에게 처치 목표에 대하여 알려주었으며 처치 절차들을 선택하는데 내담자가 참여하였나?
2. 치료를 받는 내담자가 결정하는 능력이 제한되는 문제에 대하여, 보호자와 마찬가지로 내담자도 그의 능력이 허용하는 정도에 따라 처치에 관한 토론에 참여하였나?

E. 처치가 적절한지 평가되었나?
1. 문제와 그 진행에 대한 양적 측정을 하였나?
2. 처치 동안에 내담자에게 문제와 그 진행에 대하여 측정하는 것이 가능하였나?

F. 처치 관계의 비밀이 보장되었나?
1. 내담자에게 치료기록을 본 사람을 알려주었나?
2. 치료기록은 단지 권한을 부여받은 사람에게만 보게 하는가?

G. 치료자는 필요한 경우에 내담자를 다른 치료자에게 의뢰하는가?
1. 처치가 성공적이지 않다면, 내담자는 다른 치료자에게 의뢰되는가?
2. 내담자에게 처치가 만족스럽지 않다면, 다른 치료자에게 의뢰하는 것이 가능하다고 말해주었나?

H. 치료자는 처치를 제공할 자격이 있나?
1. 치료자는 내담자가 나타내는 문제와 유사한 문제를 치료한 경험이 있거나 이에 대한 훈련을 받았나?
2. 치료자의 자격이 부족하다면, 이를 내담자에게 알려주었나?
3. 치료자가 적합한 자격이 없다면, 내담자는 다른 치료자에게 의뢰되거나 자격이 있는 치료자의 감독을 받았나? 내담자가 수련 감독 관계에 대하여 알고 있나?
4. 처치가 중재자에 의하여 운영된다면, 중재자는 자격이 있는 치료자에 의하여 적절하게 감독을 받았나?

출처 : Martin & Peer, 2003, pp. 554-555

Chapter 21

행동의 인정과 기술

영유아 · 아동 보육 및 교육시설을 이용하게 하는데 따른 문제는 여러 가지가 있지만 거의 모두가 언제나 아동의 내면의 갈등을 표현하는 능력이 부족한데서 비롯된 사회적 기법의 결함에 기인한다. 이러한 자신을 표현하는데 결함은 여러 종류의 행동으로 나타날 수 있다. 예를 들면 무단결석, 도벽, 부모나 교사에게 반항하는 것 또는 싸움 등이 이러한 행동에 속한다.

그러나 이러한 행동들은 바람직하지 못하게 학습되어진 결과이고 긴 시간 동안 부적절하게 강화되었기 때문에 이러한 행동은 다시 바뀔 수 있으며, 사라질 수 있고, 사회적으로 적절한 행동으로 바뀌어 질 수 있다. 물론 극적인 아동의 행동변화는 하룻밤 사이에 일어날 수 없다. 변화의 속도는 각 아동의 경험에 관련된 여러 요소에 따라 그리고 아이에 따라 다르다. 대리양육자 역할자로서 교사나, 아동지도사는 아동이 새로운 적절한 방법을 교육시킬 수 있다. 즉 교육과 모델링, 기대할 수 있는 대화 그리고 뚜렷이 정해진 제안 그리고 체계적이고 지속적이며 적절한 결과(긍정적인 결과와 부정적 결과 모두)의 활용 등을 통해 긍정적이고 협조적인 관례를 촉진함으로서 바람직한 사회적 기법을 배울 수 있도록 도와주는 중요한 역할을 하고 있다.

이러한 행동의 변화를 유도하기 위해서 교사나 양육자들은 아동들이 자신들의 행동을 인식하고 묘사할 수 있게 도와주는 모델을 필요로 한다. 이번 장에서는 특별하게 인식하고 묘사하는 방법과 교육과정 기간 동안 교육된 기술들을 어떻게 활용하는지에 대하여 설명한다.

1. ABC 모델

인간의 행동은 종종 복잡하고, 혼돈스럽고, 이해하기 힘들다. 아동이 왜 그러한 방식으로 행동하는지 추측할 수는 있어도 믿을 수 있는 정보 없이 결론이나 가정으로 판단

내리는 것은 위험하다. 신뢰할 수 있는 정보를 모으기 위해서 양육자인 부모 및 교사들은 반드시 체계적 방법의 행동분석을 이용하여야 한다.

ABC 모델은 인간이 무엇을 하는지를 관찰하고 묘사하여, 왜 그들이 그러한 행동을 하는지를 밝히는데 유용하다. 또한 이러한 행동과 관련하여 이치에 맞은 가정을 수립하여 긍정적인 행동을 유지하고 부정적인 행동을 바꾸는데 필요한 체계를 제공한다. 이 모델은 우리 인간은 대부분의 우리 행동을 스스로 배운다는 개념에 근거를 둔다.

행동은 빈 공간에서 일어나지 않는다. 행동의 전후 환경에서 일어나는 사건들은 그 행동에 커다란 영향을 미칠 수 있다. 그러므로 완벽하게 이해하려면 행동을 둘러싼 모든 환경은 이해하는 일이 중요하다. ABC 모델은 다음의 요소들을 포함한다.

[그림 21-1] ABC 모델의 결과

A	선행동이나 환경(antcecdent)	행동이 일어나기 전의 환경에 나타나는 사건이나 조건
B	행동(behavior)	무엇이 이루어지고 말하여졌는가?
C	결과(consequences)	행동의 결과, 성과 또는 효과

ABC 모델에 근거하여 특별한 행동을 평가하는데 사용되는 문제들은 여기에 있다. 이러한 문제들은 관찰한 행동을 평가하거나 간접적 관찰에 대한 정보를 습득할 때 적당하다. 예를 들면 아이의 행동 문제에 관하여 선생님으로부터 설명을 구할 때와 같은 상황이다.

1) ABC 모델에 관한 분석적 질문

(1) 선행동과 관련된 행동

- 행동을 둘러싼 환경은 무엇이 있는가?
- 누구와 함께 행동이 일어났는가? (대리양육자, 부모, 친구, 선생님 등)
- 어떤 활동에 아동이 관련되었는가? (TV 보는 활동, 게임할 때, 친구와 함께할 때, 전화할 때, 학교 등)
- 어디서 행동이 일어났는가? (집, 학교, 친구의 집, 집이나 학교에서 등)

(2) 행동

- 아이가 무엇을 하고 있는가?
- 아동의 몸은 어떻게 움직이는가? (걷는다, 주먹을 쥐고 있다, 포옹하고 있다 등)
- 아이의 얼굴 표정은 어떠한가? (웃는다, 찌푸리고 있다, 눈을 깜박거리고 있다, 눈을 돌리고 있다, 눈을 마주치고 있다 등)
- 아이는 그 자신을 어떻게 말로 표현하고 있는가? (크게, 부드럽게, 욕을 하고 있다, 웃고 있다, 울고 있다 등)
- 행동이 심각한가?
- 얼마나 오랫동안 지속되었는가?
- 얼마나 자주 일어났는가?

(3) 행동의 결과

- 무엇이 행동의 결과인가?
- 행동에 혹은 행동 후에 무엇이 일어났는가?
- 행동이 강화되어 다시 일어날 것인가?
- 교정적 결과나 벌칙이 행동을 감소시키기 위하여 이용되었는가?

- 다른 사람들의 반응은 어떠하였는가? (없어졌다, 논쟁했다, 웃었다 등)
- 아이가 과제 및 주어진 일을 하고 있었다면, 그 과제 및 일은 완수되었는가?

2. 행동 이전의 상황

행동을 분석할 때 행동이 일어나기 전에 이러한 행동이 일어나게 만들었을 수도 있는 어떠한 상황이 일어났는가 알아보는 것은 도움이 된다. -"A" 즉 ABC 모델 중 행동 이전의 상황을 이해해야 하며 특히 4W에 특별한 관심을 기울여야 한다. 4W는 영어의 6하원칙 중 W로 시작하는 네 가지로서 누가(who), 언제(when), 어디서(where), 그리고 무엇을(what) 했는가이다 그리고 4W는 특별한 행동이 일어나도록 준비하는데 있어 단독으로 또는 복합적으로 사용된다. 게다가, 아동에게 일어났던 지난 교육에 대한 느낌을 갖기 위하여 아동의 지난 경험과 익숙해지는 것은 매우 중요하다. 이 교육의 역사를 배우는 것은 현 행동의 선례에 있어서 중요한 역할을 한다.

행동의 선례가 복잡하더라도 즉시 행동을 따르게 하는 것은 하나의 자극 (또는 자극들의 집합)이다. 전화 벨 소리는 누군가로 하여금 전화를 받게 하고 웃는 얼굴과 펼쳐진 손은 악수를 의미하며, 사거리에서의 빨간 신호등은 브레이크에 발을 올려놓게 한다. 두 아동 간의 크지 않은 논쟁은 교사나 대리양육자의 즉각적인 중재를 하도록 하며 더 적절한 행동을 가르치게 한다.

1) '4W' 원칙

- Who : 누가-누구와 함께 그 행동이 일어났는가? 또는 누가 그 행동이 일어났을 당시에 있었는가?

- When : 언제-사건이 일어난 때(취침 전, 방과 후, 저녁 식사 때 등)
- Where : 어디서-어느 장소에서 그 행동이 주로 일어나는가? (교실, 침실, 식당 등)
- What : 무엇을-어떤 활동에 아이가 있었는가? (TV 보기, 친구와 놀기, 교실로 걷기 등)

2) 행동

행동 또는 B(behavior)가 ABC 모델의 두 번째 구성요소이기는 하지만 이 요소에 중점을 두어야하는 것은 다른 두 요소를 이해하기 위하여 우선 필요하기 때문이다. 무엇이 행동을 하게 했는지의 원인은 적절한 결과와 선례가 알려지기 전에 판별되어야 한다.

우선 행동의 개념부터 이해하는 것이 매우 중요하다.

[그림 21-2] 행동의 과정

잠재적 행동 (covert behavior)	현재 행동의 단서 (overt behavior)
묵시적 표현의 독서	· 책의 페이지를 한참 동안 바라본다. · 책 페이지의 한 줄 한 줄을 눈으로 훑어 내려간다. · 책을 보면서 입을 악문다. · 아주 긴 시간 간격으로 책장을 넘긴다.
근심 걱정	· 걱정이 있다고 말한다 · 손톱을 씹거나 누른다. · 식은땀을 흘린다. · 근육이 강화된다. · 지속적으로 안절부절한다 · 천천히 왔다갔다한다

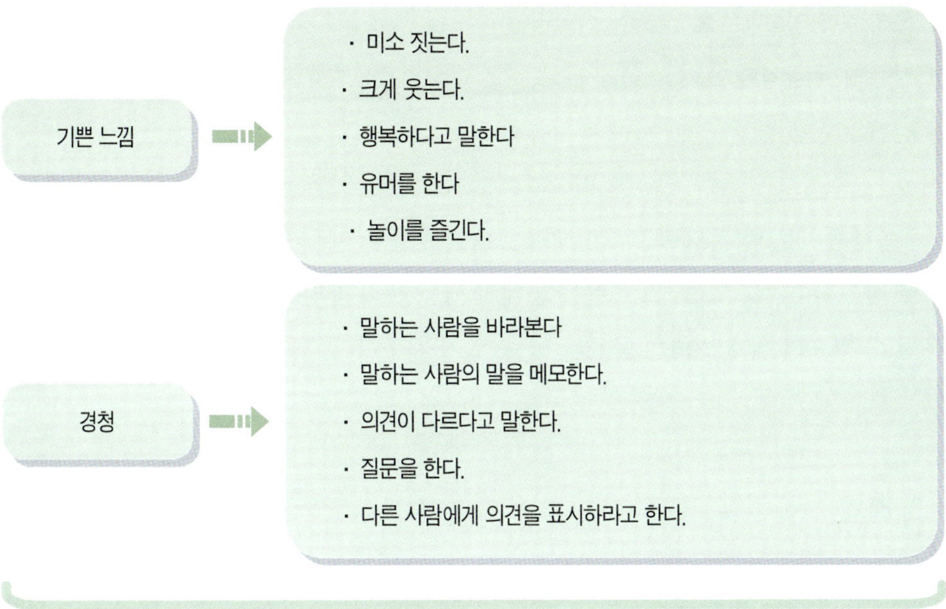

출처 : Michael Siegler(1983), Contemporary Behavioral Therapy, p. 44.

행동의 개념은 무엇인가?

행동은 직접적이든 간접적이든 관찰되고 측정될 수 있는 사람이 행하거나 말한 어떤 것이라고 정의되어 있다. 행동은 공개적일 수도 있고 은밀할 수도 있다(Spiegler). 공개적인 행동은 다른 사람에게 직접적으로 관찰될 수 있는 행동을 말한다. 예로서 먹고 있는 것, 걷고 있는 것, 말하는 것, 웃고 있는 것 등이 있다. 많은 다른 행동들은 다른 사람에 의하여 직접적으로 관찰될 수 없다. 이러한 개인적이거나 은밀한 행동으로는 생각과 느낌 등을 들 수 있는데 이것들은 간접적이고 공개적 행동의 형태로서만 알게 될 수 있다([그림 21-2]). 사실, 우리는 종종 다른 사람들이 그들의 은밀한 행동에 관해 말할 때 말하는 것을 듣고 배우게 된다.

공개적 행동은 개인의 겉으로 볼 수 있는 어떠한 행동이나 반응을 말하는데 이것은 다음과 같은 내용들을 포함한다.

- 몸의 움직임
- 얼굴의 움직임과 표현
- 언어의 반응

아동행동치료 및 지도 프로그램에서 공개적 행동은 ABC 모델에서 매우 중요한 행동으로 강조되어지고 있다. 그 이유는 공개적 행동은 직접적으로 관찰될 수 있고 쉽게 구분될 수 있으며 쉽게 변화의 목표가 될 수 있기 때문이다.

3) 결과

ABC 모델의 세 번째 구성요소는 결과(cosequence)를 의미하는 'C'이다. 행동을 뒤따르는 환경 속의 사건은 즐거울 수도 불쾌할 수도, 또 즐겁지도 불쾌하지도 않고 중립적일수도 있다. 그 말은, 행동을 뒤따르는 사건이나 결과들은 강화, 또는 비강화, 또는 아무 영향없는 것으로 구분될 수 있다는 말이다. 행동을 뒤따르는 사건의 강화는 똑같은 행동이 다시 미래에 일어날 기회를 증가시킨다. 비강화적 사건은 그 행동이 다시 일어날 가능성을 감소시킨다. 그러므로 행동이 일어나자마자 무엇이 일어났는가를 이해하는 일은 대리양육자들이 행동을 분석하는 것을 도와줄 뿐만 아니라 미래에 어떤 일이 일어날 것인지를 예측할 수 있도록 도와준다. 예를 들어 전화를 받게 하는 것은 친구와 얘기하는 것을 강조할 수도 있고, 악수는 사회적 상호반응을 강화할 수 있으며 빨간 신호등 앞에 서는 것은 교통사고를 피하는 것을 강화한다. 그리고 적절하게 동의하지 않는 법을 가르치는 것은 토론을 좀 더 강화시킬 수 있다. 이러한 각기 다른 예에서 볼 수 있듯 즐거운 결과를 일으키는 행동의 경우에서만 아동들이 그 행동을 같은 선례의 조건하에서 다시 할 확률이 높다.

4) 행동에 관한 결과의 효과

어떤 행동을 하든 미래 행동에 영향을 주기 마련이다. 어떤 행동의 결과가 가져다줄 효과는 다음과 같다.

1) 행동을 긍정적으로 변화할 수 있고 더욱 자주 혹은 더 심하게 일어날 수 있다.
2) 행동은 줄어들 수 있고 또 덜 심하게 그리고 덜 자주 일어날 수 있다.
3) 새로운 행동은 배워질 수 있고 발전될 수 있다.
4) 행동은 바뀔 수 있어서 다른 시간과 장소에서 일어난다.

3. 효과적 기법개발을 위한 ABC 모델

ABC 모델의 이론은 왜 행동이 일어나는지 분명히 하는데 도움을 준다. 더구나 ABC 모델은 행동을 인식하고 묘사하는 방법을 제공함으로서 대리양육자가 행동을 바꾸는데 도움을 준다(ABC 분석 문제). 기숙사 시설이 있는 보호시설에 수용된 아동들은 그들이 가지고 있는 문제행동이 가족, 친구, 학교 그리고 사회로부터 그들을 격리시킬 필요가 있기 때문이다. 문제아동들은 그들의 행동을 교정하여 집으로 귀가하기 위하여 보호시설로 온다. ABC 모델의 사용은 교사나 대리양육자들이 긍정적이고 효과적이며 능률적인 방법으로 변화를 촉진할 수 있도록 도와준다. 그러면 과연 교사나 대리양육자들이 어떻게 행동을 변화시키는데 도움을 주는가? 그들은 전례(A), 행동(B), 또는 결과(C)를 바꾸거나 이러한 행동과 연관된 모든 것들을 변화시킴으로서 행동을 바꾸는데 도움을 준다

선례(先例)는 바뀌어질 수 있다. 예를 들면, 어른이 지도를 할 때 아이에게 소리를 지른다면 아이는 어쩌면 공격적인 어투로 반응할 것이다. 만약 어른이 기쁜 목소리로 아

이를 지도한다면 아이가 공격적으로 반응할 가능성은 상대적으로 줄어든다.

아동들은 새로운 행동을 학습할 수 있고, 교사나 부모도 새로운 행동을 가르칠 수 있다. 물론 아동들은 부적절한 행동을 사용하지 않도록 가르쳐 질 수 있다. 예를 들면, 순종해야할 때 적절히 순종해야 하는데 이것을 하지 못하는 "권위와 관련된 문제"를 가진 아동에게도 어떻게 지도를 따르느냐, 어떻게 비판을 받아들이는가, 그리고 어떻게 적절하게 동의하지 않는 행동을 하는가와 같은 새로운 기술을 가르칠 수 있다. 마찬가지로 아동은 크게 말하거나 겁주는 목소리, 또는 권위같은 관계를 다치게 하는 빈정거리는 말 등의 부적절한 행동을 사용하지 않도록 가르칠 수 있다. 아동의 행동을 바꿈으로서 결과는 종종 자연스럽게 변화된다. 이러한 방법의 이용은 더 원만한 어른과의 상호반응을 일으킬 것이다.

결과 또한 바뀔 수 있다. 즐거운 말과 편안한 신체 접촉은 협조적 사회행동을 하도록 만든다. 눈살을 찌푸리거나 심각한 목소리는 부드러운 논쟁을 수반하게 한다. 따라서 행동의 결과를 바꿈으로서 아동행동치료사와 교사 및 대리양육자는 행동 자체를 변화시킬 수 있다.

4. 행동의 관찰과 기술의 유익한 점

행동을 관찰하고 묘사할 수 있는 것은 교사나 대리양육자들이 행동을 보다 효과적으로 가르칠 수 있게 도와준다. 관찰과 묘사된 행동은 교사나 대리양육자가 아이들이 적절하거나 부적절한 행동에 관하여 특수하게 인식시킬 수 있도록 한다. "자세를 바꿀 필요가 있다" 또는 "아주 협조적이었다" 등의 구체적이지 않고 분명치 않은 표현은 아동이 어떤 행동을 해서는 안 되고 어떤 행동을 미래에 다시 해야 하는지 분명히 배우는데 도움을 주지 않는다. 분명치 않고 객관적이고 일반적인 묘사는 아동이 논쟁을 하게 만들수도 있다.

예 : "나는 나쁜 자세를 가지고 있지 않다", "나는 협조한다" 등

애매한 기술(記述)은 구체적으로 기술하라.

- 애매한 개념 : 공격적 행동
- 구체적 묘사 : 주먹을 흔드는 것, 목소리를 높이는 것, 때리는 것, 얼굴에 손가락질을 하는 것

- 애매한 개념 : 기분 좋지 않은 기질
- 구체적 묘사 : 우는 것, 마루에 구르는 것, 차거나 주먹을 치는 것, 장난감 던지는 것

- 애매한 개념 : 좋은 몸차림
- 구체적 묘사 : 청결, 단정한 머리, 목욕을 한 깨끗한 모습, 다려진 옷, 깨끗한 손톱

- 애매한 개념 : 집에 제시간에 오기
- 구체적 묘사 : 아홉 시까지 집에 오기

- 애매한 개념 : 히히덕거림
- 구체적 묘사 : 낄낄거리며 웃는 것, 눈 깜박거리는 것, 눈 흘기는 것, 건드리는 것, 노려보는 것

- 애매한 개념 : 방 청소
- 구체적 묘사 : 잠자리 침구 정리하기, 마루에서 모든 것 다루기, 빨래통에 빨래 넣기, 가구 닦기, 책상, 책장 정리 등

- 애매한 개념 : 성숙하지 않음
- 구체적 묘사 : 그녀는 16세인데도 토요일 아침에 만화를 보고 어린애들이 즐기는 인형을 가지고 놀고 아동지도사나 대리양육자 및 부모에게 화가 났을 때는 혀를 내민다.

구체적 행동의 묘사는 아동에게 무엇이 기대되고 있는가를 이해시킴으로서 교육의 효과를 높일 수 있다. 기대가 무엇인지 분명히 전해졌을 때 아동은 더욱더 바람직한 행동기술을 배우는데 성공할 수 있다. 아동에 대한 훈련의 성공은 시간을 효과적으로 사용할 수 있고 아동이 더 많은 기술을 배울 수 있도록 돕는데 기여하게 된다.

교사나 부모와 아동의 관계는 기술적으로 행동을 관찰하고 묘사함으로서 증대될 수 있다. 특별하고 객관적이며 행동적인 묘사를 효과적으로 활용하게 되면 아동은 평가적인 말의 사용을 덜하게 하는데 도움을 준다(예컨대, 틀려, 나빠, 바보같다, 너무 나쁘다 등). 행동의 묘사가 분명하고 비평가적일 때 아동은 부모나 교사가 관심있고 즐겁고 공정하게 가르치는데 있어서 더욱 감수성이 풍부한 자세로 바라보게 된다. 사실 아동이 분명하게, 무엇을 어떻게 할 것이며 특히 속도를 정하고 긍정적인 피드백과 같은 중요한 것들에 대해 더욱 중요하게 생각한다고 연구보고서는 밝히고 있다.

5. 기법의 정립

대리양육자나 부모 및 아동행동지도 스태프 혹은 교사들은 아동의 최대한의 이익을 위하여 아동들의 행동을 관찰하고 묘사하는 능력을 활용할 필요가 있다. 이것은 묘사되고 관찰되는 행동이 기법의 전후 관계에서 가르쳐지는 것을 말한다. 기법은 관련된 행동의 집합이다. 관련된 기법들이 적절하게 사용되면 아동들은 성공적으로 편안하게 그들의 환경과 상호작용을 할 수 있다.

부모나 교사가 관찰하고 아동에게 묘사할 많은 행동들이 있다. 예를 들면 사람을 바라보는 것, “고맙다”라고 말하는 것, 그리고 질문하는 것 등을 들 수 있다. 이러한 행동들은 그 상황에 적절한 사회적 기술의 기법을 활용하기 위하여 여러 가지 방법으로 조합될 수 있다. 아동이 예컨대 손님이나 방문객에게 인사를 한다든지, 지도에 따른다든지 등이다. 못이 여러 가지 다른 구조물에서 쓰이는 것과 같이 사람을 바라보는 것과 같은 행동을 여러 가지 기법에 활용될 수 있다.

이 방법은 여러 가지 행동을 동시에 가르칠 수 있기 때문에 더욱 능률적이다. 이것은 아동들이 다른 환경이나 다른 선례 조건에 그것을 일반화하기 쉽기 때문에 그 결과는 아동에게 더욱 더 의미있고 소중하다. 무엇보다도 새로운 행동방법을 가르치는 중요한 목표는 아동에게 새로운 기술을 가르치는 그 자체뿐만 아니라 어디서 언제 새로운 기법이 사용되어야 하는지 알게 하는데도 목적이 있다

예 : 교육차별

아동지도 프로그램의 거의 모든 교육이 기법 개발에 중점을 둠에도 불구하고 행동 그 자체에 있거나 있어야 하는 경우도 있다. 어떤 때 아동은 눈 마주치기, 말로서 대답하기 등의 중요한 기법을 사용하는데 어려움을 느끼게 될 것이다. 행동은 여러 기술의 중요한 요소가 될 수 있다. 이러한 경우에는 행동에 중점을 두고 나중에 행동을 하나의 사회성 기술로 만들 수도 있다.

분류하는 기법이나 특수하게 행동을 묘사하는 것은 교육 상호반응의 처음 네 단계와 새로운 기술을 가르치는데 이용되는 아홉 단계의 방법 중에서도 제일 중요한 일이다. 이 네 단계에는,

1) 첫인사, 감정이입 또는 감동 묘사
2) 부적절한 행동의 묘사 / 행동의 준거 제시

3) 행동의 결과

4) 적절한 행동에 대한 묘사 / 행동의 준거 제시

가 있다. 분류와 묘사는 아동이 기법을 연습한 후에 피드백을 제공하는데 있어서도 매우 중요하다.

다음의 보기는 대리양육자 및 아동행동지도 관련 스태프들이 어떻게 행동의 묘사화 기술의 분류가 이 네 단계에 해당되는지를 이해하는데 도움을 제공한다.

1) 기법의 수준 분류와 행동의 기술

상황 : ㅇㅇ는 새로 온 아동이고 TV를 보고 있다. 교사나 대리양육자가 ㅇㅇ에게 잠잘 준비를 하라고 한다. ㅇㅇ는 하품을 하고 교사를 쳐다보지는 않았지만 일어서서 그의 방으로 걸어간다. 교육 상호반응의 첫 번째 네 단계의 사용은 아마 다음과 같은 절차를 활용해야 할 것이다

(1) 주도적 칭찬 감정이입 혹은 애정 표현

교사나 대리양육자 : "ㅇㅇ의 잠잘 준비를 위해서 바로 일어나줘서 고맙다. 나는 특히 네가 TV를 즐기고 있을 때 이러한 지도를 따르는 것이 힘들다는 것을 안다."

설명 : 특별한 묘사적인 칭찬이 바로 일어선 것에 대하여 주어졌다. 일반적인 기술은 동의의 말에서 보여졌다. "이것이 어렵다는 것을 … 안다" 가능할 때마다 첫 칭찬은 칭찬되거나 가르쳐져야 할 기술의 일부인 행동에 관련되어야 한다.

(2) 부적절한 행동의 시범과 지적

교사나 대리양육자 : "네가 너에게 지도사항을 전달했을 때 너는 하품을 하고 나를 쳐다보지도 않았다. 또 네가 내말을 들었다든지 또는 네가 잠잘 준비를 위해 방으로 간다고 내게 말을 하지 않았다."

설명 : 지도라는 기술의 분류가 반복되었고 묘사는 하품같은 부적절한 묘사뿐만 아니라 적절할 수 있었던 행동까지 없었다는 것을 포함하였다.

예 : "너는 나를 바라보지 않았고 말도 …."

교사나 대리양육자들이 "너는 협조적이지 않았다"든가 "너는 내가 물어볼 때 즐거워 보이지 않았다" 등의 분명치 않고 평가적인 묘사는 피했다는 것에도 유의한다

(3) 행동의 결과들

교사나 대리양육자 : 권한 습득 카드(empowerment card)를 꺼내서 지도사항을 따르지 않은 것에 대해 마이너스 100점을 준다. "나중에 어떻게 지도사항을 따르는가를 연습하면 너는 잃어버린 점수 중의 일부를 다시 가져갈 수 있다."

설명 : 결과의 이용은 상호반응의 중점인 기술의 분류와 연습을 함으로서 점수의 일부를 되찾을 수 있다는 것을 분명하고 간단하게 하는 기회를 제공했다. 주목할 점 : "너에게 주어라" 또는 "너는 … 얻었다" 같은 문구를 사용하고 결과를 줄 때에 "내가 … 받는다" 또는 "내가… 주겠다" 같은 문구를 사용하지 않는 것을 확인하라. 첫 번째 문구는 아동 자신이, 교사나 대리양육자가 아니라, 행동의 주인이고 결과를 책임지는 사람이라고 이해하는데 도움을 준다. 벌칙은 문제의 행동이 미래에 다시 일어날 확률을 감소시킨다.

(4) 부적절한 행동의 기술과 시범

교사나 대리양육자 : ○○와 다음의 지도사항에 대하여 이야기하자. "누구든 네게 지도사항을 줄 때에는, 선생님이건, 너의 부모님이건 또는 너의 고용인이건, 네가 해야 되는 몇 가지가 있다. 너는 사람을 바라보고 '좋아요' 또는 '그러죠' 또는 네가 그 사람의 말을 듣고 있고 그 말을 따르겠다는 것을 그 사람에게 알려줄 만한 말을 함으로써 분명하게 대답하여야 한다. 임무를 수행하고 그 사람에게 임무를 다했을 때에 확인을 받는다."

설명 : 대리양육자나 교사들은 선례 조건 "네가 누구든지 너에게 지시사항을 줄 때에는…"을 설명함으로써 아동들이 사회성 기법(social skill)을 다른 상황에 일반화할 수 있게 도와줄 수 있다. 그러고 나서 아동이 분명하고 단계적인 행동의 묘사를 스스로 기술하는 법을 배울 수 있게 기술과 시범을 제공한다. 상호반응하는 동안 대리양육자들은 아동이 이해했는지 아니면 질문이 있는지를 물어보기 위해 자주 멈추어 줘야 한다.

6. 요약

행동을 묘사하고 관찰하는 능력은 효과적 교육을 위해 매우 중요한 요소이다. 조심스럽게 관찰을 하고 ABC 모델을 이용하여 행동을 묘사하여 분류한 후 사회성 기술과 관련된 행동을 묘사하고 이러한 기술들을 교육 상호반응의 요소로서 잘 합성함으로써 효과적인 교육이 될 수가 있다.

아동의 행동에 대한 결과를 이해하는 것은 어떤 행동이 일어났을 때 대리양육자나 교사들이 효과적인 반응을 하도록 도울 수 있다. 언제 문제 상황이 일어나려는지를 인식하는 것은 대리양육자나 교사들이 어쩌면 관례에 벗어나 심각한 문제가 될지도 모르는 행동을 막는 것을 도울 수 있다. 적절하고 부적절한 행동에 대한 분명하고 특수한 묘사를 하는 것은 기대를 아동에게 정확하게 전달하고 사회성 기법(social skill) 개발교육을 증대시킨다.

7. 모델의 비교

행동을 인식하고 묘사하는 것은 행동의 원리에 근거한 문제를 성공적으로 수행하는 열쇠이다. 행동을 변화시키기 위해서 우선행동을 인식하여야 하고, 그 후 행동을 아주 특수하게 묘사할 수 있어서 여러 단계로 나눌 수 있어야 한다. 분명히 생각과 감정의 토론에 치우친 문제들은 행동을 인식하고 묘사할 필요가 있다.

이것이 심리역동적 임상적 모델의 경우이다. 치료학자들이 아동의 현재 행동의 문제에 중점을 두지 않으므로 임상치료자가 치료와 검증행동의 묘사를 필요로 할 확률은 없다. 아동의 과거 문제들을 토론하는 경우에 있어서도 임상치료자들은 어떤 행동이 일어났는가 보다는 아동이 그 사건 동안의 생각과 감정을 기억해내게 하는 것의 중요성을 강조한다.

인지적 치료(cognitive therapy) 모델에서도 마찬가지이다. 치료 과정에서, 임상치료자들은 아마 아동들이 그들의 인생속의 사건을 다시 만들기 위해 사물을 이용할 것이다. 아동이 기억하게 하는 훈련에서 강조하고자 하는 점은 그 시간 동안 아동의 행동이 아니라 어떻게 아동이 느꼈는가 등)는 것이다.

반면에 행동(behavioral) 모델을 사용하는 임상치료자들은 행동을 인식하고 묘사할 수 있어야 한다. 치료의 모든 중점이 과거 행동과 관련된 선례(先例)의 확인과 아동의 행동에 대한 결과이므로 임상치료자들은 어떻게 하면 변화를 촉진하는지를 알기위해 행동의 작은 부분도 자세히 인식할 수 있어야 한다. 임상치료자들은 아동의 행동을 관찰하는데 상당히 많은 시간을 보내며 그 관찰에 근거한 치료방법을 결정한다.

아동행동지도를 위한 종합 프로그램의 대리양육자들은 행동을 어떻게 인식하고 묘사하는지를 배울 필요가 있다. 아동행동지도를 위한 종합 동기체제가 아동의 행동을 강화하고 교정하는데 쓰이기 때문에, 대리양육자나 교사들은 행동을 맞게 인식할 수 있어야 하며 동기체제를 그에 맞게 이용하여야 한다. 아동들이 활동적으로 치료에 참여하고 있기 때문에 아동에게 행동을 특수하게 묘사할 수 있는 것도 중요하다. 만약 행동이 특수하게 묘사되었다면 아동은 무엇이 변하여야 하는지 그리고 어떻게 해야 하는지를 배운다. 이것은 아동들이 무엇을 해야 하는지 분명한 개념을 가지고 있기 때문에 아동들이 성공을 경험할 수 있게 도와준다.

절충학적인 방법에 근거한 '오클라호마 대학의 프로그램안'의 대리양육자나 교사들은 프로그램의 성공적 수행을 위하여 행동의 묘사와 인식을 이해할 필요가 있다. 모델의 이부분이 행동적 원리에 근거한 것이지만 대리양육자나 교사가 어떻게 아동의 행동을 인식하는지 또는 어떻게 특수한 단계로 나누는지에 대하여는 대리양육자나 교사에게 가르쳐지지 않는다. 대부분의 사람들이 아동에 대한 주관적인 느낌에 중점을 두는 경향이 있으므로,

예 : "너는 나쁜 자세를 가지고 있구나." 또는 "너는 정말 나를 화나게 하는구나."

어떻게 하는지에 대한 안내 없이 행동을 객관적으로 묘사하는 것은 어려울 것이다. 아동지도사나 교사가 아동의 행동을 특수하게 묘사할 수 없다면, 새로운 행동을 배우는 아동들의 기회는 줄어들 것이다

긍정적 동료 문화(positive peer culture) 프로그램에서의 아동의 행동은 그것이 단체에 영향을 끼치지 않는 한 주로 아동의 행동에는 중점을 두지 않는다. 단체의 관점에서 중점을 두는 점은 느낌과 생각에 대한 토론이기 때문에 단체 구성원들은 아마도 행동의 인식과 묘사의 필요성을 찾아내기 힘들 것이다.

Chapter 22

행동의 이론적 근거

1. 행동의 합리적 준거의 중요성
2. 논리적 준거의 유익한 점
3. 논리적 준거를 활용하는 시기
4. 요약
5. 모델의 비교

행동의 이론적 논리를 제시하거나 준거를 제시하는 것은 아동에게 아동의 행동과 행동의 결과에 대한 관계를 설명하는데 필요하다. 예를 들면, 운동 연습에 관한 이론적 논리는 선수가 다음에는 더 잘할 것이라는 것이다. 주어진 시간에 맞게 일하러 가는 것에 대한 이론적 근거는 고용주가 그것을 임금 상승의 한 이유로 그것을 사용할지도 모른다는 것이다.

예를 들어, 아동에게 공부를 열심히 해야 하는 이유를 설명하는 일은 성적을 잘 받기 위해서라고 말할 수 있다. 그러나 만일 아동이 학업보다 훨씬 운동에 관심이 있다면 더욱 개인적으로 유익한 이론적 논리는 공부를 열심히 하는 것은 성적을 향상시킬 수 있도록 아동이 축구를 하러 나갈 수 있게 허락해 준다는 것이다. 또는, 부모나 교사들은 아동에게 지도사항을 따라야 하는 이유로서 '시간을 절약하면 아이가 친구에게 그 시간 동안 자신이 하고 싶은 다른 활동을 할 수 있다는 것이다'라고 말할 수 있다.

부모나 교사가 가르치는데 있어서, 상황과 장소에 따라 가능할 때마다 적절하고 바람직한 행동을 하면 개인적으로 유익하다는 것을 인지시키고 지적하는 것은 중요하다.

예 : 아동이 학교 기물을 손상했을 때

그러나 부정적 논리를 너무 자주 사용하면 그것은 어쩌면 경고나 위협으로 들리기 시작할 수도 있다.

예 : "ㅇㅇ야, 만약 지도사항을 따르지 않으면 더 큰 어려움 때문에 힘들어질 수 있다는 것을 알아야 해."

적절한 행동을 장려하는데는 긍정적 논리를 사용하는 것이 더욱 효과적이다.

아동에게 무엇을 하는 것에 대한 이유를 설명하는 것은 긴 시간 동안의 대화나 이론적 논리의 타당성에 대한 이해를 필요로 한다. 그러나 아동은 무엇이 말하여지고 있는가, 혹은 이해하고 있는지에 대하여 질문을 받도록 하여야 한다(아동이 이해할 수 있을 정도로 이론적 논리가 분명히 언급되었는가?). 이론적 논리는 아동이 왜 행동을 실행하여야 하는가에 대한 강압적으로 절대 사용되어서는 안 된다. 왜 부모나 대리양육자 및 교사가 충분한 시간과 노력을 투자하면서 가르쳐야 할 정도로 아동에게 요구하고 기대하는 행동이 중요하다고 믿는지 아동에게 가르쳐 주는 것이 차라리 더 좋은 방법이다.

1. 행동의 합리적 준거의 중요성

이론적 논리는 아동들에게 그들의 행동과 그들에게 일어나는 것과의 관계를 가르쳐 주는데 있어서 중요하다. 많은 아동들은 그들의 행동과 그에 수반하여 일어나는 사건들과의 관계를 충분히 이해하고 있지 않다. 예를 들면, D. S. Eitzen는 사춘기 시절에 대한 행동에 대하여 설문조사를 하였는데 아동들은 그들의 행동의 결과가 그들에게 일어나는 일을 결정한다는 것을 이해하고 있지 않았다. 아동들은 자주 그들을 운명의 희생양으로 보았다. 예를 들어 ㅇㅇ가 영어 과목에서 낮은 점수(60점 미만)을 받았다면, 그는 그의 성적에 관한 진짜 이유로서 숙제를 내지 못한 이유 때문이 아니라 그러한 성적을 준 선생님을 비난할 것이다.

이러한 상황이나 사건들에 대한 관계는 반드시 조심스럽게 가르쳐져야 한다. 이론적 논리를 이용함으로써 아동이 그들의 행동과 그에 따라 일어날 수 있는 여러 가지 결과의 중요한 관례를 배울 수 있도록 도와줄 수 있다.

1) 행동의 합리적 준거의 예들

"주어진 일을 처음부터 잘함으로써 너는 그 일을 다시 하지 않아도 되고 네 자신을 위한 시간을 더 많이 가질 수 있다."

"팔 길이 정도의 거리를 유지함으로써 다른 사람의 공간을 존경해 줄 때, 그들은 너와 더 친밀해 싶어하고 또 너와 소통을 하고 싶어한다."(미국의 예 : 사람과 사람 사이 공간적 거리.)

"'아니요'라는 대답을 적절하게 받아들일 수 있으면, 너는 나중에 '예'라는 대답을 많이 들을 수 있게 된다."

"네가 다른 사람과 너의 물건이나 소유물을 나누어 사용함으로써 그 사람은 너와 그 사람의 것을 나누어 쓰려고 할 것이다."

"네가 어떻게 해야 하는지 모를 때에 도움을 구한다면 너는 일을 잘 끝낼 수 있고, 그 일을 다시 나중에 하지 않아도 된다."

2. 논리적 준거의 유익한 점

이론적 논리의 사용에 있어 가장 중요한 유익함은 이번 장의 첫 부분에서 논의된 것이다. 이론적 논리는 아동에게 그들의 행동과 그 결과로서 일어난 결과와의 관계를 가르칠 수 있도록 도와준다. 이론적 논리의 사용에 있어서의 또 하나 중요한 것은 아동과의 긍정적 관계 확립에 도움을 준다는 것이다. Pikas는 아동을 지도하고 교육할 때 이론적 논리와 설명을 사용하는 부모를 더 좋아한다는 것을 발견하였다. 예컨대, "너는 지금 주어진 과제를 끝내지 않았으므로 TV나 게임 등을 할 수 없다"는 표현은 이론적 논리를 포함하고 있으며 “너는 지금 TV나 게임 등을 볼 수 없다”보다 아동들이 선호할 수 있는 설명이 될 것이다.

이론적 논리는 요청에 대한 수락에도 도움을 준다. Elder는 아동들은 부모들이 그들의 규칙이나 요구에 대한 설명을 해줄 때 더욱 더 부모의 요구 및 기대의 지시사항에 잘 따른다는 것을 연구 결과 밝혔다. 예컨대 부모님이 “네가 종이를 아껴서 사용한다면 너는 종이 사용을 아껴서 절약한 돈으로 너가 필요한 다른 물건이나 새 자전거를 살 수 있을 거야”라고 말하는 것이 좋은 예이다. 이 문장은 아동이 왜 지금 자전거를 살 수 없는지, 그리고 왜 돈은 저축해야 하는지에 대한 논리적 설명을 포함하고 있다. 게다가 Elder는 아동들은 그들의 부모가 규칙과 요구에 대한 논리를 제공할 때에 아동들이 그들 자신의 생각과 방법에 자신감을 갖는다는 것도 발견했다. 이 자신감은 아동의 행동과 그 행동의 결과에 대한 관계를 이해하고 아동이 더 나은 결정을 내릴 수 있도록 도와준다.

이론적 논리가 가치와도 관계가 있을 수 있으므로 논리는 아동의 도덕성 발달에도 도움을 준다. 정직하고 남의 것을 탐내지 않고 훔치지 않는 행동을 해야 한다는 것은 문제를 피하고 더 많은 자유를 얻을 수 있는 이유도 있지만 남의 것을 탐내거나 훔치는 것이 도덕적으로 잘못되었다라는 이유가 더욱 중요한 이유가 될 수 있다. 그러나 새로운 기술과 행동을 가르치는데 있어서는 개인적으로 유익한 이론적 논리를 이용하는 것이 최선의 방법이다. 정기적으로 이론적 논리를 설명하는 것은 아동이 그들의 행동 뒤에 뒤따르는 결과와 아동들이 하는 행동과의 관계를 더 잘 이해할 수 있게 한다. 이것은 아동이 배운 새로운 기술과 그들 행동의 중요성을 잘 받아들임으로서 바람직한 행동을 하는 동기를 유발하는데 있어 상품과 강화제에 덜 의존하게 한다.

교육 상호반응과 교정적 교육에서 Willner 등은 아동이 설명을 수반하는 교육을 더 선호한다는 것을 발견하였다. 그들은 이론적 논리와 설명을 이용하는 부모나 교사들이 아동들에게 공정하게 보여지고 또 더 아동이 좋아한다는 것을 발견하였다. 그러므로 이론적 논리의 사용은 아동을 가르치는데서 뿐만 아니라 아동이나 부모나 교사 사이의 긍정적인 관계를 확립하는 데도 매우 중요하다.

1) 논리적 준거의 요소들

효과적인 이론적 논리의 준거들은 다음과 같다.

(1) 자연적 결과를 지적해야 한다.

이론적 논리는 아동이 적절한 행동을 함으로써 일어날 수 있는 유익한 부분과 이익을 강조하여야 한다.

예 : "열심히 하고 너의 느낌을 행동치료사들에게 정확히 말함으로써, 너는 더 많은 것을 배우고 성장하게 될 것이다."

(2) 아동에게 개인적이 되어라.

아동의 흥미, 좋아하는 활동 그리고 좋아하는 것과 싫어하는 것을 알기 위하여 아동을 관찰하여야 한다. 그러면 이론적 논리는 아동에게 맞게 특별히 창안될 수 있다.

예 : 만약 어떤 아동이 컴퓨터 게임을 하는 것을 즐긴다면 부모나 행동치료사 및 교사들은 "네가 지도사항을 따르고 숙제를 끝내면 밤에 이 컴퓨터 게임을 할 수 있다"라고 말할 수 있다. 이론적 논리는 각 아동의 흥미와 연결함으로써 부모나 행동치료사 및 교사들은 아동이 이론적 논리를 받아들이고 가르쳐지는 기술을 배울 확률을 높인다. 새로운 아동에 대해서는 그 아동을 좀 더 잘 알게 될 때까지는 이러한 방법이 늘 성공적인 것이 아니다. 이러한 상황에서는, 점수나 토큰 체제를 이용할 수 있다. 예로서 아동에게 "네가 지시사항을 따르는 것을 배운다면, 너는 점수를 얻을 것이다"라고 말할 수 있다. 점수 제도를 체계적으로 사용함으로써 아동이 인위적인 결과에 기대는 대신에 자연적이고 긍정적인 행동의 결과를 배울 수 있도록 활용되어야 한다.

(3) 특별하고 간단하게 하라.

일반적으로 간단한 단 한 가지의 이론적 근거만으로도 교육방법의 목표를 완수하는 데 충분하다.

예 : 효과적인 칭찬 또는 교육 상호반응

때때로 부모나 교사들은 "내가 왜 이것을 해야 하는가 충분한 이유를 설명해 주면 아동은 이것의 논리를 알아낼 것이고 안하겠다고 말할 수 없을 것이다"라고 생각할 수도 있다. 이 접근방법은 거의 모두 실패하는데 그 이유는 아동들은 아마 자신들이 꾸지람을 듣는다고 느끼게 될 것이고, 그래서 화가 나고 인내하기 힘들거나 지루해지기 때문이다. 하나 또는 두 개 정도의 간단한 논리는 아동의 흥미를 끌게 만들고 왜 교사나 부모가 아동에게 그 행동을 가르치려 하는가를 적절하게 설명할 수 있도록 한다.

(4) 짧고 믿을 수 있게 하라.

이론적 논리는 긴 시간의 사건보다는 즉각적인 자연적 결과가 강조될 때 더욱 효과적이다. 그러므로 아동과의 논쟁 없이 지도사항을 따르게 하는 이론적 논리는 "네가, 시간을 낭비하는 대신에 지도사항을 잘 따른다면 더 많은 자유 시간을 가질 것이다"라는 말과 같은 설명을 들 수 있다. 짧은 시간을 지적하되 믿을만한 결과에 대해 설명하는 예로서는 "네가, 지도사항을 잘 따르면 내년에 네가 농구를 할 때에 코치가 네가 주장이 되게 할 확률이 높다"라는 표현을 들 수 있다. 즉, 막연하고 분명하지 않는 먼 결과보다 내년에 주장이 될 수 있다는 결과에 대해 선호하게 된다. 또한 이론적 논리는 반드시 믿을 수 있어야 한다. 다시 말하면 이론적 논리는 연령수준에 적당하고 개인의 특성에 부합되어야 한다. 예로서 장난감 자동차를 가지고 놀고 있는 아동에게 "네가 방을 깨끗이 정리 정돈한다면 너는 차를 찾을 수 있고, 너가 찾는 물건이나 또 장난감 차가 고장나거나 없어질 확률이 낮아진다"라고 말할 수 있다. 그러나 외모에 신경을 쓰는 열일곱 살 소녀에게는 "네가 방을 청소하면 옷들을 잘 정리 정돈하면 더 멋있고 깨끗하게 입을 수 있을 것이고 네가 원할 때 옷을 빨리 찾을 수 있을 것이다"라고 말할 수 있다.

(5) 발전적 요구와 아동의 성숙도에 맞출 수 있도록 다양화하라.

일반적으로 개인적 이익과 직접적으로 관련되고 짧은 시간에 이루어질 수 있고 신뢰할 수 있는 이론적 논리를 설명할 때 아동이 선호하게 된다. 이것은 새로운 아동이나 미 성숙된 아동에게 있어서 특별하게 적용될 수 있다. 그러나 가끔씩 아동이 스스로 터득하고 개발하여 그들이 학습한 것들을 행동으로 수용하기 시작할 때에는 장기간의 결과 그리고 다른 사람의 관심과 관련된 논리를 사용하는 것도 중요하다. 긴 시간의 논리는 아동에 관련 된 좀 더 먼 미래에 일어날 결과와 같은 일반적인 결과를 가리킨다. 아동이 어떻게 그들의 취업과 그들 자신을 돌볼 수 있는 능력에 영향을 끼치는가 하는 것을 이해하는 것은 중요하다. 예로서, 장시간의 이론적 논리는 아동이 성장하여 미래에 그들의 배우자 및 다른 사람들과 잘 지낼 수 있는 능력, 예컨대 자신에게 다른 사람으로부터의 지적과 비판을 받아들이는 것과 같은 능력 그리고 사회적으로 잘 적응하며 직장에서의 바람직한 대인관계를 유지할 수 있는 능력 등에 중점을 둘 수가 있다.

비슷한 예로, 아동의 행동이 어떻게 다른 사람에게 영향을 미치는지를 지적하는 논리를 제공할 필요가 있다. 이러한 "다른 사람 중심의" 이론적 논리는 다른 사람에 대한 민감성과 관심을 포함하고 아동에게 그들의 행동이 다른 사람에게 인상을 남긴다는 것을 가르치는데 의미가 있다. 아동들은 이러한 인상들이 그들 개인의 이미지로서만 반영하는 것이 아니라 가족이나 보육시설 안의 모든 사람을 반영한다는 것을 알게 할 필요가 있다. 예로서, 다른 사람을 놀리지 않는 것에 관한 타인 중심의 이론적 논리는 "다른 사람을 놀리는 것은 그들을 불편하게 만들고 감정을 상하게 할 수 있다"와 같은 논리적 설명을 들 수 있다. 그러므로 이론적 논리는 각 아동의 행동이 어떻게 다른 사람에게 영향을 미치는지 혹은 가족 전체나 영유아 · 아동보육 및 교육기관의 아동과 같이 살고 있는 가족이나 함께 지내는 교육기관 및 보육시설의 아동들에게 어떻게 이익을 주고 피해를 끼치는가를 지적할 수 있다.

3. 논리적 준거를 활용하는 시기

간단히 말하면, 이론적 논리는 다음과 같은 상황에서 활용된다.

1) 교육 상호반응이 이루어지는 상황

교육 상호반응에서 이론적 논리는 다음의 네 단계를 수반한다. 주도적 칭찬(initial-praise), 감정이입(empathy) 혹은 애정(affection), 부적절한 행동의 묘사(inappropriate behavior), 그리고 적절한 행동의 묘사(appropriate behavior) 등이다. 교육 상호반응에 사용되는 이론적 논리는 적절한 행동의 결과 얻어질 수 있는 이익과 부적절한 행동의 결과로 받게 될 폐해를 지적할 수 있다.

[그림 22-1] 교육 상호반응의 단계

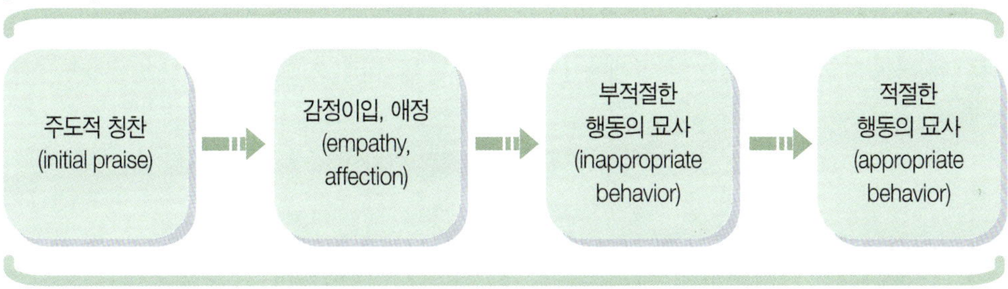

2) 방어적 교육이 필요한 상황

방어적 교육에서 이론적 논리는 새로운 기법이 가르쳐질 때 사용된다. 방어적 교육에서 이론적 논리는 주도적 칭찬, 감정이입이나 애정, 행동의 결과에 대한 설명 그리고 적절한 행동의 묘사를 수반한다. 이러한 이론적 논리를 설명함으로써 새롭고 적절한 기법을 배워 사용하는 것이 유익하다는 것을 입증해 준다.

3) 효과적 칭찬의 활용이 필요한 상황

이론적 논리는 부모나 교사가 아동의 적절한 행동이 일어날 때 그 행동을 강화하기 위하여 칭찬하거나 이론적 논리를 제시할 때 그리고 긍정적 결과를 이용할 때에는 효과적 칭찬의 일부분이 곧 이론적 논리가 된다.

4) 일상생활에서 필요한 상황

아동들과의 일상 상호반응을 하는 부모나 대리양육자들에게는 많은 이론적 논리를 제공할 수 있는 지도를 할 필요가 있을 경우가 있다. 아동들은 교사나 부모의 의견을 물을 수도 있고 부모나 교사는 조언이나 해결책을 제공할 수 있다. 이론적 논리를 모든 상황에 활용하는 것은 도움이 크게 된다.

4. 요약

아동은 이론적 논리가 체계적으로 제공되면 부모나 교사를 덜 독단적이고 더 관심있는 사람으로 받아들이게 된다. 게다가, 아동들은 그들의 행동에 대해 부모나 교사나 이론적 논리를 가지고 지적할 때 실생활에서 그들 행동이 가져오게 되는 결과를 인식하게 되고 만약 아동이 새로운 행동을 하여 그들을 유익하게 한다고 알게 되면 더욱더 새로운 행동을 하게 된다.

이론적 논리가 아무리 중요하고 많은 방면에 사용될 수 있다하여도 이론적 논리가 행동을 바꿀 수 있다고 생각해서는 안 된다. 아동의 행동에서의 참된 변화는 이론적 논리를 수반한 칭찬과 사회성 기술을 개발하기 위한 교육, 적절한 행동에 대한 긍정적 결과의 부여, 부적절한 행동에 대한 부정적 결과의 부여 그리고 분명하고 특별한 행동의 묘사 등을 통하여 이루어 질 수 있다. 이론적 논리는 필요한 구성요소이지만 그들 자신만으로는 행동을 바꿀 수 없다.

5. 모델의 비교

이론적 논리는 아동들에게 그들이 행한 행동과 그 행동의 결과와의 관계를 보여주는 이유를 설명하는 근거이다. 논리적 준거를 제시하는 것은 아동들이 사회적으로 수용되어지는 행동을 함으로써 얻어지는 이익을 이해할 수 있게 도와준다.

역동심리 모델이 행동에 중점을 두고 있지 않기 때문에 치료자들은 이론적 논리를 사용하지 않는다. 치료자들은 아동들에게 이유를 제공할 수는 있지만 이것은 주로 아동의 느낌을 설명하는데 이용될 뿐 그들의 행동수정에는 이용되지 않는다.

인지 모델에서도 마찬가지이다. 치료자들은 이 모델에서 왜 그런 일이 일어났는지를 설명할지 모르나 이러한 이유들은 아동들이 생각하는 느낌에 직접적 관련이 있는 것이지 현재의 행동과 직접 관련된 것이 아니다.

행동주의 모델에서의 치료자들도 이론적 논리를 제공하지 않는다. 아동들이 치료에 수동적으로 참여하고 있을 뿐만 아니라 치료자들은 자극을 변화시키는 것에만 중점을 두기 때문에 치료자들은 아동들이 어떤 방법으로 행동해야 하는지를 설명하는 것이 중요하다고 느끼지 않는다. 치료자들은 행동을 구체화하는 것이 중요하다고 믿고 있으며 아동이 새로운 행동을 시작함에 따라 감정도 나중에는 변화할 것이라고 믿는다.

종합적 모델에서 이론적 논리는 치료 프로그램의 중요한 부분으로 인식되고 있다. 프로그램이 부모-자녀 간 교사와 아동 간의 관계 확립과 아동의 적극적 참여에 중점을 두고 있으므로 아동에게 개인적으로 유익한 이론적 논리를 제공하는 것은 이러한 목표들을 달성하는데 도움이 된다. 이론적 논리가 주어진 아동들은 새로운 요구와 규칙에 응하기가 훨씬 쉽다고 어떤 연구 자료는 말한다. 또한 아동이 부모나 교사에게 아동들이 그러한 행동을 하라고 요구할 이유가 있다고 느낄 때 아동과 부모나 교사와의 관계는 증진된다. 왜 행동이 중요한가, 이해하는 것 또한 아동이 행동을 하도록 유도하는데 도움을 준다.

이론적 논리는 절충적 접근인 오클라호마 대학의 프로그램에서는 쓰이지 않는다. 프로그램의 행동경영 과정에서 보면 행동에 중점을 두기는 하나 왜 행동이 중요한가, 아동에게 설명하는 것과 함께하지는 않는다. 이러한 것은 아동이 왜 이러한 행동이 그들로부터 기대되는가를 이해 못할 수도 있기 때문에 오히려 행동의 변화를 느리게 할 수도 있다. 또한 아동이 아동의 행동에 대하여 부모나 교사 마음대로 요구를 한다고 생각할 수도 있기 때문에 부모나 교사와 아동의 관계에 악영향을 끼칠 수도 있다.

긍정적 동료 문화 프로그램도 이론적 원리의 사용을 강조하지는 않는다. 아동의 동료가 그의 생각과 느낌에 관하여 의문을 가질 수도 있기 때문에 왜 아동이 그러한 방법으로 행동해야 하는지에 대한 이론적 논리를 제공하는 것에 대한 관심을 가지기는 힘들다. 만약 이론적 준거가 제공되었다 치더라도 자연적으로 일어난 것이지 프로그램에서 의도적으로 기대되었던 절차 때문은 아니다.

Chapter 23

행동관리기술과 교육적 상호작용

1. 교육과 통제의 논쟁
2. 질적인 요소
3. 교육중 상호작용 요소
4. 특수한 기법의 활용
5. 요약
6. 모델의 비교

본 장은 필자의 『영·유아 교수학습방법론』 저서의 일부를 요약한 내용이다.

기숙시설이 되어 있는 보호 및 보육시설로 오는 아동들은 그들의 가족, 학교, 그리고 그들의 사회 속에서 성공적으로 생활하는데 어려움을 가지고 있다. 대부분의 아동들은 육체적으로 그리고 정신적으로 학대되어 왔던 아동들이다. 그들은 역기능적이고 때때로 혼란스러운 환경에서 생활해 왔다. 그 결과 아동들은 "이상행동", "정서적 혼란" 또는 충동적이거나 "통제 불능" 등으로 분류되는 어려움과 문제행동 등을 나타내게 됐다.

이러한 문제와 함께 아동들은 그 각자의 특수한 장점과 특성을 가지고 있다. family home program(가정거주 프로그램)의 목적은 이의 장점과 아동 문제의 치료를 발판으로 수립되었다. 아동을 "이상행동" 또는 "불안정하고 부적응" 등으로 바라보는 것 대신에 아동들이 다양한 생존방식기술을 배울 필요가 있다는 접근방법을 택하였다. 대부분의 아동들은 사회적 기준과 적절한 행동 그리고 사회적 기술들을 많은 긍정적 역할을 관찰하게 하거나 아동들 간에 서로 배우게 된다. 그러나 대부분의 아동들은 family home program의 긍정적이고 지속적인 역할 모델의 장점을 누리지 못하였고 그 모델이 아동들에게 역할 모델을 배우도록 도와주는데 효과적이지 않았다고 말한다. 종종, 아동들이 강화를 해온 과정인 "강화 역사"(reinforcement history)는 즉각적인 만족을 얻고 행동의 발전을 유도할 수 있으나 장기적으로는 역할모델에 부정적인 것으로 판정되었다.

아동들에게 상대적으로 짧은 시간에 배울 것과 배워서는 안 될 것이 너무 많기 때문에, 정기적, 직접적 기술적 교육은 성공의 열쇠이다.

수년의 연구를 통하여 family home program은 아동들에게 새로운 사회성 기술을 가르치는 효과적인 방법을 개발하였다. 교육적 상호반응은 아동들의 문제행동과 더욱 적절한 행동들을 다루는 아홉 단계의 절차이다. 교육적 상호반응의 요소들을 이해하고 이론적 토대를 이용함으로서 부모나 대리양육자들은 아동들이 과거 좌절과 상한 감정 및 미해결된 과제 등을 회복하고 미래를 지향할 수 있게 도울 수 있다.

본 장은 아홉 가지의 교육 상호반응의 요소들을 자세하게 검토하기로 한다. 특히 부모나 대리양육자들이 교육적 기술을 성공적으로 적용할 수 있게 돕기 위하여 몇 가지의 특별한 기술과 응용도 검토된다. 그러나 교육적 상호반응의 요소들을 설명하고 묘사하기에 앞서서 효과적인 사회성 교육과 관련된 여러 가지 문제를 접하는 것과 이것이 어떻게 아동을 돕는데 사용되는지 알아보는 것이 중요하다.

1. 교육과 통제의 논쟁

행동관리는 문제행동치료의 모든 부분이 아니다. 행동관리는 종종 부적절하게 사용되어서 통제의 수단으로만 오해를 받는 수가 있다. 따라서 모든 치료방법과 마찬가지로 행동관리 또한 잘못 이용될 수 있다.

행동관리를 할 때 발생하기 쉬운 세 가지 주된 잘못이 있다. 첫 번째, 가장 많은 잘못은 매우 부정적인 결과를 초래할 수 있는 너무 오래된 행동수정관리의 모델을 사용한다는 점이다. 이 분야의 오랜 임상과 학문적 배경을 가지고 있는 학자들이 그렇게 생각하더라도 통제를 위한 통제는 그 누구도 좋아지게 만들지 않는다. Jerome Becker는 많은 공식적 행동관리 접근방법은 심리적인 상태나 동기 등의 내부에서 구하여지는 기준보다 외적인 통제를 강요하는데 더 많은 중점을 둔다고 지적한다.

두 번째로, 행동치료방법이 얼마나 좋은가에 상관없이 교사나 부모 및 대리양육자들이 아동들에게 권한을 행사함으로서 아동들이 행동을 스스로 통제할 수 있게 도와주는 것보다 힘과 권위로써 해결하려 하면 그 치료방법은 실패할 수 있다. 행동관리는 아동을 힘과 권위로 조정하는 것으로 널리 알려져 있는데 이것은 긍정적인 아동과 어른의 관계 발전을 파괴하는 방법이다. 그러나 그들 자신이나 다른 사람들을 다치게 하려는 아동들은 자제력을 훈련하기 위해 첫 번째 방법으로 외부의 통제가 필요하다.

마지막으로 통제를 지나치게 강조하는 이외에도 교사나 대리양육자들은 공격적이고 규칙에 따르지 않는 행동에 대하여 가르치기보다는 공격적 행동을 억제하려는 강력한 행동관리와 지도 방법을 시도한다는 점이다. 교사나 대리양육자 및 부모들은 아동들의 행동변화에 대한 반응을 받거나 아동들이 자제력이 충분하지 않다고 생각할 수 있다. 다시 말하면 교사나 대리양육자들은, 소리를 지르거나 부적당한 단순한 일이나 허드렛일을 시키는 등의 엄한 행동 자제를 위한 전략이 택하여졌을 때, 이러한 전략을 통해 사회에서 원하는 변화를 만든다고 하여도, 아동들은 부정적인 시각에서 바라보기 시작할 수 있다. 행동치료방법은 효과적인 훈련, 상담, 교육 그리고 교사나 대리양육자나 양육자의 깊은 인간이해와 자기개발 등이다.

아동행동지도 및 치료를 위한 종합치료방법 모델은 아동들에게 개인적으로 발전할 수 있게 만들며 책임감과 자제력을 증대함과 동시에 변화를 촉진할 수 있는 향상된 환경을 제공하는 모델이 바람직하다.

미국의 Flanagan 신부의 boys' home 프로그램을 통하여 조직화된 아동지도 프로그램은 어려운 아이들과 그 가족들의 상호반응기법을 가르치는 기술을 위하여 도안된 교사나 대리양육자를 위한 스태프 개발 시스템(staff development system)이다. 아동행동지도 종합 모델은 아동이 처한 환경에 대한 결과 반응과 선례를 포함한 문제적 행동을 명확하게 파악하고 이해함으로써 보호와 치료의 방법과 철학을 발전시켰다(Conghlin of Shanahan).

family home program 안에서의 스태프 개발 시스템의 목적을 요약하면 다음과 같다.

1) 긍정적인 아동의 행동이 있을 때 지속적으로 인식하고 즉각적으로 포상할 수 있도록 한다.
2) 혐오스럽지 않게 필요할 때에 부정적인 행동을 교정할 수 있도록 한다.
3) 아동들에게 건강한 가족과 사회생활을 위한 사회적 기술을 가르칠 수 있도록 한다.
4) 아동의 법적 권한을 위배하지 않고 세심한 방법으로 위기를 중재할 수 있도록 스태프들을 훈련시키는 것이다. 다시 말하면, 반사회적인 아동들과의 성공적인 생활과 교육을 위해 필요한 기술을 강조하여야 한다. 또한 아동 스스로 자기개발을 할 수 있도록 긍정적이고 권한 위임을 충분히 해서 일상생활 위주의 방법으로 아동들과의

상호반응을 가르치는 것이 강조된다. 이것은 부정적 상호반응을 확대시킬 수 있는 스태프의 지나친 간섭적 행동을 막아주는데 역점이 주어진다는 말이다.

이러한 목표들을 달성하기 위하여 아동행동지도 스태프들은 아동들을 보호함에 있어서 아동과의 관계가 성공할 수 있는 특정한 상호반응적 기술을 사용하도록 훈련된다.

2. 질적인 요소

family home program에 있어서, 수년간의 연구와 조사는 무엇이 효과적인 교육을 구성하는지의 문제에 전념해 왔다. 교육의 효율성을 결정하는데 있어 각 개인의 상호반응 스타일이 가장 중요한 요소인 것은 분명하다. 따뜻하고, 정력적이고, 이해심 많고, 긍정적이며, 관심있는 그리고 순수한 사람들은 어떠한 상호반응에서도 그들과 함께하는 것은 즐겁기 때문에 교육을 하는데도 매우 효과적이다. 이러한 특성들은 인생 경험을 통하여 얻어지기 때문에 객관적이고 교육적인 용어로 묘사하기가 힘들 수도 있다. 그러나 일반적으로 몇 가지 관찰가능한 행동은 어떤 특정한 긍정적 인품과 관련이 있다. 이러한 행동은 '품격 요소(quality components)'라고 불리우는 즐거운 얼굴 표현, 애정을 가진 태도나 표현, 유머, 그리고 몸의 위치 등을 포함한다. 스태프들이 이러한 행동을 교육에 활용하는 정도는 가르쳐지고 있는 것에 대하여 아동이 얼마나 잘 대응하느냐를 결정하는데 큰 작용을 한다.

직접적이고, 정기적이며, 관심있는 교육 또한 스태프들을 도울 수 있다. 이러한 교육방법은 특정적이고, 효과적이며 긍정적인 방법으로 문제행동을 다루는 방법이다. 교육은 잘 수행되는, 그리고 아동들이 좋아하는 긍정적인 방법이기 때문에 스태프들은 유대관계를 해칠 수 있는 벌칙적인 접근방법을 피할 수 있다. 예를 들면, Bedlington, Solmick, Brarkmann, Kirigin과 Wolf는 여러 가정들을 평가한 후 가정에서의 교육 정도는 아동의 만족과 긍정적으로 관련되어 있고 아동들 자신이 보고하는 태도 등과는 부정적으로 관련되어 있다고 설명한다. 이것은 스태프가 교육을 더 많이 할수록 아동이 프로그램을 더 좋아하고 나쁜 행동에 대해 조금 더 보고한다는 것을 의미한다. 따라서 스태프들의 측면에서 볼 때 각 아동이 만드는 발전상태를 보면서 그들의 임무 완수의 의지와 느낌은 커지기 마련이다.

3. 교육적 상호작용 요소

아래의 아홉 개 요소와 기타 부수적인 요소들은 family home program에서 문제행동을 다루고 아동에게 새로운 사회성 기법과 행동을 가르치는데 이용된다.

1) 주도적 칭찬, 감정이입 또는 애정 표현
2) 부적절한 행동에 대한, 설명과 시범
3) 결과
   · 특권이나 점수의 상실
   · 긍정적 교정 상태
4) 적절한 행동의 설명과 시범
5) 논리적 준거 제시
6) 승인의 요청
7) 칭찬
8) 피드백
   · 칭찬

· 특별한 설명이나 시범

· 긍정적 결과

9) 상호작용을 통한 칭찬

1) 주도적 칭찬, 동정 또는 애정(initial praise)

각 상호반응은 아동들의 행동 중에서 적절한 측면을 묘사하는 특정하고 성실한 칭찬과 같은 긍정적인 의견으로부터 시작한다. 이러한 칭찬을 가장 효과적으로 하기 위하여서는 행동과 직접 관련되고 특정적이며 묘사적이어야 한다. 그리고 가르쳐질 기술이나 그 유사한 행동과 관련되어야 한다. 묘사가 잘된 특정한 칭찬은 아동들로 하여금 그러한 적절한 행동을 미래에 다시 할 수 있는 확률을 더욱 증가시킨다. 사회성 기법과 관련된 행동의 칭찬은 두 가지 기능을 가지고 있다. 첫 번째는 교육하는데 있어 자연스럽고 솔직한 측면과 성실성을 증가시킨다. 두 번째로 기대되는 행동을 할 확률을 높여주고 아동들의 성장을 인식할 수 있게 돕는다.

아동이 가르쳐질 기술과 관련된 칭찬이나 적절한 행동을 보장하는 행동을 보여주지 않더라도 동의한다는 표현만으로도 긍정적으로 교육 상호반응을 시작할 수 있다. 동의의 표현은 교사나 대리양육자가 아동들이 어떻게 느끼고 있는지를 이해한다는 것을 아동이 알수 있게 한다.

예 : "샛별아, 나는 네가 얼마나 이번 주말에 집에 가고 싶어하는지, 그리고 네가 정말 집에 못가게 되어서 실망했다는 것을 알고 있단다." 또는 "다른 사람이 너의 소유물을 부수고 너에게 아무 말도 안한다면 정말 화가 난다는 것을 잘 알아."

이러한 동의하는 말은 유대관계를 확립하고 흥분된 아동을 진정시킬 수 있게 도와주며 긍정적이고 진정된 방법으로 상황에 접근할 수 있게 돕는다.

처음의 칭찬과 동의 또한 언어적 표현이나 비언어적인 애정의 표현과 같이 할 수 있다. 애정 표현은 관심과 부드러운 목소리, 편안하게 손을 어깨에 놓는 것과 같은 자연스런 신체 접촉 등을 살며시 두드리는 것, 미소 또는 관심과 보호의 표현 등에 따라 전달될 수 있는 중요한 특성 요소이다.

예 : "ㅇㅇ야, 나는 정말 너에게 많은 관심과 애정을 가지고 있단다."

이러한 애정의 표현은 칭찬과 동의의 전반적 관계를 향상시키고 아동이 문제가 되는 것은 그의 행동이지 아동과 당신의 관계가 아니다는 것을 알게 한다.

이러한 요소의 지속적인 사용이 없다면 아동은 부모와 교사 혹은 대리양육자를 벌칙과 체벌을 주어 자극하는 사람으로만 바라볼 수 있다. 다시 말해 비판하는 때만 빠르고 성과를 인식하는 데는 느린 사람으로 바라볼 수 있다는 말이다.

처음의 칭찬, 동의, 그리고 애정의 지속적 사용으로 아동들로 하여금 적절한 협동을 강화시킬 수 있다. 성과를 인식하고 느낌을 인정함으로써 유대관계를 확립할 수 있고 아동이 좀 더 수용력이 풍부해지고 모든 교육과정을 받아들일 수 있게 도와줄 수 있다.

2) 적절한 행동의 기술과 시범(description of appropriate behavior)

이 요소는 가르쳐야 할 사회성 기법과 특별히 아동의 부적절한 언어와 비언어적 행동을 묘사하는 기술을 분리하는 것을 포함한다. 기술의 분류는 종종 전례의 조건을 묘사함으로서 이루어진다.

예 : "내가 너에게 저녁 식사 준비를 도와달라고 했을 때 너는 불만스러운 얼굴로 한숨 쉬면서 칭얼거리는 목소리로 '나중에 하면 안돼요'라고 말했다." 등으로 목소리, 몸짓 또는 얼굴 표현처럼 행동을 묘사하기 힘들 때에는 직접 행동으로 보여

줄 수 있다.

분명한 기법의 분류와 주관적인 판단이 필요 없는 특정한 행동의 묘사를 제공하기 위하여 행동의 인식과 기술(記述)에서 배운 기법을 사용해야 한다. 부적절한 행동에 관한 묘사는 아동들이 어떤 행동의 변화를 필요로 하는지 정확히 이해할 수 있게 도와준다. 아동은 '바람직하지 않은 태도', '시비를 하려는', '분위기를 많이 타는' 등과 같은 애매한 말의 의미를 설명하거나 추측하려고 시도하지 않는다. 부적절한 행동에 관한 묘사는 정하여진 허용의 단계와 제한을 이해할 수 있게 도와준다. 부적절한 행동에 관한 분명하고 객관적인 표현 없이 아동은 어떤 행동이 부적절한 건지 인식하지 못할 수 있고 계속적으로 그러한 행동을 할 수도 있다.

바람직하지 못한 행동을 묘사하는데 가장 효과적이기 위하여는 행동의 묘사와 시범은 사실대로, 그리고 조용한 방법으로 주어져야 한다. 거칠거나 비난하는 목소리를 사용하지 않고, 아동을 무시하거나 그의 행동을 과장하지 않도록 특별히 주의하여야 한다. 조용하고 실제적인 접근방법은 아동이 듣고 배울 수 있는 확률을 더 높게 한다. 거칠고 무시하는 식의 접근은, 감정적 대립은 물론 면전에서는 반항하지 않지만 잠정적 대립을 초래할 수 있다.

분명한 사회성 기법의 분류와 조용하고 실제적인 태도로 부적절한 행동에 관한 특수한 행동 묘사를 하게 되면 아동이 좀 더 빨리 기대와 변화를 요구하는 행동을 배울 수 d 있도록 도와준다.

3) 결과(consequences)

이 요소는 부적절한 행동에 대하여 벌점이나 특권의 상실같은 부정적인 결과를 주는 것을 포함한다. 결과 직후에 긍정적인 태도로 행동수정을 위한 말을 해 주어야 한다. 긍정적이고 교정적 말은 아동이 새로운 기술이나 행동을 연습함으로서 점수를 즉시 되찾을 수 있는 기회를 가지고 있다는 것을 알게 한다.

예 : "비평을 받아들이지 않는데 대하여 너는 1500점의 벌점을 받았다. 너는 잃어버린 점수의 어느 정도 연습을 함으로서 되찾을 수 있다."

잃어버린 점수의 반까지 연습 기간 동안 되찾을 수 있다. 벌칙을 줄때는 사회성 수준을 다시 분류하는 기회로 이용해야 한다. 또한 "나는 너에게 … 준다" 보다 "너는 … 얻었다" 같은 말을 이용하여야 한다. 이러한 말을 하는 것은 아동이 벌점을 받게 된 것이 그의 행동의 결과이지 교사나 대리양육자의 행동이 아니라는 것을 이해하게 돕는다.

벌점과 긍정적이고 교정적 말을 활용하여 또 "4 : 1 규칙"을 기억할 수 있게 자극하여야 한다. "4 : 1 규칙"은 아동이 벌점을 받게 한 어떠한 잘못된 행동을 할지라도 교사나 대리양육자들은 아동에게 긍정적인 행동에 종사하면 상점을 받을 수 있는 기회를 적어도 하루에 4번 제공하겠다는 것을 의미한다.

긍정적이고 교정적 언어와 함께 즉각적이고 조용한 태도로 잘못된 행동에 대해 부정적 결과를 주는 것은 아동이 미래에 비바람직하거나 부정적인 행동에 관계하지 않도록 하며 아동이 새로운 행동기술을 배울 수 있도록 자극이 될 수 있게 도와준다. 부정적 결과를 사용하지 않게 되면 교육하는 동안의 관심표명과, 걱정하는 것이 오히려 부정적 행동을 강화할 수 있다. 어떤 행동에 대한 부정적 결과는 부적절한 행동을 하게 되면 대가를 받게 된다는 것을 알게 한다.

4) 적절한 행동의 시범과 기술

벌점을 준 후에 부적절한 행동을 대신할 수 있는 적절한 행동의 대안적 행동을 기술해 준다. 이것은 아동에게 대안적인 행동을 제시한다는 뜻이다. 이러한 요소의 효과적 이용은 앞서 논의된 부적절한 행동의 묘사와 시범에서의 요소와 비슷하다. 다시 말해 그것은 새로운 사회성 기법의 분류와 바람직한 언어와 비언어적 행동의 특별한 묘사를 포함한다. 부적절한 행동의 묘사에서와 같이 기술이 합쳐져서 행동이 되는 모델을 선택할 수도 있다. 또한 적당한 전례의 상황을 설명함으로서 아동이 이러한 기법을 다른 상황에서도 일반화시킬 수 있도록 도울 수 있다.

예 : "누군가가 너에게 '아니'라는 대답을 할 때마다, 그 사람이 부모님이건 선생님이건 코치이건 교사이건 간에 너는 이렇게 해야 한다." 또는 "네가 전화를 받을 때마다 …."

이러한 말은 아동이 교육은 여러 상황에서 아동을 도울 수 있고 추상적인 절차가 아니라는 것을 좀 더 잘 이해할 수 있게 도와준다. 적절한 행동의 묘사 또한 "나는 너가… 했으면 한다" 같은 '나' 언어를 피하면 협조적이고 비평가적일 수 있다. "네가 하여야 하는" 또는 "다음에 너는 이렇게 시도 할 수 있다." 같은 언어적 표현은 덜 평가적이면서도 미래에 어떠한 행동이 요구되는지 명확하게 의사소통을 할 수 있다. 명확한 기술의 분류는 특별하고 단계적인 행동의 묘사와 함께하여 아동이 성공적으로 행동의 새로운 방법을 배우고 교사나 부모로 하여금 효과적이고 기쁘게 가르칠 수 있는 확률을 증가시킨다.

5) 논리적 준거 제시

이론적 논리는 어떠한 행동에 의한 자연적 결과를 설명하는 언어적 표현이다. 아동들은 교사나 대리양육자가 새로운 기술을 배우는 것의 장점과 적절하게 행동을 계속하는 것의 장점을 가르치게 되면 좀 더 관심있고 공정하다고 생각한다. 특히 단기적이고 개인화된 이론적 논리는 배우는 내용을 보다 더 효과적으로 학습할 수 있게 하며 행동을 변화할 수 있도록 자극할 수 있다. 또한 이론적 논리는 도덕과 가치를 가르치는데 활용되어야 하고 다른 사람에 대한 감수성을 포함할 수 있도록 활용되어야 한다.

6) 승인의 요청

승인의 요청은 교육 기간 동안 정기적으로 발생한다. 아동에게 본인이 무엇이 말하여지고 있는지 간헐적으로 물어봐야 한다. 이러한 승인의 요청은 질문의 형태를 취한다.

예 : "이해하였느냐?" 또는 "질문이 있느냐?" 또는 "나에게 다시 말하여 줄 수 있겠느냐?"

승인의 요청은 아동이 학습 과정에 참여할 수 있게 장려하고 대리양육자에게 잔소리를 하지 않게 도와준다. 이것은 또한 얼마나 잘 가르치고 있는지, 그리고 얼마나 아동이 잘 이해하고 있는지를 알 수 있게 해준다. 이러한 요소를 효과적으로 사용하기 위하여 승인의 요청만을 필요로 하는 것이 아니라 아동이 구두로써 승인하는 것은 간단하지만 완전히 설명하는 상태를 선호함을 확인하여야 한다.

그리고 계속적으로 아동에게 대답할 수 있는 충분한 시간을 주는지 확인하기 위하여 계속적으로 부모나 교사 자신의 행동을 관찰하여야 한다. 또한 아동이 말하고 있는 것에 동의하는가를 물어보는 것보다는 무엇을 말하고 있는가를 이해하고 있는지 분명하게 할 필요가 있다. 동의하지 않거나 논쟁을 일으킬 수 있는 승인 요청을 기피하게 되면 교육과정을 수월하게 할 수 있다. 예를 들어 "동의하지 않느냐?" 또는 "어떻게 생각하느냐?" 등의 승인의 요청을 피해야 한다. 이러한 요청은 면담 시간에 더욱 적절하다. 정기적인 허용과 승인의 요구는 잔소리 섞인 훈계를 피하게 하고 아동에게 배움의 과정에 생산적으로 참여할 수 있는 기회를 제공한다.

7) 연습과 실행

교육적 상호작용을 하는 기간 동안, 아동에게는 실제로 배워진 사회성 기술을 실행하고 연습하는 기회가 주어진다. 이 요소는 가장 중요하고 강력한 교육의 형태 중 하나이다. 연습 기간은 아동이 실제 상황에서 새로운 기술을 필요로 하기 전에 새로운 취미를 개발하고 새로운 행동의 방법과 친숙해질 수 있는 기회를 제공한다. 연습 기간 동안 교사나 대리양육자들은 중요한 정보도 제공받게 된다. 또한 교육의 효율성을 평가할 수 있는 기초적인 방법이다. 연습 기간 동안 아동의 성공을 가까운데서 지켜보고 스스로의 교육기술이 좀 더 효과적이기 위해 필요한 보완을 함으로서 더 훌륭한 교사가 될 수 있다.

연습 기간 동안 명확하게 준비를 하고 특별한 지도사항을 시달함으로서 가장 효과적이고 성공적으로 교육 할 수 있다. 예를 들면, 준비와 전례의 조건들을 묘사하고 연습 기간 중 아동들이 기대하는 행동을 검토함으로써 연습 과정을 분명하게 준비할 수 있다.

예 : "자, 우리는 지금부터 어떻게 '아니오'라는 대답을 받아들이는지 연습하겠다. 내가 방으로 들어가고 네가 나에게 TV를 보아도 괜찮냐고 물을 것이다. 내가 '아니'라고 대답하면 너는 나를 바라보고 '알겠습니다!'라고 말한다."

연습 과정은 교육 상호반응으로 이끄는 상황과 비슷한 가설적 상황을 활용한다면 더욱 더 성공적일 수 있다. 특히 부적절한 행동의 본질이 정서적이고 긴장된 아동의 반응을 포함할 때 특히 도움을 줄 수 있다. 이러한 상황에서 새로운 기술 내용은 포함하지만 본래의 상황이 개입되지 않는 실질적 연습 상황을 설정할 수가 있다. 예를 들어, 아동에게 가정방문을 갈 수 없을 것이라고 말하고 아동은 이에 대해서 욕과 논쟁으로 반응했다. 아동에게 어떻게 '아니오'라는 대답을 받아들이는지 가르칠 때 아마도 가정적인 문제를 이용함으로서 아동이 받아들이는 기술을 연습하도록 할 것이다.

예 : "'○○야, 네가 저녁 식사 후에 산보를 하러가도 되지?'라고 물어본다고 가정하자. 내가 '아니오'라고 말하면 너는…."

문제가 가설적이면서도 시설 밖 활동 참여의 허락을 구하는 것을 포함하면 실질적일 수 있다. 아동이 가상적 상황에서 성공적으로 기술을 보여주면, 마지막 연습과 성공적인 해결책을 위하여 본래의 문제로 돌아간다.

8) 피드백

연습 후에 적극적인 칭찬, 적절한 행동에 대한 특별한 묘사, 그리고 연습 기간 중 실제 연습된 기술에 근거한 긍정적 결과에 관한 포상 등을 제공하라.

예 : "아주 좋았어요, 너는 나를 바라보았고 '알겠습니다'라고 말하였구나. 그것이 '아니오'라는 대답을 받아들이는 방법이다. 너는 '아니오'라는 대답을 받아들이는 연습을 한 것에 대하여 좋은 점수인 750점을 받았어요."

만일 더 많은 교정적 피드백이 필요하다면 다시 한 번 부적절한 행동과 필요한 적절한 행동을 다시 한 번 묘사해 주어야 한다. 그러면 아동들은 발전이 필요한 모든 사회성 기술이나 부분을 다시 연습할 수 있다. 즉각적인 연습 과정에 대하여 주어지는 긍정적 결과의 종합은 원래의 부정적 결과의 절반을 넘어서는 안 된다. 만약 교육 기간 중 연습 과정이 한번 이상이면 연습에 따른 긍정적 결과를 조정하여 연습으로 받는 점수가 본래의 부정적 결과의 절반을 넘지 않도록 해야 할 필요가 있을 것이다.

"4 : 1 규칙"(긍정과 부정의 비율)을 상기하면서 적절한 행동을 강화하기 위하여 칭찬과 묘사적 피드백 그리고 긍정적 결과를 이용하여 아동이 장래 적절한 행동을 할 확률을 높여라. 이러한 종류의 피드백 또한 아동이 만들고 있는 자기 발전과 향상에 대해 관심을 나타내 주고 협조한다는 것을 보여준다. 기계적 수단으로서, 피드백은 아동들 간에 발전하고 있는 긍정적 유대관계를 개발하는데 공헌한다.

9) 일반적 칭찬의 효과

아동의 여러 가지 적절한 행동을 칭찬함으로서 상호반응 기간 동안 아동과 상호협조적이고 긍정적이어야 한다. 특히 간단한 묘사적 칭찬은 아동들이 집중하고 협조하는 것을 보여주는 행동이 주어진다.

예 : 상대방을 바라보는 것, 질문에 대답하는 것, 듣는 것 등

아동들에게 과거에는 행동하기 어려웠던 것, 긍정적인 행동에 특별히 관심을 더 기울여야 한다.

예 : 방해하지 않고 듣는 것, 타인의 비평을 받아들이는 것

아동이 과거에 벌칙을 받아들이는 것이 어려운 행동이었다면 아동이 적절하게 할 수 있을 때마다 벌칙을 받아들이는 것을 강화하여야 한다. 교육 상호반응 과정에서의 마지막에는 상호협조하여 교육을 효과적으로 마쳤다는 뜻에서 칭찬의 말이나 격려의 말을 해 주어야 한다.

예 : "○○는 이 벌칙을 받아들이는데 있어서 훌륭하게 해 주었어요." 또는 "나중에도 우리가 연습한 것처럼 지도사항을 따르는 것을 기억하세요, 잘했어요."

상호반응 동안의 일반적 칭찬은 적절히 진행 중인 행동을 강화하고 미래에서도 적절

한 행동을 할 확률을 증가시킨다. 이러한 칭찬은 교사나 부모 혹은 대리양육자 그리고 아동들 사이의 긍정적 관계를 강하게 하고 교육을 긍정적이고 성공적인 궤도에 있게 한다.

아래는 '아니오'라는 대답을 받아들이는 기법을 위한 완벽한 교육 상호반응의 예이다.

■ **주도적 칭찬, 동정 혹은 애정**

"우리가 말하는 동안 나를 바라봐줘서 고맙다, 찬호. (쉬고) 나는 네가 얼마나 야구 경기를 기다리는지 안다."

■ **부적절한 행동에 관한 설명 묘사와 시범**

"내가 '아니오'라고 대답했을 때 ○○는 나에게 집중하지 않고 딴 곳을 바라보며 있었어요."

■ **결과**

"'아니오'라는 대답을 받아들이지 않는 것에 대하여 ○○는 다음 한 시간 동안 체육관을 이용할 수 있는 특권을 잃어버렸다는 것을 알아야 해요."

■ **긍정적인 교정을 위한 제시**

"어떻게 '아니오'라는 대답을 받아들이는지 연습함으로써 너는 점수의 어느 정도를 다시 얻을 수 있는 기회를 가질 수 있다."

■ **부적절한 행동에 관한 묘사와 시범**

"어떤 사람이 ○○에게 '아니오'라는 대답을 해야만 될 때에는 그 사람이 선생님이건 ○○의 부모님이건 나건 상관없이 이렇게 해야 해요." (기술의 과정 나열)

■ **논리적 준거 제시**

"네가 '아니오'라는 대답을 받아들일 수 있을 때에 사람들은 ○○는 좀 더 성숙하고 성실한 사람으로 바라볼 것이기 때문에 앞으로도 더 많은 활동을 할 수 있을 것이다."

■ **이해하고 있는지의 요구**

"알겠니?", "나의 말을 따라할 수 있겠니?" 또는 "이해하겠니?"

■ **연습**

"자, ○○야, 이제 어떻게 '아니오'라는 대답을 받아들이는지 연습하도록 한다. 내가 방으로 들어가면 ○○는 체육관에 가도 되냐고 물어본다. 내가 '아니오'라고 대답하면 ○○는 나를 바라보고 '알겠습니다'라고 말하도록 한다."

■ **피드백**

"훌륭하다! 나를 바라보면서 '알겠습니다'라고 말하였구나. 그것이 '아니오'라는 대답을 받아들이는 방법이란다. 너는 15분의 오락 시간을 다시 찾았다."

■ **일반적 칭찬**

"잘했다! 계속해서 연습해라. 나는 네가 할 수 있다는 것을 안다."

4. 특수한 기법의 활용

좋은 선생님으로서의 중요한 한 측면은 아동의 행동에 대한 적절한 교육지침서를 고르는 것을 포함한다. 아동이 교육과정을 제대로 배울 수 있도록 하기 위하여 반드시 주의를 기울여야 한다. 그러므로 교육의 첫 번째는 아동이 성실한 태도를 보이고 교육을 방해하는 행동을 하지 않도록 하는 것을 분명하게 하는 것이다. 이번 절에서는 성실한 태도의 중요성과 불성실하고 방해하는 행동을 다루는 절차를 검토한다.

1) 진행 중인 행동

진행 중인 행동은 원래의 교육지침을 방해하는 교육 전이나 교육 기간 중에 일어나는 불성실하고 방해적인 행동을 말한다. 전반적 교육과정에서 아동의 이러한 불성실하고 방해적인 행동을 성실한 행동으로 바꿀 수 있도록 도울 필요가 있다. 이러한 성실한 행동은 교사나 부모 혹은 대리양육자를 바라보는 것, 방해하지 않고 듣는 것, 승인의 요청에 적절하게 반응하는 것 그리고 안절부절해하고 한숨을 쉬는 등의 행동을 보이지 않는 것 등을 포함한다.

많은 종류의 문제점 또는 불성실한 행동은 한 번에 끝나는 것이 아니라 계속적으로 진행된다. 이러한 행동들은 말하는 도중에 돌아서 가는 행동, 논쟁 또는 방해하는 행동처럼 공공연하거나 분명할 수 있고 다른 곳을 바라본다든지, 한숨 쉰다든지, 중얼거리는 것처럼 미묘할 수도 있다. 이러한 진행적 행동은 교육이 시작하기도 전에 일어날 수 있고, 교육 상호반응, 효과적 칭찬 또는 예방적 교육의 과정 동안 일어나거나 수시로 일어날 수 있다.

분명히 아동이 바닥을 쳐다보거나 중얼거리거나, 입을 삐죽거리는 등의 행동을 한다면 많이 배울 수 없을 것이다. 같은 이치로, 지도하는 사람도 그러한 환경 속에서는 효과적으로 교육할 수 없을 것이다. 더 좋은 교육 분위기를 만드는 것을 돕는데 이용되는 두 개의 기본적인 절차가 있다. 이러한 절차는 간단하고 특별한 지도사항을 전달하는 것과 따라주는 것에 대한 칭찬, 또는 문제적 행동이나 불성실한 행동에 대한 완전한 교육 상호반응을 하기 위해 원래의 교육지침을 중단하는 것 등을 포함한다. 후자의 절차는 교육 상호반응 안에서의 교육 상호반응(teaching inteaction)의 이용이라 불리운다. 이러한 두 가지 절차는 지도하는 사람이 어떠한 절차를 이용할 것인가를 결정하는 것을 돕기 위한 몇 개의 안내서다. 이에 관해서는 다음 장에서 좀 더 자세히 논의하기로 한다.

아동이 교육진행을 방해하는 바람직하지 않은 행동을 보이기 시작했을 때, 하나의 전략은 지시에 따라준 것에 대한 칭찬에 이어 일련의 간단하고, 특별한 지도사항을 부드럽게 전달하는 것이다.

예 : "제발 한숨 그만하세요."

이러한 지도사항은 동의적 지시나 말과 함께할 수 있다.

예 : "너는 긴장하고 있는 것 같다. 여기 와서 앉는게 좋겠다." 또는 "'아니오'라는 대답을 받아들이기 힘들다는 것을 알지만 네가 나를 바라봤으면 좋겠다."

동의가 사용되건 안되건간에 상관없이, 아동이 그의 지도사항에 따랐을 때 간단하고 성실한 칭찬을 받아야한다.

예 : "고맙다." 또는 "훌륭하다, 매우 좋구나."

종종, 아동들은 여러 가지 부적절한 행동을 동시에 보이거나 계속해서 부적절한 행동을 하나씩 보일 수 있다. 이러한 경우에는 자제력부터 얻을 수 있게 아동을 도울 수 있는 지도사항을 전달하여야 한다. 예를 들어, 배회를 그만 하라든지, 앉으라는 등의 지도사항은 한숨을 쉰다든지 다른 곳을 바라보는 것 등과 같은 좀 더 미묘한 행동을 없애기 위한 지도사항에 앞서 이루어진다. 종종, 네다섯 가지의 칭찬에 이은 지도사항이 교육이 시작하기 전이나 교육을 다시 하기 전에 필요하다.

특별한 지도사항을 전달이나 지시에 잘 따라준데 대한 칭찬은 예방적 교육과 효과적 칭찬을 많이 이용하여 왔을 때 특히 효과적이다. 특별한 지도사항 전달 절차와 지시에 따라 준 것에 대한 칭찬은 빠른 중재에 나설 때나 아동의 부적절한 행동이 확장되는 것을 기다리거나 허용하지 않을 때 좀 더 효과적인 경향이 있다.

동의하는 말과 함께 기쁘고 조용한 지도사항을 따라 준 것에 대한 칭찬을 늘 포함하는 것은 아동들이 다시 임무에 집중하도록 돕는데 유익하다. 이것은 아동들의 방해를 받지 않고 본래의 교육 상호작용을 다시 시작할 수 있게 허용한다. 그러나 일련의 거칠고 강압적이며, 애매모호한 지도사항은 대립을 초래하는 경향이 많다.

예 : "그만해!", "아니다!", "조용히 해!" 등

진행되고 있는 문제행동을 다루는 또 하나의 접근방법은 원래의 교육지침을 분명하게 제쳐두고 완전한 교육 상호반응만을 하는 것이다. 진행되는 문제행동이 멈춘 후에 본래의 기법들을 사용해 다시 가르칠 수 있다. 예를 들어 아동이 스테레오를 번갈아 가며 사용하는 것을 중단하라는 지시를 거절하고 있는 상황을 가정하자. 아동들에게 어떻게 나누어 사용하는지를 가르치기 위하여 교육 상호반응을 시작한다. 아동의 부적절한 행동을 묘사함에 따라 아동들은 눈살을 찌푸리고, 아래를 쳐다보고, 중얼거리기 시작한다. 아동이 비난을 받아들이는데 대하여 어려움을 겪는다는 것은 분명하고 비평을 받아들이는 기술을 가르치기 위하여 어떻게 나누어야 하는지에 대한 기법은 제쳐놓을 수 있다. 이러한 기술(교육 상호반응 중의 교육 상호반응)보다 자극적이면서 간단한 지도사항이 선행되어야 하고 아울러 지시에 따라준 것에 대한 칭찬이 뒤따를 것이라는 것을 깨닫게 하기 위해서는 아동이 반드시 적극적으로 참여하려는 자세가 되어야 한다.

기본적으로, 진행 중인 문제행동이 발생하면 처음에는 간단한 지도사항을 줌으로서 진행 중인 행동을 다루고 그 후에 지시에 따라준 것에 대한 칭찬이 따라야 한다.

그러고 나서 본래의 문제로 돌아갈 것인지 두 번째 교육 상호반응을 할 것인지 결정한다.

간단한 지도사항을 제공하는 것과 또 다른 완전한 교육 상호반응을 하는 것은 제각각 장점과 단점을 가지고 있다. 칭찬이 뒤따르는 간단한 지도사항의 전달은 아동의 행동에 대한 통제를 빨리 얻을 수 있게 해주고, 효과적으로 본래의 교육지침을 계속할 수

있게 해줄 수 있을 것이다. 단점은 아동들에게 다른 대안에 관한 설명이 명확하게 아동들에게 가르쳐지지 않았고 이론적 논리가 주어지지 않았다는 것이다. 대안에 관한 설명이 가르쳐지지 않고 그에 대한 대가(벌칙)가 없기 때문에 그러한 행동들이 미래에도 계속 될 수 있다.

두 번째의 교육 상호반응을 하는 것은 대안적 행동이나 기술을 가르치고 그러한 행동이 미래에 발생할 확률을 줄일 수 있다. 또한 이러한 방법은 자극적인 방법이나 간단한 지도사항만으로도 향후 효과적일 수 있다. 그와 반대로, 이러한 방법은 복잡하여 시간이 많이 걸릴 수 있다. 또한, 두 번째의 교육 상호반응을 하는 것은 아동들의 방해를 받지 않고 본래의 문제점으로 돌아가는 것을 방해할 수 있는 또 다른 교육을 해야 할 경우이다. 그러나 이러한 문제들은 지도사항을 준수하느냐와 관련된 문제로서 아동들이 지도사항을 따르게 되면 결국 끝나기 때문에 세 가지 이상의 기술이 주어져서는 안된다. 예를 들면 앞서의 상황에서는 아동이 스트레스를 다른 아동들과 함께 나누는 태도를 가르치는 것을 시도함으로서 시작하였다. 그러고 나서 교육의 중점은 어떻게 비판을 받아들이는 가로 옮겨갔다. 만약 아동이 어떻게 비판을 받아들이는지를 배우는 동안 지도하는 사람의 요구를 따르는데 어려움을 갖는다면 지도하는 사람은 교육지침을 다시 한 번 바꾸고 지도사항 준수를 우선 가르친다.

간단한 지도사항을 이용할 것인지 교육 상호반응을 완수할 것인지는 지도하는 사람이 반드시 결정하고 판단해야 한다. 이러한 제반 요소들과 각 아동들과의 경험은 그러한 결정을 내리는데 도움이 된다.

하나의 일반적인 지침은 원래의 교육 문제보다 더욱 심각한 문제행동을 해결하기 위해 교육 상호반응을 하는 것이다. 예를 들어, 아동에게 어떻게 전화를 받는지 가르쳐주고 아동이 그 지도사항을 적절히 따르지 못한다면 아동에게 지도사항의 준수를 배우도록 돕는 것이 어떻게 전화를 받는지보다 중요하다. 일반적으로, 지도사항의 준수, 비판의 수용, 적절한 거절, '아니오'라는 대답을 받아들이는 것, 그리고 벌점을 받아들이는 기본적인 기술은 독립적인 생활기술이나 다른 사회적 교육적 기술보다 선행되어야 한다. 이러한 기본적 기술 없이는 대부분의 교육이 지도사항의 준수, 비판의 수용 그리고 순종하지 않을 때 벌칙을 받아들이는 등의 기술을 포함하기 때문에 교사나 대리양육자들이 가르치는데 계속적인 어려움을 겪을 것이다. 그러므로 교육 상호반응 중에 발생하는 또 다른 교육 상호반응은 이러한 기술들에 연류된 행동이 문제행동으로 발생할 때에 우선적이 될 수 있다.

진행되는 문제행동을 다루는 교육 상호반응에 필요한 모든 요소들은 행동의 강도, 빈도, 그리고 의도이다. 강도 높은 감정적 반응, 정기적이고 계속적인 행동 또는 고의적으로 교육과정을 방해하는 행동을 보이는 아동은 어쩌면 완전한 교육 상호반응에 가장 잘 적용될 수 있는 대상이다. 그와 반대로, 미미한 비참여적인 행동은 간단한 지도사항이나 지시를 따른데 대한 칭찬을 통하여 가장 효과적으로 다루어 질 수 있다.

언제나 교육 상호반응이 요구되는 특별한 경우는 결과를 받아들이는 능력이 없는 문제행동이다. 그러나 그 절차는 전형적인 교육 상호반응과 조금 다르다. 아동이 새로운 사회성 기법을 받아들이는 능력이 없다는 것을 알게 되었는데 그 아동에게 다른 벌점을 준다는 것은 말이 안 되기 때문에 이 교육 상호반응에서는 벌점을 받아들이지 않는 행동에 대해 벌점을 주는 내용은 포함하지 않는다. 대신에 교육 상호반응을 할 때 사용되는 연습과 피드백의 요소들은 실제적인 벌점을 받는 것보다 가상적으로 벌점을 받아들이는 연습에 중점을 두어야 한다.

아동이 가상적인 벌점을 받아들이는 능력이 있다는 것을 보여준 후에는 원래의 벌점을 받아들이지 못한데 대해 추가의 벌점을 줄 수 있다. 또한 아동들에게 두 번째 벌점을 받아들인데 대하여 원래의 상점의 반까지 주면서(원래의 상점이 1,000점이면 500점을 주면서) 많은 칭찬과 피드백을 해주어야 한다. 마지막으로, 벌점과 완전한 교육 상호반응에 대해 감정적 반응을 일으킨 태도와 관련된 문제 그리고 벌점에 대해 감정적 반응을 일으킨 문제로 돌아간다.

그러한 문제들을 치료하기 위한 최선의 전략은 정기적인 예방적 교육의 사용과 적절한 행동에 대해 효과적 칭찬을 해주는 일이 포함된다(효과적인 보상과 예방적 교수 부분을 참조).

5. 요약

교육 상호반응의 아홉 가지 요소들은 아동들이 교육 기간 동안 유익한 경험을 할 수 있도록 도와준다. 효과적으로 교육 상호반응을 이용하기 위하여서는 특별한 기술이 반드시 숙달되어야 하는데 그것은 기능적 방법보다 훨씬 어렵다. 효과적인 교육은 아동에 대한 순수한 관심이 있을 때와 사려 깊고 개인적인 교육적 접근방법이 있을 때에만 가능하다. 교육 상호반응은 어떤 좋은 장비 기구와도 같다. 이것은 장비가 지니고 있는 기능을 아끼는 사람에 의하여 사용될 때, 능숙하게 되기 위하여 시간과 노력을 투자한 사람에 의하여 사용될 때, 그리고 어떻게, 언제, 어디서, 그리고 왜 그 기술이 사용되어야하는지 아는 사람에 의하여 사용될 때만 쓸모가 있다.

효과적인 교육을 위한 또 하나의 관건은 교육 절차를 방해하는 진행적 문제행동을 다루는 능력이다. 지도하는 사람의 판단과 행동의 심각성은 지도사항과 칭찬과 교육 상호반응 중 어떤 것이 아동들을 돕는데 있어서 최선인지를 결정한다.

6. 모델의 비교

교정적 교육은 아동의 행동에 대한 치료방법에 다시 중점을 둔다. 이것은 생각과 느낌에 중점을 둔 세 가지 다른 모델은 이러한 종류의 치료 전략을 사용하지 않는다는 것을 의미 한다.

심리역동적 모델과 인지 모델에 있어서는 아동들의 적절한 대안 행동에 대한 강조는 하지 않는다. 심리역동학자들은 아동의 생각이나 느낌이 일단 변화하면 행동은 어쩔 수 없이 변화한다고 느낄 것이다. 이러한 이유 때문에, 심리역동학자들은 치료 과정에서 대안적 행동을 다루는 것이 필요하거나 중요하다고 생각하지 않는다.

이것은 긍정적 동료 문화의 경우에서도 마찬가지이다. 긍정적 동료 문화 프로그램은 아동들에게 동료들과의 관계에서 특별한 상호반응에 필요한 지도사항을 제공하지 않는다. 대신에, 동료들은 어떠한 정해진 '생각'을 기대하고 아동의 생각이 정해진 범위 안에 들지 않으면 그 생각에 대해서도 문제가 없이 해결하려 한다. 이러한 애매모호한 치료방법은 각 프로그램이 조금씩 다르게 진행되기 때문에 반복하기가 힘들다.

행동주의 모델이 어떤 형태로든 교정적 교육을 쓴다고는 믿어지지 않는다. 교정적 교육이 아동과 함께하는 활발한 치료방법의 형태이기 때문에, 교정적 교육은 이 프로그램의 구조에 맞지 않을 것이다. 아동들에게 대안을 가르치는 것에 중점을 두지만 이것은 아동들과의 직접적인 상호반응에 의해서라기보다는 환경속의 사건을 변화시킴으로서 되는 것이다.

교정적 교육은 종합적 아동행동지도 프로그램에서 정기적으로 사용된다. 이 프로그램은 매우 구조적인 교육의 형태를 가지고 있고 교사나 대리양육자에게 단계적인 절차를 제공함으로서 아동이 부적절한 행동을 보일 때 반응할 수 있게 한다. 이러한 기술중심의 형태는 프로그램 안에서 교육을 쉽게 하고 교사나 대리양육자에게 조언을 제공해 준다. 또한 모든 사람들이 아동들의 부적절한 행동을 같은 방법으로 다루기 때문에 프로그램이 쉽게 반복될 수 있게 허용한다. 게다가, 이러한 특별한 교육의 형태는 아동들로부터 무엇이 받아들여지고 있는가를 명확하게 언급하기 때문에 성공할 확률이 더욱 높다

절충적인 접근에 근거를 둔 오클라호마 대학의 프로그램에서는 교육이 강조되고 있는 것이 분명하지만 교사나 대리양육자들에게는 어떠한 특별한 교육과정이나 교육 절차가 가르쳐지지 않는다. 이것은 교사나 대리양육자들이 행동을 성공적으로 훈련시키고 있는지를 평가하는 것을 매우 힘들게 할 수 있다. 각 교사나 대리양육자들은 제공된 논리에 준거한 각각의 해설에 따라 교육을 하기 때문이다.

참고문헌

김명희(2010). 가족치료와 상담. 서울: 교문사

김명희(2011). 부모교육과 상담. 서울: 동문사

김명희, 이현경(2011). 행동수정과 치료. 서울: 교문사

Adams, G.R, Openshaw, D.K, Bennion, L., Mills, T., & Noble, S.(988). Loneliness in late adolescence: A social skills training study. Journal of Adolescent Research, 3, 81–96.

Bedlington, M. M., Solnick, J. V., Braukmann, CJ., Kirigin, K.A., & Wolf, M.M. (1979). The correlation between some parenting behaviors, delinquency, and youth satisfaction in teaching–family group homes. Symposium paper printed at the Eighty–Seventh Annual Convention of the American Psychological Association, New York City.

Beker, J.(1992). Power corrupts? Child and Youth Care Forum, 21(2), 71–73.

Cartledge, G., & Milburn, J. F. (Eds.) (1980). Teaching social skills to children. New York : Pergamon Press.

Combs, M. L., & Slaby, D. A.(1977). Social skills training with children. In B. B. Lahey & A. E. Kazdin(Eds.), Advances in clinical child psychology (pp. 161–201). New York: Plenum Press.

Coughlin, D. D., & Shanahan, D.(1991). Boys Town family home program training manual (3rd Ed.). Boys Town, NE : Father Flanagan's Boys' Home.

Cruickshank, W. M., Morse, W. C, & Jojns,). S.(1980). Learning disabilities: The struggle from adolescence toward adulthood. Syracuse, NY : Syracuse University Press.

Eitzen, D. S.(1974). Impact of behavior modification techniques on locus of control of delinquent boys. Psychological Reports, 35(3), 1317–1318.

Elder, G. H. Jr.,(1963). Parental power legitimation and its effect on adolescent, Sociometry, 26, 50–65.

Elder, J. P., Edelstein, B. A., & Narick, M. M. (1979). Adolescent psychiatric patients: Modifying aggressive behavior with social skills training. Behavior Modefication, 3, 161–178.

Father Flanagan's Boys' Home(1991). The Boys Town Family Home Program Training Manual. Boys Town, Nebraska: Father Flanagan's Boys' Home.

Filipczak, J., Archer, M., & Friedman, R. M. (1980). In-school social skills training : Use with disruptive adolescents. Behavior Modification, 4, 243-263.

Friedman, R. M., Quick, J., Mayo, J.m, & Palmer, J.(1983). Social skills training within a day treatment program for emotionally desturbed adolescents. In C. LeCroy (Ed.), Social skills training for children and youth(pp. 139-151). New York: Haworth Press.

Goldstein, A. P.m, Sprafkin, F. P., Gershaw, N. J., & Klein, P.(1980). The adolescent: Social skills training through structured learning. In G. Cartledge & J. F. Milburn (Eds.), Teaching social skills to children(pp. 249-279). new York : Pergamon Press.

Gresham, F. M.(1981). Social skills training with handicapped children: A review. Feview of Educational Research, 51, 139-176.

Hains, A. A., & Hains, A. H.(1988). Cognitive-behavioral training of problem-solving and impulse-control with delinquent adolescents. Journal of Offender Counseling, Services and Rehabilitation, 12, 95-113.

Hansen, D. J., St. Lawrence, J. S., & Christoff, K. A.(1988). Conversation skills of inpatient conduct-disordered youths : Social validation of component behaviors and implications for skills training. Behavior Modification, 12, 424-444.

Hansen, D. J., St. Lawrence, J. S., & Christoff, K. A.(1989). Group conversation-skills training with inpatient children and adolescents: Social validation, generalization, and maintenance, behavior Modification, 13, 4-31.

Hazel, J. S., Schumaker, J. B., Sherman, J. A., & Sheldon - Wildgen, J. S.(1983). Social skills training with court - adjudicated youths. In C. LeCroy (Ed.), Social skills training for children and youth (pp. 117 - 137). New York : Haworth Press.

Handrick, C(1988). Social skills: A basic subject. Academic Therapy, 23, 367-373.

Howing, P. T., Wodarski,). S., Kurtz, P. D., & Gaudin,). M.(1990). The empirical base for the implementation of social skills training with maltreated children. Social Work, 35, 460−467.

Jones, M. B., & Offord, D. F.(1989). Reduction of antisocial behavior in poor children by nonschool skill development. Journal of Child Psychology and Psychiatry, 30, 737−750.

Kazdin, A. E.(1985). Treatment of antisocial behavior in children and adolecents. Homewood, IL : The Dorsey Press.

Kipnis, D.(1987). Psychology and behavior technology. American Psychologist, 30, 737−397.

Klein, A. F.(1975). The professional child care worker. New York: Associated Press.

LeCroy, C W.(1983). Social skills training with adolescents: A review. In C. LeCroy (Ed.), Social skills training for children and youth (pp. 117−137). New York : Haworth Press.

Lρng, S. J., & Sherer, M.(1984). Social skills training with juvenile offenders. Child and Family Behavior Therapy, 6, 1−11.

Moyer, J., & Dardig, J. C(1978). Practical task analysis for special educators. Teaching Exceptional Children, 3, 16−18.

Oden, S. (1980). A child's social isolation Origins, prevention, intervention. In G. Cartledge & J. F. Milburn(Eds.), teaching social skills to children (pp. 179−202). New York: Pergamon Press.

Patterson, G. R(1982). Coercive Family process. Eugene, OR : Castalia.

Peter, V. J.(1986). What makes Boys Town so special. Boys Town, NE : Father Flanagan's Boys' Home.

Pikas, A.(1961). Children's attitudes toward rational versus inhibiting · parental authority. Journal of Abnormal and Social Psychology, 62, 315−321.

Roosa, J. B.(1973). SPCS: Situations, options, comsequences, sinulation: A technique for teaching social interactions. Unpublished paper presented to the American Psychological Association, Montreal.

Schinke, S. P., Gilchrist, L. D., & Small, R. W.(1979). Preventing unwanted adolescent pregnancy: A cognitive − behavioral approach. American Journal of Orthopsychiatry, 49, 81−88.

Shivrattan, J. L.(1988). Social interactional training and incarcerated Juvenile delinquents. Canadian Journal of Creminology, 4, 145−163.

Spiegler, M. (1983). Contemporary behavioral therapy. Palo 페to, CA : Mayfield Publishing Company.

Sulzer−Azaroff, B., & Mayer, G. R(1986). Achieving educational excellence using behavioral strategies. New York: Holt, Rine−hart and Winston.

Svec, H., & Bechard, J.(1988). An introduction to a metabehavioral model with implications for social skills training for aggressive . adolescents. Psychological Reports, 62, 19−22.

Trieschman, A. E., Whittaker, J. K., Brendtro, L. K., & Wineman, D.(1979). The other 23hours : Child care work with emotionally disturbed children in a treatment milieu. New York: Aldine Publishing Company.

Trower, P., Bryant, B., & Argyle, M.(1978). Social skills and mental health. Pittsburgh : university of Pittsburgh Press.

Veneziano, C., & Venezianom, L.(1988). Knowledge of social skills among institutionalized juvenile delinquents. Criminal Justice and Behavior, 15, 152−171.

Willner, A. G.(1975). Teaching youth preferred interaction behaviors to child care personnel. Paper presented at the First Annual Teaching−Parent Convention, (May), Lawrence, Kansas.

Willner, A. G., Braukmann, C. J., Kirigin, K. A., Fixsen, D. L. Phillips, E. L., & Wolf, M. M. (1975). Training and validation : Youth−preferred social behavior with child care personnel. In G. braukmann (Chair), New directions in behavioral group home research. Symposium at the 83rd Annual Convention of the American Psychological Association, Chicago.

Willner, A. G., Braukmann, C. J., Kirigin, K. A., Fixsen, D. 1., Phillips, E. L., & Wolf, M. M. (1977). The training and validation of youth−preferred social behaviors of child−care personnel. Journal of Applied behavioral Analysis, 10, 219−230.

찾아보기

ㄱ

ㄴ

ㄷ

ㅇ

ㅈ

1

A

저자소개

김명희(金明姬)

학력
- 한양대학교 졸업
- 미국, Southern Illinois University 수학
- 미국, University of South Carolina 석사
- 미국, U.C Berkeley 대학원, 심리학과 수학
- 숙명여자대학교 대학원, 박사
- 백석신학대학원 졸업 (M. Div : 목회학)

경력
- 현재, 백석대학교 교수
- 미국, U.C Berkeley 심리학과 국비해외파견 교수
- 미국, U.C Berkeley 심리학과 국비해외파견 연구원
- 미국, 부부, 가족상담치료사(M.F.T) 국제면허취득
- 한국인간행동유형연구소소장(KHBTI) 역임
- 한국아동상담치료교육센터장 역임
- Kids Family 상담센터(아동·가족 전문상담치료사 : kidfamily.kr)
- 아동·가족상담 수련감독

주요저서
- 가족치료와 상담
- 아동기행동장애와 행동치료
- 부부상담과 치료
- 아동행동지도
- 아동·청소년 이상심리
- 영유아 보육의 이론과 실제
- 글로벌 리더들의 리더십 DNA
- 영유아 보육론
- 행동수정과 치료
- 아동상담
- 아동화의 진단적 분석
- 아동·청소년 사회성 기술과 상담
- 특별한 아이들 변해야 할 부모
- 사회복지의 이해
- 아동의 사회성 기법
- 모두가 다른 자녀, 모두가 다른 부모 외 다수
- 아동·청소년 정신병리
- 아동미술심리치료
- 자녀와 함께하는 부모교육
- 아동복지론
- 영유아 교수학습방법론

아동·청소년

사회성 개발과 상담

2011년 8월 24일 초판 인쇄
2011년 8월 27일 초판 발행

지은이 김명희
펴낸이 류제동
펴낸곳 (주)교문사

책임편집 김남권
디자인 신나리
제작 김선형
영업 정용섭 · 이진석 · 송기윤

출력 현대미디어
인쇄 동화인쇄
제본 과성제책

우편번호 413-756
주소 경기도 파주시 교하읍 문발리 출판문화정보산업단지 536-2
전화 031) 955-6111(代)
팩스 031) 955-0955
등록 1960. 10. 28. 제406-2006-000035호

홈페이지 www.kyomunsa.co.kr
E-mail webmaster@kyomunsa.co.kr
ISBN 978-89-363-1185-8 (93370)

값 25,000원
*잘못된 책은 바꿔 드립니다.